03
§
20.00.11 antologia
il design italiano
a cura di tonino paris
e vincenzo cristallo, sabrina lucibello

→ 00 collana
comunicare il design italiano
innovazione per cultura

→ la collana / collection
il design italiano
innovazione per cultura

sapienza design factory
con / with fondazione valore italia

coordinamento scientifico / scientific coordination
tonino paris

comitato scientifico / scientific comitee
arturo dell'acqua bellavitis
politecnico di milano

medardo chiapponi
università iuav di venezia

tonino paris
sapienza università di roma

patrizia ranzo
ii università degli studi di napoli

massimo ruffilli
università di firenze

benedetta spadolini
università degli studi di genova

coordinamento redazionale / editorial coordinantion
vincenzo cristallo, sabrina lucibello
per sapienza design factory

art director
silvana amato

Il volume raccoglie gli esiti della ricerca nazionale "Il design italiano 2000-2011".
La ricerca è stata cofinanziata dalla Sapienza Università di Roma e da Fondazione Valore Italia.
La ricerca è stata coordinata dalla Sapienza Università di Roma ed è stata svolta
con la partecipazione della rete nazionale delle Scuole universitarie di design.
This volume contains the results of the "Italian Design 2000-2011" national research project.
The research was financed by Sapienza University of Rome and Fondazione Valore Italia.
The research was coordinated by Sapienza University of Rome and featured the participation
of the National Network of University Schools of Design.

Diverse le ragioni che sostengono questo lavoro di ricerca sul design italiano. ¶ La prima di queste risiede nella scelta di raccontarlo attraverso una regola antologica organizzata per temi: comunicazione, creatività, icone, ingegno del fare, innovazione, musei e conoscenza, territori e valori, visioni e utopie, designer e imprenditore. Un espediente narrativo questo, che ha reso possibile considerare immagini, parole, prodotti e persone organizzati per tesi, come una sorta di prodotto estrattivo. ¶ Per rendere intelligibile questa fenomenologia, dieci anni sono sembrati emblematici per raffigurarne l'ampiezza dei valori. Valori non transitori e connessi ad un passato per mezzo di un comune manifesto intellettuale riassumibile nell'espressione "innovazione per cultura", che suona piuttosto come un programma, il più aderente probabilmente ad un'idea di continuità simbolica tra generazioni diverse che rendono coerente il lavoro di maestri, artisti, giovani designer, designer anonimi e imprese nel comprovare l'identità di quella originale cultura materiale che la storia e la tradizione ci attribuiscono. ¶ Non a caso questa "formula" è diventata il titolo di una collana editoriale che questo primo volume, come una antologia, inaugura. Non a caso quest'attività di esplorazione diagonale è stata condotta dalla comunità scientifica del design – in particolare da quella composta da giovani docenti e ricercatori – ovvero da quanti concorrono con la propria personale attività di docenza e ricerca ad indagare costantemente la multiforme realtà del design italiano di un sistema design coinvolto nelle trasformazioni sociali, economiche e produttive che attraversano il nuovo millennio. ¶ Quest'attività di scouting del design italiano mette in scena la dilatazione culturale e professionale contrassegnata soprattutto dalla metamorfosi combinata tra principi di quantità e qualità, da cui deriva il racconto di un modello policentrico che ha tuttavia una capacità visionaria di misurarsi con il presente e con gli scenari futuri, e per questo essere un concreto fattore di sviluppo per l'Italia nel suo insieme.

There are a number of reasons behind this research into Italian design. ¶ The first lies in the decision to portray the field using an anthological approach based around topics: communication, creativity, icons, manufacturing ingenuity, innovation, museums and knowledge, territories and values, visions and utopias, and designers and companies. This narrative device makes it possible to consider pictures, words, products and people which are organized by subject area, like goods from repositories. These enduring values can be found in projects and products, and they are also connected to the past by a shared intellectual manifesto which can be summed up by the expression "innovation for culture". It rather gives the idea of a programme and it is probably the closest that the different generations come to an idea of symbolic continuity. While they have contrasting standpoints, they give consistency to the work of masters, artists, young designers, anonymous designers and companies as they affirm the identity of the original material culture handed down to us by history and tradition. ¶ It was only logical for this "formula" to become the title of a collection of books, beginning with this anthology. Likewise, it was only logical for this all-embracing exploration to be conducted by the scientific design young community. ¶ It is clear that this exploration of Italian design whose most distinctive characteristic is the joint metamorphosis revolving around principles of quantity and quality. The resulting multicentric model has the visionary capacity to contemplate the present and assess future scenarios, meaning that it can serve as a tangible factor in the development of Italy as a whole.

vincenzo cristallo, sabrina lucibello, tonino paris

→ il volume / the volume
20.0O.11 antologia
il design italiano

a cura di / edited by tonino paris
e / and vincenzo cristallo, sabrina lucibello

autori / authors

gianpiero alfarano
università di firenze

massimo arlechino
fondazione valore italia

alessandro biamonti
politecnico di milano

fiorella bulegato
università iuav di venezia

umberto cao
università di camerino

rosanna carullo
politecnico di bari

niccolò casiddu
università degli studi di genova

cecilia cecchini
sapienza università di roma

medardo chiapponi
università iuav di venezia

rosa chiesa
università iuav di venezia

salvatore cozzolino
II università degli studi di napoli

nicola crea
politecnico di milano

vincenzo cristallo
sapienza università di roma

umberto croppi
fondazione valore italia

federica dal falco
sapienza università di roma

maddalena dalla mura
università iuav di venezia

domitilla dardi
museo maxxi

arturo dell'acqua bellavitis
politecnico di milano

loredana di lucchio
sapienza università di roma

annalisa dominoni
politecnico di milano

raffaella fagnoni
università degli studi di genova

adriana feo
università degli studi di sassari

cinzia ferrara
università degli studi di palermo

marinella ferrara
politecnico di milano

ali filippini
università iuav di venezia

luigi formicola
università di firenze

laura giraldi
università di firenze

lorenzo imbesi
carleton university

carla langella
II università degli studi di napoli

francesca la rocca
II università degli studi di napoli

roberto liberti
II università degli studi di napoli

sabrina lucibello
sapienza università di roma

carlo martino
sapienza università di roma

susanna mirza
sapienza università di roma

alfonso morone
università degli studi di napoli federico II

maria carola morozzo della rocca
università degli studi di genova

massimo musio sale
università degli studi di genova

spartaco paris
politecnico di bari

tonino paris
sapienza università di roma

bianca elena patroni griffi
sapienza università di roma

lucia pietroni
università di camerino

daniela piscitelli
II università degli studi di napoli

paola proverbio
università iuav di venezia

patrizia ranzo
II università degli studi di napoli

raimonda riccini
università iuav di venezia

massimo ruffilli
università di firenze

maria antonietta sbordone
II università degli studi di napoli

benedetta spadolini
università degli studi di genova

eleonora trivellin
università di firenze

renata valente
II università degli studi di napoli

carlo vannicola
università degli studi di genova

rosanna veneziano
II università degli studi di napoli

andrea vian
università degli studi di genova

carlo vinti
università iuav di venezia

mario ivan zignego
università degli studi di genova

progetto grafico / graphic design
silvana amato
sapienza università di roma
e / and marta b dau

si ringraziano / thanks also
federica passarelli, paola schiattarella

traduzioni / translations
ait, claudia vettore

si ringrazia per il contributo alla ricerca iconografica / thanks for the contribution to the iconographic research
fabio aloisi, luigi auricchio, elisa bassani, carmelo cascino, gian mattia congia, cristina d'alessio, carlo delzotti, olga di giulio, linda ditta, miriam emiliano, cristina gorzanelli, anesia grkov mervcich, jingjing lin, emanuele lapadula, edna la rocca, ilaria lubelli, roberto lunardi, jessica maglietta, alessia massimi, flora minno, simone montanari, krizia olivieri, andrea paroli, valentina passato, jacopo quaranta, simone ronci, silvia ruggiero, clarissa sabeto, matteo sgherri, gianluca tagliafichi, salvatore tassone, maria e. tozzi bellini, simona troiano, dores volpe, roberto lunardi, maria emirena tozzi bellini, bruno lanzi

si ringraziano inoltre / thank also to
le aziende e i designer che hanno contribuito alle informazioni e alle immagini raccolte nel volume

archivi fotografici / photographic archives
archivio alessi, archivio bosa, archivio castellani & smith, archivio carmina campus, archivio castiglioni, archivio edra, archivio guzzini, archivio horm, archivio museo della paglia e dell'intreccio domenico michelacci, archivio paola lenti, archivio piquadro, archivio giovanni sacchi, archivio venini, fondazione pirelli, fondo borsalino, fototeca civica di alessandria, museo salvatore ferragamo

le immagini di questo volume, ove non espressamente indicato, sono tratte dall'archivio della rivista diid_ disegno industriale | industrial design / the images of this volume, unless otherwise expressly indicated, are from images of the review diid_ industrial design | industrial design

indice → p.8

p.11 comunicare il design italiano
p.13 la cultura del progetto
p.14 dall'architettura al design
p.15 il design è uno
p.16 i contenuti necessari
p.18 comunicare il design
p.20 le inquietudini del design italiano
p.22 il tempo del design
p.24 l'italia del saper fare
→ p.267 the italian's design

→ p.29
01 comunicazione
p.31 note sulla comunicazione del design italiano
p.34 la comunicazione del design: apparenze sensibili
p.36 comunicazione del prodotto e prodotti culturali: l'esempio degli house organ italiani
p.39 20.00.11 raccolta iconografica
→ p.278 communication

→ p.57
02 creatività
p.59 il nuovo made in italy del design indipendente o "la profezia di ettore"
p.62 creatività e sperimentazione materica
p.65 tecniche applicative della creatività come strumento progettuale
p.68 gli ambienti e i luoghi che generano innovazione
p.70 storia e storie di design
p.75 20.00.11 raccolta iconografica
→ p.283 creativity

→ p.87
03 icone
p.89 evoluzione e stratificazioni fluttuanti
p.92 il design italiano: da singolare a plurale
p.94 marche icona: dal costume alla cultura
p.96 iconicità e riedizioni: incontri sulla superficie delle cose
p.99 20.00.11 raccolta iconografica
→ p.291 icons

→ p.111
04 ingegno del fare
p.113 innovativi per tradizione
p.118 "saper fare bene le cose": il nuovo rinascimento del design italiano
p.120 auto-produttori d'italia
p.123 20.00.11 raccolta iconografica
→ p.297 ingeniousnes in making

→ p.137
05 innovazione
p.139 il gene dell'innovazione
p.143 decontestualizzazione per innovare
p.145 innovazione come attitudine
p.148 l'innovazione tecnologica
passa attraverso il design
p.151 20.00.11 raccolta iconografica
→ p.303 innovation

→ p.165
06 musei e conoscenza
p.167 musei temporanei installazioni permanenti
p.169 idee di museo, idee di design
p.172 il vetro oggi, incontri con la biennale
p.175 musei d'impresa e di progetto per il design:
verso una nuova fase
p.177 tra spettacolarizzazione tecnologica
e narratività
p.181 20.00.11 raccolta iconografica
→ p.310 museums and knowledge

→ p.193
07 territori e valori
p.195 territori morfogenetici del design italiano
p.198 giacimenti di saperi
p.200 territori critici
p.203 20.00.11 raccolta iconografica
→ p.317 territories and values

→ p.219
08 visioni e utopie
p.221 nebulose concrete
p.225 nuove nature
p.228 nuove etiche e approcci allo sviluppo
p.231 20.00.11 raccolta iconografica
→ p.323 visions and utopia

→ p.245
09 designer e imprenditore
p.247 italia: un rapporto speciale
tra designer ed impresa
p.250 desing conduttivo
p.253 impresa e design, successi e difficoltà
p.257 20.00.11 raccolta iconografica
→ p.329 designer and entrepreneur

→ a.

comunicare il design italiano
di tonino paris

Il design italiano è un fenomeno studiato da una ricchissima letteratura. ¶ Raccontarlo oggi significa guardare alla sua storia, alle peculiarità del suo presente, alla sua visionaria capacità di misurarsi con gli scenari futuri. ¶ Lo si è fatto in questa occasione, all'interno di uno specifico ambito temporale: il primo decennio del terzo millennio. Dieci anni nei quali il sistema del design italiano si è affermato come un modello di attività policentriche e diffuse in tutto il Paese, come una forma d'espressione non unitaria, ma multiforme e articolata in una vasta gamma di declinazioni, che, se pur in un mondo sempre più globalizzato, hanno visto l'affermarsi di specificità e peculiarità di elevata qualità, come ad esempio quella espressa nel campo della formazione dalla rete universitaria delle Scuole di design presenti nel Paese. ¶ Dieci anni nei quali si sono affermati nuovi designer. In qualche caso il loro modo di progettare si è posto in continuità con l'approccio teorico, culturale e metodologico dei Maestri che, a partire dalla metà del secolo scorso, hanno contribuito all'affermazione dell'Italian Style nel mondo. Più spesso però abbiamo visto l'imporsi di una linea di discontinuità e di un nuovo modo di intendere la disciplina del design, che tiene conto dell'azzeramento delle distanze fra le culture di paesi e tradizioni che in passato erano ancora lontane. ¶ Un nuovo modo di guardare al presente e al futuro in rapporto ai confini sempre più labili fra gli statuti disciplinari dell'arte, del design, dell'architettura, con l'ibridazione e la contaminazione degli uni con gli altri e con l'affermazione di nuove forme espressive materiali ed immateriali di comunicazione. ¶ Dieci anni nei quali, oltre alle declinazioni tradizionali del design (come il furniture, il fashion, l'interior, il product e il transportation design) si sono affermate altre applicazioni come l'exhibit e il public design e come il design della comunicazione visiva e multimediale. ¶ Dieci anni nei quali sul design è cresciuto anche l'interesse dei media. ¶ A fronte della forte attenzione al design riferito ai suoi modelli più tradizionali, troppa poca attenzione viene rivolta al design che si esprime nei prodotti ad alto contenuto prestazionale, ovvero quei prodotti in cui l'innovazione, non solo formale, investe la ricerca di nuove tipologie e l'invenzione di beni di consumo per mutati bisogni. ¶ Se consideriamo inoltre l'attenzione necessaria e prevedibile rivolta ai Maestri, insufficiente è quella rivolta ai progettisti emergenti che propongono un design capapce di investire territori diversi da quelli tradizionali della casa. Pensiamo agli spazi interstiziali fra l'uomo e l'abitare, fra le esigenze dell'uomo e il coinvolgimento emozionale dei suoi sensi o a quelli che riguardano il rapporto fra l'uomo e l'oggetto che egli usa all'interno di nuovi valori etici. ¶ Gli artefatti che il design produce, sono riconducibili all'enorme flusso di prodotti artificiali, sia materiali che immateriali, che investono il nostro corpo e attraversano i nostri spazi. ¶ Sono tutte le cose che ci circondano e come tali le possiamo interpretare in molteplici modi. ¶ Si presenta così uno spaccato diverso da quella definizione-esaltazione che ancora insiste nel rileggere in forma compiaciuta una storia, certo importante, ma che non condiziona più i metodi e i contenuti del lavoro dei giovani. Giovani che invece sanno osservare l'uomo contemporaneo e il mondo in cui vive per interpretarne i bisogni, trasformandoli in prodotti che ne migliorano la vita. ¶ Proprio questa complessità ci spinge a comunicare il design italiano che si è espresso negli ultimi dieci anni, attraverso prospettive e tematiche che tutte lo attraversano e che tutte costituiscono altrettante chiavi di lettura per interpretarlo: la comunicazione, la creatività, l'ingegno del fare, l'innovazione, le visioni e le utopie, le icone, i musei e la conoscenza, i territori e i valori. la comunicazione → Possiamo raccontare come in questi ultimi dieci anni la tradizionale capacità del design italiano di identificare nella comunicazione di sé uno dei contenuti del suo valore aggiunto, oggi sia non solo integra, ma resa ancor più efficace dall'uso di tutti gli artifici che le tecnologie della comunicazione visiva e multimediale consentono. L'efficacia dei metodi e dei mezzi usati nella promozione dei prodotti del mondo della moda, ad esempio, si sono trasferiti nella comunicazione degli artefatti e degli oggetti d'uso con efficacia, tanto da valorizzare più la "superficie" dei prodotti che le loro prestazioni funzionali e tecnologiche. la creatività → Possiamo raccontare come nel design italiano in questi ultimi dieci anni la creatività si sia tradotta in proposta, grazie all'ingegno e alla sapienza del fare, che ha compreso nel progetto degli artefatti, la cultura della tradizione con quella dell'innovazione. La creatività si è fatta interprete delle nuove istanze ricollocando il design in nuovi ambiti disciplinari e professionali come l'interaction design, gli sviluppatori delle app, i videogiochi; ricollocando i prodotti nei processi che investono sulle nuove energie sostenibili, alternative, pulite; ricollocando sempre i prodotti nell'ambito di un nuovo artigianato orientato alla qualità e in cui l'unicità dell'oggetto, è la rappresentazione dell'abilità, della sapienza e della creatività nella gestione dei processi manifatturieri. l'ingegno del fare → Ritroviamo nel design italiano di quest'ultimo decennio, ciò che lo ha connotato fin dai suoi esordi, l'ingegno del fare, ovvero una dimensione progettuale che include la pratica del fare, del costruire. Nel contempo, punto di forza e di debolezza del design italiano, insuperabile nei prodotti che impiegano materiali e processi propri dell'artigianato ancorché innovativo, ma sempre più in ritardo, salvo eccezioni molto circoscritte, nella progettazione e produzione di oggetti tecnici che richiedono alti contenuti prestazionali. l'innovazione → Il design italiano è stato ed è attraversato dall'innovazione in un'accezione specifica ossia legata ad un'attività di progettazione-sperimentazione coincidente con il binomio designer-imprenditore, che insieme esprimono l'innovazione piuttosto che nella ricerca, nell'alta tecnologia, nel marketing o nella strategia aziendale, nella sola sperimentazione di nuovi linguaggi e nuove tipologie di prodotti. visioni e utopie → Guardare verso il nuovo, sollecitati da una spinta visionaria e talvolta utopica, è un carattere del design italiano, certamente di quello che ha fatto la sua storia e di quello che ha rappresentato un modello nel panorama internazionale. Ce lo ricorda Mendini nel primo editoriale di Domus che ha aperto la breve, ultima stagione della sua direzione della rivista "Utopia: il modello mitico verso il quale tendere. Importante che sia irraggiungibile". Qui egli afferma: "I designer italiani dello scorso secolo, forse per la loro formazione (di architetti piuttosto che di ingegneri) hanno sempre descritto scenari più che costruito realtà. Gli oggetti, quasi sempre d'arredamento, anche nella loro fisicità non esprimevano nessun pragmatismo, nessuna lucida corrispondenza tra forma, funzione, materiale". Per Mendini il design degli italiani è un insieme di "immagini simboliche e significanti, che hanno a cuore il lento e perenne romanzo della forma". Oggetti come manifesti di un'altra realtà, come racconti di pensieri altri e diversi. ¶ Forse è questo il carattere che, più di ogni altro, le nuove generazioni hanno ereditato anche se, la post-modernità, ha trasformato l'utopia di questi ultimi anni in una "utopia debole", incapace di avere quella spinta in grado di modificare coscienze e comportamenti. le icone → Possiamo raccontare come la forza iconica sia ancora un valore aggiunto negli artefatti degli ultimi dieci anni: peculiarità propria non solo degli oggetti che hanno fatto la storia del design italiano, ma anche delle più recenti proposte che, non di rado, riescono ancora a divenire oggetti del desiderio che non solo si identificano con usi specifici, ma addirittura con "nomi" che ne definiscono il riferimento affettivo per chi li possiede. musei e conoscenza → Nel corso dell'ultimo decennio, sono sorti molti luoghi istituzionali con lo scopo di diffondere la cultura del design: dai Musei d'Impresa alla Collezione Farnesina, dalla Fondazione Valore Italia al Salone Internazionale del Mobile, da Abitare il Tempo all'apertura del Museo del Design italiano presso la Triennale di Milano. In particolare quest'ultimo ha cercato di rispondere alla domanda "cos'è il design italiano?" con le sue prime quattro mostre: Le sette ossessioni del Design italiano, Serie fuori serie, Quali cose siamo, Le fabbriche dei sogni, dove si sono rappresentati oggetti, idee, designer, imprese, visioni e paradossi del design italiano. Ma è cresciuta anche una specifica declinazione del design: l'exhibit design, che, con l'ausilio delle nuove tecnologie digitali, interpreta il progetto espositivo in termini più dinamici come immersione nella narrazione di ciò che è esposto, dando vita a forme sempre più interattive e destinate al coinvolgimento emotivo di tutti i sensi del fruitore. territori e valori → Il design italiano è anche fenomeno evocativo di una tradizione culturale e sociale legata ai singoli territori, che sono la rappresentazione di diverse culture materiali e di diversi valori e memorie. L'esperienza del fare come l'alta diffusione di piccole e piccolissime imprese che in Italia sono specifiche dei diversi contesti territoriali. L'esperienza del pensare, che ha permesso al design italiano di immaginare nuovi scenari sociali e nuove visioni per esperienze relative all'uso di nuove tecnologie o di nuove forme di produzione e consumo. ¶ Infine l'esperienza del vivere, diversa nei differenti contesti, negli oggetti d'uso, nei comportamenti, ogni volta peculiari di tradizioni consolidate. ¶ Tante diversità che compongono il comune scenario italiano, diversità accomunate da uno stesso carattere: il valore dell'esperienza vissuta.

→ b.
la cultura del progetto
di massimo arlechino

Come raccontare il percorso del design italiano? È questo l'ambizioso obiettivo che si pone il volume, nella consapevolezza che il racconto stesso può aiutare a custodire l'eredità di un prezioso patrimonio progettuale e culturale. ¶ La "cultura del progetto": questo è in ultima analisi il segreto dell'*italian design*, che si declina poi in varie modalità, tra le quali abbiamo ritenuto opportuno individuare quelle che costituiscono le diverse tematiche del nostro lavoro editoriale. Da un punto di vista realizzativo il fenomeno design ha potuto giovarsi del supporto di un sistema produttivo localizzato prevalentemente nell'Italia del nord, ma dal punto di vista di elaborazione concettuale e culturale esso si è sviluppato in tutto il nostro Paese, dando vita ad un sistema multipolare. Un sistema che ha saputo applicare la cultura del progetto alle realtà specifiche di ogni territorio, valorizzandole ed esaltandole, fuoriuscendo dall'ambito più tradizionale del disegno industriale. Le varie tipologie di "designs" che oggi occupano i piani di studio di tanti istituti accademici (*visual design, food design, experience design, communication design*, e così via) e le loro concrete applicazioni su tanti casi italiani, non sono altro che declinazioni di un'unica cultura nazionale. ¶ Tra i temi trattati in questo lavoro editoriale ne abbiamo uno che si intitola "L'ingegno del fare". Forse questa è la definizione che più efficacemente individua la peculiarità dell'Italia nel mondo. Una peculiarità che probabilmente affonda le proprie radici fin nelle corporazioni delle arti e mestieri medioevali, nelle gilde, nelle accademie. La contiguità tra "arte" e "mestiere", a volte nella stessa bottega, ha fatto sì che il nostro ingegno ritenesse naturale mettere insieme alta qualità produttiva e ricerca del bello, al punto da generare un sistema produttivo che, anche con l'avvento dell'industrializzazione, ha mantenuto sempre un'elevata elasticità realizzativa ed una grande capacità di adattamento (dei macchinari e dei rischi imprenditoriali) alle idee creative dei designers, riconoscendo in esse un valore aggiunto da non perdere per semplici "difficoltà nella gestione della linea di produzione". ¶ E il *Made in Italy* è questo: cultura, ricerca del bello e della qualità, capacità progettuale, capacità produttiva… l'ingegno del fare, appunto. ¶ Non è corretto identificare il design italiano solo con una specifica area geografica della nostra nazione. Esistono in Italia, e questo volume ne è una dimostrazione, svariati poli di ricerca e di sviluppo sul design. La scommessa deve essere, semmai, quella di riuscire a fare in modo che tutte le imprese italiane, e non solo quelle del nord, facciano ricorso al design come elemento di competitività sul mercato globale. Se nel passato (dal secondo dopoguerra) il design è infatti stato un indubbio trampolino di lancio per il successo delle piccole imprese del *Made in Italy*, oggi esso può svolgere un ruolo ancora maggiore. Sempre di più il valore della qualità di un prodotto diventa elemento vincente sul mercato. La competizione si sposta dalla fase di produzione vera e propria a quella precedente di sviluppo precompetitivo (progetto, prototipo, prove) ed a quella finale di distribuzione e commercializzazione. In entrambe, le applicazioni del design inteso come sistema concettuale e progettuale possono consentire di mantenere un vantaggio competitivo sulla concorrenza mondiale. Per questo motivo è fondamentale che la cultura del design si rafforzi sia nell'ambito delle attività di formazione superiore (università e ricerca), sia nell'ambito della tutela dei diritti di proprietà intellettuale ed industriale, sia nell'ambito dell'incentivazione agli investimenti in design (imprese, sistema bancario).

→ c.
dall'architettura al design
di umberto cao

L'ampia panoramica sulla cultura italiana del Disegno Industriale che *Comunicare il design italiano* si propone di illustrare ha un precedente illustre ne *Il disegno del prodotto industriale, Italia 1860-1980* pubblicato da Vittorio Gregotti per Electa, trent'anni fa. Le connessioni o le distante tra la grande monografia dell'82 e la raccolta di contributi critici di questo volume saranno certamente evidenziati con maggiore cura da altri colleghi, ma io credo che il percorso del giovane Design contemporaneo italiano, e forse anche di quello planetario, abbia le sue fondamenta proprio nella narrazione curata da Gregotti, guarda caso, "architetto" per eccellenza. Dall'elogio della macchina sospeso tra ideologia e pragmatismo, attraverso lo sviluppo dell'industrializzazione favorita dal conflittuale assestamento delle grandi nazioni occidentali, sino alla affermazione del consumismo e della conseguente supremazia del mercato sulla produzione, il Disegno industriale, nato come disciplina da una costola di Architettura, ha progressivamente assunto la sua connotazione definitiva. ¶ Per gli architetti della mia generazione – studenti negli anni sessanta – Architettura e Disegno industriale erano una cosa sola. Era ancora vissuta con passione la dirompente vicenda "De Stijl" (in fondo erano passati poco più di quarant'anni dalla sua fondazione), era ancora recente nelle Facoltà di Architettura il transito dall'accademia alla sperimentazione funzionalista, era inoltre forte la connessione tra "Visual Design" e immagine architettonica, ed era evidente in alcuni "maestri" – a Roma, Maurizio Sacripanti su tutti – la consapevole ibridazione creativa tra spazio architettonico e conformazione dell'oggetto. ¶ Questa esplicita connessione tra architettura e disegno industriale in Italia sarebbe durata quasi due decenni, esaurendosi sul finire degli anni settanta, quando la straordinaria e debordante vicenda degli studi urbani e del rapporto tra architettura e città spostò la deriva disciplinare e ampliò la scala di riferimento progettuale. Così Aldo Rossi progettò una "caffettiera" che sembrava un modellino dei suoi "battisteri" e, non per caso, proprio in quegli anni il Design acquistò, almeno nel panorama formativo italiano, una sua prima conformazione di disciplina specifica. ¶ Per quanto non sia la finalità di questo "Comunicare il Design italiano", io penso che sia impossibile misurare i valori ed i problemi del nostro Disegno industriale senza affiancarlo alla questione della sua definizione disciplinare e alla conseguente formazione universitaria. Ma penso anche che la sua connessione con l'Architettura sia il fondamento stesso della sua disciplina. E spiego perché. ¶ È risaputo che i designer italiani, almeno quelli in età matura e più affermati, essendo recentissima la costituzione di studi universitari di Disegno industriale, sono quasi tutti "architetti". Forse meno scontato è che rivendicano questa loro formazione, dedicandosi alla progettazione di oggetti d'arredo e d'uso spesso con orientamenti metodologici e figurativi non diversi dall'approccio di Aldo Rossi al tema della "caffettiera". Ancora di più, sono "architetti" quasi tutti i docenti dei corsi di laurea in Disegno industriale. Né deve sembrare contraddittorio parlare di questo legame ancora molto forte, guardando l'impulso che in questi ultimi tempi hanno avuto due altre componenti del Design italiano: da una parte quella della "comunicazione visiva", in modo evidente collegata alle nuove strumentazioni digitali ed alla creatività immaginifica che ha invaso anche il mondo dell'architettura; dall'altra quella della "definizione dei processi", non lontana dalle riflessioni sulla difesa sociale e salvaguardia dell'ambiente sin troppo attuali anche nella progettazione e costruzione degli edifici. ¶ Ma, più di ogni altra considerazione, è la realtà italiana che ci conferma questa legame forte tra Architettura e Design. L'accredito internazionale dei nostri architetti e designer non è certo dovuto alla capacità di gestire l'innovazione tecnologica e costruttiva, quanto alla naturalezza nella creazione di forme semplici, al privilegio dell'"elementare" sul "complesso", alla conservazione di una identità che ancora prefigura la supremazia di una dimensione artigianale su quella industriale globalizzata. ¶ Mi auguro che la nostra Università sia consapevole di questo e, vivendo un difficile momento nel quale la possibilità di sopravvivere risiede nella capacità di abbandonare i sogni per farsi pragmatici, si possa restituire al virtuoso legame tra Architettura e Design italiani non solo la dignità originale, ma anche la straordinaria potenza di fuoco della sua giovane tradizione.

→ d.
il design è uno
di medardo chiapponi

Il design – che di per sé è una disciplina dai molti volti e anime – ha nel tempo subito e generato diversi filoni di ricerca e ambiti di applicazione, tra i più recenti il design dei servizi, il design strategico, il design dell'interfaccia prima e dell'interazione poi, e altro ancora, proponendo una parcellizzazione quasi capillare del suo statuto originario. Una sorta di segmentazione concettuale che se da un lato è necessaria per cercare di organizzare il sapere in tutte le sue forme, dall'altra mette fatalmente in evidenza che nessuna elencazione o specializzazione possa essere completa ed esaustiva. ¶ Legittimo è dunque tentare di dare nome e forma a questa grande varietà di accezioni, ma ancor più legittimo, e direi necessario, è tentare di comprendere quanto ognuna di queste articolazioni sia una vera e propria declinazione o quanto piuttosto sia ancora vero che il "Design is one"[1]. ¶ Insomma, cosa tiene insieme tutto questo? Il nodo della questione, a mio parere, sta infatti proprio nell'analizzare il rapporto tra l'unitarietà della disciplina, che fa riferimento ad una metodologia organica compatta, e la grande varietà dei "temi" trattati. Questo stesso fenomeno mutativo che sta "accadendo" e che è "accaduto" al design negli ultimi anni, avviene anche in altre discipline, ad esempio nel campo della fisica o della medicina, ovvero in tutti quei campi dove - per vastità e complessità di ambito - è necessario un approfondimento e una specializzazione di competenze, che in linea di massima ha luogo sempre secondo un'unitarietà di pensiero e di metodologia. ¶ Questo è uno dei nodi della questione disciplinare del design su cui riflettere e che - anche a partire dalla definizione di disegno industriale che esattamente cinquant'anni fa Tomàs Maldonado formulava nel congresso annuale dell'ICSID – sarà uno dei temi del prossimo congresso ICSID, che si terrà ancora una volta a Venezia nel 2011.[3] Un'occasione, certamente, per una riflessione sul destino del design, tanto più d'obbligo se ci si riferisce a quello italiano. ¶ Il design italiano, noto in tutto il mondo per l'eccellenza, la qualità, l'eleganza e la raffinatezza formale, risulta da sempre fortemente legato ad una cultura artistico-visiva diffusa che ci pervade e che nutre quell'innata creatività tutta nostrana, in grado di dar forma alle idee. Se infatti nel "design classico", quello del Made in Italy per intenderci, la questione appariva legata essenzialmente ad un esiguo numero di categorie e tipologie di prodotto, per lo più connesse all'architettura e quindi all'arredo (anche se non mancavano eccezioni nei settori delle auto e dei calcolatori ad esempio), oggi i settori di riferimento per il design italiano sono numerosi, come numerosi sono le tecnologie a disposizione. ¶ Un po' come nei primi anni Sessanta quando, grazie allo sviluppo dell'industria chimica e alla scoperta del polipropilene ad opera di Natta, il design italiano si seppe far interprete dell'innovazione tecnologica, così oggi il nuovo design italiano deve saper tradurre in artefatti e sperimentare le possibilità aperte dalla ricerca nei campi della robotica, della nanotecnologia e dei materiali. ¶ È ancora qui che si gioca la sfida per il design, ovvero nel saper tradurre in applicazioni intelligenti le innovazioni tecnologiche, senza rinunciare a quello che è ancora conosciuto come italian style, sintesi di eleganza e qualità e specchio della nostra cultura.

1. L. Vignelli, M. Vignelli, *Design is One*, Images Publishing, Victoria (Australia) 2006.
2. Nel 1961, al terzo congresso ICSID (International Council of Societies of Industrial Design) tenutosi a Venezia, la vecchia definizione di Disegno Industriale, ratificata al primo congresso del 1959 a Stoccolma, venne sostituita da quella proposta da Tomàs Maldonado: "Il disegno industriale è un'attività progettuale che consiste nel determinare le proprietà formali degli oggetti prodotti industrialmente. Per proprietà formali non si devono intendere solo le caratteristiche, ma soprattutto le relazioni funzionali e strutturali che fanno di un oggetto un'unità coerente sia dal punto di vista del produttore che dell'utente. Poiché, mentre la preoccupazione esclusiva per le caratteristiche esteriori di un oggetto spesso nasconde il desiderio di farlo apparire più attraente o anche di mascherarne le debolezze costitutive, le proprietà formali di un oggetto – per lo meno come lo intendo io qui – sono sempre il risultato dell'integrazione di diversi fattori, siano essi di tipo funzionale, culturale, tecnologico o economico. Detto altrimenti, mentre le caratteristiche esteriori riguardano qualcosa come una realtà estranea, cioè non legata all'oggetto e che non si è sviluppata con esso, al contrario le sue proprietà formali costituiscono una realtà che corrisponde alla sua organizzazione interna, ad esso vincolata e che con esso si è sviluppata".

→ e.
i contenuti necessari
di umberto croppi

La parola design significa disegno, ma, al tempo stesso, progetto, idea, invenzione. Il termine, com'è noto, è anglosassone ma è nella nostra lingua che ha raggiunto quella capacità di contenuti che oggi riesce a evocare. Ed è proprio la complessità dei significati che il design assume in terra italiana che ci impone di considerare, nel momento in cui pretendiamo di averne una visione ampia e storicizzabile, il suo specifico valore territoriale, l'essere cioè un patrimonio diffuso, policentrico e multiforme che non ha paragoni altrove. ¶ Queste qualità hanno diverse origini, ma ve n'è una, talvolta trascurata, che ne rappresenta un tratto tra i più originali: il tempo, vale a dire la sua durata. Non vi è, infatti, al mondo un altro luogo in cui la laboriosità artigianale e industriale di realizzare oggetti d'uso comune abbia avuto una così permanente continuità e tradizione tale da sperimentare costantemente materiali e linguaggi espressivi, oltre che cimentarsi con temi estetici e tecnici. Tutte doti che solo la lentezza sapiente dei processi costitutivi e le prospettive di lungo impiego, tipicamente italiane, potevano spiegare e legittimare. ¶ In questo modo nel nostro Paese si sono via via raffinate abilità pratiche e trovate forme di specializzazioni manifatturiere e intellettuali che hanno consentito di vedere lontano e di cambiare il modo di osservare il consueto, il già noto. Basterebbe pensare a quell'invenzione straordinaria che è stata la 'prospettiva', un espediente capace di ordinare lo spazio nella sua rappresentazione ma anche di dare un senso diverso proprio al tempo. ¶ Di sicuro questo capitale, culturale prima ancora che disciplinare, rischia di essere sperperato perché le mutazioni prodotte negli ultimi venti anni sulla scena mondiale ne mettono in discussione peculiarità e primati. Non è solo una questione economica – costo della manodopera, disponibilità delle materie, accesso ai trasporti – poiché anche gli standard qualitativi non costituiscono più una prerogativa esclusiva italiana; né dobbiamo illuderci che siamo dotati di automatismi che ci mettono in salvo e in condizione di competere comunque. ¶ Del resto nulla era scontato neppure all'inizio dello scorso secolo quando l'Italia fronteggiava nazioni ad alto tasso d'industrializzazione e di competizione. In quel caso fu il terreno dell'arte quello che più di altri comprese le potenzialità offerte dai nuovi materiali e come piegarli, con soluzioni originali, ai caratteri dei nuovi modelli da produrre. Da lì in poi è disceso un palinsesto di requisiti così ampio e autentico che ha sviluppato una rete industriale particolarmente competente e una domanda esigente e attenta che ha contribuito a determinare un sistema virtuoso nella produzione e nel mercato. ¶ Tornando all'attualità, è fondamentale non trascurare alcuni vantaggi che naturalmente possediamo. Uno di questi è il corredo delle 'qualità', reali e simboliche, che i nostri prodotti possiedono, che si raffigurano in un ideale stile di vita. Una visione forse un po' mitica del nostro paese e delle nostre capacità ma che costituisce tuttavia un fattore fondamentale nel marketing: quello che gli altri devono inventarsi noi lo abbiamo già. L'altro è la dote dell'esperienza, che deriva da una pratica lunga e diffusa, tramandata attraverso l'insegnamento diretto, sul campo, ma anche tramite scuole di alta formazione, contenibile nell'espressione *Made by Italians*. E poi, se vogliamo, possiamo aggiungere il fattore 'x', vale a dire che gli italiani sono i primi testimonial della loro produzione. E anche questa affermazione si potrebbe racchiudere in una formula: *Made for Italians*. Tutto ciò sta a significare che il saper fare italiano ha un elevato peso specifico e pertanto dire che un prodotto è stato fatto in Italia produce un appeal che ne accresce il valore commerciale. Se dunque l'Italia è ancora capace di essere all'avanguardia in alcuni settori di nicchia (dalle nanotecnologie, alla fisica, alla meccanica industriale, tanto per fare alcuni esempi), è nel design, in quanto design italiano, che riesce a dare una rappresentazione di sé vasta, riconoscibile e riconosciuta che, oltre all'arredamento comprende la moda, la comunicazione, il food, fino ad arrivare alla progettazione di sistemi complessi e alle nuove frontiere della sostenibilità applicata alla vita quotidiana. ¶ Questo è il nostro giacimento, per fortuna non ancora dissipato, quello che invece a volte sembra mancare è la comprensione del suo valore da parte di chi dovrebbe implementarlo in termini di ricerca, di trasferimento di know-how, di facilitazioni normative; un deficit che costringe i suoi attori ad essere talvolta autosufficienti, sopperendo con fatica alle carenze di sistema. È vero che l'arte di arrangiarsi costituisce una delle nostre grandi prerogative ma potrebbe avvicinarsi il momento in cui non sarà più sufficiente. Per questo deve prevalere la convinzione che le risorse materiali e di saperi, in quanto ricchezze 'spontanee' del nostro territorio, devono essere messe in condizione di farsi volani di cultura e di economia e contrassegni permanenti della nostra identità.

→ f.
comunicare il design
di arturo dell'acqua bellavitis

La storia dell'oggetto industriale è strettamente correlata allo sviluppo della tecnica moderna, ma anche al modificarsi degli insediamenti umani sul territorio ed all'evolversi dell'architettura, così come delle forme di comunicazione ed alle cause socio-economiche del loro mutare. ¶ Gli oggetti d'uso, esprimono infatti il predominio di una classe, di una casta, di un ceto, di una cultura. ¶ Per la loro vicinanza all'uomo, gli oggetti d'uso denotano chiaramente l'atteggiamento dei diversi uomini fra loro ed i rapporti fra l'uomo e l'ambiente al suo intorno. ¶ Varie possono essere le forme attraverso cui comunicare il design, fra queste riveste particolare importanza il tema delle mostre, basti pensare a "Italy the New Domestic Landscape" che comunicò in modo efficace il design italiano al mondo. In tutto il movimento moderno l'attenzione dei designers e degli artisti è volta a chiarire quale ruolo giochi la tecnica nei riguardi dell'arte: se la tecnica, padrona della macchina, abbia sopraffatto la creatività artistica dell'uomo, o se invece un corretto rapporto tra arte e tecnica possa far sorgere un nuovo tipo di creatività. ¶ Nel secondo dopoguerra l'amore per la natura e per la propria casa, per il colore, hanno affinato il gusto e spinto a cercare oggetti sempre più corretti, tendenti a risolvere problemi di funzione, in forme morbide e fluenti. ¶ Per dare un ulteriore impulso alla creatività dei designer, nel 1954 venne istituito dalla Rinascente il premio Compasso d'Oro, che presenta ancora oggi le più interessanti proposte nel campo della produzione industriale. Il Compasso d'Oro nelle sue diverse evoluzioni oltre ad essere un chiaro specchio dei tempi diventa, nei confronti del grande pubblico, uno strumento di comunicazione di grande risonanza, tanto che spesso le aziende produttrici lo citano come testimonianza delle qualità dei loro prodotti. ¶ Per il design italiano un altro elemento di comunicazione importante è quello del museo. Il tema del Museo del Design è stato affrontato numerose volte, ma ad ogni passaggio di consegna del progetto, qualcosa è successo ad interrompere e far fallire il processo iniziato. ¶ Il Design è da tempo oggetto di attenzione in tutti i paesi industrializzati, che ne hanno storicamente riconosciuto il ruolo di espressione culturale e, più recentemente, di fattore di formazione del vantaggio competitivo. Il Triennale Design Museum che Milano ora ha, lo ritroviamo, in forme diverse e con connotati di volta in volta specifici, a Londra, a Parigi, a Vienna, a Zurigo, a Stoccarda, a Colonia, a Glasgow, a Copenhagen, a Helsinki, a Barcellona, a Salonicco, a New York, a Tokyo, a Osaka, a Sidney, perfino a Bombay. ¶ Ma se tutti questi musei espongono la loro collezione, il Triennale Design Museum intende formulare un nuovo modello per il Museo del Design che risponda ai mutati paradigmi del contemporaneo. ¶ Punto di partenza per qualsiasi strategia istituzionale di sviluppo che voglia proporsi con reali possibilità di realizzazione è stata infatti l'idea, radicalmente innovativa, che il Museo del Design fosse la somma di tutte le energie, luogo di incontro collettivo, di potenziamento delle sinergie all'interno del sistema, di espressione delle differenze. ¶ La situazione italiana è quella di una serie di "giacimenti", più o meno aperti e visibili, sparsi sul territorio. Si tratta di collezioni eterogenee o collezioni di musei d'azienda: è un patrimonio "diffuso". Questa distribuzione casuale, determinata nel corso degli anni da una mancata integrazione/interazione tra soggetti, è fortemente funzionale al concetto di "museo a rete", che punta all'integrazione dei diversi nuclei. ¶ Nell'elaborazione del progetto è emerso infatti come occorra ripensare anche alla radice il metodo di raccontare il design ed i metodi espositivi utilizzati fino ad oggi. È il "sistema oggetto" che deve essere il protagonista del museo, cioè quell'insieme di aspetti complessi, quella rete di interventi che hanno concorso alla formulazione definitiva di un determinato oggetto, quindi è necessaria una presentazione dei relativi progetti, disegni, processi di produzione e di quant'altro possa contribuire alla comprensione dei fatti specificamente connessi ai beni presentati da parte dei pubblici più inclini all'approfondimento, specie per evidenziarne la filogenesi; deve esserci quindi una contestualizzazione esauriente dei beni presentati (ossia la presentazione del contesto in cui comparvero e vennero utilizzati), sia per inquadrarli nel loro tempo, sia per riconoscere le loro conseguenze sui tempi successivi. Un importante apporto in tal senso è dato dalla narrazione diretta da parte dei protagonisti del progetto: designer, modellisti, produttori, tecnici, responsabili del marketing ecc. ¶ Inoltre, l'attività di design non si limita al product design, quindi il museo sottolinea, ed efficacemente rappresenta e comunica, un concetto di design allargato: ad esempio il design dei materiali, delle interfacce, delle strategie produttive e culturali di un'impresa (design direction), il design multimediale, sonoro, il movie design, lo space design ecc. ¶ Il criterio su cui si è fondato l'ordinamento è stato quello di prefigurare un museo che comunichi non solo i prodotti, ma anche le idee e i contesti che ad essi fanno riferimento. ¶ Pur non volendo negare la capacità evocativa ed esplicativa dei prodotti in quanto tali, la loro effettiva comprensione, e quindi anche la percezione dell'attività di design che li ha generati, non può prescindere dalla loro storia e dall'ambiente sociale, politico e culturale da cui sono emersi e che, successivamente, essi stessi hanno collaborato a trasformare. ¶ Ciò vuol dire anche considerare l'importanza dei vari attori, portare dentro al museo l'apporto di tutte le interazioni tra i realizzatori del progetto. ¶ Il museo si presenta come un insieme di mostre tematiche ciascuna delle quali rappresenta di volta in volta o un evento puntuale di particolare rilievo o un fenomeno che si sviluppa in un arco temporale della storia del design italiano o una riflessione critica e attualizzata su un tema ben preciso e argomentato. Si tratta di raggruppamenti che sezionano il prodotto ora dal punto di vista della storia dell'industria, ora da quello della storia del progetto, della storia della tecnica o della storia dei movimenti artistici, restituendo così tutta la complessità di cui è costituito il design stesso, ciò vuol dire che lo stesso nucleo è visitabile in chiavi diverse. ¶ In conclusione, è esposto non l'oggetto ma il "sistema-oggetto". ¶ Appare lapalissiano come l'allestimento diventi un fattore comunicativo di primaria importanza: gli spazi del museo sono allestiti in modo tale da permettere una chiara lettura dei diversi livelli di presentazione, permettere un rapido ed economico passaggio da un'esposizione alla successiva; permettere una certa caratterizzazione delle diverse esposizioni, soprattutto per ciò che riguarda la creazione di "atmosfere", giocando sulle diverse leve fra cui quella sensoriale. ¶ L'uomo combina istintivamente le proprie percezioni sensoriali vivendo esperienze sempre nuove. All'esigenza espressa da Joseph B. Pine e Jamen H. Gilmore (2000) di intensificare l'interazione sensoriale si aggiunge quella di Marion Verbiicken (2003) che indica la necessità di fornire all'uomo stimolatori intelligenti che alimentino i sensi ed il cervello con intrattenimento ed informazioni. ¶ Nell'era dell'Ambient Intelligence tecnologie sensibili alla comunicazione umana consentono interazioni intuitive attraverso la voce, i sensi e la gestualità creando nuovi punti e momenti di contatto nei nuovi ambienti a realtà mista, che stimolano tutti i nostri sensi dando origine ad un'esperienza olistica. ¶ Con il termine Poetic Interface, Rees e Cass (2003) si riferiscono alle interfacce che catturano l'utente in esperienze ricche di significati emozionali o intellettuali che durano molto oltre l'interazione. Così come un oggetto quotidiano può recitare la poesia dell'atto cui è destinato, così un'interfaccia può mediare il dialogo poetico tra l'uomo ed il mondo virtuale. In alcune delle mostre del museo alla lettura delle poetic interfaces l'utente viene ipnotizzato e, liberato da tempo e spazio, si perde nell'immagine, guarda attraverso, oltre, abbandonato al flusso emozionale. Così potrà leggere le qualità e capacità di un sistema, che comunica le proprie funzionalità attraverso il meta-linguaggio della poesia. D'altro canto la leva razionale stimola le facoltà critiche e creative dell'utente rivelandosi uno strumento particolarmente utile nell'era della knowledge economy, in cui l'apprendimento è un processo continuo piuttosto che intermittente. Nel museo esteso, assunta la concezione della conoscenza come bene condivisibile, piattaforme di sharing consentono a curatori, esperti, appassionati, fornitori, distributori, dipendenti, partner, stakeholder e visitatori di creare, condividere e pubblicare generando esperienze personalizzate. ¶ Contenuti rilevanti assumono così anche forma di narrazioni come nel caso di best practice, come è il caso dell'attuale esposizione curata da Alberto Alessi. Il coinvolgimento di tutti gli attori relazionati all'impresa attraverso la leva razionale la trasforma in una learning organization in cui si contestualizzano esperienze formative e di apprendimento narrativo. In accordo con Rutgers (2003) sistemi e strumenti Ambient Intelligence agevolano l'experientallearning in maniera essenzialmente intelligente, sociale ed umana. Ma comunicare il design è un processo in continuo mutamento ed anche il Museo della Triennale si domanda ad ogni edizione a quale leva strategica fare riferimento. Si pensa ad esempio per il futuro all'uso della leva emozionale. ¶ L'obiettivo cui ci si rivolge è soddisfare il bisogno umano di emozioni dando luogo a interazioni a livello reale e virtuale. Nell'Ambient Intelligence tutti questi concetti sono fondamentali sin dalla fase di ricerca e conducono allo sviluppo di progetti come quelli degli intimate media, veri e propri database di creazioni, collezioni, memorie, interessi e passioni personali. In essi si archiviano filmati, foto, testi e musica da godersi in solitudine o da mostrare ad amici per condividere esperienze emozionanti che coinvolgono profondamente. In questo modo il Triennale Design Museum diventa un ambito di continua fucina di sperimentazioni su come efficacemente comunicare con un pubblico molto vario e sfaccettato sia in termini di età (mi riferisco ad esempio al progetto Triennale Kids), che di estrazione culturale o di provenienza.

→ g.
le inquietudini del design italiano
di patrizia ranzo

Le profonde mutazioni sociali, economiche e produttive che attraversano il terzo millennio costituiscono lo sfondo della cultura del design contemporaneo. Eventi traumatici ma vitali hanno investito i vecchi assetti delle nazioni e delle economie, generando situazioni caotiche e fluide in cui solo visioni ampiamente prospettiche riescono ad incidere. ¶ In questo scenario il design italiano ha vissuto un'evoluzione complessa, caratterizzata dall'ampliamento della sua comunità culturale e professionale e soprattutto da una doppia rivoluzione, quantitativa e qualitativa. ¶ Il moltiplicarsi delle scuole di design, in Italia prima e in tutto il mondo poi, ha creato una nuova generazione di professionisti capaci di gestire, da un punto di vista multidisciplinare, il progetto di design in tutti i suoi aspetti. Il numero dei laureati in design è cresciuto in Italia in modo esponenziale e verticale: "Questa rivoluzione quantitativa – afferma Andrea Branzi – ha comportato anche la fine dell'epoca dei maestri nel senso che la lunga stagione che dagli anni cinquanta è arrivata alla fine del secolo, durante la quale il design era una professione esercitata da pochi grandi professionisti, ha lasciato il posto a una nuova e numerosissima generazione, che possiede caratteristiche e svolge compiti molto diversi, in un contesto industriale che attribuisce al design un valore strategico del tutto nuovo". La generazione dei nuovi designer ha di fronte un mondo completamente diverso; l'Italia dei grandi artigiani è completamente scomparsa, così come le aziende che sono state gli interlocutori dei maestri italiani sono quantomeno mutate profondamente. Il mondo della produzione, una volta fortemente integrato nei distretti o in aree geografiche concentrate, è diventato pulviscolare; la produzione è un evento che avviene intorno ad ogni singolo manufatto ed è geograficamente diffusa. Un mondo instabile ed in continua espansione, che richiede una cultura del progetto capace di coordinare innumerevoli aspetti, che superano la natura specifica dell'oggetto. In un sistema così mutevole ed impermanente, il designer ha sviluppato una natura fortemente sensitiva, attento più che alla specializzazione progettuale, alla capacità di prefigurare, gestire, sperimentare in prima persona. La rivoluzione qualitativa attiene dunque a due specifici aspetti: il contenuto di ricerca che sottende ogni progetto che in genere supera gli aspetti funzionali e qualitativi specifici, e la conseguente capacità della disciplina del design di estendere le proprie competenze a tutte le problematiche di un mondo che evolve attraverso le merci. ¶ Di fronte a queste profonde trasformazioni il design italiano ha risposto con una miriade di laboratori di ricerca (individuali, universitari, sociali, produttivi...), quasi in sostituzione di un'industria incapace di porre domande alle quali rispondere progettualmente. Il lavoro del designer, oggi, si concentra molto sull'individuazione delle problematiche di progetto, prima ancora che delle sue risoluzioni. Ogni oggetto diventa quasi un manifesto, in modo molto affine alle caratteristiche della società contemporanea, dove ciò che viene consumato è soprattutto il valore comunicativo, la sua forza caratterizzante. ¶ Questo atteggiamento progettuale ha caratterizzato il lavoro dei giovani che, lontani dal mondo dei maestri – e spesso lontano dal mondo produttivo – dialogano direttamente con il mondo degli utenti, in un rapporto quasi simbiotico di comunicazione e collaborazione. ¶ I Fossili Moderni di Massimiliano Adami, come le "100 chairs for 100 days" di Martino Gamper, le sperimentazioni tra biotecnologia e design di Elio Caccavale, e molte altre sperimentazioni dei laboratori indipendenti delle nuove generazioni, corrispondono alla valenza espressiva e comunicativa della ricerca del design contemporaneo. Oggetti manifesto che ci parlano delle inquietudini e delle problematiche che increspano il mondo tardomoderno, delle tecnologie o dell'iperpresenza delle merci. Oggetti parlanti, confinanti spesso con l'immediatezza del linguaggio artistico ma in realtà di natura profondamente realista. ¶ La portata delle rivoluzioni contemporanee (sociali, tecnologiche e scientifiche), la velocità con cui hanno investito il quotidiano, ha determinato una profonda trasformazione nella cultura del design italiano e, più in generale, nel mondo. Dagli oggetti bianchi ed opachi dell'inizio del decennio si è progressivamente passati ad immagini forti ed estreme, che portano in superficie il mondo così com'è: caotico, problematico, inquietante, oppresso dalle merci e dagli oggetti, dall'inquinamento non solo materico ed ambientale, ma anche verbale e relazionale. La natura del design, di fronte al rumore del contemporaneo, diviene fortemente critica ed espressiva, strumento di disobbedienza; dal punto di vista storico, si riammaglia alle esperienze italiane degli anni Sessanta e Settanta piuttosto che al design delle belle forchette e delle sedie iperleggere. Le sperimentazioni di Design Methaphors di Ettore Sottsass sono molto più vicine di quanto si pensi al design di questi anni, ma con una differenza sostanziale: la totale assenza di un orizzonte ottimista del design a favore di un realismo estremo. Nel 1973 Sottsass scriveva: "Può accadere, ad un designer che si trovi a progettare oggetti, che questi non siano assolutamente utili alla civiltà industriale nella sua configurazione presente, ma che servano per rilasciare energie creative, per suggerire possibilità, per stimolare consapevolezza, per riportare indietro le persone nel cuore del pianeta... e può anche capitargli di usare il consumismo e di adattarlo a questa idea così che diventi una forza liberatrice, piuttosto che una forza condizionante. Questo è difficile, molto difficile, si sa, ma questo non significa che non possiamo provare". ¶ Paola Antonelli, riferendosi soprattutto al design di Anthony Dunne e Fiona Raby, alle sperimentazioni di Michiko Nitta, ai progetti di Ralph Borland, parla di Critical Design in riferimento ad un atteggiamento culturale che, estendendo le proprie sperimentazioni in una molteplicità di settori (dalla biotecnologia alla performance art, dalla comunicazione alla progettazione di oggetti tecnologici), denuncia il proprio atteggiamento non consenziente al contesto sociale e culturale dominante. Le esperienze estetiche contemporanee si ammantano spesso di cinismo o si alimentano degli orizzonti (temuti o auspicati) del transumanesimo: ibridazioni tecno-corporali, tecnologie bioingegneristiche che estendono le capacità umane. Un design che punta alla riflessione, anticipando possibili scenari in modo concreto e realistico; utopie realizzabili, che in effetti sono già in tanti laboratori scientifici. "Il processo di Critical Design non porta immediatamente a oggetti utili, quanto piuttosto a spunti di riflessione la cui utilità è insita nella capacità di aiutare altri a prevenire e dirigere i risultati futuri. Il compito del Critical designer è essere una spina nel fianco di politici e industriali, ma anche partner per scienziati e per quanti operano a difesa dei consumatori. Quello, inoltre, di stimolare discussioni e dibattiti sulle future implicazioni sociali, culturali ed etiche delle decisioni sulla tecnologia che si prendono oggi". ¶ L'atteggiamento critico che riscontriamo nel design di questi ultimi anni ha molte matrici, da quella ambientalista a quella della del rifiuto dell'identificazione dell'uomo con il destino di consumatore, dalla disobbedienza sociale alla critica all'evoluzione scientifica derivante dalla saldatura tra biologia e tecnologia. La ricerca di senso è lo scenario complessivo che comprende tutte le esperienze; la progressiva saturazione quantitativa del mondo attraverso le merci desta numerose inquietudini, alimentate da una ricerca scientifica e tecnologica che procede con un suo progetto autonomo rispetto alle esistenze. Scrive Andrea Branzi: "Forse è proprio questo assetto del design attuale che comincia a farmi nascere dei dubbi; questa sua capacità di produrre una sorta di elettrolisi che riveste con una pellicola cromata la superficie del mondo esistente; senza la capacità di confrontarsi con la dimensione nuova e profonda di questo mondo, che non è più lo stesso del secolo scorso. È un mondo che forse non è cambiato dal punto di vista qualitativo, forse è peggiore di quello precedente, ma certamente è molto più grande, più complesso e più profondo."

→ h.
il tempo del design
di massimo ruffilli

Cosa ci riserva il futuro? Sembra che dovremmo affrontare problemi molto complessi. L'esaurimento delle risorse, il surriscaldamento del pianeta, il fondamentalismo religioso, l'ascesa di nuovi paesi ed il declino dello stile di vita dell'occidente, rappresentato dalla superpotenza americana. Già oggi, la realtà contemporanea registra grandi mutamenti. L'avvio di nuovi mercati dopo l'apertura ai paesi dell'est, le crescenti massicce immigrazioni dai paesi del sud del mondo, stanno portando ad assetti economici, sociali e degli insediamenti umani completamente nuovi. ¶ Il cambiamento riguarda lo spostamento geografico e la nuova ricollocazione a livello globale dei luoghi della produzione e dei centri mondiali del potere finanziario ed economico. ¶ L'Europa rappresenta il ponte geografico tra due mondi, l'occidente e l'oriente e da sempre si trova a dover gestire questi passaggi ed a essere teatro del cambiamento. Questo ruolo di territorio di mezzo può e deve rappresentare un'opportunità, ma tutto avviene con una velocità di trasformazione rispetto alla quale la politica comunitaria non è stata ancora capace di adeguarsi con una risposta altrettanto celere. ¶ Uno dei fenomeni più preoccupanti e pericolosi di questo nuovo sviluppo è che tende ad aumentare lo sfruttamento incondizionato delle risorse naturali e delle risorse energetiche non rinnovabili. Il domani dipende da come intendiamo usare le innovazioni tecnologiche, e come sostiene l'economiasta Jacques Attali, da quanto sapremo condividere con gli altri le nostre capacità creative. ¶ La crisi dell'energia nucleare rende ancora più drammatico il quadro delle risorse energetiche. Questo insaziabile bisogno di produrre e di ingurgitare energia ci induce ancora di più ad uno sfruttamento incontrollato delle risorse residue, soprattutto nei luoghi del mondo dove il controllo di tale sfruttamento è assente. Questo sta aggravando enormemente il problema ambientale a livello mondiale. ¶ Il programma Strategia Europa 2020, per superare la profonda crisi socio-economica attuale, individua tre priorità: crescita intelligente, crescita sostenibile, crescita inclusiva. Tuttavia si deve fare i conti anche con una possibile "decrescita". ¶ Di prioritaria importanza è il tema ambientale e quello di concepire uno sviluppo sostenibile in cui ricerca e innovazione siano finalizzate all'utilizzo di fonti di energia pulite e rinnovabili, in alternativa al consumo di quelle non rinnovabili o ad altissimo rischio di pericolosità come l'energia nucleare. ¶ Un ruolo determinante nella gestione di tali trasformazioni, deve essere supportato dalla capacità progettuale di adeguare il sistema degli insediamenti territoriali, dell'edilizia, dei nuovi prodotti e dei nuovi servizi alle nuove esigenze di una società in trasformazione. ¶ Negli ultimi anni abbiamo assistito ad un progressivo impoverimento di contenuti non tanto nel campo teorico dell'architettura, quanto nelle realizzazioni concrete. ¶ Dove è finito il disegno, il gusto, il senso del bello, l'identità culturale, il linguaggio di una società che vuole esprimere dei valori, dove è finito il progetto? ¶ Per vedere delle belle architetture dobbiamo guardare ai grandi esempi del passato, alle realizzazioni dei grandi architetti, rivolgersi alle pubblicazioni di architettura o addirittura sognare nella dimensione virtuale. Per quel che riguarda l'urbanistica ancora peggio. ¶ Andrea Branzi, già alla fine degli anni settanta, aveva preconizzato la morte dell'architettura, che non aveva saputo accettare la sfida della modernità. ¶ Oggi assistiamo alla morte della cultura del progetto d'architettura in senso tradizionale. La progettazione delle città e delle abitazioni è ridotta ad un'operazione meramente tecnica relegata al rispetto di burocrazie e normative. ¶ È per questo motivo che si sta facendo avanti il ruolo disciplinare del design. ¶ Tra tutti i campi della progettazione, quella del design è rimasta la più libera, la più creativa, la più dinamica e al passo coi tempi, la più rappresentativa della cultura contemporanea. ¶ Il design ha sviluppato nuove metodologie progettuali come il Design Discourse, il Design Driven, l'Use Centerd Design, il Design for All, il Design per la Sostenibilità Ambientale, che hanno perfezionato strumenti e metodi che si stanno diffondendo anche nel campo della progettazione architettonica ed urbanistica. Il design ha soprattutto mantenuto al centro del proprio interesse l'uomo e conservato forte il ruolo del disegno, nel senso stretto del termine, in quanto progetto capace di prefigurare e gestire il proprio futuro. ¶ Il design, inoltre, come opportunità di esprimere un'idea, un'ideale, una nuova concezione, in cui il disegno, in quanto segno grafico, assume non solo un valore semantico di significato, ma anche un valore come espressione di una volontà realizzativa, concreta, di una presa di posizione, di una capacità di decidere, di "disegnare" il progetto. ¶ Il suo campo di applicazione si sta progressivamente allargando con l'affermazione del design strategico in molti più ampi settori, servizi, comunicazione, in cui l'oggetto di progettazione si possa vedere come un prodotto o come un sistema di prodotto. ¶ Il design quindi come riscatto del progetto, del valore del progetto, del valore del disegno, del segno grafico che imprime nelle cose che ci circondano, esprime non solo i valori o il dinamismo della contemporaneità, ma soprattutto l'uomo. ¶ La progressiva frattura venutasi a creare tra architettura e design, vede quest'ultimo rivendicare la propria autonomia culturale. ¶ "Da semplice strumento della civiltà industriale, il design ha conquistato gradualmente il proprio status di disciplina autonoma, sganciandosi dal ruolo di arte minore rispetto all'architettura e proponendosi come punto chiave per la rifondazione del progetto". ¶ La ricerca e l'innovazione ci devono condurre a dare risultati capaci di indurci a riflettere ed anche a rimettere in discussione il nostro stile di vita. ¶ Il design è stata l'unica disciplina del progetto che storicamente è stata in grado di insediarsi nelle pieghe nascoste dell'abitare, introducendo nei luoghi del privato, le tecnologie più innovative e stemperando, inoltre, l'anonimato del prodotto industriale. Oggi anche la civiltà della macchina è in crisi ed il concetto di produzione ad ogni costo, non sembra essere più una "legge naturale". ¶ Non deve più essere la società a somigliare ad una fabbrica, come avevano previsto gli utopisti inglesi alla fine dell'ottocento, ma è la fabbrica che deve uniformarsi alla società ed ai suoi cambiamenti. ¶ Il design, dunque, può e deve diventare il capofila delle "arti applicate" ed attraverso queste, procedere a rifondare l'architettura ed anche l'urbanistica. ¶ Le arti, che erano state definite "minori" dal gigantismo architettonico più fanatico, devono tornare a dominare il progetto perché oggi proprio l'architettura e l'urbanistica sono diventate "minori" e non basta più la scala dimensionale ad affermare la qualità di un prodotto. La catena che collegava l'arredamento all'edificio e l'edificio alla città si è interrotta. ¶ L'edificio, sempre più brutto e periferico, sganciato dall'ambiente e dalla realtà, non si sposa più con il mondo dell'oggetto, che viceversa, aiuta, supporta e sostiene la vita contemporanea. ¶ Progettare, dunque vuol dire, oggi, progettare la vita dell'uomo contemporaneo e dunque, oggi è forse più importante progettare una sedia, una cucina, un'auto, o una bella barca, piuttosto che un brutto contenitore edilizio. Tutta l'architettura moderna, del resto, è nata dalle arti applicate, all'inizio del secolo scorso, e tutte le spinte innovative sono nate da progettisti che agivano sulla dimensione dei singoli oggetti e sulle possibilità di creare, attraverso il loro uso, un nuovo rapporto tra utente e manufatto, tra tecnica ed espressione, tra lavoro e cultura. ¶ Già nel primo novecento queste possibilità venivano sottolineate dagli uomini migliori della cultura del progetto. Si annunciava già allora che sarebbe arrivato, il "Tempo del Design". Adolf Loos sosteneva che l'architettura realmente operante era quella degli interni, dal momento che l'architettura civile non era già più una struttura culturale attiva nella vita della città. Ebbene, oggi il tempo del design sembra essere davvero arrivato. ¶ Al design, "arte applicata al prodotto industriale della civiltà contemporanea", come lo definiva Tomás Maldonado alla scuola di Ulm, spetta il compito di riaffermare il valore sperimentale del progetto che ha luogo nella cultura dell'artigianato evoluto e che si deve porre a fianco della produzione di serie e non contro questa. ¶ Il gesign si potrà così interessare anche di nuovi modelli abitativi ovvero nelle forme di una nuova civiltà domestica, di nuovi comportamenti, di nuovi oggetti, colori, profumi, musica, immagine, decorazione. ¶ Il design come cultura della "felicità del fare" che recuperi la natura dell'uomo rivolta alla sua espressività. Dunque, nuova qualità di vita e nuovi modi di usare sia la casa che la metropoli.

→ i.
l'italia del saper fare
di maria benedetta spadolini

La storia della professione del designer, come oggi la intendiamo, è ancora breve e focalizzabile in poche fasi evolutive che dalla rivoluzione industriale conducono alla nascita delle moderne strutture didattiche e di ricerca. Di contro moltissimi sono i personaggi e gli oggetti che hanno contraddistinto questa evoluzione, legati ad aree e periodi storici ben individuabili e delimitabili. ¶ Tra le grandi nazioni che hanno contribuito a formare questa storia, l'Italia è l'ultima che ha iniziato istituzionalmente il processo di salvaguardia delle proprie esperienze progettuali e produttive. Caso assai emblematico, in un territorio pieno di archivi, spazi espositivi, collezioni, nel quale il turismo culturale è fonte inesauribile di attività promozionali. Tra le cause di questa anomalia, al fine di trovare un motivo culturalmente accettabile, possiamo individuare l'impossibilità di semplificare metodologicamente la storia del Made in Italy, con la conseguente difficoltà di limitare a soli pochi casi gli oggetti ed i protagonisti che hanno permesso la sua nascita e sviluppo. Le quantità di prodotti e progettisti, che si sommano in settant'anni di storia, rendono assai delicato l'individuazione di metodi esatti in grado di assoggettare le collezioni permanenti a scelte universalmente condivisibili. La complessità dell'evoluzione e le diversità tipologiche, sono aspetti difficilmente delucidabili in pochi esempi e rendono necessario un progetto più ampio di archiviazione che coinvolga, in senso diffuso, l'intera nazione in un percorso espositivo fatto per episodi, legato agli sviluppi locali, alle filiere ed aree produttive. Un design per i beni culturali che si occupi non solo del prodotto ma anche dei designer e del design. ¶ Trasmettere la complessità dei metodi progettuali è quasi impossibile e sostenere l'importanza del singolo oggetto o personaggio rischierebbe d'essere inesaustivo. Possiamo evidenziare una delle infinite strade percorse, giungere ad esporre considerazioni di mercato, focalizzare i target di riferimento dei singoli prodotti, oppure giocare con l'interattività e condivisione delle informazioni per assecondare il fruitore nella sua necessità di acquisire conoscenze. ¶ Siamo ad un bivio in cui dover scegliere tra musei come sistemi di archiviazione ed informazione o come luoghi di intrattenimento, come strumenti d'evoluzione o rappresentanza di un'epoca, musei locali o nazionali, specializzati per tipologia o settore merceologico, per singoli personaggi o scuole di provenienza, per tematiche sociali o formali, sistema di propaganda nazionale o di singoli marchi. Musei, in definitiva, statici o dinamici, attivi o passivi. ¶ È inconfutabile che il Made in Italy ha rappresentato e rappresenta un lato importante della nostra storia sia sociale che economica, non documentare il suo sviluppo, non ottimizzare la sua potenzialità, toglie in fondo la possibilità a chi visita l'Italia di comprendere dove sia finita o come si sia trasformata la nostra capacità di pensiero, limitando la possibilità di intuire la continuità storica dell'attitudine pratica e culturale del fare italiano.

27
§
20.00.11 antologia
il design italiano
il design italiano innovazione per cultura

§

01 comunicazione
coordinamento carlo martino

01.a **note sulla comunicazione del design italiano**
di carlo martino
01.b **la comunicazione del design: apparenze sensibili**
di daniela piscitelli
01.c **comunicazione del prodotto e prodotti culturali: l'esempio degli house organ italiani**
di carlo vinti
20.00.11 **raccolta iconografica**
a cura di cinzia ferrara

coordinamento ricerca sapienza università di roma
team di ricerca sapienza università di roma,
II università degli studi di napoli,
università iuav di venezia,
università degli studi di palermo

01 comunicazione
01.a note sulla comunicazione del design italiano
di carlo martino

L'ambito della comunicazione è da sempre parte integrante del Sistema Design Italiano e, al pari della specificità di altri due attori, i designer e le imprese, è certamente tra quelli che maggiormente ne hanno determinato il successo, se non addirittura contribuito a costruirne il "mito". ¶ "(...) prima di possedere la sedia o la poltrona, il divano o il casalingo dalle linee moderne e dai materiali innovativi, i consumatori hanno conosciuto le loro immagini, i loro nomi e la loro qualità dalle pagine degli annunci pubblicitari, dagli opuscoli promozionali, dai cataloghi e dalle riviste" (M. Piazza, 2010). ¶ L'immagine, come afferma Mario Piazza, ha rappresentato spesso il primo medium del design italiano, il primo contatto tra prodotto e consumatore. Un'immagine che è stata ed è di volta in volta illustrazione, fotografia, pagina pubblicitaria, catalogo, marca, prodotto o vetrina, e oggi frame, video, banner, ecc.

note sulla comunicazione del design italiano → **L'originale combinazione tutta italiana** tra progetto, produzione e comunicazione, ha certamente rappresentato una formula del design ben riuscita, trasversale ai diversi settori merceologici, di grande efficacia persuasiva, ma non banalmente replicabile. ¶ Posta in senso etimologico la riflessione sulla "comunicazione del design"[1] sembrerebbe dover affrontare solo l'aspetto della "divulgazione" e della "promozione" culturale del progetto, rischiando di tralasciare altre sue finalità, quali la promozione commerciale o la pubblicità. ¶ "La Comunicazione del Design" in generale, e quella italiana in particolare, sembrerebbe oggi più vicina a quelle forme di attività che il semiologo Ugo Volli fa rientrare nel cosiddetto "circuito seduttivo" (U. Volli, 2007), in quelle manifestazioni cioè in cui convivono una forte esposizione dell'emittente – in questo caso il sistema design in tutte le sue componenti – e una pesante pressione sul ricevente – il pubblico destinatario. ¶ Essa è in realtà un insieme d'attività strettamente connesse al design, rappresentandone, di fatto, oltre ai significati etimologici, un vero e proprio contesto in cui il design oggi si muove e di cui si alimenta, un vero e proprio *mediascape*, come sostiene l'antropologo Arjun Appadurai, un paesaggio costituito dalla "rete della comunicazione globale" (F. Carmagnola, 2006), grazie al quale il design esiste.

note sulla comunicazione del design italiano → **All'inizio, cioè quando in Italia i primi prodotti industriali** erano progettati da personaggi come Marcello Nizzoli o Giò Ponti, il messaggio promozionale, che passava anche per la costruzione dell'identità della marca, era un elemento di corredo alla progettazione di prodotto che veniva prima di qualunque altra cosa. ¶ Oggi il design, anche in Italia, vive un rapporto più che mai simbiotico con la comunicazione, grazie anche alla grande disponibilità e alla pervasività dei nuovi mezzi; un rapporto che vede spesso invertire le sequenze, prima il messaggio e poi il prodotto – e quindi condividere, in una dinamica appunto biunivoca, le principali tematiche del contemporaneo. Per cui accade che la comunicazione traduca coerentemente e trasferisca ai diversi pubblici i concetti su cui il design sta lavorando, amplificandone gli effetti, e il design a sua volta, tragga dai linguaggi, dalle icone e dalle modalità del fare comunicazione spunti creativi, assorbendoli pienamente e declinandoli nelle diverse articolazioni del progetto. ¶ Accade persino che il design venga consapevolmente generato per essere consumato dai processi di comunicazione, come ha teorizzato per anni Vanni Codeluppi, e dimostra la recente diffusione per esempio degli *Showpieces*, pezzi unici o in edizione limitata, molto scenografici e dalla chiara destinazione comunicativa effimera. ¶ È potentissimo, infatti, tutto il sistema che si è sviluppato e si è evoluto intorno al design italiano a partire dalla seconda metà del Novecento. È possibile affermare con credibile certezza che nessun altro Paese, tranne forse oggi la Cina, abbia mai avuto una così alta concentrazione di testate giornalistiche specializzate, un così fitto calendario di fiere ed eventi, uno stuolo di studiosi, teorici e storici del design, uniti a grafici e fotografi, tesi a "comunicare" quanto designer e imprese vanno facendo.

1. "Comunicare" deriva dal latino communico che significa "mettere in comune", "far partecipe", "far conoscere" appunto e la parola "design", com'è noto, è un termine inglese che si traduce in "progetto".

note sulla comunicazione del design italiano → **La comunicazione del design italiano** coinvolge oggi tutte le componenti del sistema, ed il fenomeno nuovo sta proprio nelle inedite combinazioni tra di essi. Le imprese, ancora oggi finanziatori più attivi; i designer, che si autopromuovono; le associazioni che contribuisco a creare le "community" del design ad organizzare premi e riconoscimenti anch'essi pienamente compresi nei processi di comunicazione; le scuole, impegnate a gestire il mercato pubblico o privato della formazione; la ricerca, tesa a far comprendere il suo senso ed il suo valore, la stessa editoria, costretta a trasformarsi costantemente in un mercato ad alta concorrenzialità. ¶ Il design italiano, più che in altri periodi, negli ultimi anni è sembrato esistere, più che in altre forme, proprio nell'azione del comunicare. Più che impegnarsi nella costruzione di una coerenza di segni e di messaggi si è impegnato sul come entrare pervasivamente nell'immaginario collettivo. È successo, infatti, che la comunicazione, intesa come momento in cui si organizza l'informazione o il racconto da dare fuori, da esternare – sia in termini di *identity* che di *image* – si sia trasformato

→ Logo Illy caffè.

→ Logo Fiat auto.

→ Logo Olivetti.

in un famelico sistema, che genera domanda di prodotto da consumare con rapidità e con voracità. Per esistere bisogna comunicare, e per comunicare bisogna costruire un racconto, una notizia e alimentare la sete di novità. Il sistema ha imposto un'accelerazione dei ritmi che si è rivelata insostenibile, sia per chi era chiamato a produrre novità, sia per chi deve consumarle. Si è, infatti, creato un circolo virtuoso, che fortunatamente ha visto un'importante battuta d'arresto proprio in questi anni di profonda crisi economica. I pubblici, prima costantemente alimentati di novità, da bulimici si sono trasformati in selettivi e anoressici. ¶ L'accelerazione e la proliferazione entropica del sistema di comunicazione ha toccato tutte le sue leve. I media tradizionali, a stampa, che si sono moltiplicati e internazionalizzati, e soprattutto si sono trasformati in imprese articolate in cui la testata è diventata brand ed è stata chiamata a gestire eventi e a smaterializzarli in sistemi on-line o in broadcasting. I media specificamente pensati per la rete, le e-zine, i web-magazine ecc. che ancora embrionali, sembrano legarsi alle logiche dei social network, e pongono problemi di gestione e di sedimentazione dell'informazione. L'advertising, che nell'esponenziale sviluppo ha investito tutti i media: la TV, la rete, abbracciando anche le nuove modalità virali e la guerrilla. I sistemi espositivi, che hanno visto crescere il fenomeno fieristico fino quasi alla saturazione, con l'incremento dei calendari di mostre ed esposizioni specializzate, fino alla creazione di veri e propri sistemi di amplificazione attraverso l'organizzazione di eventi. ¶ Gli showroom, che hanno rappresentato un modo tipicamente italiano di comunicare e di curare l'*image* del brand affidandosi alla progettazione di autorevoli firme dell'architettura.

C. Branzaglia, *Comunicare con le immagini*.
Paravia Bruno Mondadori Editori, Milano 2003.

F. Carmagnola, *Il Consumo delle immagini.
Estetica e beni simbolici nella fiction economy*.
Paravia Bruno Mondadori Editori, Milano 2006.

G. Fabris (a cura di), *La comunicazione d'impresa*.
Spirling & Kupfer, Milano 2003.

C. Martino, *La produzione del Design*, VI appendice.
Istituto dell'Enciclopedia Italiana Treccani, Roma 2000.

V. Pasca, *Il Design oggi*. Op. cit, Electa Napoli,
gennaio 2008, n. 131, pp. 18-35.

M. Perniola, *Contro la comunicazione*,
Luigi Einaudi Editore, Torino 2004.

M. Piazza (a cura di), *La grafica del Made in Italy.
Comunicazione e aziende del design 1950-1980*,
AIAP Edizioni, Milano 2010.

U. Volli, *Il nuovo libro della comunicazione*.
Il Saggiatore, Milano 2007.

note sulla comunicazione del design italiano → **Infine la comunicazione attraverso il prodotto.** Una caratteristica che ha distinto il design italiano, per il valore iconico degli artefatti disegnati e realizzati in questo nostro Paese. Quello che molti definiscono "marchio di forma", ha rappresentato il più forte elemento distintivo del nostro fare design, sia materiale che immateriale, e negli ultimi anni forse quello meno curato. Il valore comunicativo della forma dell'artefatto è ancora molto forte: ¶ "Oggi (…) è possibile considerare il prodotto non soltanto per l'importante contributo che è in grado di fornire al bilancio aziendale, ma anche per il suo ruolo come strumento chiave all'interno del mix di comunicazione dell'impresa" (V. Codeluppi, in G. Fabris, 2003). ¶ A partire dagli anni Ottanta e Novanta, questo approccio semantico ha visto una forte spinta propulsiva, fino a comprendere che un'attenta manipolazione dei contenuti comunicativi, esercitata attraverso la forma del prodotto, non solo può indurre all'acquisto per empatia o per affezione, ma può anche invogliare a una rapida sostituzione, e quindi dare il via alla formazione di una nuova domanda di prodotto. ¶ Nei primi anni del nuovo secolo, aziende e progettisti italiani hanno compreso appieno tale potenzialità manipolativa, dando il via a fenomeni di ridondanza semantica o di gadgettizzazione del design. Per cui ha prevalso, su tutti, un approccio ludico, che però ha esaurito in breve tempo il suo contenuto innovativo, creando un rumore semiotico che ha richiesto il ricorso ad altri escamotage. Tra questi: l'*off scale*, il gigantismo dimensionale; il *new baroque*, il recupero critico di stilemi e apparati decorativi del passato; il *multiculturalismo*, la valorizzazione cioè di codici decorativi di culture altre.

→ Campagna pubblicitaria di Flexform. Foto Backaus.

→ A. Citterio, sedia Vitra. Foto Zagnoli.

note sulla comunicazione del design italiano → **La crisi economica** ha per fortuna rallentato tutti i processi di accelerazione e di consumo insostenibile che il sistema della comunicazione aveva messo in moto e che per citare Perniola, sembravano più orientati al mantenimento dell'eccitazione che al raggiungimento del piacere (M. Perniola, 2004). ¶ Si sono riaperti nuovi spazi per la riflessione sul senso del produrre e del consumare, e nuovi scenari sono da costruire, salvando quanto di positivo e unico c'è stato nel design italiano, compresa la comunicazione.

01 comunicazione
01.b la comunicazione del design: apparenze sensibili
di daniela piscitelli

In un'epoca di vittimismo mediatico come la nostra, dove ci siamo convinti che 'ci possono convincere', dove siamo in cerca di un grande comunicatore cui dare le colpe della nostra pigrizia e della nostra ignavia, ricondurre la comunicazione al suo background umanistico è un compito fondamentale (Franco La Cecla).

la comunicazione del design → Estensione, razionalizzazione e spettacolarizzazione [1] sono i tre elementi che, per Fulvio Carmagnola, contribuiscono al mutamento della figura del progettista laddove questa spettacolarizzazione non entra in contrasto con la laicizzazione e la crescita del design come fenomeno di massa.[2] Un fenomeno che, "nella mutazione genetica del Made in Italy, vissuta nella transazione dal fordismo all'economia immateriale, rappresenta uno dei principali motori dell'innovazione di cui l'impresa ha bisogno per competere sul mercato"[3] e che alimenta una realtà, quella del Sistema Design Italia, che potremmo definire oggi non più solo come un comparto produttivo, bensì come "un attivatore sociale"[4] che attraverso vivacità culturale, intensità di relazioni[5] e gemmazione di network genera sviluppo economico e insemina e fa germinare processi e non solo artefatti. Medialità, estetica ed economia diventano quindi valori interconnessi nei quali tutto il sistema design si alimenta e in questa dimensione permangono solo quei prodotti che attraverso la propria "apparenza sensibile"[6] producono una superiorità in termini di desiderabilità mediata attraverso le immagini.[7] "L'economia dell'immaginario, di cui il design come sistema costituisce uno dei punti più alti"[8], superata la dimensione propria delle grandi esposizioni o delle riviste come strumento di proposizione di prodotti ma anche di approfondimenti critici, vive una dimensione nella quale prevalgono i concetti di relazione e connessione ottenuti attraverso tutti i sistemi multimediali.[9] In questo contesto così mutato il progetto di comunicazione diventa regia dei processi legati al sistema design e i designer assumono la dimensione di "eroi underground"[10] che comunicano la propria ubiquità e la propria condizione di "designer della domesticità"[11] muovendosi velocemente tra il pro-

---

1. F. Carmagnola, *Design. La fabbrica del desiderio*, Collana a cura di V. Pasca, Lupetti Editori di Comunicazione, Milano 2009, p. 136.
§
2. Ibidem. L'articolo cita M. Vercelloni, *Breve storia del design italiano*, Carocci, Roma 2008, p. 164.
§
3. P. Del Vecchio, *Gli artigiani della bellezza*, intervista ad A. Branzi, su Il Mattino, giovedì 26 luglio 2007.
§
4. Ibidem. L'intervista fornisce anche questi dati: "15.000 sono i giovani designer che lavorano oggi in Italia. Non sono censiti dall'Istat, ma hanno un solido rapporto con la committenza, se è vero che quattromila piccole e medie imprese hanno destinato negli ultimi tre anni l'80% degli investimenti all'acquisto di marchi e all'assistenza clienti".
§
5. R. Florida, *The Flight of The Creative Class: The New Global Competition for Talent*, Harper Collins Publisher Inc. New York 2005.
§
6. F. Carmagnola, op. cit. p. 135.
§
7. Ibidem.

→ Salone del mobile di Milano, 2011, eventi in Zona Tortona.

prio habitat di appartenenza – dai confini sfumati tra pubblico e privato – la dimensione ostentativa e quella speculativa e una dimensione internazionale favorita dalle nuove tecnologie, dai nuovi sistemi di collegamento, dalle reti, dai network, dai *forum on line* e dal web come fenomeno di massa. Questa esigenza di "disponibilità spettacolare"[12] pone i designer, le imprese, i prodotti e i sistemi di dialogo[13], quali link di un sistema più complesso nel quale anche i fruitori finali diventano partecipi di un *happening* in cui diventa attore solo chi ha la capacità, performativa, di inserirsi in un "frammento narrativo"[14] nel quale le categorie della persuasione e della seduzione, proprie dei processi di comunicazione della modernità, cedono il passo a concetti quali immersività e condivisione, alimentando un sistema, quello del design, in grado di portare valore "per sé e per tutti".[15] ¶ In questo senso il "design 2.0" o, come lo definisce Paolo Ciuccarelli, l'*e-design*, si pone come interfaccia dell'interazione, spazio in cui tutti gli attori confluiscono per co-produrre valore.[16] E se l'*e-design* è stata "la risposta tattica alla disponibilità di tecnologie che prefiguravano nuove possibili relazioni (…), la sua crescita non può che passare dalla capacità di progettare, ex-novo forse, i formati e i linguaggi della relazione, per un sistema produttivo nuovo che non potrà non comprendere anche il cliente finale"[17] spostando l'asse che dalla produzione di prodotti si inclina alla produzione di condivisione. ¶ Siamo forse agli esordi di quella società sincronica[18] teorizzata da Bruce Sterling, nella quale l'attività progettuale non rappresenta più l'occasione per dar vita a oggetti ed eventi musealizzabili ma piuttosto nodi in grado di generare link, "risorse informative, manipolabili in tempo reale"[19] in grado di "stabilire un legame tra espansione dell'esperienza e estensione dell'esistenza" in cui il sistema design ci fa riscoprire un nuovo valore d'uso[20] simbolico e immaginifico.

---

8. Ibidem.

9. G. Anceschi parla di sistemi multimodali.

10. A. Bucci, V. Codeluppi, M. Ferraresi, *Il Made in Italy*, Quality Paperbacks, Carocci Editore, Roma 2011, p. 141.

11. Questa definizione è di chi scrive: D. Piscitelli, *Il Design diffuso. Ovvero il progetto della domesticità*. Progetto grafico, vol. 18, periodico dell'AIAP associazione Italiana progettazione per la comunicazione visiva, AIAP Edizioni, Milano Giugno 2009.

12. F. Carmagnola, op. cit. p. 135.

13. Si intende per "sistemi di dialogo" tutto ciò che è evento attivatore di interesse: le sedi espositive come La Triennale di Milano, il Salone del Mobile, la Design Library, le International Design Week, la Biennale del Design e tutte le attività legate agli eventi di comunicazione del design.

14. F. Carmagnola, op. cit. pag 136. Si veda anche il concetto di "Tribù post-moderna" di M. Maffesoli. Maffesoli non fa riferimento specifico al mondo del design ma esplicita questa definizione parlando del fenomeno delle mode volatili. In un certo senso alcuni fenomeni legati al design possono essere compresi in questa argomentazione. In M. Maffesoli, *L'instant éternel. Le retour du tragique dans sociétés postmoderne*, Paris, La table Ronde 2000, p. 40.

15. AA.VV. (a cura di), *Ortofabbrica. 1° contest di creatività sostenibile*, Guaraldi Editore, Rimini 2010.

16. P. Ciuccarelli, *Il design nell'era di internet* (www.mi.camcom.it/upload/file/339/169530/FILENAME/Ciuccarelli.pdf).

17. Ibidem.

18. B. Sterling, *La forma del futuro*, Apogeo edizioni, Collana Apogeo saggi, Milano 2006, p. 45.

19. Ibidem.

20. F. Carmagnola, *Fine dell'innocenza*, in A. Bassi (a cura di), *ADI Design Index*, Editrice Compositori, Bologna 2005.

→ Salone del mobile di Milano, 2011, stand Kartel.

01 **comunicazione**
01.c **comunicazione del prodotto e prodotti culturali: l'esempio degli house organ italiani**
di carlo vinti

Alle origini della fortuna internazionale del design italiano c'è sicuramente un'idea di stile che non è limitata alle qualità progettuali del prodotto ma abbraccia in senso molto ampio l'identità culturale delle aziende. Come ha rilevato recentemente Mario Piazza nell'ambito di una mostra promossa dall'AIAP (*La grafica del made in Italy*, Milano 2010), ad accompagnare il successo di molte imprese italiane c'è stato spesso il lavoro di un graphic designer. Progettisti come Enrico Ciuti, Ilio Negri, Giulio Confalonieri, Mimmo Castellano, Giancarlo Iliprandi, Bob Noorda e tanti altri, hanno ideato, con la propria regia visiva, la messa in scena dei prodotti e costruito identità forti per aziende storiche del design italiano come Arflex, Boffi, Cassina, Kartell, Tecno, per citarne solo alcune. Questo avveniva certamente nel momento della prima esplosione del fenomeno dell'*Italian Design*. In seguito la strategia di comunicazione delle aziende del Made in Italy è diventata più complessa, meno legata forse alle invenzioni di singoli designer e agli apparati di identificazione grafica. Ma un medium che ha anticipato molti orientamenti odierni della comunicazione è stato, fin dagli anni Cinquanta, l'*house organ* e più in generale il settore dell'editoria di impresa.

comunicazione del prodotto e prodotti culturali → **Riviste come** *Qualità* della Kartell, *Ideal Standard rivista*, *La botte e il violino* del mobilificio Mim (una delle tante creature editoriali di Leonardo Sinisgalli per l'industria), *Caleidoscopio* della Busnelli o *Design & Industria* del centro ricerche della B&B Italia, si sono posizionate molto presto in un punto di intersezione tra promozione commerciale e divulgazione culturale. Si tratta di strumenti di comunicazione trasversale, nati con l'idea precisa di non parlare soltanto dell'azienda, ma di costruire narrazioni attorno ai prodotti. Ciò appare evidente già in *Qualità*, il periodico che Giulio Castelli lanciò nel 1956 per la Kartell-Samco. L'obiettivo centrale dei pochi numeri usciti era introdurre gli articoli di plastica nelle case e negli ambienti di lavoro degli italiani, rendendoli oggetti familiari, presenze quotidiane. Michele Provinciali, nella sua direzione artistica, si affidò sempre meno a presentazioni tecniche e a schemi grafici relativi ai sistemi di fabbricazione. Come si evidenziava nelle stesse pagine di *Qualità*, egli rinunciò alla modalità di presentazione tipica della tradizione modernista – il prodotto isolato su fondo neutro – per collocare sempre gli articoli Kartell in un "contesto concreto e vivo e ritrarli insieme alla gente nella loro (futura) vita quotidiana". *Caleidoscopio*, un *house organ* che ha attraversato una lunga parte della storia del design italiano (dal 1965 alla fine degli anni '80), nasce invece dalla collaborazione della Busnelli con quella straordinaria officina di produzione culturale che è stata l'agenzia Al.Sa (Gianni Sassi + Sergio Albergoni). L'idea è fin dall'inizio quella di considerare il tema dell'abitare come un territorio molto vasto, un punto di partenza per esplorare gli argomenti più vari: dalla questione ambientale alla moda, dalla società dei consumi alle sperimentazioni delle neoavanguardie, fino ai movimenti controculturali e al fumetto underground. Durante tutto il periodo di pubblicazione, la rivista si è caratterizzata per la disinvoltura con la quale accostava impegnativi testi sugli aspetti più diversi della cultura contemporanea e pagine pubblicitarie per i prodotti Busnelli. Si trattò di un tentativo spregiudicato da parte di un'azienda del design italiano di interpretare i nuovi fermenti sociali e culturali del Paese, in un periodo di grande trasformazione dei processi economici e produttivi. ¶ Sarebbero molti altri gli esempi storici da citare (si rimanda per questo al sito www.houseorgan.net). È importante sottolineare però come quasi sempre, nel caso delle imprese del design italiano, la redazione e l'azienda si sono mantenute relativamente autonome, con i contenuti editoriali che si collocano su un binario parallelo rispetto alla dirigenza industriale. Questa stessa idea si ritrova in esempi più recenti come la serie di pubblicazioni *Blueindustry* di Fantoni o il periodico *Lux* di Foscarini, entrambi curati da Designwork. Qui l'impresa mantiene una presenza molto sobria, rimanendo quasi nell'ombra a tutto vantaggio dei temi monografici scelti per i singoli fascicoli o volumi. Il prodotto editoriale costituisce anche un pretesto per organizzare eventi (*Lux* ad esempio è stata presentata alla Tate Gallery nel 2007) e diventa esso stesso un oggetto di design da collezionare. ¶ Ancora per Foscarini (in collaborazione con l'editore Corraini), è recentissimo il lancio di *Inventario*, una rivista-libro in cui persino il design è interpretato in modo molto poco letterale. Lo scopo è infatti quello di ritagliarsi uno spazio indipendente nel mercato editoriale legato alla cultura e all'arte, mentre il logo Foscarini compare solo nel colophon e nella doppia pagina di apertura e chiusura.

comunicazione del prodotto e prodotti culturali → **Pubblicare una rivista** è stato fin dall'inizio per le imprese anche un modo per far uscire il proprio marchio del circuito ristretto della comunicazione commerciale, dalla pubblicità propriamente detta, facendolo penetrare nello spazio che tradizionalmente appartiene alla cultura. Avere accesso direttamente al sistema dei media in qualità di editori è una strategia che ha prefigurato molti aspetti degli scenari odierni della comunicazione. Per i marchi del design italiano oggi resta centrale non parlare solo ad un pubblico di potenziali acquirenti, ma intercettare gusti e interessi culturali, promuovere il dibattito intellettuale intorno al design, proporre una visione del mondo. ¶ Mentre il sistema del design italiano esplora modalità di comunicazione più flessibili e aperte, la pubblicazione di una rivista o di un libro come luogo di riflessione e approfondimento è una strada che può avere ancora un ruolo importante. Lo dimostra la fioritura microeditoriale di cui sono protagonisti da anni ormai gruppi di giovani designer: iniziative di autoproduzione che nascono dalla chiara volontà di riscoprire le qualità fisico-tattili della stampa e della carta, ma da intendere anche come diretta conseguenza delle opportunità create dai nuovi media. ¶ Mentre i prodotti di design hanno un valore comunicativo sempre più marcato, come elementi di valore simbolico dentro la strategia promozionale di un marchio, il futuro della comunicazione aziendale appare spesso indirizzato verso la creazione di prodotti editoriali e culturali capaci di creare comunità attorno a temi specifici e offrire opportunità di condivisone che vanno ben al di là della carta stampata.

P. Arnaldi, *La stampa aziendale*, Franco Angeli, Milano 1957.

G. Bigatti, C. Vinti (a cura di), *Comunicare l'Impresa. Cultura e strategie dell'immagine nell'industria italiana (1945-1970)*, Guerini e associati, Milano 2010.

G. Camuffo, M. Dalla Mura (a cura di), *Graphic design worlds / words*, Electa, Milano 2011.

W. Olins, *On Brand*, Thames & Hudson, London 2003.

M. Piazza (a cura di), *La grafica del Made in Italy. Comunicazione e aziende del design 1950-1980*, AIAP Edizioni, Milano 2010.

R. Riccini, *Pagine di design: la produzione editoriale*, in *Sistema Design Milano*, Abitare Segesta, Milano 1999.

Osservatorio Impresa e cultura (a cura di), *Cultura e competitività. Per un nuovo agire imprenditoriale*, Rubbettino, Soveria Mannelli 2003.

Politica culturale delle imprese italiane, atti del convegno, in Kybernetes, supplemento al n. 1, gennaio 1987.

→ Campari Tales, 2008. Foto Parisotto.

39
§
01 **comunicazione**
→ raccolta iconografica
a cura di cinzia ferrara

Comunicare il design italiano, inteso come prodotto Made in Italy, implica una singolare e duplice attività progettuale, ovvero quella che conduce attraverso le varie fasi sequenziali del design di comunicazione, alla realizzazione di un artefatto comunicativo nel tentativo ultimo di dare un nome, un volto, una voce, un sistema di segni riconoscibili a un artefatto di product design. ¶ Un rapporto stretto e biunivoco che si innesta tra i due in una relazione che lega a doppio filo forma e funzione, prima nel prodotto poi nella comunicazione, infine in un tutt'uno indissolubile, in cui il design soltanto, connotato dai suoi tanti nomi, diventa l'unica chiave di lettura dell'*oggetto parlante*. Qualcosa che va ben aldilà del *problem solving*, che si carica lungo il percorso di significati, contenuti, espressi tra le maglie di un marchio, di un sistema di identità visiva, di un packaging, di un allestimento, di una campagna pubblicitaria, e si imprime «marchiandolo» sull'oggetto. ¶ In un tale processo virtuoso descritto sinora nell'assenza della figura del designer, vero artefice dello stesso, in realtà questi assume, specie negli ultimi decenni, un ruolo preponderante, sempre più trasbordante e prepotente, in alcuni casi persino sovrapposto all'oggetto stesso. Così i tre ideali attori del sistema progettuale, ovvero l'oggetto, il design di comunicazione e il designer, assumono posizioni e ruoli differenti, attraverso delle subordinazioni che sovente pongono l'oggetto sotto la precisa egida di colui il quale lo ha progettato. Ma questa può essere a ragione considerata la deriva di un processo che ha visto progressivamente assumere sempre più potere al designer, passato dall'anonimia alla piena affermazione di sé, che si traduce in potere decisionale per lui e investimento sicuro per l'azienda produttrice. Parlare di design sempre più significa parlare di relazioni, tra i differenti ambiti disciplinari che entrano in gioco, tra le diverse competenze che collaborano alla sua realizzazione e infine tra gli oggetti e gli utenti che interagiscono in modo sempre più articolato e complesso, e vanno a definire quello che ci appare come un paesaggio abitato e governato da uomini, cose e dalle relazioni che si innescano tra loro. Parlare di comunicazione del design significa ancora trovare i giusti equilibri tra ruoli e attori coinvolti, nel tentativo di non creare dipendenze e sudditanze, ma amplificazioni, risalti, narrazioni e in special modo gangli e trame relazionali, intorno ai quali sembra giocarsi l'intera partita del futuro della sempre più onnipresente e proteiforme disciplina progettuale.

il design italiano 20.00.11

01 comunicazione   d.i. 20.0**0**.11   40

→ 1.

rosso
M 100% Y 100%

→ 2.

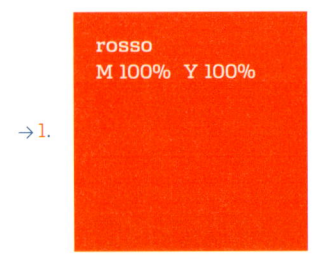

grigio
K 50%

Arclinea ⬡ ← 3.

**dalla comunicazione
dell'azienda
alla comunicazione
del prodotto**
La comunicazione del Made in Italy come
strumento e leva per la costruzione di strategie
competitive di impresa. →

1. 2. 3. Arclinea arredamenti, progetto di immagine
coordinata, logotipo, colori e font.
4. Designwork, catalogo, pagine interne Foscarini Lux.
5. Designwork, poster per la mostra
"Di vaso in fiore", Foscarini, 2011.

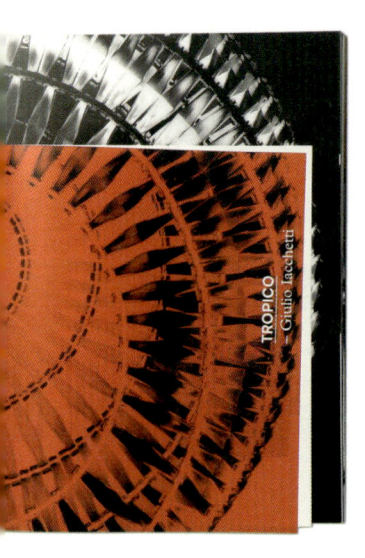

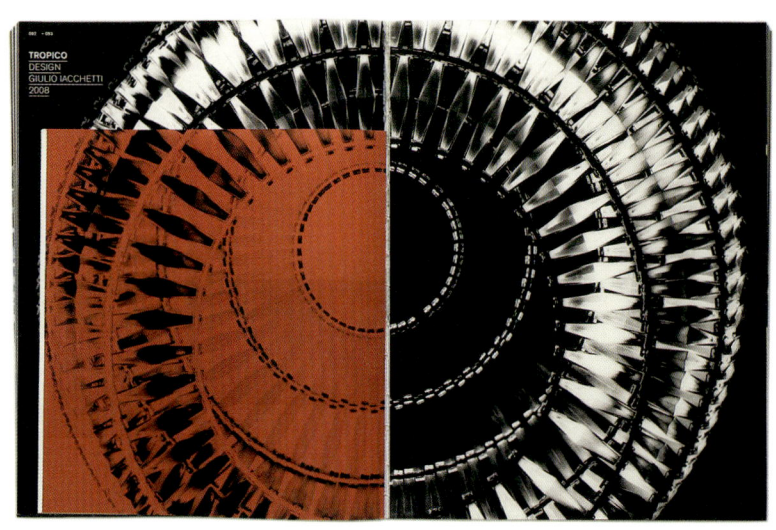

↑ 4.

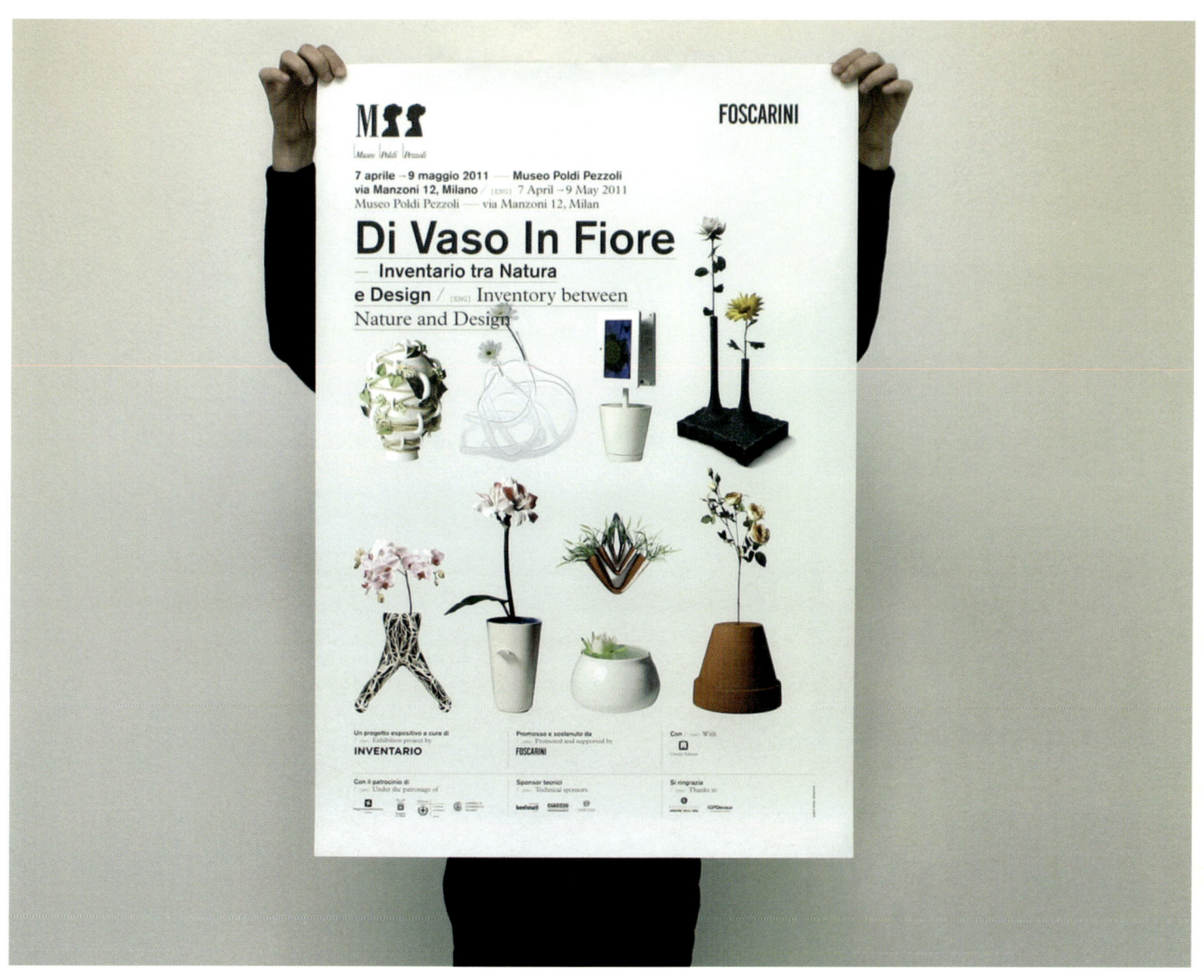

↑ 5.

01 comunicazione   d.i. 20. 00 .11   42

→ 6.

→ 7.

→ 8.

→ 9.

→ 10.

→ 11.

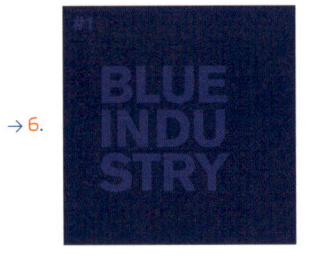

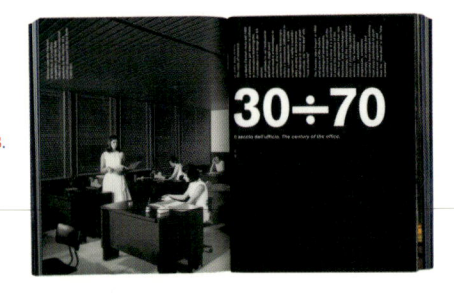

dalla comunicazione
dell'azienda
alla comunicazione
del prodotto
La visione di imprenditori illuminati resa possibile
attraverso il costante confronto con i designer
della comunicazione che, interpretando il desiderio
di innovazione proprio del sistema industriale italiano,
hanno consentito la costruzione di quello
"Stile Industria" che ha permesso al Made in Italy
di diventare famoso nel mondo. →

6. Fantoni, collana editoriale distribuita
dalla Fantoni, interno. Blue Industry
house organ, 2002/2005.
7. Designwork Fantoni, Inventario, copertina,
progetto grafico.
8. 9. 10. 11. Fantoni, centro ricerche, brochure e video.
12. Designwork, collana editoriale distribuita
dalla Fantoni, interno, Blue Industry house organ,
2002/2005.

↓ 12.

blue architecture
Le "architetture colorate" di Gino Valle. *The "coloured architecture" of Gino Valle.*

Il colloquio con il paesaggio.
Dialogue with the countryside.

La relazione tra gli edifici e il paesaggio è un tema dominante dell'opera di Gino Valle, uno dei protagonisti dell'architettura italiana del dopoguerra. Nel progettare lo stabilimento Fantoni, il punto di partenza per Valle fu proprio il panorama circostante. Un paesaggio che "presenta da un lato la luce del mare, dall'altro le montagne e quindi con frequenti mutamenti di clima, del colore del territorio, del cielo" come ebbe a dire lo stesso Valle nel 1992. L'architettura diventa dunque un gesto pittorico, fatto di grande forme astratte, dipinte di un colore blu scuro.

The relationship between buildings and landscape is a predominant theme in the work of Gino Valle, one of Italian post-war architecture's leading figures. When he was designing the Fantoni factory, Valle's starting-point was the surrounding countryside. A landscape that "presents on one side the light of the sea and on the other the mountains, so that there are frequent changes in climate and in the colour of the territory and the sky", as Valle himself pointed out in 1992. Architecture thus becomes an act of pictorial composition, made up of vast abstract forms, painted in dark blue.

00 10

good vision

L'uomo e il monitor.
People and monitors.

La diffusione capillare del personal computer, a partire dagli anni '90, ha imposto una serie di adeguamenti non solo nella forma e nelle dimensioni, ma anche nei materiali utilizzati nei mobili per l'ufficio. Le norme UNI fissano ad esempio la distanza minima (~ 400mm) dai videoterminali, nonché i metodi e le unità di misura della riflettenza del piano. Nel 1995, data di introduzione delle nuove normative italiane ed europee, la produzione Fantoni era già ampiamente in regola con gli standard UNI, anche grazie alla collaborazione con laboratori di prove internazionali come il CATAS.

The increasingly widespread use of personal computer during the 90s has led to a series of adjustments not only in the shape and size of office furniture but also in the materials used for their manufacture. Italy's UNI regulations, for example, lay down a minimum distance (~ 400 mm) between user and monitor, as well as methods and units of measurement for surface reflectance. In 1995, when the new Italian and European regulations were introduced, the Fantoni range was already well within the UNI parameters, thanks in part to the efforts of internationally experienced collaborators such as CATAS.

Schema tecnico di un glossometro per la misurazione della riflessione speculare delle superfici. *Diagram of a glossmeter for measuring the light mirrored from a surface.*

00 100

01 comunicazione   d.i. 20.00.11   44

→ 13.

**dalla comunicazione
dell'azienda
alla comunicazione
del prodotto**
Il passaggio dalla comunicazione dell'azienda alla comunicazione del prodotto, si attua attraverso il sistema di identità visiva e i suoi artefatti. →
13. 14. Moak, tazzine, pubblicità.
15. Bob Noorda, Moak, progetto del logotipo.
16. Moak, applicazioni del marchio.

↓ 14.

→ 15. **MOAK**®

↓ 16.

fortunatamente **moak**.

01 comunicazione   d.i. 20.00.11   46

→ 17.

→ 20.

↓ 18.

↓ 21.

→ 19.

dalle riviste stampate ai siti web, la comunicazione del design

L'Italia vanta una grande e prestigiosa tradizione nel campo delle riviste di settore, specializzate nell'ambito del design, che si aprono al mercato internazionale grazie al loro essere integralmente tradotte in inglese e alla loro capillare distribuzione sul mercato, elementi che combinati a una lettura critica del fenomeno e dei progetti, ne fa degli esempi per le altre riviste, a cui ispirarsi. Oggi le grandi riviste hanno praticamente tutte una loro estensione su web, trasformatesi gradualmente da sito vetrina, riproposizione su un altro media di quanto compariva

→ 22.

→ 24.

↓ 23.

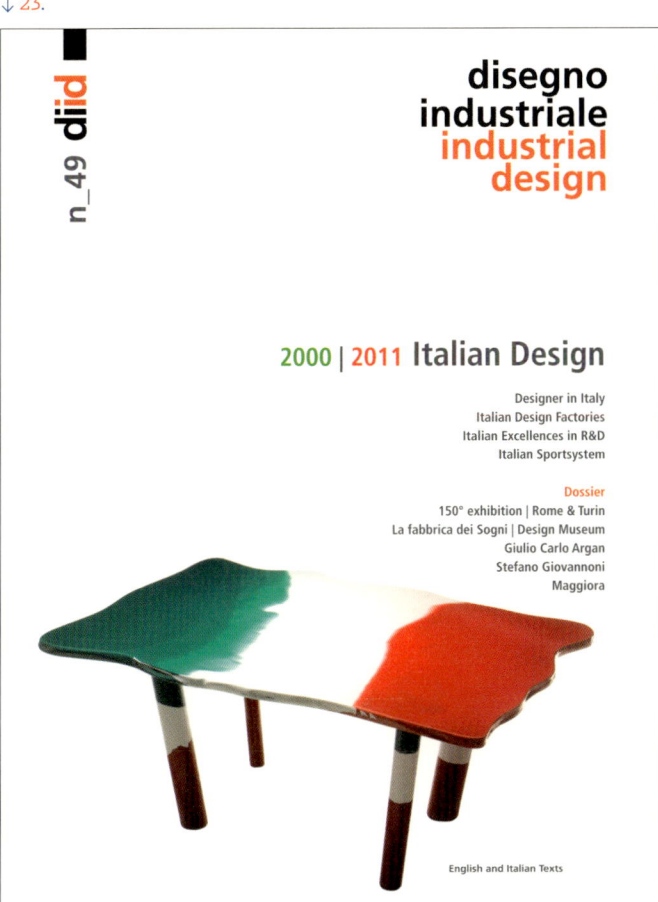

↓ 25.

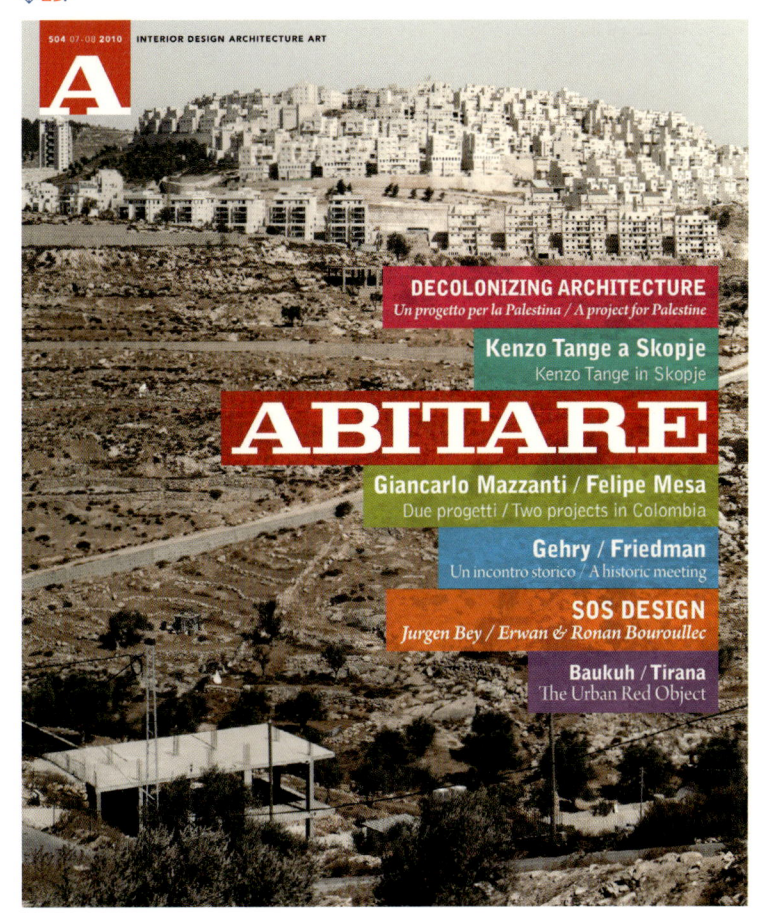

su carta stampata, a blog e/o magazine on line,
con relativi applet per i vari tablet. Questo va ben al di là
di una formale trasformazione per divenire un diverso
modo di interfacciarsi con il fruitore, sempre più attivo
interlocutore e sempre meno passivo spettatore. →

17. Case da abitare, sito web.
18. Case da abitare, copertina.
19. Domus, dal sito web.
20. Interni, sito web.
21. Interni, copertina.
22. diid Disegno industriale/Industrial design, sito web.
23. diid Disegno industriale/Industrial design, copertina.
24. Abitare, sito web.
25. Abitare, copertina.

01 comunicazione   d.i. 20.00.11   48

→ 26.

→ 27.

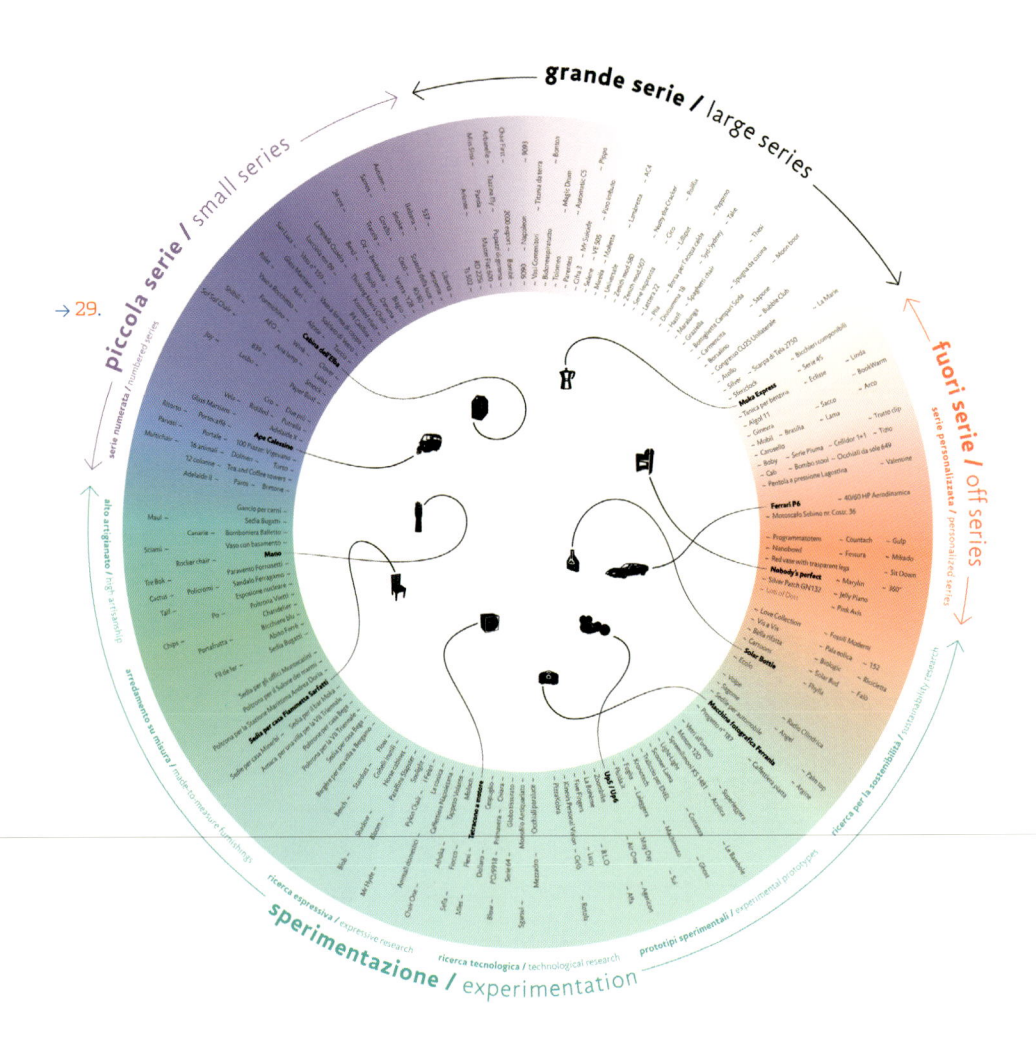

→ 28.

→ 29.

dagli allestimenti alle cronostorie
La storia del design italiano, così caratterizzata e importante, è ampiamente raccontata nei libri, e accompagna a sua volta la vita di oggetti, aziende, designer. È una storia o una microstoria, se riferita a singoli segmenti significativi, che può essere narrata in vari modi, attraverso le parole, ma anche attraverso un semplice o complesso sistema di segni che consenta al fruitore di seguire il percorso in modo chiaro e sintetico. →

26. 27. 28. 29. 30. Studio FM, Serie Fuori Serie, Triennale di Milano, progetto allestimento di A. Citterio and Partner, Milano 2009. Foto Cimenti.

↓ 30.

01 comunicazione   d.i. 20.00.11   50

dagli allestimenti alle cronostorie
Un percorso tracciato dai sistemi infografici in cui l'informazione viene elaborata e trasformata in segno grafico, pittografico, alfabetico. Questo definisce il contesto nel quale opera il design della comunicazione, che diventa uno strumento insostituibile per la costruzione di quelle trame narrative e relazionali che sostanziano le singole storie che vanno a comporre l'intero sistema del design italiano. →

31. 32. 33. Studio FM, stand Livinluce, Urmet Group, Pictogramsystem, Torino 2007.
34. Studio FM, stand Livinluce, Urmet Group, Torino 2007, progetto allestimento di PARK associati. Foto Pandullo.
35. 36. Studio FM, store, B&B Italia, Milano, 2002, progetto architettonico di Antonio Citterio and Partners.
37. Studio FM, 1960-2003, Atlante del Design Italiano, Abitare, n. 432, ottobre 2003.

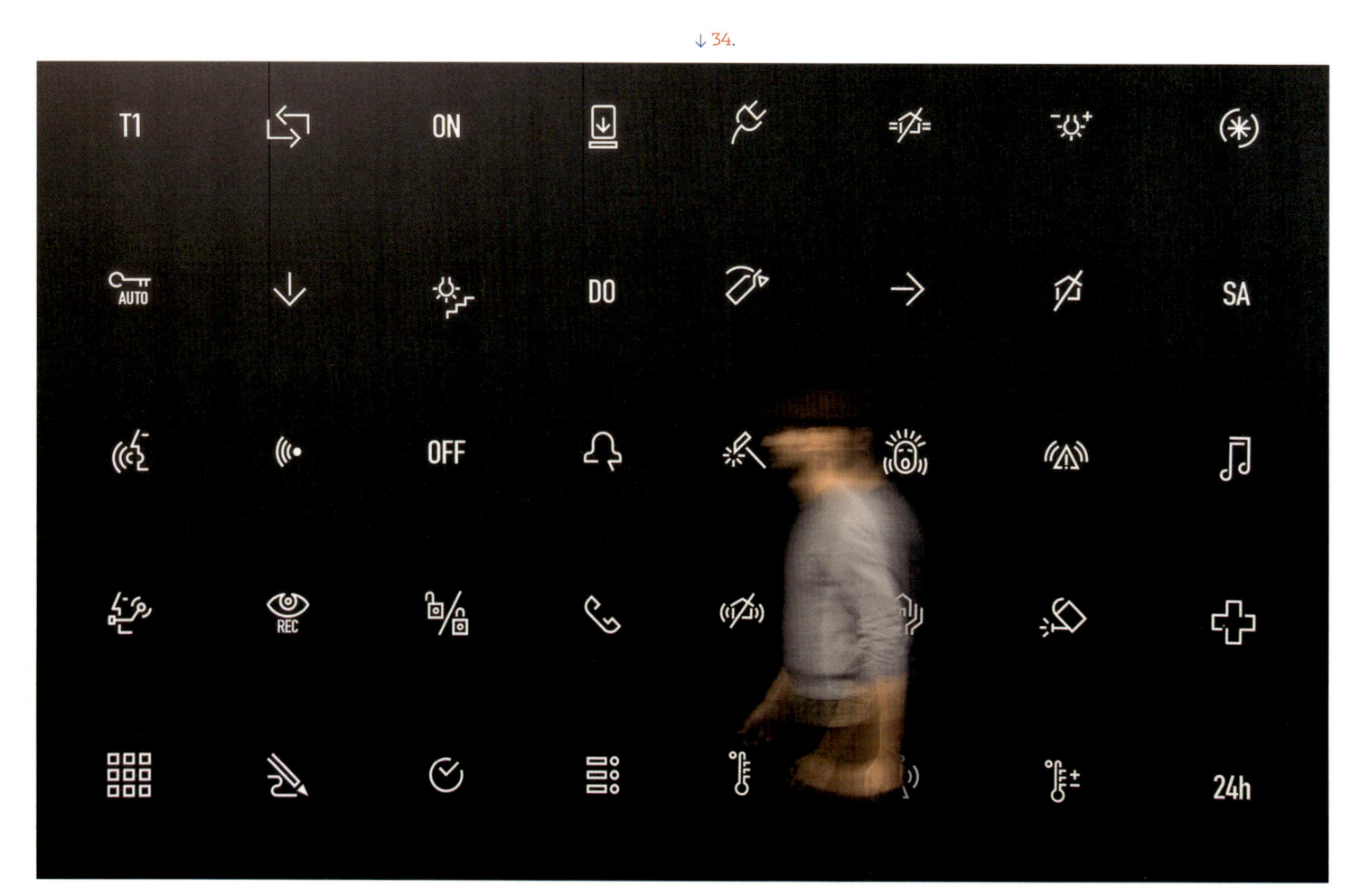

↓ 34.

→ 35.

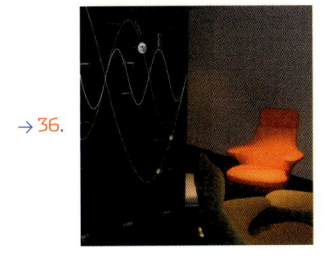

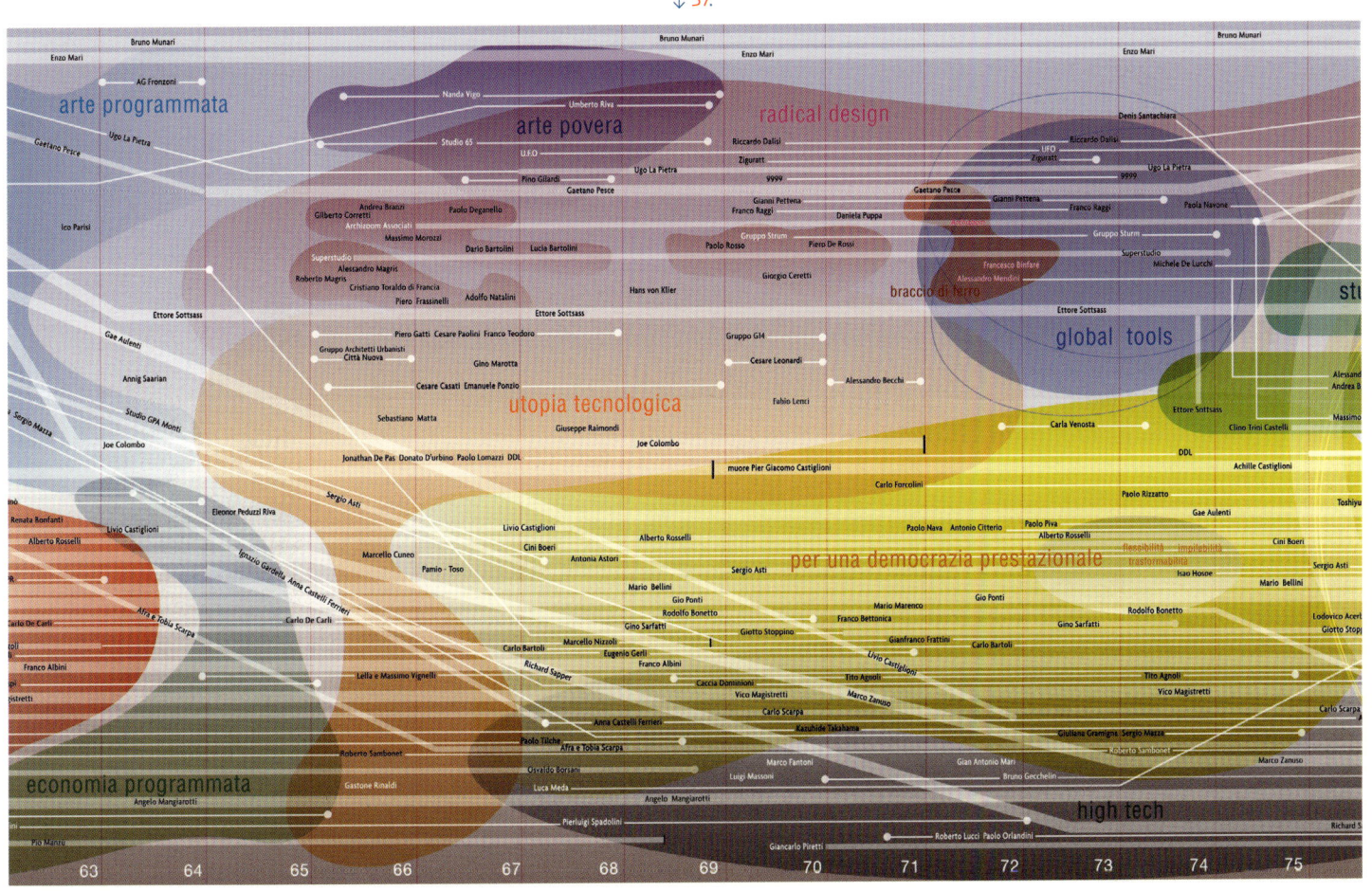

→ 36.

↓ 37.

01 comunicazione   d.i. 20.00.11   52

→ 38.

→ 39.

→ 40.

→ 41.

← 42.

**dalle rassegne, alle design week
per comunicare, divulgare, conoscere
e discutere**

Le manifestazioni culturali organizzate a vario titolo,
consentono di offrire al fruitore uno scenario organico
in cui tematiche e progetti sono organizzati secondo
precisi percorsi e chiari schemi di lettura.
Le manifestazioni culturali sono pertanto una
fotografia del paesaggio contemporaneo del design,
utili per comprenderne le strade percorse così come
le mete da raggiungere. →

38. 39. 40. 41. Illustrazioni di Ale + Ale per Italianità,
a cura di Giulio Iacchetti, edizioni Corraini.
42. 43. Copertine disegnate da Giulio Iacchetti
per Inventario, rivista edita da Corraini.
44. G. Iacchetti, Un Sedicesimo, edizioni Corraini,
in occasione della mostra Oggetti disubbidienti.
Foto Fazel.

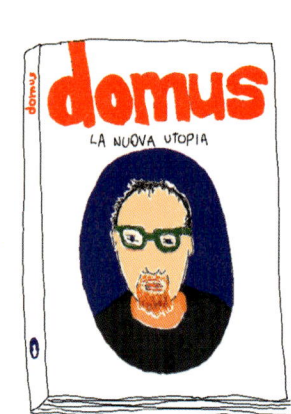

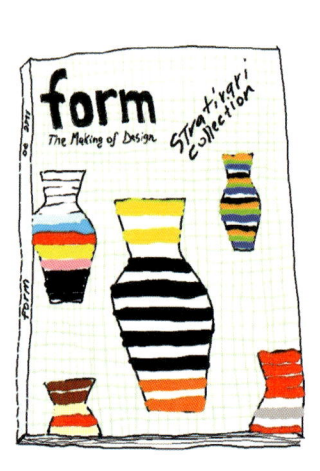

→ 43.

53

↓ 44.

01 comunicazione d.i. 20.00.11   54

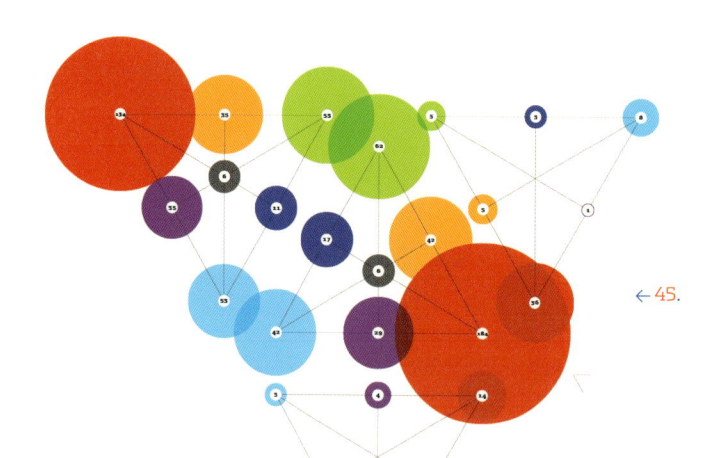

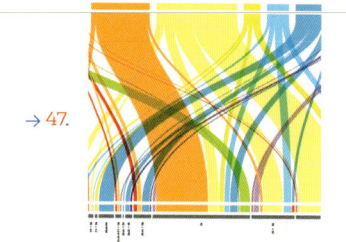

← 45.

**dalle rassegne, alle design week
per comunicare, divulgare, conoscere
e discutere**
Le manifestazioni culturali organizzate a vario titolo,
pubbliche e private, interne alle scuole, promosse
da enti, da aziende, da associazioni, che negli ultimi
decenni hanno avuto un aumento esponenziale
sul territorio, rivestono una importanza notevole,
in quanto consentono al contempo: di leggere lo stato
dell'arte del design, imponendo ai veri attori
(designers, aziende, ricercatori, ecc.), di cristallizzare
e comunicare le ricerche e i progetti in corso. →

→ 46.

→ 47.

45. 46. 47. 49. Mappe e diagrammi di infografica
per DRM Design Research Maps. Prospettive
della ricerca universitaria in Design in Italia,
a cura di P. Bertola e S. Maffei, Maggioli Editore,
Milano 2010.
48. 51. Lanificio Leo.
50. Dinamismi Museali, Super Dutch, manifesto,
allestimenti E. Leo, Soveria Mannelli 2007.

↓ 48.

→ 49.

→ 50.

ANNO NONO
DINAMISMI MUSEALI
LANIFICIO LEO
INDUSTRIE RUBBETTINO
SOVERIA MANNELLI
25/26 AGOSTO 2006

WWW.DINAMISMIMUSEALI.IT
INFOLINE 328.12.68.579

LANIFICIO LEO
INDUSTRIE RUBBETTINO
INRETE
ALEPH ARTE
CONTRIBUTO
COMUNE DI SOVERIA MANNELLI - ESSERE A SOVERIA 2006
PROVINCIA DI CATANZARO - ASSESSORATO ALLA CULTURA
PATROCINIO
AIAP
ORDINE DEGLI ARCHITETTI, P.P.C. DELLA PROVINCIA DI CATANZARO
SPONSOR TECNICI
LA ROSA NEL BICCHIERE AGRITURISMO
IDEE LUMINOSE
WWW.ATOMPLASTIC.COM
WWW.PULICE.IT

↓ 51.

§

02 creatività
coordinamento alessandro biamonti

02.a **il nuovo made in italy del design indipendente o "la profezia di ettore"**
di alessandro biamonti
02.b **creatività e sperimentazione materica**
di marinella ferrara
02.c **tecniche applicative della creatività come strumento progettuale**
di nicola crea
02.d **gli ambienti e i luoghi che generano innovazione**
di annalisa dominoni
02.e **storia e storie di design**
di carlo vannicola
20.00.11 **raccolta iconografica**
a cura di alessandro biamonti

coordinamento ricerca sapienza università di roma
team di ricerca politecnico di milano
università degli studi di genova

02 creatività

02.a il nuovo made in italy del design indipendente o "la profezia di ettore"
di alessandro biamonti

Il termine Made in Italy rappresenta un interessante caso di trasformazione da una figura retorica ad un'altra. Infatti inizialmente, anche sulla scia del cosiddetto *boom economico* del nostro Paese, si è fatto riferimento alla *Metonimia*, ovvero a quella figura retorica nella quale si usa un termine con un significato diverso da quello usuale. E quindi l'indicazione della località di produzione, è diventata "marchio di qualità". Ma le cose cambiano continuamente, e si scopre che non è tutto così semplice come il mercato vorrebbe a volte far sembrare. Quindi, con il tempo, si è passati alla *Prosopopea*, che nel nostro vocabolario assume sia il significato di "boria, sussiego", sia "dare parola a persone morte o assenti"...

il nuovo made in italy del design indipendente → **Il fare italiano migliore non è infatti oggi rappresentato** semplicemente dal proliferare degli showroom a Dubai o nella Repubblica Popolare Cinese, seppure questi restino certamente importanti risultati commerciali per le aziende che, nel migliore dei casi, sono la conseguenza di un grande progetto di comunicazione e promozione di un'energia creativa originaria. Una creatività con cui però da tempo le aziende (non tutte, ma molte) hanno rinunciato a confrontarsi, così come hanno rinunciato ad assumersi il rischio dell'esplorazione (vera), della sperimentazione (vera). ¶ Sia ben chiaro, questo sta nel loro pieno diritto, e può anche risultare comprensibile se valutato nel quadro di un bilancio aziendale o di una strategia a breve termine. Ma è bene non confondere questa attuale condizione di mercato con il Made in Italy, per come è nato e si è reso noto al mondo intero. Lo spirito originario del Made in Italy era strettamente connesso con la sperimentazione e la ricerca. Quando imprenditori e progettisti univano le forze per andare oltre il mercato. Inventare nuovi mercati. Operazioni che oggi, a causa della crescente paura appaiono come gesti *eroici* compiuti da *capitani coraggiosi*, mentre prima era la prassi del *fare*, o quantomeno del *fare creativo*.

il nuovo made in italy del design indipendente → **L'ultimo vero ed importante punto di non ritorno** nella cultura del progetto di design del nostro Paese è stata Memphis. Memphis nasce all'interno di un clima culturale molto attivo, ma a differenza delle altre esperienze, come ad esempio Alchymia, si propone di confrontarsi con il design della produzione corrente, sfidandolo sul suo stesso terreno. Infatti gli oggetti di Memphis sono concepiti come oggetti che possono essere prodotti industrialmente, e distribuiti attraverso le normali reti commerciali. Memphis esplode a Milano nel 1981, manda all'aria le previsioni fatte sino a quel momento, e questo fa cambiare lo scenario della cultura del progetto. Cambia il modo di approcciare, pensare, fare il progetto.

il nuovo made in italy del design indipendente → **Ma questo oggi non basta più.** C'è infatti oggi bisogno di nuove piattaforme-laboratorio dove le idee vengano promosse, i concept incubati e infine, con nuove formule, i prodotti venduti. ¶ Piattaforme professionali che si situino all'interno di quello spazio libero che emerge tra i margini, sempre più rigidi, della produzione in serie, e la lenta ma ormai storica deriva di un artigianato che ripropone stanche copie di se stesso. ¶ Esistono poi nuove "periferie" del design (ma la rete ci insegna che le periferie, almeno come concetto, non esisteranno più). Piccole imprese che, al di là del distretto Milano-Brianza, sviluppano progetti che abbiano come denominatore comune il miglioramento della qualità della vita delle persone, sotto il profilo materiale ma anche, spesso, sotto quello culturale. Si tratta di realtà agli esordi, con la passione per il progetto. Per quella grande "cultura del progetto" che, se ben gestita e soprattutto compresa, per il nostro Paese potrebbe ancora rappresentare un vantaggio competitivo nel panorama internazionale. ¶ Pochi pezzi di altissima qualità, la cui produzione si basa su un territorio nazionale ricco di molteplici capacità, sia grazie alla storica presenza di una ricca rete di artigianato, sia grazie allo sviluppo di reparti ad alta specializzazione di PMI flessibili e reattive. ¶ Queste operazioni danno spazio alle idee. Prendono vita da una forte passione. Proprio per questo sono paradigmatiche di un nuovo approccio del "fare italiano". Un mondo del *fare* che si sviluppa attorno alle *idee*, al *progetto*, come vera forza motrice di nuovi scenari. ¶ Non stiamo parlando di una nuova IKEA: qui stiamo parlando di pezzi unici, o quasi. Si tratta dell'emergente questione delle edizioni limitate nell'ambito del design.

→ G. Pesce,
Pompitu II,
vaso, collezione Fish design.

→ G. Pesce,
Amazonia,
vaso, collezione Fish design.

→ G. Pesce,
vaso, collezione Fish design.

il nuovo made in italy del design indipendente → **Parlare di edizioni limitate**, adesso che la produzione industriale cerca di evitare di "fare magazzino", non ha più il senso aristocratico e un po' snob di qualche decennio fa. Ora questa dimensione, relativamente nuova, si confronta con altre questioni. Innanzitutto con la consapevolezza che il Pianeta non può reggere una produzione in continua e costante crescita e che il mondo dei consumi non va demonizzato ma affrontato in modo consapevole e corretto, attraverso prodotti e servizi basati su un concetto di qualità che va oltre la dimensione materiale, tecnica e prestazionale. Oggetti che rappresentano anche una nuova espressione di quelle responsabilità che il design ha assunto fin dal suo emergere sulla scena mondiale della rivoluzione industriale, rappresentando una dimensione di interfaccia critica e progettuale tra gli uomini, il mondo antropizzato e, in qualche modo, la storia. Alcuni autori riconoscono nell'operato del design contemporaneo, soprattutto quello *indipendente*, quelle logiche che nel secolo scorso appartenevano all'arte, in particolar modo per quanto afferisce alla lettura ed interpretazione della società contemporanea. ¶ Emergono infatti pezzi unici caratterizzati da una grande qualità nel progetto. Si tratta di oggetti che necessitano di una particolare attenzione, sia in fase di produzione che in fase di comunicazione, con il risultato di diventare uno specchio del nostro tempo dove osservare la pervasività dell'arte contemporanea e delle sue logiche, ma anche l'influenza della rete e delle nuove modalità di comunicare informazione e conoscenza.

il nuovo made in italy del design indipendente → **In questo scenario, il focus** non sta nella questione se queste realtà emergenti rappresentino o meno una reale alternativa alla produzione industriale. Non è questo il punto. Il nostro sistema-mondo non si basa più da decenni su alternative poste in termini dualistici. Lo scenario globale è da tempo condiviso da alternative possibili e complementari. Infatti, le nuove forme imprenditoriali del *design indipendente* si presentano come nuovi paradigmi per modi ed approcci al *fare*.

Questo sono: possibili alternative. Possibili e complementari, quindi non sostituiranno, ma affiancheranno la tradizionale industria, l'artigianato, i distretti...

il nuovo made in italy del design indipendente → **Non è vero che il mondo è cambiato**. Il processo di trasformazione degli assetti sociali, delle categorie, a volte anche dei valori di riferimento, è in atto in forma continua da decenni: quindi il mondo sta cambiando. Sta cambiando da tempo, e di certo non ha ancora finito di farlo. La complessità della fine del Novecento, come categoria è ormai sublimata dalle potenzialità insite negli effetti pervasivi della digitalizzazione, bio-tecnologie incluse. Scenari dove la tecnologia ha lasciato la propria posizione centrale, come elemento di verifica, ad altre categorie, spesso nuove e necessariamente sinergiche, come la sostenibilità, il comfort, l'accessibilità, l'estetica. Oggi potrebbe essere utile una riflessione sulla "fiducia".

↪ L. e R. Palomba,
Fly Fly, lampada a sospensione,
Foscarini, 2009

il nuovo made in italy del design indipendente → **La *fiducia*** è una categoria necessaria per progettare scenari di un mondo futuro. A qualsiasi livello. La "fiducia" (*trust* in inglese) è un elemento caratterizzato da una forte componente soggettiva, ma rappresenta anche un eccellente risultato per una società civile, oltre ad essere terribilmente contagiosa... Quindi non resta che augurarsi che il quadro dell'attuale crescente incertezza, anziché tramutarsi in un diffuso ed ingiustificato timore, possa vedere la crescita di esperienze dalle quali traspaia una nuova fiducia nelle possibilità del progetto contemporaneo, per la messa in scena di un mondo futuro. Migliore.

02 creatività
02.b creatività e sperimentazione materica
di marinella ferrara

È stato più volte affermato che il design italiano si caratterizza per una particolare capacità di dare senso alle innovazioni tecnologiche, di andare alla ricerca di un significato più ampio della tecnologia, di usarla come filtro per guardare in modo diverso la realtà.[1] Negli ultimi cinquant'anni diversi contributi teorici hanno evidenziato quanto la cultura del progetto sia riuscita ad affermarsi sulla tradizionale cultura tecnica di stampo ingegneristico. E si è fatta avanti l'idea di una via italiana all'innovazione di design che si fonda sul dialogo tra linguaggio tecnico e linguaggio simbolico, sull'attenzione al valore espressivo-comunicativo dei materiali, sul controllo delle qualità emozionali. Questo concetto ha conquistato la sua rilevanza negli anni Settanta quando il "design primario" ha spostato l'attenzione oltre le qualità strutturali degli ambienti e degli oggetti, definite *hard*, considerate principali nel pensiero del Movimento Moderno, verso le qualità *soft* che coincidono con le caratteristiche sensoriali della materia legate alla percezione fisica dello spazio.[2] Oggi questa peculiarità si manifesta ampiamente nei progetti del Made in Italy, attraverso la maniera di operare dei suoi protagonisti: designer e aziende. Ed è questa la via che l'industria italiana *design oriented* continua a portare avanti, anche se sempre più spesso si rivolge a designer che non sono più solamente italiani, ma che del design italiano hanno appreso la lezione.

creatività e sperimentazione materica → **I designer vivono le innovazioni tecnologiche come stimoli creativi**, come input capaci di attivare quel processo concettuale che porta alla generazione di nuove idee, a scardinare le conoscenze consolidate, a introdurre elementi di discontinuità rispetto al pensiero corrente. Questo è uno dei metodi non codificati, sviluppato autonomamente e personalizzato dai progettisti che lo utilizzano per auto-generare idee produttive nuove, per concepire ciò che non è stato mai fatto prima ed è in grado di aprire orizzonti nuovi o prospettive diverse. Ecco perché i designer sono alla continua ricerca di innovazioni tecniche, sempre vigili alle novità, alle nuove possibilità offerte da un materiale, una texture, una superficie o da un'immagine che potrebbe essere adattata a un progetto innovativo. Le collezioni di materiali sono per questo luoghi preferiti dai designer, luoghi del loro piacere emotivo, fonti di

---

1. F. Doveil, *Nuovi materiali e nuovi valori d'uso per la casa*, in G. Bosoni, *La cultura dell'abitare. Il design in Italia 1945-2001*, Skira, Milano 2002.

2. A. Branzi, *Il design primario*, in A. Branzi, *Merce e Metropoli. Esperienze del nuovo design italiano*, Epos, Milano 1983.

3. B. Munari, *Fantasia*, Editori Laterza, Roma-Bari 2004.

4. Quanti più dati si hanno a disposizione, tante più associazioni si possono realizzare. L'aumento della conoscenza permette un maggior numero di relazioni possibili tra un maggior numero di dati, sviluppando la fantasia. L'immaginazione è "il mezzo per visualizzare, per rendere visibile ciò che la fantasia, l'invenzione e la creatività, pensano".

→ P. Starck, Zartan, sedia, Magis, 2011.

sensazioni da trasferire nei progetti. ¶ Cosa caratterizza il processo creativo ispirato dai materiali? Per dare una risposta a questa domanda è utile ripercorrere alcune esperienze del design italiano, come quella di Bruno Munari. ¶ Nel turbinio degli studi che negli anni Sessanta in Italia cercavano di definire un approccio scientifico alla progettazione, Bruno Munari si è dedicato a esplorare profondamente il tema della creatività definendola come il prodotto della fantasia e dell'invenzione, che tiene conto sia degli elementi concreti del progetto sia di quelli psicologici.[3] Munari descrive l'atto creativo come la capacità di dar vita a nuove relazioni tra ciò che si conosce.[4] Anche attraverso alcuni dei suoi progetti dimostra che la scoperta sensoriale dei materiali può stimolare la mente del designer e divenire il principio di un processo creativo capace di generare originali soluzioni visive e tattili, di suggerire nuove tendenze nell'impiego delle forme e dello spazio. Nel caso della lampada Falkland la scoperta di un nuovo materiale, la filanca, accese la scintilla: un tubo di maglia in nylon, quella delle classiche calze da donna, un materiale economico e bello, opalescente, flessibile e facile da tendere per realizzare una lampada leggera, facilmente trasportabile e montabile. Si tratta di uno dei primi "trasferimenti tecnologici" da un settore d'impiego a un altro.

creatività e sperimentazione materica → **Il meccanismo della creatività è un processo logico** che richiede curiosità, attenzione, capacità di esperire le sensazioni e dar loro significato. La percezione fornisce stimoli che possono essere elaborati tramite varie forme di logica, mette in moto l'immaginazione, l'attitudine combinatoria attraverso dislocazioni laterali che permettono di sfidare le convenzioni per superare le regole esistenti, per creare associazioni, portando alla generazione di nuovi linguaggi. ¶ Nuove idee possono nascere dalla manipolazione di un nuovo materiale, come dimostra la ricerca di Gaetano Pesce, la cui creatività è stimolata dai materiali plastici da lui modificati con fare artigianale, scoperti e reinventati, fino a diventare simboli fisici delle sue idee politiche. Per Gaetano Pesce, che crede nel valore simbolico dell'oggetto e nella sua capacità di comunicare messaggi, non è concepibile un'innovazione tipologica, espressiva e linguistica che non derivi o sia strettamente legata alla sperimentazione del materiale utilizzato. ¶ Lo stesso approccio creativo, anche se con risultati del tutto diversi, è quello di Alberto Meda con i materiali compositi. E si potrebbe parlare anche di Riccardo Blumer, Paolo Rizzatto, Denis Santachiara e molti altri ancora. **creatività e sperimentazione materica** → **L'attitudine creativa** ha a che fare con il pensiero visuale,[5] con il pensiero laterale[6] e con i processi sinettici,[7] tecniche descritte e sempre più spesso applicate per stimolare l'immaginazione, la creatività. ¶ Sono convinta che, nella fattispecie del design italiano, l'attitudine creativa trae origine dalla cultura materiale del nostro passato, di stampo artistico e artigianale. Ha a che vedere con l'*homo faber*, che

5. Il pensiero visuale fa ampio uso dell'immaginazione: è una forma di pensiero diversa da quello verbale-matematico; è meno strutturato e mediante libere associazioni, l'elaborazione di ricordi, di sensazioni materiche e la combinazione di elementi fisici o mentali, di immagini che si visualizzano nell'immaginario del progettista, può suggerire salti concettuali ampi e originali.
§
6. Con il termine pensiero laterale, coniato dallo psicologo maltese Edward De Bono, si intende una modalità di risoluzione di problemi logici che prevede un approccio indiretto, ovvero l'osservazione del problema da diverse angolazioni, contrapposta alla tradizionale modalità che prevede concentrazione su una soluzione diretta al problema. Mentre una soluzione diretta prevede il ricorso alla logica sequenziale, risolvendo il problema partendo dalle considerazioni che sembrano più ovvie, il pensiero laterale se ne discosta (da cui il termine *laterale*) e cerca punti di vista alternativi prima di cercare la soluzione.

→ M. Wanders, Sparkling chair, sedia, Magis, 2010.

02.b creatività

7. Nei processi sinettici un problema di design viene collocato in un contesto differente per cercare soluzioni di progetto. Idee e suggestioni sparse vengono così unite e i relativi collegamenti utilizzati per stimolare intuizioni. Il pensiero laterale è un approccio indiretto che orienta l'osservazione del problema da diverse angolazioni, contrapposta alla tradizionale modalità che prevede concentrazione su una soluzione diretta al problema.
§
8. U. Eco, *Combinatoria della creatività*, Conferenza tenuta a Firenze per la Nobel Foundation il 15 Settembre 2004.

U. Eco, *Combinatoria della creatività*, Conferenza tenuta a Firenze per la Nobel Foundation il 15 Settembre 2004.

C. Martino, *Gaetano Pesce. Materia e differenza*, Marsilio Editori, Venezia 2007.

B. Munari, *Da cosa nasce cosa*, Editori Laterza, Roma-Bari 2003.

B. Munari, *Fantasia*, Editori Laterza, Roma-Bari 2004.

A. C. Quintavalle, G. C. Argan, *Bruno Munari*, Feltrinelli, Milano 1979.

F. Vanlaethem, *Gaetano Pesce architettura design arte*, Edizioni Idea Books, Milano 1989.

nel lavoro manuale sviluppa un pensiero creativo, in un processo che parte dalla stimolazione sensoriale e porta a elaborare in parallelo informazioni visive, acustiche, tattili e simbolico-linguistiche. Come ci ricordano i biografi di Michelangelo l'artista "inviava un suo uomo a cercar le sue statue tra i sassi". Egli riteneva che "artista fosse colui che intravedeva e portava alla luce se non una forma almeno un principio di formatività che era già insito in quel marmo che per lui era già denso di possibilità".

creatività e sperimentazione materica → **Per concludere**, concordo con la proposta di Umberto Eco che mette sullo stesso piano la creatività scientifica e quella artistica. "Come tutte le scoperte scientifiche a venire dovrebbero in qualche modo essere contenute negli algoritmi che reggono gli eventi naturali, così tutte le creazioni artistiche dovrebbero già essere contenute in potenza negli elementi fondamentali, suoni, lettere, intervalli, tinte, linee e figure geometriche di cui la nostra specie dispone. Creativo non sarà allora colui che ha tratto qualcosa di nuovo *ex nihilo* ma colui che lo ha individuato, per intuizione, per *trial and error*, per caso".[8]

→ A. Meda, Light Light, sedia, Alias, 1984

02 creatività
02.c tecniche applicative della creatività come strumento progettuale
di nicola crea

L'innovazione, in termini di definizione, ha acquisito una connotazione positiva solo in tempi relativamente recenti. Una motivazione è certamente il grande sviluppo economico avvenuto a seguito della rivoluzione industriale. Ci riferiamo agli ultimi cento anni. È a causa della diffusione del consumismo e della forte concorrenza commerciale che le aziende hanno avuto necessità di produrre costantemente novità e di rinnovare periodicamente la propria produzione. ¶ Oggi, nel tempo della globalizzazione economica e della crescita indiscriminata dei mercati, la necessità di produrre il nuovo è incessante. La competitività induce le aziende alla sostituzione continua del prodotto offerto e la richiesta di personale, in grado di dare nuove soluzioni ai problemi legati allo sviluppo industriale, è sempre più diffusa.

tecniche applicative della creatività → **L'innovazione è prodotta essenzialmente dall'uomo.** Sono i processi mentali di coloro in grado di comprendere, di immaginare, di visualizzare, di prefigurare soluzioni inconsuete che fanno in modo che questa si realizzi. Questi individui, generalmente identificati come personaggi speciali, fuori dal comune, diversi dalla norma, sono i "creativi". Figure che godono di doti personali particolari tali da consentire la produzione disinvolta di nuove soluzioni progettuali in termini d'idee, concetti, forme e contenuti. Se le caratteristiche personali del creativo in molti casi sono innate, queste comunque possono essere potenziate, enfatizzate e arricchite con un apprendimento specifico. ¶ Come abbiamo accennato, la capacità di produrre nuove idee oggi è considerata una qualità desiderabile e una risorsa da coltivare. Nel design, come in altre attività, anche chi non è solito svolgere attività di produzione creativa può ambire a farlo. Il profilo che abbiamo identificato per il professionista della creatività è quello di chi alla sua attitudine caratteriale, con una adeguata formazione, può aggiungere ulteriori capacità. In sostanza, per ambire a essere creativi o per svolgere attività con una rilevante componente creativa, si può fare conto su tre elementi principali: la citata *predisposizione naturale*, una forte *determinazione mentale e psicologica* e l'apprendimento di specifiche *tecniche applicative*. ¶ Per ognuno di noi è possibile valutare l'entità della propria predisposizione naturale. A seguito di una sollecitazione a produrre concetti innovativi, è possibile misurare il numero d'idee prodotte in un determinato periodo di tempo (fluidità), il numero di categorie logiche presenti nella propria produzione concettuale (flessibilità) e la rarità delle soluzioni proposte rispetto ad altri (originalità).[1] Con questi dati è possibile fare una prima valutazione di quale sia la nostra predisposizione alla creatività.

tecniche applicative della creatività → **Il cervello e la mente sono strumenti potenti e sofisticati** di cui disponiamo per visualizzare nuove idee e nuovi concetti. Il cervello, com'è noto, combina l'attività diversa dei due lobi. Ciascuno di essi è sede di attività mentali diverse e ogni individuo ha una propensione più o meno marcata per uno dei due emisferi. Chi utilizza maggiormente l'emisfero destro ha più facilità a svolgere attività creative.[2] ¶ Se già disponiamo di una propensione naturale e desideriamo migliorare ulteriormente le nostre prestazioni, è necessario prendere coscienza del proprio potenziale creativo e decidere di utilizzarlo. Per quanto riguarda la determinazione mentale e psicologica, è fondamentale acquisire una consapevolezza dei meccanismi che impediscono una totale apertura mentale e attuare quei provvedimenti necessari a rimuovere i blocchi di carattere psicologico e culturale che ciascuno di noi inconsciamente ha costruito nel corso del proprio sviluppo intellettuale. A tal fine è necessario comprendere cos'è che produce questi ostacoli inibitori del flusso di produzione delle nuove idee. Il superamento dei suddetti blocchi psicologici ci consente di acquisire una libertà intellettuale che agevola la produzione sistematica d'idee.

Chi diede un contributo significativo all'analisi del pensiero creativo e alle dinamiche mentali che lo favoriscono, è Joy Paul Guilford.[3] Studioso di psicologia sperimentale e psicofisica, che si dedicò inizialmente all'elaborazione di test per la misurazione dell'intelligenza, introducendo un modello innovativo che teneva in considerazione circa 150 fattori. Nell'opera *La natura dell'intelligenza umana* del 1967 espose i risultati delle sue ricerche sull'intelligenza e sulle abilità cognitive: la sua teoria concepisce l'intelligenza come struttura che integra diversi tipi di contenuti, operazioni e prodotti, dalla cui combinazione derivano molteplici capacità e prestazioni mentali distinte. Interessato al tema della soluzione dei problemi, Guilford è stato il primo a introdurre la distinzione tra modalità di produzione *convergente e divergente*, definizione fondamentale per l'analisi del pensiero creativo. ¶ *La modalità convergente* è orientata a un'unica risposta, è affine alla logica aristotelica ed è prerogativa del funzionamento dell'emisfero cerebrale sinistro. Quando si fa riferimento all'intelligenza convergente, si può parlare di intelligenza deduttiva (dalla pratica alla teoria), processo mentale tipico del metodo scientifico. ¶ *La modalità divergente* invece è quella che consente il pensiero creativo e ha sede nell'emisfero destro del cervello. L'uso divergente dell'intelligenza ci consente di concepire soluzioni originali e creative ed è tipica del pensiero flessibile. Può essere identificata anche come intelligenza induttiva (dalla teoria alla pratica) ed è fondamentale per produrre l'abbinamento inconsueto delle idee.

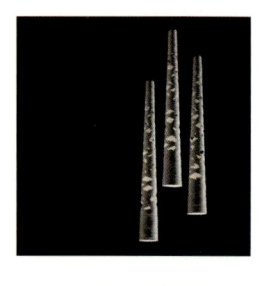

→ M. Sadler, Tress stilo, lampada, Foscarini, 2011.

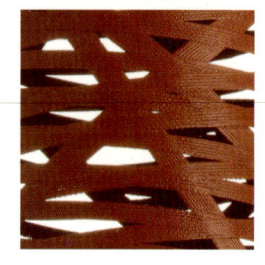

→ M. Sadler, Tress, lampada, Foscarini, 2009.

tecniche applicative della creatività → **La peculiarità del pensiero creativo**, però, sta nell'uso alternato delle due modalità di pensiero. In una prima fase sono liberate le capacità produttive della mente, mentre le idee prodotte vengono razionalizzate solo in un secondo tempo.[4] ¶ Per ottenere risultati con regolarità sono state sviluppate diverse metodologie che organizzano il processo creativo e che costituiscono consolidate tecniche applicative. Nel tempo ne sono state proposte e sperimentate diverse. Molte di queste oggi sono comunemente utilizzate. ¶ Già alla fine degli anni Quaranta, negli Stati Uniti, Alex Osborne, un pubblicitario statunitense, inventò le tecniche di *brainstorming*, termine generico della lingua inglese, utilizzato per designare un processo creativo, slegato da strutture mentali precostituite, e mirato alla produzione di nuovi concetti. Alla base vi è l'idea di gioco, quale dimensione "leggera" che permette di liberare la creatività dei partecipanti dell'eventuale gruppo di ricerca, normalmente impedita da una serie d'inibizioni. La novità della proposta consisteva essenzialmente in un'astensione deliberata del giudizio durante le fasi di esplorazione, per poi applicare successivamente un "giudizio differito", a valle della raccolta delle idee. Il vantaggio dell'uso del *brainstorming* e delle mappe mentali che ne scaturiscono, è che esso rende possibile incrementare l'uso del pensiero divergente, di solito poco praticato. La tecnica del *brainstorming* si applica focalizzando la mente su un determinato problema, per poi lasciare emergere, senza un ordine o una logica prestabiliti, il maggior numero d'ipotetiche soluzioni in forma sintetica. Il procedimento è a doppio imbuto: nella prima fase, divergente, si producono idee a ruota libera; il conduttore stimola i partecipanti a proporre idee, vietando l'espressione di qualunque critica a priori. Si è notato, infatti, che il criticare e valutare sul nascere le ipotesi di soluzione, inibisce il processo di creazione delle idee, diminuendone il numero e la qualità (e anche l'originalità). In una seconda fase, si esaminerà il lavoro prodotto e, sulla base di una valutazione razionale, verranno selezionate le idee esplorate più rilevanti per inserirle su una mappa generale sotto forma di parole chiave. In un momento successivo, ed eventualmente con persone diverse dalle precedenti, si passerà alla fase convergente: le idee più promettenti verranno valutate, e quelle più interessanti saranno selezionate. Gli obiettivi del *brainstorming* sono quelli di favorire: il superamento d'inibizioni e autocontrollo rispetto all'espressione della propria posizione, il superamento dell'urgenza di schierarsi, il superamento di un atteggiamento difensivo rispetto alle idee che si sono espresse e il superamento di assetti di potere e di leadership precostituiti all'interno del gruppo di lavoro.

tecniche applicative della creatività → **Lo studio delle dinamiche mentali ai fini di incrementare** la produzione d'idee ha portato anche allo sviluppo di logiche inconsuete e all'applicazione di procedimenti mentali non convenzionali. Edward De Bono, famoso per aver sviluppato e diffuso la tecnica dei "Sei cappelli per pensare", con il suo *Creatività e Pensiero laterale* del 1967, aprì la strada all'impiego di una logica non lineare. Da segnalare anche *The art of looking sideways* del 2002, di Alan Fletcher, libro anticonvenzionale sia nelle forme sia nei contenuti in cui il pensiero laterale, sotto diverse articolazioni, costituisce il tema principale. ¶ Sia per la gestione della pura creatività a fini speculativi, peculiarità delle fasi iniziali del progetto, sia per le fasi a valle del processo di sviluppo, in cui la creatività è applicata alla risoluzione dei problemi, è possibile utilizzare, il P.A.P.S.A. (Percezione, Analisi, Produzione, Selezione, Applicazione) di Hubert Jaoui. La creatività qui è intesa come strumento operativo, atto a trovare soluzioni a problemi di diverso ordine e grado. Appena concepita un'idea può capitare che questa sia rifiutata per ragioni che si ritengono realistiche e pragmatiche. Ovviamente un'idea nuova non può essere da subito perfetta e inattaccabile, è necessario quindi, che passi attraverso un processo di affinamento e di graduale maturazione.

tecniche applicative della creatività → **Molte di queste tecniche** sono basate su un utilizzo inconsueto della mente. Nonostante la nostra cultura sia fondata su principi aristotelici e cartesiani, basi fondamentali del pensiero scientifico, oggi, il pensiero laterale, la sensibilità verso i flussi emozionali e le associazioni di pensiero arbitrarie, trovano sempre maggiore spazio. ¶ In definitiva possiamo dire che è di grande aiuto gestire scientificamente il processo creativo con l'ausilio di strumenti specifici. Le diverse tecniche qui accennate hanno una finalità comune: la capacità di sospendere il giudizio al fine di superare gli eventuali blocchi nella produzione di nuove idee, per poi esercitare una valutazione critica in tempi successivi. Progettare con creatività non significa assolutamente improvvisare. Occorre sviluppare una prassi progettuale articolata, il cui scopo è ottenere i massimi risultati in funzione degli obiettivi prefissati. Se è vero che il metodo è un insieme di tecniche che diventano preziosi strumenti operativi nelle mani dei progettisti creativi, è vero anche che la sua ricerca rimane una questione soggettiva e individuale.

1. H. Jaovi, *Crea prat. Tecniche di creatività pratica*, Tirrenia Stampatori, Torino 1989.
§
2. B. Edward, *Disegnare con la parte destra del cervello*, Longanesi, Milano 2002.
§
3. J. P. Guilford (Marquette, Nebraska 1897 Los Angeles, California 1972).
§
4. H. Jaovi, op. cit.

02 creatività
02.d gli ambienti e i luoghi che generano innovazione
di annalisa dominoni

Quest'anno il bar Jamaica, proprio nel mese di giugno 2011, mentre sto scrivendo, compie cent'anni. Nel secondo dopoguerra lo storico locale milanese, nel cuore del quartiere allora bohémien di Brera e a due passi dall'Accademia, divenne un autentico laboratorio di avanguardie artistiche. Oggi, in un'epoca frenetica e senza memoria come la nostra, dove pochi sembrano ricordare persone e luoghi che hanno fatto la storia, quando si sente il nome Jamaica si pensa subito ad artisti come Lucio Fontana e Piero Manzoni, a poeti quali Giuseppe Ungaretti e Salvatore Quasimodo, ma anche ai designer che dagli anni Cinquanta in poi hanno trasformato il linguaggio del progetto rispetto alla tradizione del Movimento Moderno. Leggendo nell'autobiografia di Ettore Sottsass *Scritto di notte*, lo storico locale è citato come un luogo che "dava da mangiare e da bere a credito a un'immensa banda di pittori, scrittori, poeti, registi, giornalisti", ma soprattutto era un teatro di confronto, di discussioni spesso accese, di furiose liti e interminabili partite a carte. ¶ Facendo un salto ancora più indietro nel tempo e spostandoci in Gran Bretagna, troviamo il Grand Cafè di Oxford, la prima caffetteria aperta in Inghilterra nel 1650. Le caffetterie inglesi sono state cruciali per lo sviluppo e la diffusione di uno dei grandi fermenti intellettuali degli ultimi cinquecento anni che ora chiamiamo Illuminismo. A parte bere, l'altro motivo che rende le caffetterie importanti è l'architettura degli spazi. Si trattava di spazi dove la gente si riuniva provenendo da contesti e ambiti di conoscenza diversi, per condividere delle passioni, per confrontare i propri pensieri. Erano i luoghi dove le idee si incontravano. Un numero incredibile di innovazioni nate in questo periodo hanno una caffetteria da qualche parte nella loro storia.

gli ambienti e i luoghi che generano innovazione → **Se consideriamo questi due esempi come luoghi illuminati** visti dalla nostra epoca della civiltà informatica, l'era di internet, della telefonia mobile e dell'elettronica, dove la società sviluppa intense relazioni interpersonali secondo modalità completamente indipendenti dalla forma fisica dei luoghi della città, dove le aggregazioni sociali, gli incontri, gli scambi e le notizie si espandono in uno spazio che non è più costituito dalle strade e dalle piazze, dai locali e dai bar, ma dai siti, dai motori di ricerca, dai portali, dai blog… è legittimo chiedersi se esistano ancora per noi ambienti costruiti in grado di generare livelli atipici di innovazione, livelli non comuni di creatività. È possibile individuare variabili ambientali, luoghi in grado di promuovere la creatività? Vi sono forse schemi ricorrenti da cui possiamo imparare, che possiamo acquisire e applicare alle nostre vite, alle nostre istituzioni, o ai nostri ambienti per renderli più creativi e innovativi? Ciò che ha fatto Steven Johnson è stato guardare sia gli spazi come le caffetterie, sia gli spazi multimediali come il World Wide Web, che sono stati straordinariamente innovativi, ma anche ripercorrere la storia delle prime città, indagare gli ambienti biologici, come le barriere coralline e le foreste pluviali, che mostrano livelli altissimi di innovazione biologica, con l'obiettivo di andare alla ricerca degli elementi in comune, dei comportamenti che si ripropongono ogni volta in questi ambienti. ¶ Il risultato delle sue osservazioni può sembrare abbastanza ovvio, ma ci riporta al principio di questo scritto e agli ambienti caotici dei caffè artistici e letterari, dove le idee possono incontrarsi, dove le persone possono avere nuove, interessanti e imprevedibili collisioni, provenendo da ambiti diversi. Prendiamo idee dagli altri, da persone da cui abbiamo imparato, da gente incontrata al bar, e le cuciamo insieme dando loro una nuova forma, creando qualcosa di inedito. È lì che si ha veramente l'innovazione. Quindi se vogliamo costruire società più innovative dobbiamo progettare spazi che, strangamente, assomiglino di più a un locale pubblico che a un tradizionale luogo di lavoro. Ciò significa che dobbiamo cambiare alcuni dei nostri modelli di concezione dell'innovazione e del pensiero produttivo e considerare l'ambiente che porta all'innovazione un "network liquido", come suggerisce Johnson, ovvero un luogo in cui confluiscono moltissime idee diverse, ambiti di ricerca lontani tra loro, interessi in contraddizione, che si urtano e rimbalzano continuamente. Un po' come quello che succede nel nostro cervello.

gli ambienti e i luoghi che generano innovazione → **Facendo un salto** di scala e passando dall'ambiente che ci circonda alla nostra mente possiamo facilmente osservare come i tipi di network del mondo esterno riproducano largamente i circuiti del mondo interno al cervello umano. ¶ Nella nostra mente, una nuova idea è paragonabile a un network di informazioni che crea continuamente sinapsi tra i neuroni attraverso associazioni e configurazioni di pensiero che non si sono mai formate prima. La mente è uno strumento, così come il nostro corpo, di cui ci serviamo per interagire con l'ambiente, con le persone, con gli oggetti, per fare esperienza. E più esperienze facciamo più si formano interconnessioni nel nostro cervello. Nei primi anni Ottanta Marian Diamond, dopo aver analizzato alcune sezioni del cervello di Albert Einstein, scoprì un numero elevato di cellule gliali nel lobo parietale sinistro, una specie di stazione di scambio neurologico che descrisse proprio come "un'area di associazione per le altre aree di associazione del cervello", dimostrando che le interconnessioni sono molto più importanti per l'intelligenza di quanto lo sia il numero di neuroni presenti nel cervello.

→ N. Tamura, servizio da tavola Seasons, Covo, 2010.

→ P. Rizzato, F. Gomez Paz, Hope, lampadario, Luceplan, 2010. Foto Zagnoli.

→ P. Rizzato, F. Gomez Paz, Hope, lampadario, Luceplan, 2010. Foto Zagnoli.

gli ambienti e i luoghi che generano innovazione → **Le idee nascono quindi da una mente che lavora** come un bio-computer in grado di unire e integrare tutte le informazioni che arrivano dall'ambiente esterno e le forme di intelligenza conosciute facendo ricorso alla totalità delle nostre risorse umane e biologiche. ¶ Alla domanda "come possiamo procurare al nostro cervello ambienti in cui queste nuove reti hanno maggiori probabilità di formarsi?", rispondiamo quindi attraverso un processo di mimesi della biologia umana che ci fa riconoscere, nei luoghi di svago e di concentrazione di molte persone di diversa cultura e provenienza, la ricchezza di ambienti condivisi e l'importanza che ancora rivestono le relazioni personali, fatte di scambi di pensieri ed emozioni, che una società digitalizzata non potrà mai sostituire.

02 creatività
02.e storia e storie di design
di carlo vannicola

Periodi storici, movimenti, tipologie, materiali, tecnologie, designer, marchi, sistemi di diffusione, eventi, luoghi di produzione, sono solo alcune delle principali categorie in cui si potrebbe classificare ed organizzare la storia del design italiano. La sua diffusa identità, la sua riconoscibilità, non è dovuta a tratti distintivi concretamente definiti, a leggi enunciate, a progetti metodologici, a scuole organizzate, a forme ed immagini codificate, non nasce, in definitiva, da una programmata scuola di pensiero. Per cui, singolarmente o nel loro complesso, i metodi di lettura applicabili al Made in Italy, dovrebbero avere lo scopo di evidenziare la comprensione della genesi dell'atto creativo al fine di non trasformare l'oggetto in un semplice feticcio.

storia e storie di design → **Il termine Made in Italy, nudo e crudo, evidenzia che un manufatto è** stato semplicemente realizzato e pensato in Italia. È lecito quindi chiedersi da dove scaturisce la sua identità, diventa persino curioso domandarsi come si faccia a circoscriverne gli attori e definirne le caratteristiche. ¶ Le principali implicazioni che hanno permesso lo sviluppo industriale post bellico, individuabili nella compresenza di numerose aziende a conduzione familiare dalla spiccata imprenditorialità, nella necessità di ricostruire un'Italia distrutta e fino ad allora poco valorizzata nella sua capacità di saper fare, nella vicinanza di mercati ricchi di là dalle Alpi e nella possibilità di utilizzare nuovi mercati interni, nati dalla rapida urbanizzazione di ampie aree limitrofe a città potenzialmente già definite da storie millenarie, sono elementi che non possono da soli originare l'immagine che i sistemi vendita e la critica hanno avuto nei riguardi dello sviluppo della nostra creatività. ¶ La singolarità del Made in Italy fonda le sue radici in aspetti di semplice sviluppo industriale abbinato alla compresenza, in alcune aree, di progettisti prestati al nuovo corso delle cose, per lo più architetti, chiamati ad offrire la propria cultura e voglia di progetto alle nascenti strutture produttive. È evidente che essi da soli non avrebbero potuto coprire l'enorme necessità d'evoluzione, consentendo una proficua ibridazione con gli stessi proprietari, artisti e tecnici locali, trasformando i luoghi di produzione in veri atelier creatori di innovazione. La pluralità di componenti progettuali e la casualità d'intenti, sono spesso considerati il lato meno nobile dello sviluppo del Made in Italy, questi fattori molto spesso erroneamente ritenuti secondari, sono stati basilari nel creare un folto corollario alle pur evidenti genialità di alcuni fondamentali progettisti nostrani. ¶ Il Made in Italy, non nascendo da un'univoca scuola di pensiero, non può quindi che essere definito sulla base della conoscenza diretta di una serie di storie e di oggetti, pensati, progettati e realizzati singolarmente ma contemporaneamente, per fasi successive, in specifiche aree di sviluppo. Tali manufatti, a lungo termine, si sono rilevati d'alto gradimento e vanno a costituire da soli, sia il patrimonio storico del design italiano sia gli elementi fondanti la sua riconoscibilità.

→ S. DeVocht, Loop chair, sedia, Casamania, 2011.

storia e storie di design → **Occupandoci sia degli aspetti socio-culturali sia di quelli più inerenti l'evoluzione formale dei prodotti**, dobbiamo assimilare la conoscenza di un considerevole numero di esempi, per poter effettivamente iniziare a relazionare il termine Made in Italy con alcune sue peculiari caratteristiche. Molte di esse, sebbene importanti, non possono da sole evidenziare la complessità della storia. La capacità di far evolvere tipologicamente gli oggetti, facilitata da una società in fuga dalla retorica, fortunatamente distrutta dalla guerra, non costituisce una particolare differenza evolutiva dello sviluppo industriale avvenuto in altre nazioni in epoche precedenti o successive, e, da un'analisi approfondita del caso, neanche la capacità intuitiva di trasferire e modellare tecnologie e materiali da un ambito produttivo ad un altro, più volte evidenziato come fattore decisivo per decretare l'originalità di molti oggetti di design italiani, è sufficientemente incisiva da essere assunta come elemento tipico d'unicità. ¶

→ Pudelskern, Granny, lampada, Casamania, 2011.

Dobbiamo dunque riconoscere che la nostra storia è fatta da episodi, in cui gli attori protagonisti, in specifici momenti storici, sono riusciti ad immaginare e rappresentare scene di vita particolarmente affascinanti ed aderenti alla reale necessità di cambiamento di cui la nascente società consumistica andava ghiotta. ¶ Una storia fatta di piccoli eventi, di singoli progettisti, di concomitanze casuali e di appuntamenti espositivi ripetuti costantemente per scandire ed evidenziare la continua trasformazione. Una storia fatta di ricerche personali, sviluppate per decenni in una continua necessità d'auto-stupirsi, d'auto-referenziarsi, d'auto-promuoversi, d'auto-criticarsi. Storie aziendali legate a singoli o numerosi progettisti, a singole o illimitate tipologie di prodotti, a

→ F. e H. Campana, Leatherworks, poltrona, Edra, 2009.

singole o infinite immagini, sono caratteristiche che ammettono molte letture storiche in cui l'unica certezza è la necessità di dover catalogare, in forma non riduttiva, quanto di design è stato fatto negli ultimi settant'anni in Italia. ¶ Andrea Branzi nel suo libro *Pomeriggi alla media industria*, evidenzia la cronicità costitutiva del tessuto produttivo italiano, mostrando il primo e più importante riferimento alla nascita del Made in Italy. I lati negativi della presenza simultanea in Italia di una miriade di aziende nel campo del mobile e dell'oggettistica, gli aspetti sfavorevoli dell'impossibilità di controllare e programmare il mercato, le scelte fatte in conformità ad impostazioni familiari, sono svantaggi ampiamente compensati dalla possibilità di mutare continuamente la produzione, di tentare, metaforicamente parlando, il mercato verso strade alternative. La piccola serie, negativa sotto molti punti di vista, rende impossibile stabilizzare il mercato ma ammette infinite varianti, ripetute mutazioni, in definitiva, porte sempre aperte all'innovazione formale, tipologica, materica, tecnologica, anche se quasi esclusivamente a bassa complessità e medi investimenti.

storia e storie di design → **L'enorme quantità di prodotti pensati e realizzati in Italia** dal 1940 al 1980, costituisce dunque un patrimonio inesauribile di variazioni che possono e devono essere valorizzate poiché tali. Completare, ad esempio, le stesse biografie di alcuni tra i più noti progettisti italiani, al fine di dedurne metodologie progettuali trasferibili, impone, in molti casi, l'analisi delle numerose vicende culturali e attività professionali che li hanno portati ad essere protagonisti del Made in Italy, separatamente per singoli periodi o tipologie di prodotto.

02.e creatività

storia e storie di design → **Costituire una memoria storica di tutto questo non è facile**, troppe le quantità, troppe le differenze, ed esporre in maniera permanente solo una piccola percentuale di tali prodotti vuol dire rischiare di basarsi esclusivamente sul noto, sullo steriotipato, evidenziando alcuni nomi di riferimento e rischiando di perdere la reale potenzialità storica degli eventi. La qualità e originalità di un prodotto deve in ogni caso essere provata, ma tale prova non può costituire in eterno l'unico elemento di riferimento per successive riletture degli eventi, ovvero l'esercizio di ricerca sul campo vale ben più di sfogliare e rileggere infinite pubblicazioni reiterate. ¶ Le collezioni di design, pubbliche o private, nate da un più ampio amore verso la storia del design italiano, al di là del singolo oggetto, rappresentano esempi tangibili di quanto finora esposto. Non troppo selettive, intrise d'oggetti famosi ed altri dimenticati, oppure improbabili semi-plagi d'esperienze più note, queste collezioni rendono visibile il vero stato delle cose: la professionalità di alcuni personaggi a confronto con il dilettantismo di altri, la qualità di alcune aziende in confronto ad un'artigianalità appena sufficiente a dare valore alle forme. ¶ La particolarità di tali patrimoni culturali diffusi risiede nel seguire solo in parte le considerazioni della critica più ortodossa e pertanto cerca di rintracciare oggetti fondamentali lasciandosi trasportare anche da amori improvvisi verso non meglio identificate esperienze progettuali. I diversi curatori, veri e propri talent scout, in queste ricerche hanno riportato alla luce elementi e personaggi ormai dimenticati, che non possono che arricchire la complessità del mestiere italiano di fare design. ¶ Tutto questo, forse, è la nostra vera storia, piena di genialità e fallimenti, di designer puri ed artisti prestati alla nascente professione.

→ T. Juretzek, Rememberme, sedia, Casamania, 2011.

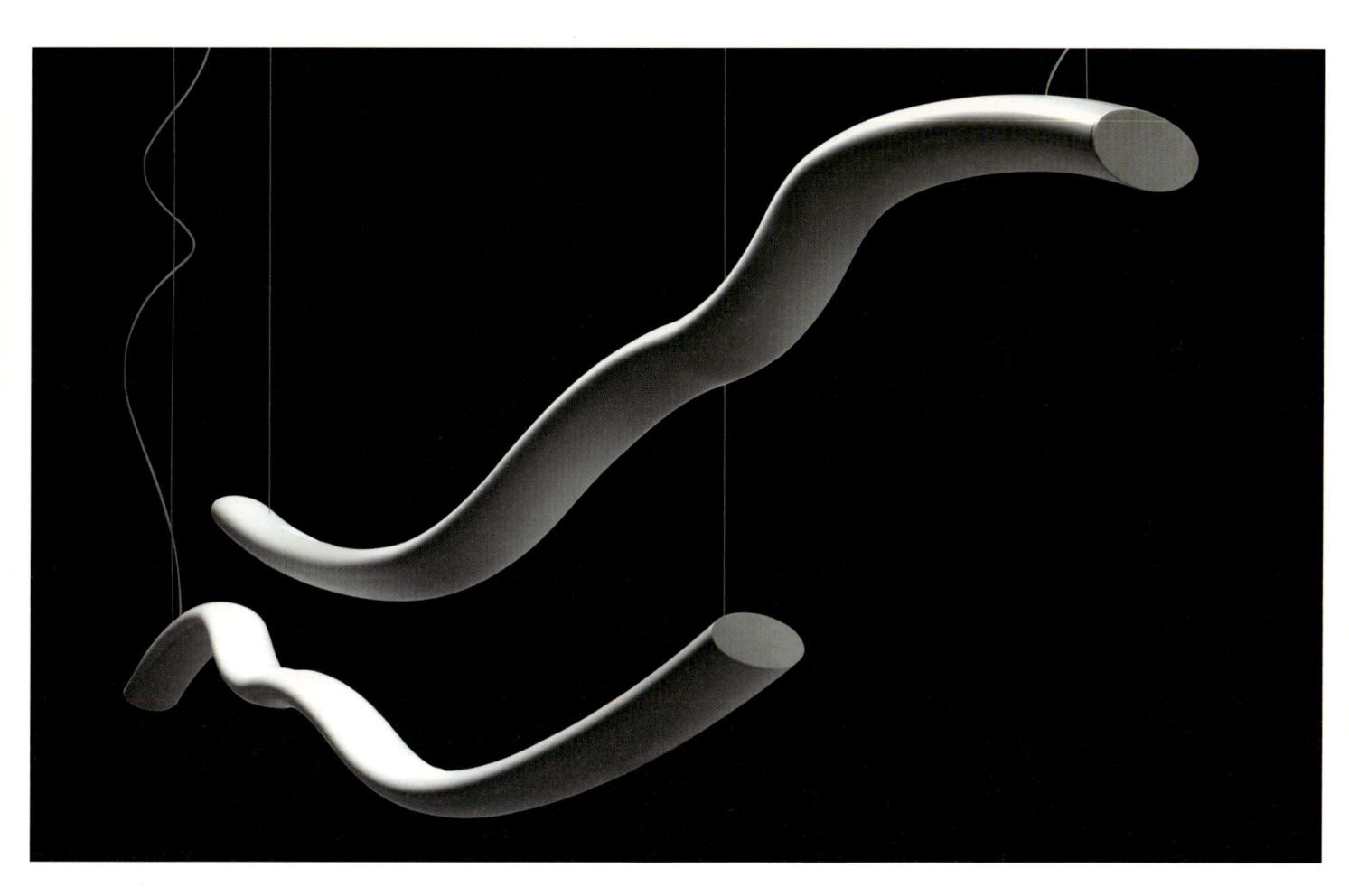

↑ Studio Baruffi & De Santi,
Wave, lampada a sospensione, Foscarini, 2009.

75
§
02 **creatività**
→ raccolta iconografica
a cura di alessandro biamonti

Gli ultimi dieci anni non sono stati un periodo facile. Per nessuno. In tutto il mondo, ed in tutti i settori, ci si è trovati a fronteggiare questioni nuove, crisi, ondate di sfiducia planetaria. Certamente non sono mancate anche importanti opportunità di rilancio. Per esempio il confronto con nuove energie, sostenibili, alternative, pulite. Così come l'attenzione per nuovi progetti, a forte valenza di innovazione sociale. Nuove sensibilità diffuse che hanno trovato nel design un importante catalizzatore di energie. Il design, nel suo significato più ampio possibile, si è trovato infatti spesso al centro delle questioni, con un ruolo chiave non tanto in merito ad una gerarchia, quanto piuttosto in virtù della sua spiccata predisposizione alla mediazione inter-culturale e inter-disciplinare, unita ad una buona capacità di lettura ed interpretazione della realtà. ¶ Queste doti il design le ha utilizzate anche per leggere se stesso. Per comprendere la sua evoluzione come disciplina sempre più ampia e sempre meno facilmente riconducibile ad un preciso ambito professionale. La grande comunità internazionale del Design ha sviluppato questa come una riflessione comune, come una grande onda, un grande flusso di comunicazione.
In questo il nostro Paese ha avuto un ruolo importante, grazie anche ad una crescente sensibilità per quelle nuove forme di design che si sviluppano ai margini della disciplina. In quelle zone di frontiera tra ambiti disciplinari, ma anche professionali, molto differenti e molto lontani dal quel Design Industriale che ha segnato il '900. ¶ Fenomeni come l'autoproduzione, l'interaction design, gli sviluppatori delle app, i videogiochi... che fatica a volerli far rientrare nelle logiche rigide della cultura dell'industrial design del secolo scorso! Ma invece sono parte integrante della sempre più grande cultura del progetto della nostra contemporaneità. ¶ Continuano ad esistere progettisti che si confrontano con processi industriali rigidissimi, per un mercato che si sviluppa in milioni di pezzi, ma a questi si affiancano tutti gli altri, e fanno parte di una grande comunità planetaria che progetta, a scale differenti, in forma tangibile o meno, un proprio Mondo.

il design italiano 20.00.11

02 creatività   d.i. 20.00.11   76

→ 1.

← 2.

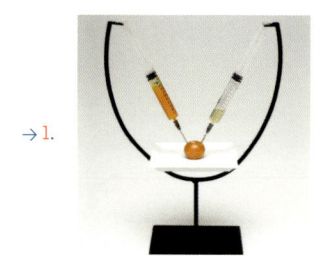

la creatività delle cose
Se consideriamo la propensione del design a dare
contributi a quesiti di diversa natura, ne deriva
che in avanti, anni nei quali maggiori e diversi saranno
i problemi che ci riguarderanno, aumenterà
la domanda di design e dunque di ricerca e soprattutto
dell'humus creativo che la sostiene. →

1. 4. M. Bottura, Uovo al prosciutto.
Sperimentatore vero, Bottura compie una delle azioni
più difficili: proporre il nuovo partendo
dalla tradizione e, in qualche modo, rispettandola.
2. 3. A. Cos, Barchetta collection, 2002.
Come un abile samurai giapponese che con la sua
katana procede per tagli netti, precisi, fulminei,
e cambia lo stato delle cose.

→ 3.

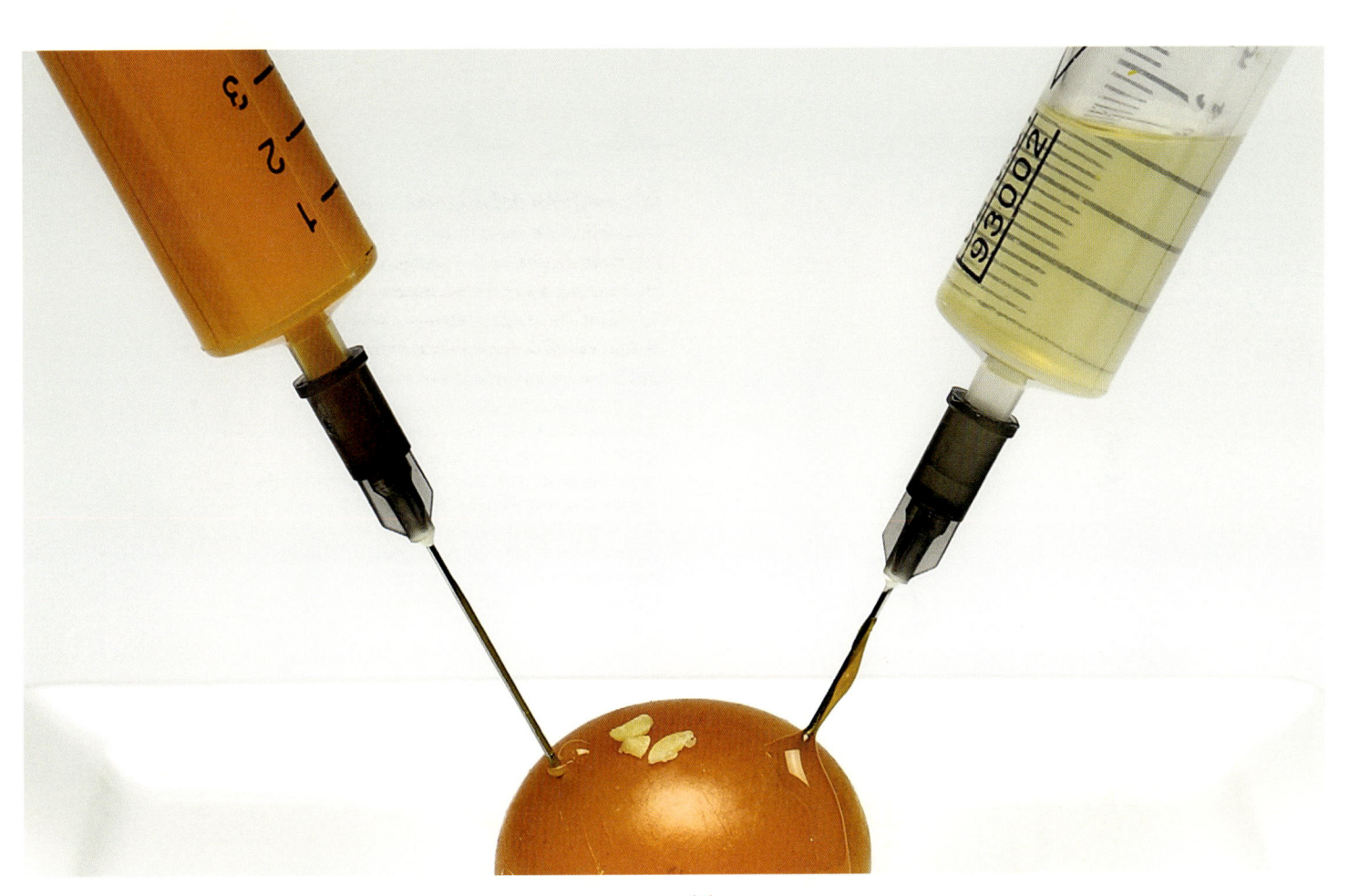

↑ 4.

02 creatività   d.i. 20.00.11   78

← 6.

**la creatività dell'innovazione
materica e sensoriale**
Una creatività che, anche nella sua versione
più controversa, segue le più diverse traiettorie:
tra queste, quelle che appartengono al valore assoluto
dell'innovazione materica e sensoriale degli oggetti,
assume un ruolo di primo piano. →
5. 6. GumDesign, L'astemio, L'equilibrato,
Lo smodato, azienda Gianni Seguso, 2009.
7. 8. 9. D. Parruccini, Bottoni in madreperla.
La decorazione caotica dei fori obbliga una messa
in opera creativa. Autoproduzione 2003.
Foto Perna, Polifemo Fotografia.
10. M. Ragni, w-eye, ma-wood, 2010.
Interessante la sfida del materiale
e della forma con relativi pregi e limiti.

→ 5.

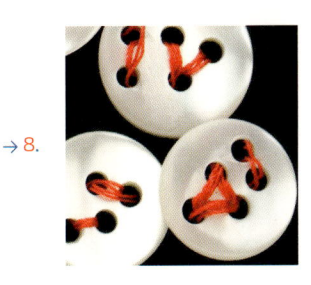

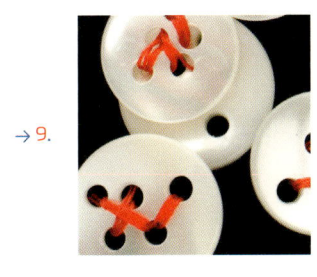

→ 7.

→ 8.

→ 9.

↓ 10.

02 creatività   d.i. 20.00.11   80

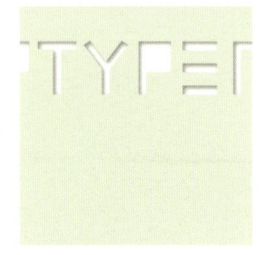

→ 11.

→ 12.

la creatività in trasformazione
Creatività giocata sul piano della manipolazione concettuale, mai fine a se stessa, dei trasferimenti tecnologici e delle combinazioni tipologiche che trasformano la nostra cultura materiale. →
11. 15. 16. L. Sonnoli, Emptypeness, 2004.
12. 13. 14. D. Parruccini, Bulbi, autoproduzione, dal 1992 al 2002. Vasi realizzati con lampadine fulminate e materiali di recupero. La struttura sempre diversa rende la lampadina stabile. Foto Perna, Polifemo Fotografia.

→ 13.

→ 14.

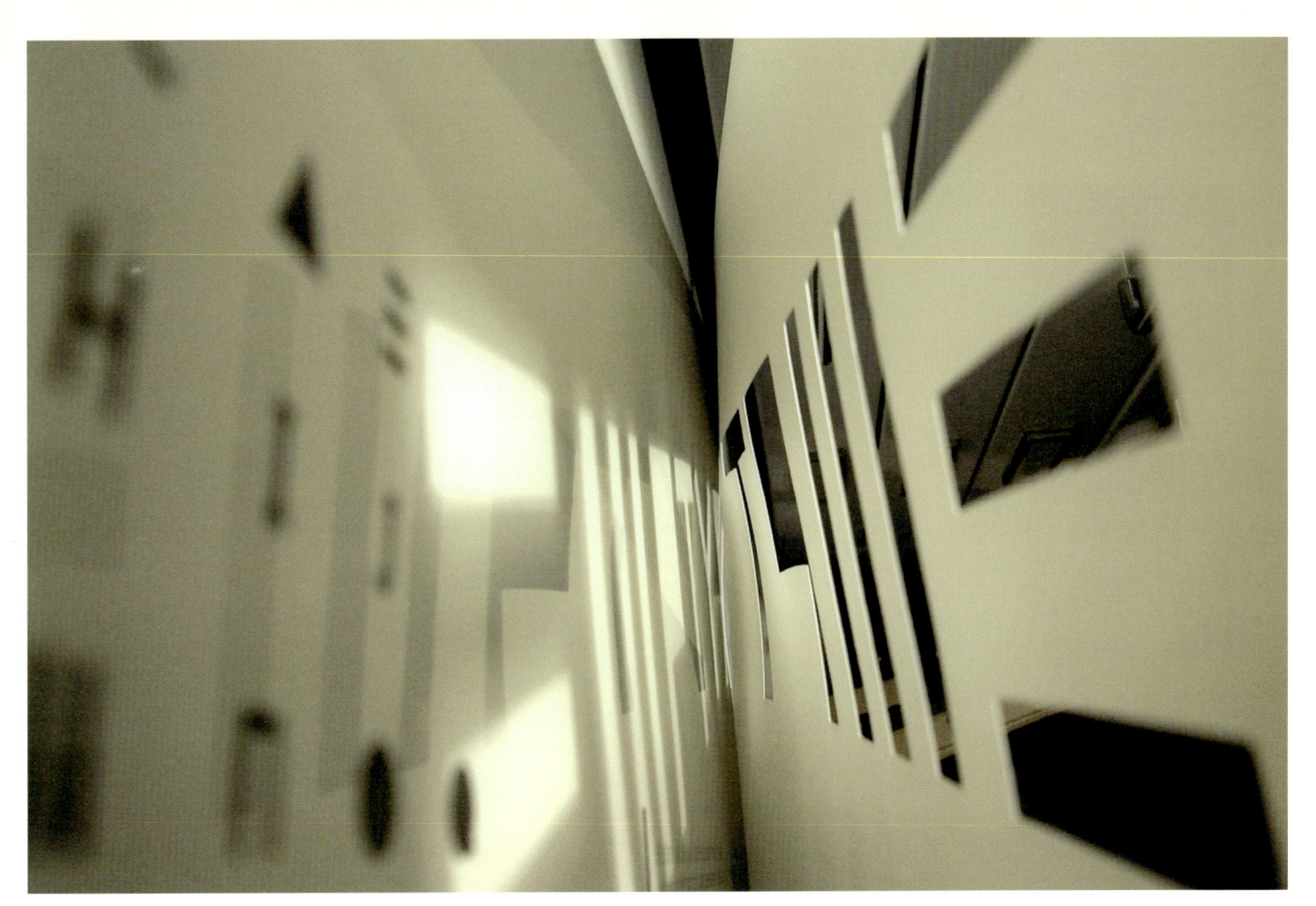

↑ 15.

→ 16.
A ■ C ▲ Ξ
F ⊂ H I J
K L Ⅲ Π ● Q
⊏ ⊓ S T U
V W X Y Z

→ 17.

→ 18.

→ 19.

la creatività delle persone
La creatività ha diversi modi per rivelarsi.
Passa dalla teoria del singolo autore, invocando
il modello del patrimonio unico e irrepetibile,
per approdare all'idea di una dimensione collettiva
che dà origine, di conseguenza, a fenomeni
di socializzazione tra quelli che hanno gli stessi
bisogni di sperimentazione o, se vogliamo,
lo stesso orizzonte creativo. →
17. 18. 19. DotDotDot, La Cultura Eleva, Plusdesign, 2008.
20. Esterni, Person Parking.

↓ 20.

02 creatività d.i. 20. 00 .11   84

→ 21.
→ 22.
→ 24.
→ 23.

la creatività delle persone
Tra i diversi modi che la creatività ha per rivelarsi, forte è la dimensione collettiva che converge verso uno stesso orizzonte creativo. Un orizzonte, quest'ultimo, che evidentemente non accoglie l'idea di una creatività "singolare", quanto piuttosto quella di una creatività che dipende fortemente dal contesto nel quale, sia l'individuo che l'organizzazione, praticano nella prospettiva della crescita comune. →
19. 20. 21. 22. I. Marelli, Branch, Coro, 2009.
23. L. Scheppati, Ciclò, autoproduzione, 2005.
24. C. Contin, Mediterraneo, autoproduzione, 2002.
25. P. Ulian, Concentrico, 2011.
26. A. Ponzini, 24 ore, autoproduzione, 2009.
Logica industriale, sensibilità verso l'ambiente, ma anche un tocco di fashion: una cosa dentro l'altra, ogni cosa al suo posto.

→ 25.

→ 26.

→ 27.

↑ 28.

§

03 icone
coordinamento federica dal falco

03.a **evoluzione e stratificazioni fluttuanti**
di federica dal falco

03.b **il design italiano: da singolare a plurale**
di alfonso morone

03.c **marche icona: dal costume alla cultura**
di adriana feo

03.d **iconicità e riedizioni: incontri sulla superficie delle cose**
di rossana carullo, spartaco paris

20.00.11 **raccolta iconografica**
a cura di rossana carullo, spartaco paris

coordinamento ricerca sapienza università di roma
team di ricerca sapienza università di roma, università degli studi di napoli federico II, politecnico di bari, università degli studi di sassari

03 icone
03.a evoluzione e stratificazioni fluttuanti
di federica dal falco

Attribuire ad un oggetto la qualifica di icona è una questione complessa. Gli aspetti più evidenti del suo significato possono essere compresi adottando una chiave di lettura trasversale, l'evoluzione biologica, che si basa sul presupposto di un'analogia tra ordini naturali e artificiali.[1] Le ottiche metaforiche cui si fa riferimento sono da un lato la lente del paleontologo che scruta a ritroso le linee evolutive a partire dalle serie iniziali, dall'altro quella del biologo che analizza gli aspetti relativi ai cambiamenti dei più "evoluti" collocati all'estremo opposto. In generale lo schema di sviluppo di un oggetto presenta analogie con quello degli esseri viventi (nascita, espansione, saturazione e decadimento) tanto più se si assume come riferimento il paragone tra copiatura e ereditarietà. Un oggetto primario viene *ricalcato*, modificato attraverso graduali trasformazioni influenzate da "fattori ambientali" legati ai contesti e trasmesso da una generazione di artefici all'altra. I pacchetti di dati destinati a sopravvivere nel tempo sono quelli le cui morfologie accolgono l'innovazione tecnologica e la manipolazione estetica mantenendo stabile senso e funzione. Dalle forbici da tosatura, basate da sempre sul principio di una leva del terzo genere aggiornate nei materiali e nelle lame piatte; alle saponette di cui sono conservati antichi stampi; ai tavoli e alle pentole, gli oggetti domestici sembrano tra loro collegati da una catena che parte dalla storia più antica per arrivare all'industrial design.[2]

evoluzione e stratificazioni fluttuanti → **Uno degli aspetti che caratterizza l'evoluzione morfologica** dei manufatti sono le innovazioni impreviste che spesso seguono percorsi non lineari, portando a differenziare i caratteri filogenetici dei prodotti. Le contaminazioni tra elementi, anche dovute all'interferenza del caso, avvengono attraverso incursioni dei progettisti nella storia, liberi trasferimenti e innesti di forme e concetti prelevati lungo il binario del tempo. I saccheggi, a volte inconsapevoli, sono influenzati dalle oscillazioni del gusto, dall'alternanza tra linee serpentine e rette, organicità ed astrazione,[3] decorazione bulimica e materia al grado zero. Così anche un prodotto nuovo di zecca può essere dotato di una qualità singolare emozionale dovuta al fatto che incorpora un déjà-vu.[4] Nella proliferazione ininterrotta di oggetti alcuni hanno un carattere di permanenza, certi scompaiono per poi magari essere nuovamente reinterpretati e prodotti, altri si evolvono. Questo mobile insieme delle cose generalmente ci sopravvive[5] permettendoci di ricostruire civiltà e culture a partire dai reperti archeologici conservati nel sottosuolo fino ad arrivare a quella *stratificazione fluttuante* depositata sulle superfici che ci circondano, la cui conservazione è condizionata dal sentimento affettivo del singolo e/o del gruppo. Alcuni esemplari del moderno sono scampati all'obsolescenza mantenendo le loro caratteristiche originarie. Come la poltrona pieghevole Tripolina con struttura lignea, giunzioni di metallo e seduta in tela ancora oggi prodotta da Citterio o gli occhiali da sole Persol 649 del 1938, ripresi e rilanciati nel '57 e ancora oggi proposti sul mercato in Rhodoid e lastre di cristallo.[6]

evoluzione e stratificazioni fluttuanti → **Il pensiero di alcuni oggetti sopravvissuti ha uno strano riflesso urbano.** Nonostante siano venduti nei supermercati la loro immagine si accompagna a quella di esercizi commerciali di quartiere e di paese, come piccole cartolerie, negozi di alimentari e mercerie, oramai in declino. Basti pensare all'uovo di legno per rammendo, alla colla solida Coccoina modello 603 col suo barattolino color argento e il logo blu-violetto creata nel 1927, alle puntine di alluminio Assa del '32; alla Nivea Creme dalla scatola tonda blu notte; al packaging semprevrede del dado Star classico dove è ancora impressa l'immagine rassicurante-perturbante di una signora anni Cinquanta che ci sorride avvicinando il cucchiaio alle labbra. ¶ Secondo le teorie post darwiniane, le estinzioni sono la normalità. Il paleontologo Stephen J. Gould sostiene che oltre alle "perdite microevolutive" causate da processi ecologici locali,[7] le specie sono scomparse in corrispondenza delle rotture tra le ere geologiche. Anche l'inabissamento di alcuni oggetti può essere letto in relazione ad improvvisi *schianti* dovuti all'innovazione tecnologica. Basti pensare alla recente rivoluzione telematica che ha comportato una doppia lista di oggetti, da un lato quelli in via di estinzione e dall'altro nuovi strumenti e prodotti. Nell'elenco dei desueti, oggi quasi introvabili, potremmo appuntare nomi, gesti e riti (il gettone telefonico, la carta carbone, le lamette da barba...) che sembrano appartenere ad un'altra era geologica. Al loro posto vi sono i cosiddetti oggetti intelligenti dalle forme e superfici enigmatiche, sempre più performativi e interattivi che celano interfacce, menù, servizi.

evoluzione e stratificazioni fluttanti → **La maggior parte degli oggetti classici,** la cui forma è uno stampo disegnato di ciò che accoglie o contiene (una sedia, un cappello, un piatto...) è riconducibile alla categoria dei *sopravvissuti evoluti*, secondo una nota distinzione rispetto alla quale vi sono artefatti la cui forma comunica la funzione primaria, o esalta la funzione seconda.[8] Alcuni di questi oggetti sono *icone*, nel senso che il loro valore intrinseco, materiale e d'uso, si è rivestito di qualità simboliche legate all'immagine e alla sua comunicazione. Le icone, oltre al fatto di essere considerate come determinanti l'identità del progetto italiano per l'industria, hanno la capacità di generare le *scene* nelle quali si sono svolti o si svolgeranno i comportamenti legati al loro impiego. In questo senso gli oggetti iconici sono "documenti visivi" che riproducono l'estetica e la memoria individuale e collettiva in cui i ricordi soggettivi si sovrappongono alle immagini pubblicitarie e a quelle cinematografiche. Ogni artefatto comunica un "contatto" con il vissuto ed ha il singolare potere di innescare in modo imprevedibile "un sistema di proiezioni" mentali. ¶ Tra le *icone calco* evolute, sono esemplari le varianti morfologiche di due sedie legate a riferimenti lontani nel tempo. Con la Leggera (1951) e la Superleggera (1957) Giò Ponti reinterpreta, sperimentando nuove tecnologie, la sedia di Chiavari che a sua volta riprende le linee del modello capostipite ottocentesco di Giuseppe Gaetano Descalzi; mentre la Milano di Aldo Rossi (1988) è una rivisitazione ironica di un'austera tipologia toscana trecentesca. Nel campo della moda, tra gli og-

1. P. Steadman, *The Evolution of Design*, Cambridge University Press, 1979.
§
2. A. Branzi, *Capire il design*, Giunti, Firenze 2009.
§
3. R. Bianchi Bandinelli, *Organicità e astrazione*, Electa, Milano 2005 (ed. orig. 1956).
§
4. F. Dal Falco, *Sopravvissuti. L'evoluzione del più adatto*, diid, Rdesignpress, Roma, vol. 24-25, 2007, pp. 80-87.
§
5. In un recente libro R. Bodei sviluppa tale concetto a partire da *Las Cosas*, una poesia di J. L. Borges. R. Bodei, *La vita delle cose*, Laterza, Roma-Bari 2009, p. 32.
§
6. A. Bassi, *Design anonimo in Italia*, Electa, Milano 2007, pp. 150-153; 138-141.

→ S. Ferragamo, calzature estive con tomaia di paglia sintetica, anni Quaranta.

→ M. Nizzoli, Lettera 32, Olivetti, 1963, annuncio pubblicitario.

getti di culto del periodo autarchico, vi sono i sandali di Salvatore Ferragamo dalla suola ortopedica in sughero, con fasce tessute a mano in fibre naturali, o con la tomaia di cellofania a trame multicolori brevettata nel 1942.[9] La creazione riprendeva le forme di una calzatura popolare tipica della cultura mediterranea coniugandola ad uno stile di vita moderno. Un passaggio concettuale che presenta delle analogie con gli studi e i progetti sulla casa razionalista condotti in quegli anni da Bernard Rudofsky e Luigi Cosenza nel territorio campano e a Procida.[10] Le scarpe con la zeppa sono state ridisegnate in molteplici forme dagli anni Settanta ed è singolare come la collezione estiva Prada 2011 sia ispirata nei colori e negli intrecci ai modelli in cellophan di settant'anni fa.

evoluzione e stratificazioni fluttanti → **In questo quadro – considerando il design italiano "un fenomeno policentrico ma unitario"**[11] assimilabile ad un grande collage in progress – i saggi proposti sviluppano il tema sulle icone in chiave evolutiva secondo tre angolazioni. Alfonso Morone restituisce una fotografia del progetto contemporaneo mettendo a fuoco come la proliferazione e la crescita del design abbiano trasformato la professione del designer allontanandola dalle figure dei grandi maestri; mentre Adriana Feo propone un'incisiva analisi sull'evoluzione del brand a partire da classici esempi di comunicazione per arrivare al design degli eventi culturali. Rossana Carullo e Spartaco Paris trattano in modo rigoroso la questione delle "riedizioni" per poi evidenziare, attraverso il repertorio iconografico della seconda parte, le trasformazioni degli oggetti contemporanei: uno sciame di artefatti specchio di un paesaggio eterogeneo dai confini labili dove fluttuano mutevoli i comportamenti e l'estetica del nostro tempo.

---

7. K. Sterenly, *La sopravvivenza del più adatto*, Raffaello Cortina editore, Milano 2004.

§

8. U. Eco, *La struttura assente. La ricerca semiotica e il metodo strutturale*, Bompiani, Milano 2002.

§

9. M. Lupano, A. Vaccari (a cura di), *Una giornata moderna. Moda e stili nell'italia fascista 1922-1943*, Damiani, Bologna 2009, pp. 252-255.

§

10. F. Dal Falco, *L'ingegnere centauro*, in M. P. Fontana, M. Y. Mayorga (a cura di), *Luigi Cosenza. Il territorio abitabile*, Alinea, Firenze 2007, pp. 131-139.

§

11. A. Branzi, *Il Design italiano 1964-1990*, Electa, Milano 1996, p. 17.

↪ G. Ponti, Superleggera, sedia, Cassina, 1957.

03 icone
03.b il design italiano: da singolare a plurale
di alfonso morone

La precedente stagione dei "maestri" e del design come fenomeno minoritario, con una forte vocazione culturale ed elitaria, evidentemente poco può essere utilizzata per comprendere lo scenario che abbiamo davanti a noi. C'era, infatti, un tempo non molto lontano, in cui i designer rappresentavano una piccola comunità di qualche decina di nomi esclusivamente milanesi, e le industrie che oggi diremmo *design oriented* che, analogamente, si potevano contare sulle dita di una mano, erano amministrate da imprenditori che vivevano in stretto contatto con i progettisti, condividendone le medesime aspirazioni. Quel mondo, difficile come gli anni del dopoguerra, era certamente più comprensibile di quello attuale. La "biografia" del design italiano, nella sua crescita è, però, proprio quella di una famiglia il cui albero genealogico dai pochi capostipiti, inevitabilmente, si è diluita in una molteplicità di filiazioni sempre più ampie, varie e inevitabilmente distanti. Il risultato di questa proliferazione è un sistema comunitario, esteso e radicato nella società italiana, ma anche più evanescente e instabile, rispetto a quello delle origini.

1. Mi riferisco in particolare alla mostra *The New Italian Design. Il paesaggio mobile del nuovo design italiano*, tenutasi alla Triennale di Milano dal 20 gennaio 2006 al 25 aprile 2007, che ha indagato lo stato del giovane design italiano sulla base di una mappatura sistematica del fenomeno. Per un approfondimento si rimanda al catalogo: AA.VV. (a cura di), *The New Italian Design. Il paesaggio mobile del nuovo design italiano*, La Triennale di Milano, Milano 2007.

2. Per una analisi quantitativa e qualitativa approfondita del design italiano contemporaneo si rimanda a: AA.VV. (a cura di), *Lavorare comunicando nella ragnatela del valore. I giovani designer tra flussi e luoghi*, Consorzio AASTER, 2007.

3. Ibidem.

M. Ragni, Vigorelli, orologio da polso, Lorenz, 2010.

il design italiano: da singolare a plurale → **Dai recenti tentativi di censire e analizzare selettivamente** l'attuale panorama del design italiano,[1] viene fuori il racconto di una nuova generazione di designer, che attraverso il progetto non costruisce, come le precedenti, la soluzione a problemi forti e generali, ma privilegia piuttosto una ricerca progettuale che si applica a una infinità di bisogni minimi, quotidiani se non addirittura interstiziali. Manca totalmente nelle nuove generazioni di progettisti italiani, quel senso di una missione epica che attraversava l'attività dei loro predecessori. In questo panorama di moltiplicazione di attori e di segni la questione dello stile è stata totalmente superata. I vari linguaggi attraverso cui si esprime oggi il design italiano, non sono più riconducibili a percorsi espressivi unitari, sintetizzabili nell'eterna diatriba tra funzionalisti e antifunzionalisti. Date queste osservazioni iniziali è evidente che affrontare l'attuale fenomenologia del design italiano comporta innanzitutto l'accettazione del cambiamento. I tempi nuovi, infatti, hanno una loro autenticità che non può essere compresa attraverso la semplice ricerca di forme di continuità con il passato. Alcune tra le più recenti e convincenti descrizioni dell'attuale scenario insistono prioritariamente sulla dimensione di massa del fenomeno del design italiano. ¶ In realtà non solo in Italia, ma in tutto il mondo, il numero di designer, la diffusione delle Università e Scuole di design, l'importanza dei Saloni e delle Design Fair aumentano di anno in anno.

il design italiano: da singolare a plurale → **Il design contemporaneo è uscito dai recinti** delle *élite* culturali, e di una attività che si percepiva prioritariamente come una forma di estetizzazione del prodotto, per vedersi riconosciuto il ruolo di uno dei motori di innovazione indispensabile alla crescita economica delle società postindustriali. Questo fenomeno, tanto evidente ed esteso può essere effettivamente sintetizzato nell'affermazione che "il design sta diventando la professione di massa più tipica del XXI secolo" (A. Branzi, 2007). ¶ La "democratizzazione" del mestiere di designer in Italia ha portato ad una configurazione piramidale della professione in cui al vertice, costituito da pochi nomi noti a livello internazionale, corrisponde una base formata da una moltitudine di giovani professionisti che conta ormai in Italia una decina di migliaia di persone impiegate nella professione di designer.[2] Tale massa è certamente quella più utile da interrogare per cogliere il senso del nuovo. I dati[3] ci dicono di una diffusione della professione di designer che oltre a crescere quantitativamente si sta diffondendo territorialmente, coprendo aree del Paese in cui non era presente prima, anche se questa espansione non muta il ruolo assolutamente preponderante del sistema-design lombardo.

il design italiano: da singolare a plurale → **L'attività delle nuove generazioni di designer italiani** avviene all'interno di una singolare modalità di socializzazione della professione. L'attività viene svolta infatti attraverso realtà organizzative di pochi numeri, piccoli studi in cui prevale addirittura la dimensione individuale. ¶ Ma questi piccoli nuclei, tendenzialmente individualizzati, convivono tra di loro formando un esteso sistema comunitario che amplifica le potenzialità di ciascuno, attraverso una rete mobile di competenze che possono facilmente aggregarsi, per poi nuovamente sciogliersi, in funzione delle necessità derivanti dalle richieste della committenza. Il sistema di relazioni in cui il singolo designer è inserito, l'appartenenza ad un circuito comunitario, costituisce quindi la premessa indispensabile per guadagnare qualità competitiva nel lavoro progettuale, ma è anche un evidente segnale di precarizzazione del lavoro di designer, basato spesso su incerte occasioni di lavoro che difficilmente forniscono continuità e stabilità. ¶ Si tratta di una rete sociale che per consuetudini, stili di vita e cultura è sempre più legata ad una dimensione internazionale e trasversale. L'internazionalità del design italiano è sostenuta da una attrattiva, di natura storica, che l'Italia esercita per molti designer stranieri, non solo celebrità affermate, ma anche giovani che provengono sia dai paesi più industrializzati che, sempre più, da paesi emergenti. In questo senso il design italiano mostra un percorso opposto, rispetto a quello ben conosciuto, della fuga di cervelli italiani verso l'estero.

→ P. Urquiola, Lazy, poltroncina, B&B, 2004.

AA.VV. (a cura di), *Sistema Design Milano*, Abitare Segesta Cataloghi, Politecnico di Milano, ADI, Milano 1999.

A. Bonomi, *Una terza via per il Made in Italy*, in *Domus*, Editoriale Domus, Milano aprile 2006, pp. 18-26.

A. Branzi, *Sette gradi di separazione*, in AA.VV. (a cura di), *The New Italian Design. Il paesaggio mobile del nuovo design italiano*, La Triennale di Milano, Milano 2007.

R. De Fusco, *Made in Italy. Storia del design italiano*, Laterza, Roma-Bari 2007.

V. Gregotti, *Il disegno del prodotto industriale. Italia 1860-1980*, Electa, Milano 1986, pp. 19-39.

03 icone
03.c marche icona: dal costume alla cultura
di adriana feo

L'idea di *marca* si delinea all'interno di una relazione che si instaura tra un'azienda, il consumatore e la concorrenza in un determinato mercato.[1] A tale scopo ogni azienda cerca di creare, comunicare e quindi diffondere la propria immagine nella mente del pubblico consumatore. Ne deriva così un rapporto stretto tra la tecnologia del prodotto, la sua comunicazione e la cultura popolare, attraverso il quale il prodotto diventa riconoscibile e si radica nell'immaginario collettivo. Comunicare l'idea della marca ha quindi un riscontro psicologico nella mente del consumatore, se si pensa a Bialetti non ci si riferisce solo all'azienda produttrice di caffettiere, ma anche alla tradizione tutta italiana del caffè fatto con la moka. ¶ Alcuni prodotti, grazie alla loro capacità di suggerire uno stile di vita, diventano icona, cioè modello da seguire in diversi ambiti della società. Fin dall'inizio del xx secolo, le marche più in vista erano presenze certe e affidabili del costume quotidiano italiano e, influenzano la collettività con semplici quanto rigide regole di ripetizione del loro simbolo grafico. Tra gli anni Trenta e Quaranta il marchio non viene più considerato esclusivamente una firma corredata da un'immagine, ma si inizia a pensare che, attraverso una strategia pubblicitaria, l'impresa può costruire una coscienza aziendale per affermare la propria identità.

marche icona: dal costume alla cultura → **Nell'esperienza delle aziende italiane, alla base dell'attività** industriale c'è una lunga tradizione di progetti culturali, di relazioni tra imprenditori, designer e artisti. Ricordiamo il rapporto tra Davide Campari e Fortunato Depero che disegnò la bottiglia del Camparisoda.[2] Su un altro fronte merceologico si afferma l'esperienza dell'Olivetti di Ivrea, con una politica aziendale modello che comprendeva non solo prodotti e immagine coordinata, ma anche architettura e programmi sociali.[3] Lo "stile Olivetti" è simbolo di una nuova realtà d'impresa e di un'intesa forte tra politica aziendale e cultura. La spinta del dopoguerra dà un enorme contributo alla produttività e l'Olivetti si porta in testa allo sviluppo del paese, la macchina da scrivere Lettera 22 (1950) entra nelle case degli italiani insieme ai nuovi elettrodomestici. ¶ Negli anni Ottanta il marchio come carattere distintivo dell'azienda raggiunge il suo culmine nell'ambito della cultura del design legata agli strumenti della tecnologia e del marketing. In Italia si fa strada l'idea di una pratica aziendale più vicina a quella di un laboratorio di arti applicate che non a quella di un'impresa che mira al proprio profitto.[4] Un esempio è l'azienda Alessi, nella quale il rapporto tra industria e cultura si trasforma: si perde il rigore di provenienza razionalista per far spazio ad una nuova idea che punta sull'aspetto ludico dell'oggetto di design.[5]

marche icona: dal costume alla cultura → **Negli ultimi dieci anni, siamo di fronte ad un paesaggio** molto diversificato, nel quale marche più o meno importanti si disputano l'attenzione di un pubblico di consumatori sempre più ampio, ma anche assuefatto, disattento e per questo più difficile, che obbliga a mettere in atto narrative complesse, produzioni di alta qualità e strategiche sponsorizzazioni.[6] La tecnologia ha frammentato la comunicazione su piattaforme diverse, come i social network o i pop-up di internet. Una dimensione così ampia del mercato rende difficile la riconoscibilità anche dei marchi di maggior successo, i quali seguono "un copione minuzioso e idiosincratico, oppure sono abbastanza astratti, incisivi e malleabili da abbracciare più piattaforme, mantenere costantemente il proprio ruolo ed essere sempre riconoscibili".[7] Per questo molte aziende propongono riedizioni del marchio storico, rafforzando l'aspetto iconico: nel 2009 Matteo Ragni crea per Camparisoda un bicchiere che si sovrappone alla bottiglia di Depero costituendo un oggetto unico ma separabile, l'unione delle due forme opposte rivaluta sia l'oggetto che l'atto del bere. La Fiat nel 2006 rilancia il marchio del 1932 in concomitanza con la riedizione della 500. In altri casi nuovi marchi si ispirano alle pubblicità a più episodi del periodo felice di Carosello costruito su veri e propri sketch seriali, come ad esempio "Carmencita e il Caballero Misterioso", icone animate del Café Paulista. Oggi lo stesso schema è riproposto nelle gag seriali del "Nespresso" con la coppia Clooney-Malkovich alla quale si aggiunge l'interattività virtuale del sito internet, dove lo spettatore-consumatore può rimontare lo sketch a piacimento e diventare regista dell'operazione. Infine è significativo il rilancio del gruppo Prada. Negli ultimi anni a causa del mercato della contraffazione dei marchi, l'immagine di Prada aveva perso la propria qualità agli occhi dei consumatori. Nel 1999 l'imprenditrice Miuccia Prada si avvicina a Rem Koolhaas attratta dalla sua *Guide to Shopping* redatta per gli studenti dell'Università di Harvard. Gli affida la progettazione di tre nuovi negozi negli USA (New York, Los Angeles, San Francisco 2001). L'obiettivo è dare a Prada una nuova immagine degli store per un rilancio del marchio. Questo avviene, nel progetto di Koolhaas, attraverso l'ideazione di uno spazio-evento inserito nel contesto urbano e collegato virtualmente ad una rete dei negozi Prada. Ampio uso di elementi tecnologici, nuovi materiali coniati apposta per Prada e la creazione di un sito web e-commerce sono gli elementi che generano una struttura integrata di servizi per dare un nuovo senso di esclusività e per rafforzare l'aura di Prada. L'architetto diviene regista di un'operazione di shopping d'avanguardia associato ad eventi culturali e di una nuova interazione tra consumatore-spettatore-negozio-prodotto. D'altro canto proprio dall'ambito culturale proveniva un modello di riferimento ascrivibile all'ambito dei musei di arte contemporanea. Ad esempio il MIBAC pensando ai Guggenheim di New York e Bilbao, affida a Zaha Hadid il progetto del nuovo museo MAXXI. L'immagine dell'edificio diventa l'icona del museo del futuro, con il manifesto d'apertura che rappresenta la pianta dell'edificio assimilata ad un apparato umano sensoriale che invita a vivere e nutrirsi d'arte. Il legame tra aziende e cultura è ormai inscindibile.

1. M. Botton, J. J. Cegarra, B. Ferrari, *Il nome della marca*, Guerini e Associati, Milano 2002.
§
2. Già nel 1915 il marchio Campari si era affermato nell'entourage meneghino con l'apertura di un piccolo bar nella nuova Galleria di Milano, dove si consumavano bevande prima dei pasti. Nasce così il Camparino. Negli anni Trenta l'imprenditore decide di commercializzare il prodotto e incarica Fortunato Depero di disegnare la campagna pubblicità del prodotto. L'artista futurista inventa la famosa bottiglia a forma di calice rovesciato che ancora oggi è l'icona del Camparisoda.
§
3. A partire dal 1933, con la nuova direzione di Adriano Olivetti, l'azienda promuove una nuova politica aziendale. Accanto alla produzione specifica si sviluppano una serie di attività nelle quali architetti, designer e intellettuali vengono chiamati a partecipare all'espansione della produzione incidendo negli sviluppi commerciali e promuovendo un'inedita cultura aziendale.
§
4. "Quando parlo delle fabbriche del design italiano, mi riferisco... a un gruppo di industrie per le quali il design è una missione, un'attività che ha gradualmente infranto il suo significato originario di semplice progetto formale di un oggetto, divenendo una disciplina creativa globale, una *weltanschauung* che pervade ogni singolo passo di queste imprese: noi crediamo che la nostra vera natura si avvicina di più a quella di un laboratorio di ricerca nelle arti applicate che a un'industria nel senso tradizionale del termine". "Lavoriamo con linguaggi espressivi e con il potenziale espressivo degli oggetti... Da questo punto di vista il design mira a rievocare immagini nelle persone. È in grado di rendere le persone più felici, ma ha anche un potenziale straordinario... L'oggetto è presentato con un tocco di leggerezza, di humor e sorpresa, diretto a comunicare non soltanto il prodotto, ma più in profondità l'essenza di Alessi e del suo modo di intendere il design".
A. Alessi, *La sfida Alessi, fabbrica del design*, in *Civitas* n. 3, novembre 2005.
§
5. R. De Fusco, *Made in Italy. Storia del design italiano*, Editori Laterza, Roma-Bari 2007.
§
7. P. Antonelli in *Domus* n. 947, maggio 2011.
§
8. Ibidem.

03 icone
03.d iconicità e riedizioni: incontri sulla superficie delle cose
di rossana carullo, spartaco paris

Un fenomeno ambiguo si è affacciato recentemente nel panorama del design italiano: una pervasiva riedizione di molti degli artefatti che, tra la fine degli anni Cinquanta e l'inizio degli anni Ottanta, hanno contribuito a connotare l'immagine del Made in Italy. In particolare ciò avviene nell'ambito che più lo contraddistingue e lo identifica, quello dei prodotti d'arredo. ¶ Mentre nel 2007 si inaugura il Triennale Design Museum, decine sono gli oggetti protagonisti di questo fenomeno. Da Arflex a B&B, da Flos ad Artemide, da Danese a Venini. Il catalogo di Cassina aggiunge per la prima volta un maestro del design italiano: Franco Albini. ¶ Ci sono ragioni di mercato che possono aver portato queste aziende storiche, ad investire nel processo di riedizioni dopo essere entrate a fare parte di importanti gruppi economico-finanziari: questo è un modo sicuro per occupare precise fette di mercato, legate all'identità del Made in Italy di fronte alla crescente globalizzazione. ¶ Ma ci sono anche ragioni più propriamente culturali. In parte il fenomeno sembra essere una risposta alla presenza ipertrofica di oggetti e designers documentata nel 2006 dalla mostra "The New Italian Design". Terminata la stagione dei maestri, l'identità del design italiano diventa problematica. Accanto alla iper-produzione contemporanea il fenomeno della ri-produzione sembra voler ristabilire una dimensione identitaria priva di aspirazioni nostalgiche. Questa forma di ripetizione-reiterazione appare piuttosto volta a rafforzare il valore iconico dei prodotti o designers coinvolti. Gli oggetti si caricano di significati secondi, fortemente simbolici ed immateriali, si trasformano in immagini di se stessi, oggetti-culto, icone. Per gli acquirenti tutto ciò si tramuta nel senso gratificante di appartenenza ad una determinata categoria sociale, culturale, estetica, esistenziale. Viene messa in atto una forma di experiential marketing utile ad aprire nuovi e più vasti segmenti di mercato e di consumo.

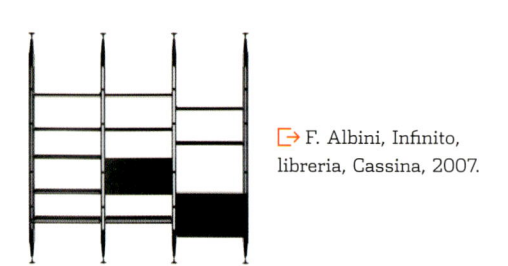

F. Albini, Infinito, libreria, Cassina, 2007.

F. Albini, Luisa, sedia, Cassina, 2007.

iconicità e riedizioni: incontri sulla superficie delle cose → **Riproposti all'uso odierno, dislocati dal loro tempo** e ripescati dagli strati della storia, gli oggetti rieditati si trovano a galleggiare simultaneamente alla moltitudine degli oggetti contemporanei, contribuendo a definirla. La loro riproposizione li decontestualizza dall'originario sistema di valori e li connota di nuovi significati. Ma la dinamica serrata di questa revitalizzazione sembra svolgersi oggi in superficie piuttosto che in profondità, sembra lavorare sul terreno della esemplificazione e non sul senso originario delle cose. Il centro di interesse del fenomeno non è più lo scavo analitico alla ricerca di archetipi paradigmatici da rieditare, come fu per Filippo Alison con "I Maestri" di Cassina. ¶ Se confrontiamo alcuni di questi oggetti di recupero, ci accorgiamo che essi appartengono indifferentemente a momenti diversi della storia del design italiano, ne simbolizzano tratti eterogenei, magari contrastanti, ma tutti disponibili a rappresentarci per costruire un racconto sentimentale dell'abitare aperto a molteplici interpretazioni.

iconicità e riedizioni: incontri sulla superficie delle cose → **Cosa accomuna infatti la riedizione di così differenti oggetti-icona** come la libreria di Franco Albini oggi denominata Infinito, con la riedizione di Le Bambole di Mario Bellini o con Taraxacum dei fratelli Castiglioni? La sedia Luisa con la poltrona Fiocco di Cini Boeri? ¶ Quelle aste in legno della libreria di Albini esprimono la riduzione ultima del grado di necessità tra forma-struttura-funzione di elementi portanti verticali liberamente posizionati nello spazio. È una ricerca per raggiungere la massima prestazione possibile di aste di legno contrapposte e/o composte in rapporto alla loro snellezza: raddoppio della struttura, reciproca tensione tra gli elementi con giunti-contatto tendenti ad ingrossare la sezione nei punti maggiormente sollecitati. Si riconoscono i tratti di una connotazione iconica incentrata sulla chiara percezione della funzione strutturale prima ancora che d'uso, non intaccata dalla sostituzione degli originari elementi di incastro in legno, sostituiti oggi da giunti metallici, come nella sedia Luisa o nel tavolino Cicognino. ¶ Anche nel divano Le Bambole il rapporto forma-struttura è risolto con una sintesi brillante. L'innovazione tecnologica del poliuretano schiumato a diverse densità è usata come invenzione per risolvere in un unico gesto il rapporto tra sistema portante, sistema elastico ed imbottitura. Ma in questo caso non è tanto quest'aspetto che si vuole comunicare, quanto il suo effetto: l'immagine di comfort, sofficità, relax. Tratti di riconoscimento appartenenti alla sfera sensoriale e sensuale della relazione con gli oggetti, comunicati attraverso una campagna pubblicitaria di Oliviero Toscani così efficace ed inscindibile già allora dall'oggetto, da essere oggi consapevolmente riedita dallo stesso Toscani. ¶ Nella lampada Taraxacum il dato sensoriale legato alla funzione di controllo della luce, si lega invece ad allusioni naturalistiche. Esili elementi metallici come steli di un soffione, a cui si deve il nome stesso della lampada, vengono avvolti da filamenti di fibra di cocoon per disporsi ad essere diversamente attraversati dalla luce. L'aspetto biomorfo della forma narrativa che ne emerge, dispone l'oggetto su un piano di attuale ed immediata non solo ri-edizione, ma anche re-interpretazione: Marcel Wanders con la lampada Zeppelin esplicita la citazione a Castiglioni e sancisce ulteriormente il valore iconico di quell'oggetto. ¶ Taraxacum, Le Bambole, Infinito: tre differenti connotazioni iconiche ma con un tratto comune riconducibile al necessario incontro con il dato evolutivo delle tecnologie di produzione contemporanea. È sulla connotazione della superficie, sulle nuove laccature, lucidature, venature, tessiture, consistenze, colori, che si gioca questa partita di dislocamento temporale. Qui agiscono direttamente i codici del gusto che rendono la necessaria consonanza tra oggetto, meccanismi di mercato e sensibilità del proprio tempo.

→ A. e P. Castiglioni, lampada, Taraxacum, Flos, 2005.

F. Alison, *I maestri: ideologia della ricostruzione*, in AA.VV. (a cura di), *Made in Cassina*, Skira, Milano 2008, pp. 73-79.

F. La Rocca, *Scritti presocratici. Andrea Branzi: visioni del progetto di design 1972/2009*, Franco Angeli, Milano 2010.

U. Eco, *Consumo e ricupero delle forme*, in U. Eco, *La struttura assente. La ricerca semiotica e il metodo strutturale*, Bompiani, Milano 1968/2008, pp. 212-218.

P. Scarsella, *I maestri e la questione delle copie*, in AA.VV. (a cura di), *Il design italiano 1964-1990*, Electa, Milano 1996, pp. 344-349.

M. Vitta, *Iconografia dell'abitare*, in M. Vitta, *Dell'Abitare. Corpi spazi oggetti immagini*, Einaudi, Torino 2008.

03 **icone**

→ raccolta iconografica
a cura di rossana carullo,
spartaco paris

Se i fattori che ci permettono di riconoscere un'icona classica sono la sua re-iterazione, la sedimentazione e la capacità di essere riconosciuta come immagine, attraverso codici stabili nel tempo, risulta problematico confrontarsi con un lasso di tempo così breve, così mutevole e così prodigo di design, come quello dell'ultimo decennio, senza riscontrare la presenza di icone che risultino deboli e instabili. Eppure in alcuni settori produttivi, in cui la stessa obsolescenza del prodotto è un prerequisito strategico per il consumo, possiamo riconoscere alcuni artefatti che già costituiscono oggetti di culto: dai *gadgets* tecnologici, ai mezzi di trasporto, all'abbigliamento, si riscontrano *exempla* collettivamente riconoscibili del tempo in cui viviamo. Superata la dimensione esclusiva e tradizionale legata ai Maestri, gli elementi significativi che accomunano esperienze ed oggetti così diversi, propri di una dimensione sempre più inclusiva del design, riguardano due categorie-chiave: superficie e senso del piacere. Entrambe sono accomunate da un nuovo narcisismo individuale che attribuisce agli oggetti significati e desideri che superano la loro sfera funzionale e rappresentativa. Come per gli *exempla* medievali l'aspetto degli oggetti deve essere persuasivo più che dimostrativo, sollecitare i sensi, il pensiero, i sentimenti, simultaneamente ed istantaneamente (*sense, think, act, feel, relate*). La superficie è l'interfaccia fisica e concettuale, materiale e immateriale, di questa nuova interazione uomo-artefatto. ¶ Si spiega allora il ricupero della figura, del naturalismo e della citazione, il riapparire di linguaggi iper o post surrealisti negli oggetti, che, in primo luogo, devono essere desiderabili, e quindi piacere moltissimo. Le loro forme vengono indagate attraverso una dichiarata ibridazione con il mondo dell'arte contemporanea (dalla video arte alla *body art*), attraverso un approccio ludico o attraverso gli stereotipi del *sex-appeal*. ¶ Un nuovo desiderio di piacere presocratico si sostituisce alla contemplazione idealistica e all'astrazione come chiave espressiva. ¶ Non stupisce allora il successo di Her la sedia di Fabio Novembre, che reinterpreta icone storiche attraverso la figuratività, non priva di ammiccamenti erotici, di una metamorfosi tra corpo femminile e seduta. O la seduttività – un po' ludica – della nuova Fiat 500 o ancora la grinta "tutta curve" della Ferrari Maranello, le linee morbide degli occhiali o le scarpe Prada Sport. ¶ Contemporaneamente la dimensione dell'immateriale e dell'*Interaction design*, accentuano il ruolo della superficie, che acquisisce uno spessore "concettuale" e attribuisce un ruolo sempre più enigmatico agli artefatti reali e virtuali.

il design italiano 20.00.11

03 icone   d.i. 20.00.11   100

← 1.

casa, accessori, small

L'ambiente domestico si è arricchito di una miriade di piccoli oggetti superflui legati alla cucina, ma il cui accessibile linguaggio, che camuffa la funzione a favore di una riconoscibilità ludica, li ha trasformati in personaggi pop del paesaggio domestico. →

1. Seletti, Estetica del quotidiano, sale e pepe.
2. D. Paruccini, F. Bortolani, Deluxe, Pandora, 2000.
3. G. Pezzini, Moving, Maxdesign, 2004.
4. 5. Seletti, Estetica del quotidiano,
set di bottiglie, set da caffè, 2008.
6. S. Giovannoni-R. Takeda, The Chin family, Alessi, 2007.

→ 2.

← 4.

→ 3.

→ 5.

↑ 6.

03 icone   d.i. 20.00.11

→ 7.

→ 8.

→ 9.

→ 10.

casa, living, large
L'ambito del prodotto d'arredo mostra in maniera evidente la presenza di artefatti denotati dal fenomeno designer/icona: le immagini selezionano prodotti eterogenei di aziende italiane progettati prevalentemente da noti designer, italiani o stranieri, la cui griffe li rende icone. →

7. S. Yoo, Opus Incertum, Casamania, 2006.
8. P. Urquiola, Antibodi, Moroso, 2006.
9. R.&E. Bouroullec, Cloud modules, Cappellini, 2002.
10. T. Yoshioka, Bouquet, poltroncina, Moroso, 2008.
11. F. Novembre, HIMHE, Casamania, 2011.
12. P. Urquiola, chair Re-Trevué, Emu, 2008.
13. M. De Lucchi, Castore, Flos, 2003.

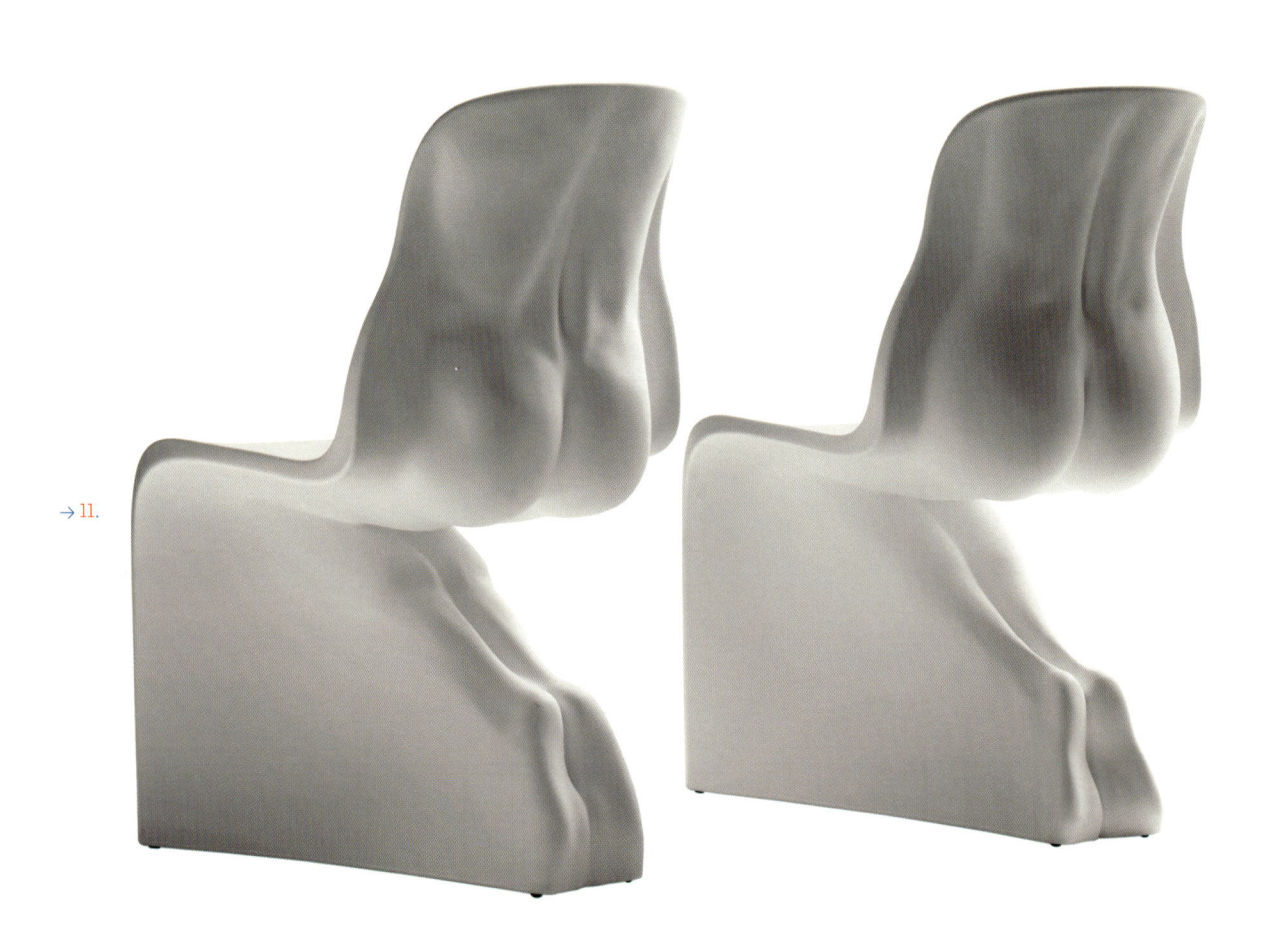

→ 11.

103

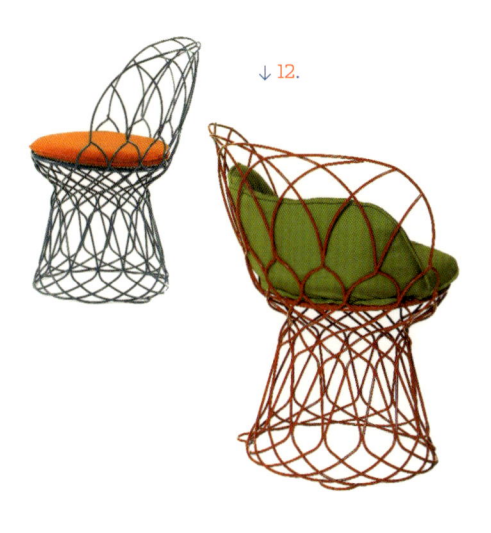

↓ 12.

↓ 13.

pets, giochi

All'interno di un mondo di forme popolari che hanno scelto il codice dell'ironia e tra gli oggetti superflui, il design ha tematizzato anche il mondo degli articoli per gli animali domestici. →

14. I. Gibertini e M. Mirri, Bon Ton classic, United Pets, 2000.
15. Bubble, divano letto per gatto, B. Pet, 2008.
20. M. Young, Dog House, Magis, 2001.
21. M. Mirri, Lulà Dog Bowl, Alessi, 2008.

§

bagno, benessere

La cura del corpo ha portato ad una trasformazione dell'ambiente domestico del bagno, divenuto luogo "rappresentativo" della casa, le cui attrezzature acquisiscono forme e significati nuovi.
I rivestimenti, dal legno alle ceramiche, sono le interfacce tattili e visive di questo luogo del piacere fisico e visivo, dove l'acqua scorre tra pietre di fiume e tralci di vegetazione. →

16. M. Thun, I Maestri Collection, lavabo, Catalano, 2006.
17. Palomba-Serafini, Twin Column, lavabo, Flaminia, 2001.
18. 19. M. Cohen, Outline, lavabo, Althea Ceramiche, 2006.

↑ 21.

03 icone   d.i. 20.00.11   106

→ 22.

→ 24.

→ 23.

esterno

Nuovi paesaggi si determinano con oggetti ed arredi che trasmigrano tra esterno ed interno. E così, dall'interno verso l'esterno, le forme si cristallizzano – creando inusitati spostamenti di senso come per Bubble club chair – o si enfatizzano, andando fuori scala come per Vas-one. Una nuova flora artificiale che illumina gli spazi osservati da iconici volti fuori scala, mentre il riferimento agli antichi arredi in vimini, anch'essi esasperatamente ingigantiti con ammiccamenti biomorfi, si trasfigurano in forme dove trame di complesse e superfici decorate, avvolgono i corpi con le loro ombre. →

22. L. Bocchietto, Vas-one, vaso, Serralunga, 2002.
23. P. Starck, Bubble club, poltrona, Kartell, 2000.
24. Moredesign, Tulip S-XL, lampada, Myyour, 2000.
25. 26. 27. P. Urquiola, M'Afrique, poltrona, Moroso, 2009.
28. G. Moro e R. Pigatti, Queen of love, poltrona, Acerbis, 2009.

↓ 25.

↓ 26.

↓ 27.   ↑ 28.

03 icone   d.i. 20.00.11

→ 29.

→ 30.

→ 31.

→ 32.

↓ 33.

transportation
Il design dei trasporti lavora per sua "natura" sulla definizione di forme che dialogano con il tema dello streamlining e della sinuosità delle superfici e involucri, in un ambito che tra i primi ha verificato e ri-modulato il suo repertorio morfologico attraverso i supporti digitali. All'interno di questo non mancano rimandi a "revival", riedizioni e aggiornamenti di forme iconiche appartenenti all'immaginario collettivo. →
29. 30. 31. 32. 33. 34. Centro Stile Fiat, Nuova 500, Fiat, 2008.
35. Centro Stile Piaggio, Vespa, Piaggio, 2007.
36. Momodesign, casco, Momodesign, 2010.
37. Centro Stile Piaggio, Ape calessino, Piaggio, 2009.

↑ 36.

↓ 34.

→ 35.

109

↓ 37.

§

04 ingegno del fare
coordinamento cecilia cecchini

01.a **innovativi per tradizione**
di cecilia cecchini
01.b **"saper fare bene le cose":
il nuovo rinascimento
del design italiano**
di lucia pietroni
01.c **auto-produttori d'italia**
di bianca e. patroni griffi
20.00.11 **raccolta iconografica**
a cura di susanna mirza

coordinamento ricerca sapienza università di roma
team di ricerca sapienza università di roma,
università di camerino

04 ingegno del fare
04.a innovativi per tradizione
di cecilia cecchini

Con una facile schematizzazione la nascita del design italiano viene fatta coincidere con l'incontro avvenuto negli anni Cinquanta tra architetti anticonformisti desiderosi di veder realizzate le loro talentuose idee, e imprenditori capaci di assecondarli perché alla ricerca di nuovi prodotti che dessero risposte a domande ancora inespresse. Sullo sfondo un Paese appena uscito dalla dittatura, da ricostruire materialmente e socialmente, quasi del tutto privo di industrie di grandi dimensioni in grado di condurre programmi di ricerca di largo respiro. ¶ Se ciò è sicuramente vero non basta a spiegare le origini di quel fenomeno complesso, spregiudicato e fecondo, che è il design italiano. Un fenomeno nel quale ha un peso preponderante l'"ingegno del fare" che si è nutrito dell'arte, ha attinto a piene mani dalla tradizione artigiana, ha sfruttato al meglio i regionalismi così come la cultura politecnica italiana.

innovativi per tradizione → **Atrofia dell'industria e ipertrofia dell'artigianato.** ¶ Il rapido cammino di modernità iniziato in quegli anni – che Branzi definisce debole e incompleta e, proprio per questo, positiva – si è innestato su un retroterra di saperi, esperienze, abilità manuali, capacità artistiche senza eguali. ¶ Tale bagaglio, consapevolmente o inconsapevolmente usato, accettato o rifiutato in nome del "nuovo", è stato comunque la pietra angolare del nascente disegno industriale nell'immediato dopoguerra. Anni cruciali di grande fermento nei quali architetti/artisti si andavano affermando come designer affiancando, e in parte sostituendo, la figura degli artigiani/artisti nella nascente industrializzazione. ¶ A quel tempo la produzione di nuovi oggetti sembrava essere un modo per superare l'arretratezza del Paese e i suoi stili di vita tradizionali. Era il motore di un riformismo estetico a tutto campo – veicolato dalle *reclames* dei giornali e dalla nascente televisione – che influiva su usi e costumi delle persone, sospinta da un generale, operoso ottimismo. ¶ Un discorso diverso va fatto, invece, dal punto di vista produttivo. Al contrario di molti paesi nei quali l'industria aveva un peso preponderante nell'economia, in Italia la debolezza di questo settore ha creato una sorta di continuità tra lavoro artigiano e industriale. ¶ Del resto nel nostro Paese il morrisiano conflitto tra industria e artigianato non fu mai così acuto come altrove.

→ Fabbrica signese, 1925 circa. Asciugatura dei cappelli di paglia. Foto Archivio Fotografico Museo della Paglia e dell'Intreccio Domenico Michelacci.

innovativi per tradizione → **Il DNA del design italiano tra virtuosismi artigiani e sperimentazione tecnica.** ¶ La ricerca di un modello perfetto da riprodurre industrialmente in "n" copie poggiava su mille, consolidate abilità manuali tramandate di generazione in generazione, caratteristiche dei diversi territori, capaci di sfruttare al meglio le materie prime locali. Erano il retaggio di una civiltà contadina ancora dominante alla fine della Seconda Guerra Mondiale. ¶ E proprio il legame con la terra ha spesso dato l'avvio a produzioni ancora oggi fiorenti, come nel caso della paglia flessibile per la produzione dei cappelli, realizzata grazie all'intuizione di Domenico Michelacci che, nella seconda decade del Settecento, iniziò a seminare fittamente il grano marzuolo. Le piantine per cercare la luce si allungavano ed erano raccolte prima che giungessero a maturazione. Quindi venivano seccate senza farle indurire – per favorire l'intreccio – mediante un processo graduale di evaporazione della linfa, ottenuto alternando l'esposizione al sole e alla guazza per tre giorni e tre notti. ¶ Un esempio del ricco patrimonio di saperi a cavallo tra tradizione e sperimentazione. Patrimonio da sempre alimentato anche dalla capillare diffusione dell'arte[1], terreno di coltura di quella "estetica sociale" universalmente riconosciuta all'Italia. ¶ "L'arte s'è innamorata dell'industria, quasi femminilmente" (G. Ponti, 1932). Possiamo dire che l'industria l'ha ricambiata.

innovativi per tradizione → **Sotto il segno dell'ingegno.** ¶ La capacità del "saper fare bene" è il filo di Arianna che lega i complessi percorsi della storia degli artefatti italiani, memoria di usanze, trasmissione di saperi e terreno per nuove sperimentazioni. ¶ È l'energia vitale capace di connettere linguaggi e tendenze diversificate, tipiche della ricchezza produttiva del nostro Paese, che si ritrovano ancora intatte ai primi del Novecento: dalla frugalità della sedia impagliata alla raffinatezza delle opere di ebanisteria di Eugenio Quarti; dalla rigenerazione degli stracci nell'area di Prato agli incredibilmente moderni tessuti plissettati di Mariano Fortuny; dalle spartane ringhiere campagnole ai floreali ferri battuti di Alessandro Mazzucotelli; dai più semplici vetri, alle magie di quelli di Murano, alle vetrate a tema di Duilio Cambellotti... ¶ Un'enciclopedia del manuale ingegno[2].

innovativi per tradizione → **Di necessità virtù: gli anni dell'autarchia.** ¶ Aguzzare l'ingegno! Questo l'imperativo che, dal 1935 al 1943, la politica autarchica del regime fascista impose per garantire un'autonomia produttiva in carenza di materie prime. Così nell'"Italia che lavora all'Italiana" (G. Ponti, 1939) iniziò la rilettura autarchica di molti prodotti e la ricerca di nuovi materiali nazionali in sostituzione di quelli di importazione. Come il Lanital, la fibra tessile ricavata dalla caseina, l'Albene, il Cisalfa, il Viscol o le resine naturali ottenute in parte riusando antichi metodi produttivi, in parte inventandone di nuovi. ¶ Nell'"Italia che fa da sé" (...) in modo a volte paradossale, hanno preso vita una pluralità di idee, materiali ed esperienze, che sono un bagaglio nascosto, ma assai ricco, che ben rappresenta la sorgente e lo scenario di sviluppi successivi noti a tutti come il *good design* italiano e la vivacità della piccola e media industria del nostro Paese.[3] ¶ Erano anche gli anni nei quali l'ingegno del fare di ricercatori brillanti come Giulio Natta metteva le basi per la rivoluzionaria scoperta del polipropilene

---

[1]. Andrea Branzi ha ricostruito le radici del disegno italiano partendo dagli affreschi pompeiani, passando per il rinascimento, fino agli anni più recenti, mettendo in luce come per comprenderlo appieno sia indispensabile "far riemergere la difficile continuità tra antichità e modernità, tra fascismo e democrazia, tra razionalismo e irrazionalismo tra produzione artigianale e grande serie, tra imprenditoria e ricerca innovativa diffusa, spontanea ed eterogenea".
A. Branzi, *Introduzione al design italiano. Una modernità incompleta*, Baldini Castoldi Dalai editore, Milano 2008, p. 15.
§
[2]. Nella diffusione di questi saperi un ruolo importante lo ebbero le Esposizioni oltre che le riviste di settore. In quella di Torino del 1902 – "arti decorative esclusivamente moderne" – i circa duecentocinquanta espositori rappresentarono uno variegato campionario del fare italiano nei campi più diversi, nel solco dell'Art Noveau: dal mobile al vetro, alle stoffe alla ceramica al ferro battuto alla grafica. Il resto d'Europa si inchinò alla maestria italiana, come testimoniato dalle più importanti riviste straniere di arti decorative.
E poi l'Esposizione di Milano del 1906, le Biennali Internazionali delle Arti Decorative di Monza e in seguito la Triennale di Milano, crocevia tra mondo produttivo, arte, artigianato, arti applicate, disegno industriale. Anche l'ENAPI (Ente Nazionale Artigianato e Piccole Industrie) istituito nel 1925, fu un altro fondamentale snodo nella promozione e valorizzazione dell'ingegno del fare, soprattutto attraverso l'acquisizione di nuovi modelli tramite concorsi.

→ Produzione cappelli Borsalino, sezione pomiciatura 1934.
Foto Paganini (già Artico),
Fondo Borsalino,
© Fototeca Civica di Alessandria.

isotattico (il Moplen) – avvenuta nel 1954 grazie alla sinergia della ricerca universitaria e dell'industria – che ha avuto ripercussioni planetarie.

innovativi per tradizione → **Perdemmo gli ornamenti ma non la capacità di realizzarli.** ¶ La sapienza delle mani si è spostata, negli anni Cinquanta, da un lato con l'irriverente talento di molti giovani architetti che avevano l'impellenza di misurarsi con una inedita contemporaneità, dall'altro con la lungimirante determinazione di molti imprenditori capaci di rischiare in prima persona e, in alcuni casi, di prefigurare mondi nuovi, più giusti, non inseguendo solo il profitto ma aspirando anche a una funzione culturale. ¶ Nel solco della cultura artistico-umanistica si è così sviluppato un processo di modernizzazione che ha trasformato molte botteghe in piccole manifatture che meccanizzavano le tecnologie artigiane, o ne ha fatte nascere di nuove, talvolta proprio per realizzare le ingegnose idee di un progettista. ¶ Tra singolarità artigianale e serialità industriale si è creato un circolo virtuoso nel quale la sperimentazione linguistica e formale procedeva di pari passo, anzi talvolta era preceduta, da quella produttiva legata alla tecnologia e all'uso dei materiali, spesso del tutto nuovi come nel caso delle plastiche. ¶ Del resto, il processo di riconversione delle attività produttive nel segno della continuità si era già verificato in molti comparti. Ad esempio l'importante produzione di carrozze presente nel milanese – che impiegava falegnami, tappezzieri, fabbri, sellai, lattonieri... – con la diffusione delle ferrovie, sfruttando appieno le abilità artigiane delle maestranze, cominciò a riorganizzarsi per fabbricare vagoni dei treni. Dapprima con gli interni in preziosi legnami e adeguate tappezzerie, poi sempre più aderenti al mutare dei gusti e delle necessità dell'epoca.[4] ¶ E così è avvenuto in molte aziende: la Guzzini, che lavorava il corno mediante termoformatura, iniziò nel dopoguerra ad applicare tale tecnologia ai primi polimeri termoplastici. Con la stessa artigiana maestria.

innovativi per tradizione → **L'immaginario tecnologico a partire dal cembalo scrivano.** ¶ Giuseppe Ravizza nel 1855 brevettò la prima, rudimentale, macchina da scrivere il "Cembalo scrivano"[5], che prendeva il nome dall'impiego della tastiera del pianoforte. Seppure all'inizio nessuno capì la portata di quella rivoluzionaria invenzione il dado era tratto, e non solo per la sua famosa progenie – a cominciare dalle mitiche *Lettera 22* e *Valentine* – ma, nel solco del Leonardesco ingegno, gli italiani cominciarono ad applicarsi all'ideazione delle più diverse macchine moderne. ¶ Una vera passione che abbraccia tutti gli oggetti tecnici, nei quali l'italico ingegno si è cimentato a tutto campo. ¶ Visionando i brevetti italiani depositati[6] si rimane senza fiato: accanto ad ogni sorta di invenzione – dalla cialda per gelati al tratto pen, dalla caffet-

---

3. G. Bosoni, *Le origini della via italiana alle materie plastiche: l'autarchia e gli sviluppi della ricerca italiana*, in C. Cecchini, *Mo'... Moplen. Il design delle plastiche negli anni del boom*, Rdesignpress, Roma 2006.
§
4. Per approfondimenti si veda: AA.VV. (a cura di), *L'anima dell'industria. Un secolo di Disegno Industriale nel milanese*, Skira, Milano 1996.
§
5. Giuseppe Ravizza costruì dapprima 16 modelli e, solo nel 1881, riuscì a realizzare il Cembalo a scrittura visibile: si poteva leggere quanto scritto man mano che lo si scriveva. All'Esposizione di Milano dello stesso anno, ottenne una menzione e la meritata attenzione.
§
6. Per approfondimenti si veda: AA.VV. (a cura di), *Brevetti del Design italiano*, Electa, Milano 2000; A. Bassi, *Design anonimo in Italia*, Electa, Milano 2007.

→ Officina Alessi, 1989. Da sinistra Alberto Alessi, Achille Castiglioni, Enzo Mari, Aldo Rossi, Alessandro Mendini. Foto Berengo Gardin.

→ Salvatore Ferragamo controlla il lavoro dei suoi assistenti. Foto Lees. Museo Salvatore Ferragamo.

tiera napoletana alla poltrona pieghevole – calcolatrici, aspirapolveri, asciugacapelli, affettatrici, ventilatori, radio, frigo... raccontano la talentuosa creatività italiana. ¶ Più che le sempreverdi icone del design italiano commuove il gran numero di sorprendenti oggetti sconosciuti, la maggior parte dei quali non ha avuto neanche i suoi quindici minuti di celebrità, che confermano la definizione: "italiani popolo di inventori".

innovativi per tradizione → **Ingegno *del* fare versus ingegno *per* fare: strumenti, attrezzi, modelli.** ¶ Meglio e con meno fatica: la storia del progresso tecnico di un popolo si può leggere attraverso la progressiva rispondenza degli utensili alle necessità per cui sono stati inventati. Il cervello fino degli italiani ha sempre dato grandi risultati in questo settore, dai semplici oggetti di ieri ai macchinari per la produzione complessa di oggi esportati in tutto il mondo. ¶ E non si tratta solo di utensili più o meno geniali "per fare" – come non citare l'attrezzo per vetrinista che nella sua austera bellezza racchiude in sé più funzioni di un coltellino svizzero? – ma anche di quelli "per modellare", come le forme in legno per le scarpe e i cappelli o i manichini in stoffa imbottita, indispensabili sculture che hanno accompagnato il fare italiano. Così come gli oggetti "per prefigurare" – i modelli in legno di Sacchi sono i più noti – indispensabili strumenti di controllo progettuale quando ancora la modellazione tridimensionale virtuale era fantascienza.

→ Fabbrica Guzzini, anni Cinquanta, pressatura del corno per la realizzazione di stoviglie tramite torchio. Foto Archivio Guzzini.

→ Stabilimento Pirelli Bicocca, mescolatori della gomma, 1922. Foto Fondazione Pirelli.

→ Fabbrica Danese, lavorazione delle porcellane Samos di Enzo Mari, 1973.

innovativi per tradizione → **L'ingegno del fare al tempo della globalizzazione.** ¶ Determinazione cinese, fantasia sud-americana, precisione tedesca... nel mondo globalizzato il "fattore italianità" (G. Ponti, 1930) è l'unica arma di competizione vincente. Da sempre l'ingegno del fare è la base su cui poggia. Ma oggi in cosa può essere identificato? ¶ Gli approfondimenti che seguono tentano di dare una seppur parziale risposta. Anzi, tante risposte e del tutto diverse: dalla ricerca dei designer che si auto producono e attraverso questa modalità raggiungono la loro libertà espressiva, alle aziende – il cui lavoro è illustrato nella sezione iconografica a seguire – più o meno grandi e meccanizzate. ¶ In questo caleidoscopio di produzioni diverse c'è però un tratto distintivo che tutti accomuna: il "fare al meglio", declinato in linguaggi mai banali. ¶ Per tutti l'artefatto è davvero tale: fatto ad arte. ¶ Con ingegno della mente prima ancora che delle mani, un ingegno capace di trasformare i materiali più umili, riusarne di ormai dimenticati, impiegare poeticamente gli scarti, applicare antiche manualità in modo nuovo, usare tecnologie provenienti da settori del tutto diversi... ¶ Insomma: piedi radicati nella tradizione del saper fare e testa tra le nuvole del saper immaginare.

↑ Controllo finiture coperture auto, stabilimento Pirelli Bicocca, 1922.
Foto Fondazione Pirelli.

01 ingegno del fare
01.b "saper fare bene le cose":
il nuovo rinascimento del design italiano
di lucia pietroni

Molti teorici hanno identificato come specificità del design italiano quel "saper fare bene le cose", quell'approccio fattuale e sperimentale che in passato ha contraddistinto la qualità dei prodotti italiani a livello internazionale e che ancora oggi, nonostante la crisi economica, rappresenta un'importante leva competitiva nello scenario della globalizzazione. ¶ Infatti, il design italiano non ha mai rinunciato a mostrare uno stretto legame e un profondo dialogo con il mondo dell'artigianato e con la cultura materiale e le tradizioni locali, tantomeno di fronte alla recente globalizzazione dei mercati. ¶ Negli ultimi anni, inoltre, si è acceso un ampio dibattito a livello nazionale sul valore del "saper fare" e sull'ingegnosità delle piccole e medie imprese italiane, nonché sulla necessità di valorizzare l'artigianato italiano di alta qualità come una delle espressioni più promettenti del Made in Italy in termini di potenzialità di business a livello internazionale, considerando, quindi, estremamente virtuosa una contaminazione tra lavoro artigiano ed economia globale.

saper fare bene le cose → **Il lavoro artigiano, come sostiene anche Stefano Micelli**[1], rappresenta uno dei tratti distintivi della cultura e dell'economia italiana. Costituisce da sempre un elemento di riconoscibilità del nostro Paese nel mondo. La competitività del nostro sistema industriale è ancora oggi intimamente legata a competenze artigiane che hanno saputo rinnovare il loro ruolo nelle grandi e nelle piccole imprese. Nel nostro Paese, inoltre, il lavoro artigiano non rinuncia al dialogo con l'industria a scala internazionale. Nell'economia globale, quindi, l'artigianato, con la sua capacità di essere cultura, creatività e personalizzazione, può rappresentare la sorgente di un elevato valore aggiunto per produzioni di limitato volume, complementare e non antagonista al mondo industriale, "un enzima che completa e arricchisce i processi standardizzati tipici dell'industria". Proprio in un'economia basata sulla conoscenza, come quella attuale, ciò che caratterizza l'industria italiana è, in moltissimi casi, un *saper fare* che pochi altri paesi hanno saputo conservare. ¶ Le competenze artigiane rendono la nostra manifattura flessibile, dinamica e, soprattutto, interessante agli occhi di quella crescente popolazione che cerca storia e cultura nei prodotti che acquista. Nel lavoro artigiano, nel rapporto tra "idee" e "mani", teoria e prassi, c'è, infatti, molto di quello che comunemente viene definito il *genius loci* italiano: la capacità unica di trasferire in un artefatto (oggetto "fatto ad arte") le suggestioni del luogo e della cultura che l'hanno generato, l'attitudine a caricare un "prodotto" di una valenza estetica ed emozionale che va ben al di là del suo valore d'uso. ¶ Come afferma Salvatore Zingale[2], "il design non è propriamente solo una pratica tecnica, un mero *saper fare*, quanto soprattutto un'attività mentale e intellettiva: è un sapere che incontra un fare". È conoscenza che si affina con l'esperienza, con l'esercizio delle abilità che si migliorano progres-

→ Bottega artigiana contemporanea.

sivamente nel fare. A questo proposito, il sociologo americano Richard Sennett[3] evidenzia la differenza che c'è tra chi sa fare una cosa, e si accontenta di saperla fare e basta, e colui che invece ci mette un forte impegno personale ed è dotato dell'abilità artigianale che lo spinge con passione e orgoglio ad un continuo miglioramento, e che quindi "sa fare bene una cosa per il proprio piacere", "fa un buon lavoro per il desiderio di farlo ed è appagato da quello che fa". ¶ Secondo Sennett, infatti, la "bottega rinascimentale", dove l'incontro tra "sapere" e "fare", valori cognitivi e manuali, varietà culturale e accuratezza realizzativa, si incontravano e generavano qualità distintive e uniche, è il modello produttivo del futuro che consentirà di superare la crisi della grande impresa fordista, attraverso lo sviluppo della "maestria manifatturiera" delle piccole e medie imprese, che quindi vanno sostenute e messe nelle condizioni di investire sulle persone. Anche Francesco Morace e Giovanni Lanzone[4], fondatori non a caso dell'associazione *The Renaissance Link* che propone la ricerca di un nuovo modello socio-economico italiano fondato sui valori distintivi della qualità italiana (creatività e innovazione, bellezza e sostenibilità, ricchezza delle differenze, radicamento nel territorio), guardano alla "bottega rinascimentale" come ad un modello da rivalutare per il rilancio delle imprese italiane e la difesa e la diffusione del Made in Italy nei mercati internazionali. Secondo Morace e Lanzone[5], "la passione per il fare, il rispetto per l'armonia e il senso del bello, l'attenzione al territorio in cui si opera, una leadership illuminata interessata anche agli aspetti culturali del creare e produrre, il ricorso all'uso dei talenti più diversi nella realizzazione del prodotto", sono tutti valori nati nel Rinascimento, largamente ripresi e coltivati nella grande stagione del design italiano del secondo dopoguerra e che oggi sono ancora più validi per affrontare la competitività dei mercati globali. ¶ Pertanto, secondo i due teorici[6], l'Italia può diventare nel futuro "un approdo estetico" a livello internazionale, può vivere un "terzo Rinascimento" se riuscirà a mettere la sua tradizione rinascimentale al centro di una nuova visione strategica, che concili la qualità dei prodotti, del management e della vita quotidiana, secondo una pratica interdisciplinare, innovativa e umanistica, riuscendo quindi a sviluppare, come nella bottega artigiana, la capacità di produrre bellezza quotidiana con qualità inimitabili, come la forza evocativa dei territori, il *genius loci* appunto, la cura maniacale dei dettagli, il valore aggiunto della passione e dell'orgoglio del "saper fare bene le cose".

---

1. S. Micelli, *Futuro artigiano. L'innovazione nelle mani degli italiani*, Marsilio, Venezia 2011.
§
2. S. Zingale, *Gioco, dialogo, design. Una ricerca semiotica*, ATì Editore, Brescia 2009.
§
3. R. Sennett, *L'uomo artigiano*, Feltrinelli, Milano 2008.
§
4. F. Morace, G. Lanzone, *Verità e Bellezza. Una scommessa per il futuro dell'Italia*, Nomos Edizioni, Busto Arsizio (VA) 2010.
§
5. F. Morace, G. Lanzone (a cura di), *Il talento dell'impresa: l'impronta rinascimentale in dieci aziende italiane*, Nomos Edizioni, Busto Arsizio (VA) 2011.
§
6. Ibidem.

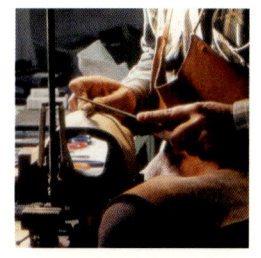

→ Luogo in cui il "sapere" incontra il "fare".

→ Strumenti e utensili del "saper far bene le cose".

→ Le "mani" a sostegno dell'ingegno del fare.

01 ingegno del fare
01.c auto-produttori d'italia
di bianca e. patroni griffi

Ingegno del fare: del fare da sé. Ideare, progettare, costruire, comunicare, distribuire. In una parola auto-produrre. Una delle tendenze più interessanti del fare design oggi in Italia. ¶ A tale fenomeno è possibile ricondurre, ad un primo livello, il caso dei giovani designer che scelgono l'auto-produzione come strumento di proposizione sul mercato dei propri progetti e delle proprie capacità. Complice, in questa accezione, la potenzialità comunicativa offerta dalla rete. ¶ Ad un livello più sofisticato si colloca una generazione di designer che fa dell'auto-produzione una filosofia di progetto. Per essi l'auto-edizione rappresenta una condizione di imprescindibile libertà espressiva e di indagine, lontana dalle imposizioni del mercato. ¶ In questa prassi ritrovano l'unità di ideazione e processo spesso perduta in una realtà industrializzata, motivo per il quale la loro dimensione di lavoro ideale non è quella dello studio, ma quella dell'atelier, a contatto con materiali, utensili e tecniche di lavorazione. ¶ Generalmente costruiscono in prima persona i propri prodotti, instaurando un rapporto di tipo corporale con la materia e utilizzando le mani come strumento stesso di pensiero. Producono oggetti in piccole serie, o in serie variate, a volte pezzi unici.

auto-prodotti d'italia → **Emerge in tal modo una figura di designer ibrida**, che si pone coscientemente a cavallo tra design e artigianato. ¶ La differenza, come sostiene Lella Valtorta, sta nel fatto che "nella maggioranza dei casi l'artigiano esegue il progetto di altri, lavora sul sicuro, percorre una strada già battuta. Gli auto-produttori sono sperimentatori, prendono un materiale e lo esplorano a 360°, inventano tecniche e strumenti. Sono veri ricercatori". ¶ Lo sconfinamento nel mondo dell'arte appare altrettanto evidente. Ma lo scopo per questi designer non è quello di dar vita ad oggetti contemplativi, ma ad oggetti d'uso che si lascino contemplare. Afferma Marco Stefanini, in arte "Dum Dum", auto-produttore con una propensione per l'acciaio e la pietra e una fascinazione per le forme della natura, "le opere devono funzionare. Sennò, a che servono". ¶ Si tratta di un atteggiamento che riporta alla mente il lavoro di Gaetano Pesce o Riccardo Dalisi, solo per citare alcuni nomi del design italiano. Ad accomunarli la passione per la creatività manuale, per la ricerca espressiva, per la diversificazione. A segnare la distanza, naturalmente, il mutato clima sociale e culturale. La nuova generazione di auto-produttori sceglie questa strada come modalità di ricerca difficilmente perseguibile all'interno dell'odierno panorama industriale, per di più segnato dalla delocalizzazione e da una competizione di tipo globale. ¶ Eppure, forse per l'effetto di ciò, essi sembrano rispondere alla domanda di un pubblico critico e maturo, in grado di apprezzare un siffatto tipo di lavoro, proprio perché così personale.

auto-prodotti d'italia → **Gli auto-produttori non rifiutano l'industria in quanto tale.** Anzi, all'occorrenza ne piegano le tecniche alle proprie necessità. ¶ Ne è un esempio il lavoro di Luisa Cevese, designer che attraverso il marchio auto-prodotto Riedizioni ha dato vita ad una linea di tessuti ed accessori in un materiale di sua invenzione, denominato II, generato dalla combinazione di scarto tessile industriale e materiale plastico. Il risultato è una sorta di combinazione degli opposti: la tecnologia impiegata è di tipo industriale, la composizione e l'aspetto, sempre mutevole per via delle differenti tipologie di scarti, sono artigianali.

auto-prodotti d'italia → **Nell'auto-edizione il rapporto con la materia è cruciale**, e non stupisce che sia spesso essa stessa terreno di sperimentazione privilegiato. ¶ Possiamo citare il caso del rapporto di Daniele Papuli con la carta. Nelle sue mani si trasforma da stabile elemento bidimensionale a dinamico elemento generatore di intrecci e trame, solidi e superfici. Prima di poterla trasformare attraverso i tagli, ha dovuto imparare a conoscerla, producendola a partire da miscele di carte sminuzzate, erbe, terre e colori. ¶ Oppure, possiamo considerare la ricerca di Alessandro Ciffo attorno al silicone. Un materiale, al di fuori degli usi tradizionali, tutto da esplorare, del quale inventare tecniche di lavorazione e testare proprietà estetiche e sensoriali. Ciffo ci si è avvicinato operando per successive approssimazioni, riuscendo a trasformarne i difetti, come il baffo lasciato dalla spatola nel modellarlo, in proprietà stilistica, fino a riuscire a governarlo completamente.

→ Dum Dum (Marco Stefanini) Axe genoa, sedia, acciaio inox spazzolato e corda marina.

→ Forma Fantasma, Progetto Botanica, vaso, ricerca intorno ai polimeri naturali. Foto Zanzani.

→ Luisa Cevese, Riedizioni, cimose di seta, scarto di tessitura. Foto Nuñez.

auto-prodotti d'italia → **Il mondo dell'artigianato tradizionale**, dei saperi sedimentati nel territorio, rappresenta per questi designer pozzo di conoscenza cui attingere per trasferire tecniche di lavorazione, rivitalizzare antiche tradizioni o magari crearne di nuove. ¶ Le reciproche contaminazioni tra design e artigianato, il rapporto tra tradizioni e cultura locale, sono ad esempio al centro del lavoro del giovane duo di designer Formafantasma. Si sono di recente imposti all'attenzione internazionale attraverso una serie di lavori che propongono materiali e procedimenti ispirati al passato, ad un'epoca pre-moderna, in cui si sperimentava la sintesi di polimeri naturali drenando piante e animali, o nella quale era possibile ricavare sostentamento e strumenti per il quotidiano direttamente dalla natura. Nel tratteggiare simili scenari essi offrono la propria interpretazione di sostenibilità. ¶ Tematica quanto mai attuale che compare spesso tra i campi di esplorazione prediletti dagli auto-produttori. In un senso emozionale oltre che fisico la interpreta, ad esempio, il gruppo di lavoro Resign. Essi fanno del riuso una metodologia di progetto, intendendolo non solo come riciclo di materiale, ma, soprattutto, come rinnovamento della carica simbolica che gli oggetti incarnano. Ne scaturiscono oggetti ri-assemblati, ri-adattati, ri-funzionalizzati, concepiti come un non finito, aperti ad ulteriori variazioni ed interpretazioni.

auto-prodotti d'italia → **Salta all'occhio come ricorrano spesso nel lavoro degli auto-produttori forme archetipe** come quella del vaso o della sedia. A ulteriore dimostrazione del fatto che il punto chiave della loro ricerca non sia generalmente quello di identificare nuovi usi e nuove funzioni, quanto quello di sperimentare nuove potenzialità espressive e relazionali. ¶ È forse questo il filo conduttore che più di ogni altro inserisce queste nuove generazioni nel solco della grande tradizione del design italiano, condividendo con essa la qualità che più l'ha contraddistinta: la sua capacità narrativa.

04 ingegno del fare
→ raccolta iconografica
a cura di susanna mirza

Le immagini che seguono raccontano "l'ingegno del fare" attraverso i prodotti di piccole e medie aziende, scelte quale testimonianza della cultura della manifattura fatta ad arte e dell'artigianato innovativo. Tale filosofia produttiva costituisce infatti uno dei tratti distintivi dell'eccellenza del settore imprenditoriale del nostro Paese. La caratteristica identitaria di questa narrazione è la relazione tra gli oggetti e i rispettivi processi di lavorazione: il racconto dell'ingegnoso "come si fa". ¶ Nella competizione globale è emersa, per i diversi distretti produttivi, la necessità di ripensare alla propria identità. La risposta delle aziende italiane, secondo Francesco Morace, è proprio nella vocazione del "fare al meglio" e in quello che egli definisce come il dna artigianale delle nostre imprese. La dimostrazione di come questa caratteristica identitaria possa essere molto forte e competitiva è testimoniata delle aziende di seguito presentate, orientate verso una filosofia che potremmo definire di "tradizione aperta" declinata nei diversi aspetti del saper fare. ¶ In alcuni casi le competenze specialistiche nelle tecniche di lavorazione vengono messe in relazione feconda con il panorama creativo internazionale, attraverso collaborazioni con designer stranieri che attingono alla capacità manifatturiera delle nostre aziende dando vita ad una sperimentazione linguistica sui temi della contemporaneità. In altri casi queste competenze si mescolano con le più recenti innovazioni tecniche dando forma a prodotti la cui forza è proprio nella stratificazione tra passato e presente, in una dimensione senza tempo ma contemporaneamente orientata al futuro. ¶ La possibilità di rendere riconoscibile questa cura e questo ingegno nella fabbricazione dei manufatti offre la possibilità di rafforzare la relazione tra utente e prodotto, e conferisce a quest'ultimo una identità che supera la condizione bidimensionale dell'immagine per riacquisire concretezza e sostanza. ¶ Nell'epoca della post-crisi questa attenzione all'eccellenza concreta del saper fare, specie se accompagnata da un innato orientamento al gusto, contribuisce anche al ripensamento del concetto di lusso, che si manifesta in un abbandono graduale delle posizioni più edonistiche in favore di un avvicinamento alle nuove istanze etiche: i prodotti di altagamma infatti sono stati tra i primi a riposizionarsi nella dimensione dell'artigianato innovativo orientato alla qualità in cui l'unicità del prodotto è sinonimo di una creatività sostenuta dalla sapienza e dall'abilità del processo di manifattura.

04 ingegno del fare   d.i. 20.00.11   124

→ 1.

→ 2.

il "come si fà"
L'ingegno del fare è certamente presente nei prodotti
di piccole e medie aziende, testimonianza della cultura
della manifattura fatta ad arte e dell'artigianato innovativo.
È la caratteristica identitaria di una narrazione
che vive nella relazione tra gli oggetti e i rispettivi processi
di lavorazione: il racconto dell'ingegnoso *come si fà*. →
1. 2. 3. 4. 5. 6. T. Ando, Venini, 2011.
Il vaso è realizzato per celebrare il novantesimo anniversario
della fonderia di Murano. Il progetto è composto
da tre elementi le cui superfici sono generate dall'inversione
tra triangoli isosceli. Nelle immagini le lavorazioni
alla moleria e alla fornace.

→ 3.

→ 4.

← 5.

↓ 6.

04 ingegno del fare   d.i. 20.00.11   126

→ 7.

→ 8.

→ 9.

l'eccellenza produttiva

L'ingegno del fare, come filosofia produttiva, costituisce uno dei tratti distintivi dell'eccellenza del settore imprenditoriale del nostro Paese. →

7. 8. 9. F. & H. Campana, Vermelha, Edra. La filosofia dell'azienda si esprime attraverso la metafora dell'"incontro": il primo fra i Mazzei e Massimo Morozzi, da cui deriva un approccio improntato alla ricerca avanzata sia tecnica che formale per la realizzazione di oggetti-icona grazie alle tecnologie più innovative e alle capacità manuali più raffinate; secondo il motto "High Tech – Hand Made". Per costruire la poltrona Vermelha sono necessari cinquecento metri di corda speciale tessuti sulla struttura al fine di costituire un'intelaiatura e successivamente annodati per sovrapposizioni successive.

10. 11. 12. 13. P. Lenti, Tappeto Spin. L'azienda è specializzata in tappeti e sedute per interni ed esterni, ed è oggi punto di riferimento internazionale per l'innovazione nel design tessile nel campo dei filati lavorati con le tecniche dell'hand-tufting, della tessitura a telaio, dell'intreccio manuale e meccanico. Nel tappeto Spin, ispirato ai decori antichi, una corda di filato è avvolta in spirali e foglie, realizzate rispettivamente a mano e a macchina e poi assemblate in moduli di circa 33x33 cm.

127

→ 10.

→ 11.

↓ 12.

↓ 13.

04 ingegno del fare   d.i. 20.00.11   128

→ 14.

→ 15.

→ 16.

l'eccellenza produttiva
La filosofia produttiva, tratto distintivo dell'eccellenza del settore imprenditoriale del nostro Paese, è messa in pratica qui dai tecnici di Horm che hanno rivisitato il progetto di Toyo Ito (Compasso d'Oro 2004), utilizzando un'unica specie legnosa, l'okumè o il gaboon in massello, un legno africano che "assorbe" sabbia dalle radici. La sabbia si stabilisce nelle venature del legno, impedendo la risalita dell'umidità. →

14. 15. 16. S. Errazuriz, Metamorphosis, libreria, Horm. La Horm è specializzata nelle tecniche di lavorazione del legno e i suoi prodotti nascono spesso in collaborazione con designer di fama internazionale e giovani artisti.
17. 18. Omaggio a Toyo Ito, Ripples Outdoor, Horm.

← 17.

↓ 18.

04 ingegno del fare   d.i. 20.00.11   130

→ 19.

→ 20.

il "saper fare"
L'ingegno del fare è anche passione e *saper fare*, sempre in bilico tra tradizione e innovazione. →

19. 20. 21. Carmina Campus, borse.
L'azienda di Ilaria Venturini Fendi mette insieme l'esperienza nell'alta moda e la passione per il riuso della materia, creando borse, accessori e oggetti d'arredo. Ogni manufatto è unico poiché costruito con materia prima a disponibilità limitata, assemblata dal certosino lavoro di artigiani locali secondo la logica della filiera corta.
I singoli pezzi della collezione sono concepiti come un prototipo. Questa caratteristica viene sottolineata anche grazie ad un cartellino allegato al prodotto, che ne riassume la storia.

22. 23. Angeletti-Ruzza, Happy Hour, caraffa bicolore, Guzzini, Design Plus Award 2009.
Il bicolore ha segnato molta parte della produzione industriale dell'azienda grazie alla messa a punto di tecnologie brevettate: negli anni Cinquanta con il doppiato termoformato e negli anni Sessanta, con l'utilizzo della tecnologia ad iniezione.
Il risultato è un morbido e armonioso movimento di forme e di tinte, dove la pienezza del bianco si fonde con la trasparenza dei colori brillanti.

↓ 21.

131

→ 22.

↓ 23.

04 ingegno del fare   d.i. 20.00.11

→ 24.

→ 25.

→ 26.

↓ 27.

consuetudini d'uso e di processo
Rappresenta *l'ingegno del fare* anche
la trasposizione in forma di alcune consuetudini d'uso
e processi di lavorazione stereotipati nel tempo. →
24. 25. 26. Bosa, lavorazioni.
27. L. Nichetto, Collezione Essence, Bosa.
Il candeliere in ceramica reinterpreta il processo
di colata di diversi materiali.
28. L. Nichetto, disegni preparatori. La collezione
reinterpreta gli strumenti più rappresentativi
legati alla lavorazione artigianale del vetro
e della ceramica. Gli oggetti nascono dall'incontro
della ceramica con altri materiali, sono realizzati
con elementi accessori in legno o metallo o vetro,
questi ultimi realizzati in collaborazione con Venini;
la ciotola in ceramica, al cui interno è adagiata una
lente in vetro soffiato, è la fedele trasposizione
dello stampo utilizzato per la realizzazione di vetri
centrifugati; i contenitori multifunzione in ceramica
e legno sono la rilettura delle casse utilizzate
per l'imballaggio; il porta abiti, si rifà alla
consuetudine degli artigiani del vetro che, terminata
la lavorazione per soffiatura, ripongono le canne
e le usano come appendiabiti.

133

04 ingegno del fare   d.i. 20.00.11   134

↑ 29.

↓ 30.

contaminazioni

Quando *l'ingegno del fare* riesce a mettere in relazione feconda il panorama creativo internazionale, attraverso collaborazioni con designer stranieri, e la capacità manifatturiera delle nostre aziende, lì nasce una nuova sperimentazione linguistica sui temi della contemporaneità. →

29. 30. Post Krisi e Malagola, lampade a sospensione, Catellani & Smith. A forte impronta artigianale per scelta dei materiali e texture, ma frutto di una costante ricerca sperimentale: la lampada da sospensione Malagola è realizzata in metallo con diffusore rivestito in foglia d'oro; e le lampade Post Krisi, che ricordano il mondo tessile per la texture sfrangiata del diffusore, sono prodotte in varie forme e realizzate in fiberglass dipinto a mano o lasciato al naturale.
31. 32. Modus, borse e valigeria, Piquadro. Alta qualità manifatturiera abbinata a tecnologie innovative e a materiali esclusivamente italiani tradizionali (pellami del distretto conciario toscano) e innovativi (tessuti tecnologici).
33. Fil de fer, lampada, Catellani & Smith. La sfera di Fil de fer è realizzata in filo di alluminio e lampadine alogene, anche nella finitura anodizzata color oro o bianca con elementi nickel. Anche la Turciù, realizzata con rami di alluminio o ottone, ha forma variabile.

135

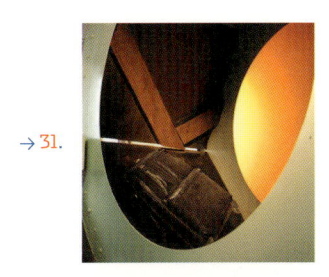

→ 31.

→ 32.

↓ 33.

§

05 innovazione
coordinamento sabrina lucibello

05.a **il gene dell'innovazione**
di sabrina lucibello
05.b **decontestualizzazione
per innovare**
di domitilla dardi
05.c **innovazione come attitudine**
di niccolò casiddu, raffaella fagnoni,
andrea vian
05.d **l'innovazione tecnologica
passa attraverso il design**
di massino musio sale,
mario ivan zignego,
maria carola morozzo della rocca
20.00.11 **raccolta iconografica**
a cura di sabrina lucibello

coordinamento ricerca sapienza università di roma
team di ricerca sapienza università di roma,
università di genova, museo maxxi

05 innovazione
05.a il gene dell'innovazione
di sabrina lucibello

L'innovazione è cambiamento che genera progresso attraverso ricerca, tecnologia, formazione, sviluppo della conoscenza, nuovi processi e produzioni industriali, nuove metodologie organizzative. Tutto questo e "ogni altra 'novità' che compone il variegato concetto di innovazione, ci danno la misura della sua dinamicità."[1] In questo quadro il design in Italia, è stato lo strumento creativo che ha consentito di dar forma alla sfuggente dinamicità che caratterizza l'innovazione, fondendone in un unicum i diversi aspetti (tecnologia, desideri, bisogni, problematiche produttive, impatto ambientale, sensibilità estetica, gusti e mode del tempo). Dice infatti Herbert Alexander Simon, premio Nobel per l'Economia nel 1978, che il design "è la volontà sistematica di influenzare il futuro (…) progettando l'innovazione". In Italia questa volontà sistematica ha percorso strade non codificabili, sviluppandosi all'interno di un sistema produttivo flessibile e variegato e crescendo in un contesto economico e sociale fatto di incertezze e di poca stabilità, ovvero in quella versione di modernità che Branzi[2] definisce "non ortodossa" e comunque (e forse proprio per questo), ha saputo dar luogo a quel "paradosso italiano" chiamato Made in Italy.

il gene dell'innovazione → **La "vicenda" dell'innovazione italiana è infatti un caso a sé:** spesso visionaria – e per questo in grado di superare i vincoli del possibile anche non disponendo di grandi capitali di ricerca o industriali – è da sempre stata frutto delle idee, delle capacità tecniche, dell'alchimia tra designer e imprenditore "illuminato" piuttosto che della ricerca, dell'alta tecnologia, del marketing e delle strategie aziendali. Le imprese italiane nel campo del design, meno strutturate delle multinazionali ed essenzialmente a matrice familiare, hanno avuto infatti la capacità di mettere a disposizione le tecnologie in modo flessibile e aperte alle sfide del progettista.[3] Ma c'è di più perché in Italia imprenditoria, tecnologia e design hanno saputo sposarsi perfettamente al *genius italicus*, ovvero a quella particolare attitudine insita nella nostra cultura e nel nostro DNA da un lato alla sperimentazione – e che si concretizza in una ricerca "informale", basata cioè più sulla capacità inventiva e sulla quella di fare trasferimento di innovazione da un settore all'altro, piuttosto che su basi tecnico-scientifiche – dall'altro a dar forma al bello, ovvero a quella capacità di lavorare sull'estetica del prodotto, fornendogli quei valori semantici, iconici e rivoluzionari che caratterizzano *l'italian design*[4] così come tutti lo conosciamo. Se infatti bellezza e innovazione appaiono spesso addirittura in competizione o meglio in antitesi, nel design italiano questi due aspetti hanno trovato piena e sincrona dignità di esistere l'uno a fianco dell'altro, soprattutto grazie al forte legame tra tecnologie (sopratutto nel campo dei materiali) e design. Ne è un lucido esempio Kartell, azienda fondata da Giulio Castelli, allievo al Politecnico di Milano del Nobel Giulio Natta, che ha rivoluzionato il mondo delle plastiche e dell'arredo; o anche il caso della lampada da soffitto Falkland, disegnata da Bruno Munari nel 1964 per Danese e composta da una maglia elastica tubolare prodotta in un calzificio e da alcuni anelli metallici di diverso diametro. La storia della nascita di questo oggetto è sintomatica della genialità progettuale del designer, ma anche della visionarietà di una certa imprenditoria illuminata. Racconta infatti Munari: "Un giorno sono andato in

05.a innovazione

una fabbrica di calze per vedere se mi potevano fare una lampada – noi non facciamo lampade, mi risposero – e io: vedrete che le farete". Allo stesso modo potremmo dire osservando le sedute antropomorfe della Serie Up di Gaetano Pesce e prodotte dalla B&B nel 1969. Le sedute della Serie Up, realizzate in tessuto elasticizzato, riempite in poliuretano espanso e confezionate sottovuoto (con volume ridotto del 90%), una volta a contatto con l'aria, prendevano magicamente forma, dando luogo ad un effetto che all'epoca era a dir poco sorprendentemente espressivo, emblema del binomio tra forma e tecnica che da sempre contraddistingue il prodotto italiano. O anche la poltrona Sacco, i cui progettisti[5] raccontano[6] che l'idea sia loro venuta osservando i materassi assemblati dai contadini che si realizzavano riempiendo dei sacconi con delle foglie di castagno o materiali simili e che di fatto, meglio dell'acqua e dell'aria, riuscivano ad adattarsi al corpo come un semi-fluido. Da qui all'idea di utilizzare un materiale come il polistirolo espanso per isolamenti termici e acustici, il passo fu breve e il risultato sorprendente perché capace di innovare al tempo stesso tipologia di prodotto, processo e linguaggio.

il gene dell'innovazione → **Altro fattore che contraddistingue il particolare modo di "fare innovazione"** in Italia e che si aggiunge al genius italico e al binomio designer/imprenditore illuminato, è stata senza dubbio la compresenza in uno stesso luogo di molte aziende di uno stesso settore: il distretto. Queste aziende, nate in specifici territori e legate a precipue capacità artigianali e alla disponibilità di materiali locali,[7] hanno realizzato concentrazioni di tipo non solo produttivo, ma anche creativo, dove l'innovazione si è materializzata "facendo". ¶ Basti pensare al distretto della calzatura e dello SportSystem di Montebelluna, dove sono nate aziende come Diadora, Fila, Tecnica e dove sono nati brevetti importantissimi che hanno dato vita a innovazioni di processo e di prodotto. ¶ È questo il caso della Lotto, un tempo Caber, che nei primi anni Settanta introdusse una vera e propria rivoluzione nella produzione di scarponi da sci. Racconta Marc Sadler, designer dello scarpone da sci Pioneer: "dopo un incidente sugli sci, mi resi conto che le leve in acciaio allora esistenti non tenevano bene la caviglia e mi domandai: 'perché non provare a realizzarne un modello in plastica più ergonomico e performante?' Ecco allora che ne tentai un prototipo artigianale realizzando due gusci identici termoformati (...) Lo scarpone si fermava alla caviglia ed in realtà non ha mai funzionato, ma da lì capimmo che c'era un mercato enorme per innovare e per sperimentare non solo nuovi materiali, ma anche processi, tecniche e soprattutto capimmo che c'era un enorme spazio per l'innovazione estetica (...) grazie all'uso della plastica avevamo introdotto il colore."[8] ¶ Allo stesso modo la Geox,

---

1. S. Avveduto, L. Cerbara, A. Valente, *Conclusioni* in *La cultura dell'innovazione in Italia 2010*, Secondo rapporto sulla cultura dell'innovazione in Italia a cura di Wired e Cotec in collaborazione con l'Istituto di Ricerche sulla Popolazione e le Politiche Sociali del CNR (www.first.aster.it/pubblicazioni/Cultura_Innovazione_Italia2010.pdf).
§
2. A. Branzi, *Il paradosso italiano*, in A. Branzi, *Pomeriggi alla media industria. Design e Seconda Modernità*, Idea Books, Milano 1988.
§
3. R. Verganti, *Design Driven Innovation. Changing the Rules of Competition by Radically Innovating what Things Mean*, Harvard Business Press, Boston, MA 2009.
§
4. G. C. Argan, *Il design degli italiani*, in *Italian Re evolution. Design in Italian society in the Eighties*, catalogo della mostra ideata da Piero Sartogo, Nava, Milano 1982, pp. 15-23.

→ Ape, un nuovo modo di muoversi e di intendere il trasporto commerciale.

→ Ape Piaggio, 1948. Foto Archivio Piaggio.

azienda strettamente legata ad un'intuizione del suo fondatore, Mario Moretti Polegato che nei primi anni Ottanta, dopo aver completato gli studi in agraria, entrò nell'azienda vitivinicola di famiglia con l'obiettivo di condurla verso nuovi mercati, ma che, in occasione di un soggiorno a Reno, in Nevada, iniziò ad avere dei fastidiosi disturbi ai piedi dovuti al gran caldo e così decise di fare un buco nelle scarpe. Tornato in Italia, Polegato sviluppò la sua intuizione mettendo a punto nei laboratori di una piccola azienda calzaturiera della zona di Montebelluna, le prime calzature con la suola di gomma[9] che permettevano ai piedi di traspirare ma impedivano all'acqua di entrare e sviluppando di fatto il brevetto internazionale cosiddetto della "scarpa che respira" che tutti noi conosciamo. Pronti i primi prototipi, le affermate aziende calzaturiere nazionali e internazionali non colsero le straordinarie potenzialità dell'invenzione, ma Mario Polegato non si diede per vinto e decise quindi di fondare GEOX, una nuova azienda che avrebbe progettato, prodotto e commercializzato la scarpa che respira.

→ Ape Calessino
Electric Lithium, Piaggio, 2009.
Foto Archivio Piaggio.

→ Una reinterpretazione ecosostenibile a numero limitato della mitica Ape, tra tradizione e innovazione.

il gene dell'innovazione → **Ma il modo di fare innovazione tipicamente italiano è oggi compatibile** con il mutato panorama globale? ¶ Se, infatti, da un lato è indubbio che nel processo di globalizzazione seguire un'idea o un'intuizione economicamente spesso non paga, tanto che oggi la figura dell'imprenditore illuminato è specie rara, è altresì chiaro come questo sistema di innovazione, libero ed informale, mal si coniughi con un sistema economico che tende sempre più a schiacciare le piccole e medie industrie,[10] e che al tempo stesso omologa i sistemi di innovazione di un prodotto sotto rigidi e prefissati standard di riuscita. ¶ Ma è indubbio anche che "l'innovazione design-driven può essere una considerevole fonte di profitto. Se attuata con successo, porta alla realizzazione di prodotti dalla personalità forte e unica che si distinguono da quelli indifferenziati della concorrenza",[11] portando per altro anche il vantaggio della longevità dei prodotti (basti pensare alla Fiat Panda che, nonostante il ciclo di vita medio di un modello di auto sia di circa 8 anni e mezzo, è stata prodotta per ben 23 anni).

il gene dell'innovazione → **Negli ultimi anni il mercato** è stato però dominato da un lato dal "paradigma dell'innovazione user-centered",[12] secondo cui le aziende che vogliono avviare un progetto innovativo debbono innanzitutto analizzare i bisogni del mercato (tramite ricerche e sondaggi) e studiare bisogni e modi di approcciare al prodotto degli utilizzatori (grazie ai focus group); dall'altro dalla volontà di codificare il successo anomalo del design italiano, per riprodurlo in serie, pensando di poterlo sintetizzare in una forma o modalità di organizzazione aziendale design-driven. ¶ Tutto ciò tuttavia non ha prodotto le condizioni per cui il "miracolo italiano" potesse riprodursi in altre parti del

5. Teodoro, Paolini e Gatti progettano la poltrona Sacco nel 1968.
§
6. P. Gatti, da un'intervista rilasciata a G. Borgesi nel luglio del 1988 (www.sacco.zanotta.it/Sacco_IT.html).
§
7. Per approfondimenti: *Italians' Design. History and innovative uses of materials for 'sustainable' design. A multimedia atlas of design, art and new technology*, Progetto di ricerca finanziato dalla Sapienza Università di Roma, dip ITACA|DATA, coordinatore S. Lucibello.
§
8. S. Lucibello, *(lim)+?= f (design)*, in diid Disegno Industriale Industrial Design n. 26|07, Rdesignpress, Roma e in M.Ferrara, S.Lucibello, *Design Follows Materials*, Alinea, Firenze 2009, pp. 100-105.
§
9. La suola veniva sapientemente bucata in corrispondenza della più alta concentrazione di ghiandole sudoripare della pianta del piede.

mondo, stentando persino in Italia a riproporsi con altrettanto successo. ¶ Questi fenomeni forzano dunque un ripensamento radicale del processo che genera l'innovazione, soprattutto all'interno del nostro Paese che, se non saprà invece cogliere il valore della nuova rivoluzione tecnologica in atto, perderà sempre più terreno, tanto che del design italiano potrebbe non restare altro che il ricordo di un passato glorioso.

il gene dell'innovazione → **I contributi di seguito proposti tentano di costruire i confini** di una tematica, quella dell'innovazione, sempre in cambiamento. Si è scelto di farlo da un lato raccontando la modalità propria del design italiano di decontestualizzare un elemento, trasferendolo "da un ambito a un altro, per reinventarne una funzione d'uso spesso differente da quella originaria" (Domitilla Dardi); dall'altro andando a costruire un panorama capace di metterci in relazione con il "globale", che ci fa interrogare su "come sfruttare i processi del design thinking (...) per generare capacità di ricerca che sappia investire nel rischio superando quel gap conservativo che ci contraddistingue (come italiani)?" (Niccolò Casiddu, Raffaella Fagnoni, Andrea Vian); ed infine analizzando i settori in cui innovazione tecnologica e design si allineano, come ad esempio quello sportivo, per interrogarsi "verso quali indirizzi si orienta la ricerca di design nell'ambito del prodotto sportivo, dell'accessorio e della nautica?" (Massimo Musio Sale, Mario Ivan Zignego e Maria Carola Morozzo della Rocca).

10. Di certo, poi, tutta la questione legata alla protezione intellettuale, sempre più sfumata fra *patent* e *copyright*, ha delegittimato i brevetti dal loro ruolo originario di "difensori dell'invenzione" trasformandoli in strumenti per la difesa dello status quo e delle rendite di posizione delle grandi multinazionali che ne hanno tratto notevoli vantaggi commerciali.
§
11. R. Verganti, op. cit.
§
12. V. Aquila, G. Simonelli, A. Vignati (a cura di), *Design, Imprese, Distretti. Un approccio all'innovazione*, Edizioni POLI.design, Milano 2005.

P. Antonelli, *Humble masterpieces. 100 every day marvels of design*, Thames & Hudson, London 2005.

V. Aquila, G. Simonelli, A. Vignati (a cura di), *Design, Imprese, Distretti. Un approccio all'innovazione*, Edizioni POLI.design, Milano 2005.

G. C. Argan, *Il design degli italiani*, in *Italian Re evolution. Design in Italian society in the Eighties*, Nava, Milano 1982.

R. Aunger, *Darwinizing Culture: The Status of Memetics as a Science*, Oxford University Press, Oxford, New York 2000.

S. Avveduto, L. Cerbara, A. Valente, *Conclusioni* in *La cultura dell'innovazione in italia 2010*, Secondo rapporto sulla cultura dell'innovazione in Italia, a cura di Wired e Cotec in collaborazione con l'Istituto di Ricerche sulla Popolazione e le Politiche Sociali del CNR.

R. Bodei, *La vita delle cose*, Editori Laterza, Roma-Bari 2009.

G. Bosoni (a cura di), *Brevetti del design italiano 1946-65*, Electa, Milano 2000.

A. Branzi, *Pomeriggi alla media industria. Design e Seconda Modernità*, Idea Books, Milano 1988.

T. S. Kuhn, *La struttura delle rivoluzioni scientifiche*, trad. it. di A. Carugo, Einaudi, Torino 1978.

T. Innocent, *The Language of Iconica*, in Dorin, A. & J. McCormack (eds), First Iteration: *A Conference on Generative Systems in the Electronic Arts*, CEMA, Melbourne 1999.

S. Lucibello, *(lim)+?= f (design)*, in DIID Disegno Industriale Industrial Design 26|07, Rdesignpress, Roma e in M. Ferrara, S. Lucibello (a cura di), *Design Follows Materials*, Alinea, Firenze 2009.

D. A. Norman, *Il design del futuro*, Fazi, Roma 2007.

F. Morace, *Il design thinking è nel nostro DNA*, Harward Business Review, giugno 2011.

T. Paris (a cura di), *Made in Italy. Il design degli italiani*, Rdesignpress, Roma 2005.

M. Smyth (a cura di), *Digitl Blur: creative practice at the boundaries of architecture, design and art*, Libri Publications Limited, 2010.

J. Thackara, *In the bubble. Design per un futuro sostenibile*, Allemandi, Torino 2008.

R. Verganti, *Design Driven Innovation. Changing the Rules of Competition by Radically Innovating what Things Mean*, Harvard Business Press, Boston, MA 2009.

05 innovazione
05.b decontestualizzare per innovare
di domitilla dardi

"Le modalità dell'immaginazione seguono le modalità secondo cui la tecnologia si evolve, e la futura efficienza tecnica susciterà una nuova immaginazione" (J. Baudrillard 1968).

decontestualizzare per innovare → **La citazione di Baudrillard si presta a un radicale ribaltamento:** sempre più assistiamo a nuove forme di immaginazione dalle quali scaturiscono le tecnologie che ne rendono concretizzabile la realizzazione. Quante volte, ad esempio, osserviamo pronostici nati dalla più fervida delle immaginazioni fantascientifiche – spesso tradotte in immagini dall'industria cinematografica – che divengono stimoli per la creazione di prodotti tecnologici di avanguardia. Basti pensare alla fatidica scena della scansione fotografica nel *Blade Runner* di Ridley Scott o, ancora, allo schermo interattivo del *Minority Report* di Steven Spielberg e non sarà difficile riconoscere due strumenti tecnologici oramai divenuti di uso comune, ma che all'epoca risiedevano solo nell'immaginazione di chi li aveva pensati. La riflessione potrebbe continuare ben oltre, toccando il lavoro di scrittori quali Asimov, Bradbury, lo stesso Dick, ma anche di futurologi quali Bruce Sterling e di artisti tra i quali spiccano soprattutto quelli afferenti al filone surreale e concettuale per motivi che avremo modo di spiegare più avanti. ¶ Ovviamente il debito che l'innovazione ha nei confronti dell'immaginazione è in realtà più che connaturato alla natura stessa del progetto industriale, ma anche a quello dello strumento-utensile artigianale di uso comune. Eppure non è la sola funzione d'uso pratica – quella che è logica conseguenza dei bisogni primari – a fornire la scintilla per la soluzione innovativa. Guardando a ritroso nella storia del design, infatti, spesso si incontrano momenti di felice sintesi creativa, vere e proprie intuizioni dedicate all'innovazione, che non nascono linearmente da un rapporto consequenziale di causa-effetto, ma più propriamente seguono quello scarto ideativo noto come "mossa del cavallo". Tra queste, quella che senz'altro è direttamente connessa a una vera e propria innovazione in termini di linguaggio ancor prima che di apporto tecnologico è il transfert materico e di componenti. L'idea, apparentemente semplicissima, è quella di utilizzare un materiale, ma anche una giunzione o un metodo di assemblaggio, trasportandoli dal contesto di appartenenza per il quale erano nati a un altro. ¶ In altre parole, alla domanda "Cosa c'entra uno Space Shuttle con un piatto di pasta ben caldo?" il transfert materico risponde con l'utilizzo dello stesso materiale ceramico usato per la costruzione della nota navetta spaziale il quale, grazie alle sue caratteristiche di lento rilascio del calore, si presta perfettamente a essere usato in uno scaldavivande come il Kalura progettato da Alberto Meda per Alessi. ¶ Esiste per esempio una grande strada maestra di transfert che parte dal mondo dell'automobile e arriva a quella dell'arredo: adesivi strutturali normalmente usati per i parabrezza possono servire da collante tra le componenti di mobili domestici, ad esempio. Anche le poltrone della Arflex progettate nei primi anni Cinquanta, prima fra tutte la *Lady* di Zanuso, nascono dal nastrocord, materiale ottenuto dalle gomme dei pneumatici ridotte in strisce. Spesso sono intuizioni casuali a generare il transfert, come quella del poliuretano espanso trasferito nel settore arredo da Busnelli, che raccontava di averne avuto il primo suggerimento ideativo da un'insospettabile paperella gonfiabile. D'altra parte è noto che anche l'origine delle prime sedute a sbalzo della storia in tubolare metallico derivano da un transfert: sia Stam che Breuer le fanno derivare dai tubi del gas e da quelli delle biciclette.

decontestualizzare per innovare → **In tutti questi esempi, molto differenti negli esiti,** uno stesso principio rimane costante e non risiede né nei materiali, né nella tecnologia utilizzata. L'invariante è piuttosto rinvenibile nella capacità di individuare le potenzialità di decontestualizzazione di un elemento, ovvero l'utilità di trasferirlo da un ambito a un altro per reinventarne una funzione d'uso spesso differente da quella originaria. Ecco allora che la felice intuizione di sintesi tra mondi apparentemente più che lontani si fonda su una connessione che è tutta immaginativa. Anzi, sembra quasi che maggiore sia la distanza tra il mondo d'origine e quello di nuova applicazione e maggiore sarà l'effetto di riuscita. Tutto questo non è proprio solo di una personalità creativa di ampia cultura – come vedere potenziali applicativi, se non si hanno parametri di riferimento allargati e trasversali? – ma anche di un'immaginazione capace di osare oltre la facilità delle connessioni più evidenti. Per fare questo è indubbio che la mentalità creativa e procedurale dell'arte sia stata un ottimo campo di allenamento. Il padre della decontestualizzazione che ha aperto al ready made concettuale, ma anche, in un altro senso, al transfert materico è stato il movimento surrealista. La sintesi riecheggia, infatti, nella celebre definizione attribuita a Max Ernst (ma originariamente appartenuta a Lautréamont): "Bello come l'incontro casuale di un ombrello e una macchina da scrivere su un piano operatorio". Il problema è tutto qui: avere l'occhio e la libertà per creare l'incontro in campo neutro di due realtà assolutamente distanti tra di loro. Bruno Munari nel suo libro *Fantasia* del 1977 esortava infatti a quelli che sembrano veri e propri "esercizi di assurdo": invertire rapporti, sovvertire gerarchie consolidate, associare elementi distanti, usare in senso figurativo la potenza delle figure retoriche della letteratura dall'ossimoro alla sinestesia, dalla metafora alla similitudine inversa. E infatti da quegli esercizi nascevano materiali che sommavano caratteristiche differenti. Libere associazioni di "vetro" e "gomma" dalle quali potevano generarsi le idee di "vetri elastici" e "gomme trasparenti". Come faceva anche Gianni Rodari che nella sua *Grammatica della Fantasia* indicava molti modi per inventare nuove storie. Ben sapendo che il primo modo di innovare è guardare dove altri si limitano a uno sguardo passivo e immaginare a partire dal reale. Da un nuovo, inatteso ordine del reale.

→ M. Gaudenzi, I. Hosoe, Fluida.it, City bike pieghevole, Fluida, 2002.

→ M. Gaudenzi, I. Hosoe, Fluida.it, City bike pieghevole, Fluida, 2002. Versione chiusa.

05 innovazione
05.d innovazione come attitudine
di niccolò casiddu, raffaella fagnoni, andrea vian

Le indagini riportate nel rapporto "La cultura dell'innovazione in Italia 2010"[1] – rafforzano l'idea dell'opinione pubblica che l'innovazione sia non un accadimento casuale, ma il frutto di un'applicazione seria basata su basi scientifiche e su capacità individuali e collettive. Il tema dell'innovare interessa non tanto dal punto di vista economico ma culturale, rivalutando l'importanza dei fattori immateriali nella propensione innovativa di un territorio. Uno dei fattori che più ostacola la propensione a innovare è la resistenza conservatrice dei consumatori verso il nuovo, ritenuto pericoloso o indecifrabile.[2]

→ Nanook, sedia, premio per l'Innovazione 2010 per la ricerca sul passaggio da due a tre dimensioni partendo dall'osservazione della concia di un quadrupede.

→ P. Bestenheider, Nanook, sedia, Moroso 2009.

innovazione come attitudine → **Eureka.** In questo senso è importante puntare sull'educazione, sulla formazione creativa, secondo la dimensione euristica della scienza. L'euristica implica aspetti della cognizione umana che non sono prontamente misurabili (basati sul *sentire*, sull'*intelligenza emotiva*, sulle *intuizioni*). È importante riportare il "progettare" a essere un'attività non vincolata da una regola, ma da un contesto, dall'ambito problematico specifico in cui viene condotta, dalle decisioni dei soggetti coinvolti, e/o dalla specificità storica e culturale della società in cui è presente. Poiché la maggior parte dei problemi di progettazione sono complessi e "subdoli" (Wicked Problems), vale a dire senza alcuna forma definitiva, poiché non hanno una soluzione del tipo vero/falso ma meglio/peggio, è difficile, se non impossibile, automatizzarne il processo.

innovazione come attitudine → **Saper fare locale, conoscenza globale.** È possibile riuscire a mantenere quel saper fare, quella conoscenza tacita che ha contraddistinto il design italiano, spesso prescindendo dalle "scienze", tanto più oggi che si fonde e si nutre del sapere globale attraverso le tecnologie web 2.0? Come sfruttare i processi del design thinking, in particolare nella formazione, per generare capacità di ricerca che sappia investire nel rischio superando quel gap conservativo che ci contraddistingue (come italiani)? In quest'ottica la ricerca di design deve puntare su un'analisi attenta e accurata dello stato attuale, partire dai bisogni sociali e culturali lavorando a stretto contatto con l'utenza, scansando quello che Tackara ha definito come il dilemma dell'innovazione,[3] ovvero il rischio di mettere una tecnologia intelligente in un prodotto inu-

1. *La cultura dell'innovazione in italia 2010*, Secondo rapporto sulla cultura dell'innovazione in Italia a cura di Wired e Cotec in collaborazione con l'Istituto di Ricerche sulla Popolazione e le Politiche Sociali del CNR (www.first.aster.it/pubblicazioni/Cultura_Innovazione_Italia2010.pdf).

2. Wired, giugno 2009 (www.wired.it/magazine/archivio/2009/04/storie/la-nuova-italia.aspx).

tile, che non risponde ad un bisogno. Il futuro sta dunque nel progettare *con* il pubblico, e non *per* il pubblico, nel fare degli utenti il soggetto e non l'oggetto dell'innovazione. ¶ Una sorta di progettualità diffusa, connessa al fenomeno del "Blur Effect",[4] si propone di rispondere alle emergenze presenti nei più svariati ambiti del nostro quotidiano (mobilità, assistenza familiare, residenze, reti alimentari...) attraverso le capacità della comunità di inventarsi nuove modalità, nuove abitudini, nuovi comportamenti. ¶ A differenza di quanto avviene nella ricerca scientifica, in cui, con processi di tipo induttivo – ipotetico – deduttivo, si cerca di disvelare l'essenza dei fenomeni perseguendo lo sviluppo di nuove ipotesi da sottoporre a verifica e alla scelta dei metodi più idonei per testarle, secondo quella che Kuhn[5] definisce "ricerca normale", le attività progettuali testano esperienze nell'uso di nuovi prodotti o servizi. Se le innovazioni scientifiche sono più frequentemente innovazioni tecnologiche, le innovazioni progettuali incidono maggiormente sul tessuto sociale, sono il risultato di una dinamica sociale, nella quale i bisogni emersi dalla comunità si associano con le conoscenze generate dalla ricerca per ritornare alla comunità sotto forma di prodotti, artefatti, servizi.

3. J. Thackara, *In the Bubble. Designing in a complex World* MIT Press, London/Cambridge, MA 2005, pp. 288, ed. italiana *In the bubble, Design per un futuro sostenibile*, Allemandi, Torino 2008.
§
4. M. Smyth (a cura di), *Digitl Blur: creative practice at the boundaries of architecture, design and art*, Libri Publications Limited, 2010.
§
5. T. S. Kuhn, *The structure of Scientific Revolutions*, Chicago 1962, edizione italiana *La struttura delle rivoluzioni scientifiche*, Einaudi, Torino 1978.

→ Dino, Oliveto, Bergamin, Paper8, barca a vela ripiegabile, Paper8, 2009.

→ Dal Dinghy classico a un diverso modo di andar per mare, ecosostenibile, autotrasportabile e senza necessità di rimessaggio.

→ Dino, Oliveto, Bergamin, Paper8, barca a vela ripiegabile, Paper8, 2009.

innovazione come attitudine → **Dare senso.** L'innovazione guidata dal design rappresenta l'innovazione radicale dei significati, donando a un oggetto o a un servizio quel significato, non richiesto, che le persone senza saperlo stavano aspettando.[6] A differenza dell'innovazione *Market pull,* che deriva dalle richieste del mercato, dalla comprensione di bisogni (immediati) dei clienti, e di quella *Technology push* che trae fondamento dall'esplorazione e investigazione di nuove possibilità tecnologiche, e che porta a innovazioni a maggiore contenuto sul piano tecnico, l'innovazione *Design-driven* nasce dall'esplorazione e dalla comprensione di trend nei modelli socioculturali e porta a innovazioni non richieste esplicitamente a priori dall'utenza. ¶ In questo senso la cultura del design si è orientata verso le metodologie del *digital design* che prevede un'intima connessione tra concetto, produzione e realizzazione declinata nel senso della flessibilità.[7] I media elettronici possono essere fluidi e mutevoli grazie alla capacità di cambiare struttura e significato rispondendo all'ambiente e interagendo con l'utente in funzione dei dati in entrata. ¶ La filosofia alla base del progetto di questi artefatti, prodotti finiti ma capaci di modificarsi per adattarsi alle necessità dell'utente e di generare la loro forma finale (interfaccia nei sistemi di comunicazione) in sistemi aperti ai contributi di una vasta community di utenti/creativi (ambiente 2.0), ispira approcci alternativi per progettare un senso più generale.[8]

innovazione come attitudine → **Innovativi si diventa?** L'innovazione non è guidata dal potere tecnologico o dall'investimento in ricerca scientifica, ma anche dall'ingegno, da un modo di pensare, "da una capacità applicativa che si trasforma in creatività applicata"[9] in cui ancora oggi l'Italia è forte, grazie al retaggio che arriva dalla tradizione della bottega rinascimentale. E dalla bottega passa attraverso la rete delle mini imprese, che connotano il nostro sistema. Ma come sfruttare questo potenziale vantaggio? Come trasformare questa caratteristica del nostro tessuto in valore aggiunto? Come è possibile trasmetterla?

innovazione come attitudine → **Dual companies.** Alcune esperienze concrete sono quelle di società italiane emergenti nel campo della tecnologia che vedono negli Stati Uniti la miglior "sala regia" da cui lanciare operazioni di ambizione globale e un ecosistema estremamente ricco di opportunità di finanziamenti, reclutamento e networking. Associazioni come Mind the Bridge e BAIA,[10] organi come l'ICE,[11] iniziative come l'IID,[12] si propongono di supportare le imprese italiane facilitando i rapporti tra il sistema produttivo e della ricerca (italiano) e attori economici basati nella Silicon Valley. In particolare, il recente tour dell'IID conclusosi a Genova a giugno 2011 ha messo in evidenza "Why Italy matters to the world" (WIMW) e una serie di iniziative promosse dall'ICE a Los Angeles nell'ambito delle Celebrazioni di Beverly Hills, dando risalto al valore del design italiano.

6. R. Verganti, *Design Driven Innovation, Changing the Rules of Competition by Radically Innovating what Things Mean*, Harvard Business Press, Boston, MA 2009.
§
7. T. Innocent, *The Language of Iconica*, in Dorin, A. & J. McCormack (eds), First Iteration: A Conference on Generative Systems in the Electronic Arts, CEMA, Melbourne 1999, pp. 92-104.
§
8. R. Aunger, *Darwinizing Culture: The Status of Memetics as a Science*, Oxford University Press, Oxford, New York 2000.
§
9. F. Morace, *Il design thinking è nel nostro DNA*, Harward Business Review, giugno 2011, p. 116 (www.tqhr.it/report/wp-content/.../2011/.../Rapporto-Formazione-Manager.pdf, giugno 2011).
§
10. Business Association Italy America (www.baia-network.it).
§
11. Istituto Nazionale per il Commercio Estero.
§
12. Italian Innovation Day (www.italianinnovationday.com; www.italiannetwork.it).

05 innovazione
05.c l'innovazione tecnologica passa attraverso il design
di massimo musio sale,
mario ivan zignego,
maria carola morozzo della rocca

I programmi di ricerca e sviluppo vengono spesso redatti abusando di parole-chiave disposte secondo un lessico "di maniera", a volte con accezioni addirittura fuorvianti rispetto ai reali obiettivi di miglioramento delle qualità della vita, che dovrebbero affinarsi con l'aumentare delle conoscenze e l'applicazione di soluzioni di ricerca sempre più virtuose. ¶ Parole come *innovazione* e *sostenibilità* vengono spesso usate (e abusate) per qualificare processi di ricerca identificando azioni non necessariamente pertinenti con gli obiettivi del lavoro. ¶ I temi della ricerca (qualunque ricerca) riflettono la loro attualità in relazione al contesto storico, sociale, geografico, economico, politico, energetico, tecnologico, ecc; questo dimostra che le variabili legate alla pertinenza di una ricerca sono molte, e sempre condizionate dalle circostanze. Basti pensare, ad esempio, alle tematiche dei trasporti nelle ricerche per il primo, il secondo o il terzo mondo: da un lato abbiamo città congestionate e problemi di traffico e inquinamento; dall'altro abbiamo carenza di infrastrutture, di mezzi e – ancora – problemi di inquinamento, ma di tutt'altro tipo. ¶ La ricerca non è dunque una attività generalizzabile, ma, al contrario, si declina in molte sfumature a seconda del campo di lavoro a cui viene riferita. Si capisce così che l'innovazione non è necessariamente la chiave per ottenere risultati di qualità: l'uso del termine *innovazione* in modo indifferenziato pare sottintendere che la ricerca, per essere virtuosa, debba negare lo stato dell'arte pregresso per innovare secondo processi diversi e necessariamente originali. ¶ Al contrario, il termine *sostenibile* è invece un termine "universale". Oggi l'uso sembra voler qualificare processi di particolare qualità nei confronti dell'ecologia e (a volte) dell'economia, ma va invece considerato che, nella consapevolezza che nessuno agisce in un sistema infinito, la sostenibilità di un processo deve diventare un attributo implicito e imprescindibile per qualunque azione; la sua dichiarazione ha un valore di novità solo in relazione alla recente globalizzazione, ma auspichiamo che ben presto questo termine possa identificare un atteggiamento del tutto spontaneo e non più dichiarato come valore aggiunto.

l'innovazione tecnologica passa attraverso il design → **Il design, ossia la disciplina che idea, sviluppa**, regola, armonizza, e realizza processi di produzione, di comunicazione e perfino di gestione, si pone come una lente di grande efficacia per la generazione di prodotti avanzati. L'obiettivo maturo di questo procedere è tanto più efficace quanto più il design ricerca l'innovazione, non come negazione delle tecnologie esistenti, quanto come affinamento delle stesse e continua messa a punto di metodi e di prodotti. ¶ Nell'ambito del design di prodotti, e in particolare di prodotti per lo sport, per l'abbigliamento tecnico, per gli accessori e per la nautica in generale, l'innovazione è un parametro che è sempre presente, in contrapposizione con lo stato dell'arte corrente. A volte l'innovazione copre piccole fasi di un processo complesso, non negando di fatto la tecnologia precedente, ma affinandola sempre più per ottimizzarne i risultati. A portare il metodo di lavoro su questo piano sono le competizioni agonistiche. La necessità di mettere a confronto continuo i risultati prestazionali dei prodotti porta la gara su un piano non solo atletico, ma anche profondamente tecnico. ¶ Si osserva che i due aspetti sono indivisibili e che la prestazione competitiva migliora molto più in relazione alla tecnica di quanto non appaia da un confronto eminentemente atletico. Lo dimostra ad esempio la sfida delle sfide della vela internazionale: la Coppa America. Questa gara ha visto misurarsi atleti di altissimo profilo, ma, soprattutto, ha messo a confronto tecnologie avanzatissime; talmente avanzate da imporre spesso ripensamenti e adattamenti delle regole del match, per consentire una competizione più sportiva e più spettacolare, anche a danno delle prestazioni assolute che i nuovi materiali e le nuove soluzioni hanno dimostrato di poter ottenere. ¶ Nell'ultima edizione, svoltasi a Valencia, le barche erano talmente differenti che le loro performance hanno schiacciato il confronto sportivo in un secco risultato che ha affascinato per le prestazioni di *Oracle* BMW, ma, sull'altro fronte, ha minimizzato il risvolto mediatico dell'iniziativa. Per questo motivo, per la prossima edizione si parla di un "passo indietro" nel design delle barche per riuscire a favorire un confronto più spettacolare. ¶ Anche in F1, si assiste ad una tecnologia talmente avanzata sul piano dei materiali, dell'aerodinamica, dei propulsori, in sostanza, del design, che la federazione sportiva ha dovuto ideare formule di gara inverosimili per tentare di ottenere un maggiore confronto sportivo fra concorrenti. Nonostante l'obbligo di sottostare a queste complicate regole, i risultati premiano quasi sempre la vettura migliore sul piano del design complessivo senza riuscire a far confrontare compiutamente le vetture durante la corsa. ¶ Questo dimostra che il design è sicuramente la chiave dell'innovazione prestazionale e del prodotto vincente. Fino al punto che, in certi ambiti disciplinari, questo aspetto è talmente strategico da diventare (paradossalmente) anche controproducente.

[→ D. Grandi, M. Bossi, Calla, caraffa, Bosa, 2006, la reinvenzione di un oggetto quotidiano.

[→ Il corpo fluido genera la sagoma di questa caraffa dall'impugnatura generosa che funziona anche da imbuto.

l'innovazione tecnologica passa attraverso il design → **Verso quali indirizzi si orienta la ricerca di design** nell'ambito del prodotto sportivo, dell'accessorio e della nautica? Stabilito il ruolo assolutamente centrale del design per il successo di un prodotto, l'orientamento della ricerca deve puntare ad un ruolo di maturità e consapevolezza su valori che vanno anche "oltre" l'ossessiva ricerca della prestazione pura. ¶ Ecco che i temi legati alla sostenibilità di prodotti e processi si affacciano nel brief di ogni azione progettuale e mediano gli obiettivi legati alla prestazione pura. ¶ Design non solo per la performance, dunque. Prevedere attraverso il design le diverse fasi di utilizzo di un prodotto, rappresenta il limite della vera innovazione tecnologica di un processo. ¶ Capire e quantificare l'uso di un prodotto in base ai materiali costitutivi, ai processi costruttivi, alle logiche e ai mercati commerciali, agli atteggiamenti di esercizio, alle politiche di dismissione, di riciclo o di smaltimento, rappresentano i nuovi parametri che fanno parte indissolubile della cultura di design e che, solo fino allo scorso secolo, erano completamente disattesi. ¶ Obiettivo ultimo di questo arricchimento culturale è perciò quello di riuscire a misurare il design anche al fine della performance legata all'impronta energetica dei nuovi prodotti, costituendo nel prossimo futuro un attributo connaturato con il progetto e non più solamente un elemento di novità delle correnti attenzioni scientifiche disciplinari, e questo soprattutto in Italia.

151
§
05 **innovazione**
→ raccolta iconografica
a cura di sabrina lucibello

Il modo di "fare innovazione" tipicamente italiano è oggi compatibile con il mutato panorama globale? Se parlare di Made in Italy ha ancora un senso riferendoci alla straordinaria capacità manifatturiera del nostro Paese, questo è vero anche osservando il nostro particolare modo di "fare innovazione"? ¶ Poco o nulla sembra cambiato rispetto al passato, quando l'innovazione - da sempre fortemente legata ad una attività di progettazione|sperimentazione unita al nostro genius italico e al felice binomio designer|imprenditore illuminato – percorreva una strada del tutto particolare. ¶ Non disponendo infatti di grandi capitali, l'innovazione ha seguito le idee, si è sviluppata sulle capacità tecniche, è stata frutto di quella speciale alchimia tra designer e imprenditore piuttosto che della ricerca, dell'alta tecnologia, del marketing e della strategia aziendale. ¶ La lettura per immagini qui proposta racconta cosa abbia significato, negli ultimi 10 anni, fare innovazione in Italia, quali siano oggi i settori trainanti in cui la ricerca e il design hanno trovato punto di incontro, quali siano i risultati in termini di forma, funzione, linguaggio. ¶ Si è perciò scelto da un lato di raccontare dove e in quali settori - come ad esempio quello sportivo e più propriamente high tech - la capacità di invenzione italiana che per noi coincide con il concetto di "innovazione" ancor prima che con "tecnologia", si sia riuscita a sposare con la nostra capacità di "far sintesi" tra performance (tesa "al limite") e design. ¶ Dall'altro come questo processo sia stato accompagnato da una costante volontà di sperimentare i materiali, reinterpretando quelli della nostra tradizione con più moderne tecnologie o progettandone di nuovi; e dalla innata capacità del design italiano, di innovare le tipologie, il linguaggio, le forme, non trascurando per altro alcune "tematiche d'attualità", che impongono di innovare con "sostenibilità". ¶ Quello che stupisce è osservare come molti dei nostri designer riescano a innovare spesso solo fuori dai confini nazionali, ad esempio partecipando e vincendo concorsi internazionali; o come ancor oggi la ricerca tecnico-ingegneristica, capace di invenzioni straordinarie anche nel campo della robotica, non abbia ancora trovato la giusta sinergia con il design.

il design italiano 20 .00 .11

05 innovazione   d.i. 20. 00 .11   152

→ 1.

→ 2.

→ 3.

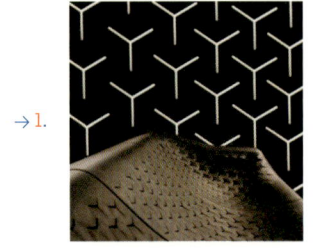

innovare con i materiali
Negli ultimi anni il mondo dei materiali ha subìto
una vera e propria rivoluzione dal momento che,
al di là dei materiali "base", come legno, metallo
e plastica, è arrivato a comprendere un universo fatto
di tante sottocategorie in costante e rapido
aggiornamento, che sviluppa materiali nuovi e ibridi,
esteticamente innovativi, sensorialmente intriganti,
altamente "performanti". →
1. J. Nouvel, Skin, Molteni, 2007. Un sistema
di sedute improntato a fondere ricerca, tecnologia,
design ed artigianalità ai massimi livelli.
Skin è innovativo per le soluzioni tecniche adottate,
tra le quali una struttura portante in acciaio tubolare
pretensionato, rivestimento strutturale in cuoio,
e incisioni geometriche automodellanti.
2. Front Design, Wood Chair, Moroso, 2010. Si può
fare innovazione anche solo interpretando in maniera
nuova un materiale tradizionale? Wood Chair
è una sedia coperta da migliaia di perline a creare
una superficie confortevole che stimola il corpo
ispirata ai sedili dei tassisti e alla haute couture.
3. 4. K. Grcic, Osorom, Moroso, 2004.
Scocca in materiale termoplastico formato
da tecnopolimeri stratificati di densità variabile.
5. P. Urquiola, Volant, Moroso, 2007. Nel sistema
"Volant" (divano, poltrona, sedia, sgabello)
il vero protagonista è il tessuto "Demi plié"
di Alcantara® che, lavorato con un'abilità
sartoriale unica, si trasforma, si piega, s'increspa,
si arriccia, si deforma, creando l'oggetto
e disegnandone la forma.

↓ 4.

↓ 5.

05 innovazione   d.i. 20.00.11   154

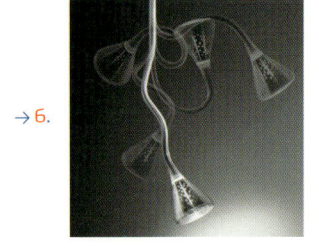

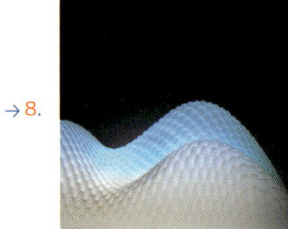

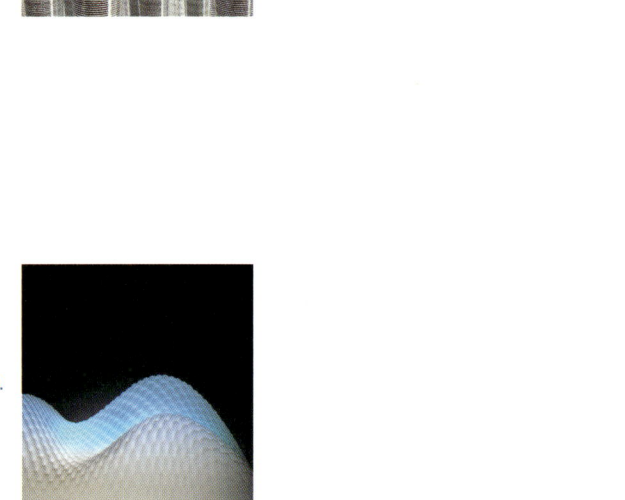

innovare con i materiali

Il materiale e la sua superficie rappresentano il tramite tra noi e l'artefatto. Attraverso il materiale veniamo a scoprire e a dare un carattere a ciò che tocchiamo, vediamo, immaginiamo, moltiplicandone i significati e plasmandone al tempo stesso forma e funzione. →

6. Herzog & De Meuron, Pipe, Artemide. Lampada da terra e a sospensione, con struttura in tubolare d'acciaio flessibile rivestito da una guaina in silicone platinico naturale. Red Dot Award 2006.

7. M. Sadler, Mite, Foscarini. Compasso d'Oro 2001. La tecnologia è quella utilizzata per la produzione di canne da pesca (rowing), il materiale, flessibile, leggero e resistente, è un mix di tessuto di vetro e filo di Kevlar® o di carbonio.

8. R. Lovegrove, Cosmic, Artemide, 2009. Coniuga l'estetica organica di "una foglia digitale proveniente da un altro Mondo", alla tecnologia e all'uso intelligente dei materiali.

9. T. Yoshioka, Memory, Moroso, 2010. Una sedia che memorizza la forma creando una naturale interazione con il fruitore grazie allo speciale tessuto in fibra di cotone con anima di alluminio.

10. R. Liddle, Roughly Drawn 21, Plusdesign, 2009. Sedia a tiratura limitata (solo 21 pezzi) in plastica riciclata al 100% ottenuta con il procedimento termico che ritrasforma gli imballaggi di scarto in un materiale malleabile: una tecnica sperimentale, chiamata URE plastic, sviluppata da Cohda.

11. Alcantara realizza soluzioni "tailor made" sintesi perfetta di stile e tecnologia, combinando sensorialità, estetica e funzionalità all'innovazione. Premio Speciale per l'eccellenza nell'innovazione in occasione dei 100 anni di Confindustria, Torino 2010.

155

→ 10.

↓ 11.

→ 12.

→ 13.

innovare con le tecnologie
La "vicenda" dell'innovazione italiana è un caso a sé: spesso visionaria – e per questo in grado di superare i vincoli del possibile anche non disponendo di grandi capitali di ricerca o industriali – è da sempre stata frutto delle idee, delle capacità tecniche, dell'alchimia tra designer e imprenditore "illuminato" piuttosto che della ricerca, dell'alta tecnologia, del marketing e della strategia aziendale. →

12. Copenhagen Wheel, bici ibrida, MIT+Ducati Energia. Il sistema si può montare su un comune telaio da bici senza batterie da ricaricare.
È in grado di fornire in tempo reale, tramite uno smartphone, un feedback sulle condizioni ambientali della città (qualità dell'aria che respiriamo, livello di CO_2, temperatura e umidità, percorsi effettuati).
13. G. Trotti, Biosuit, Dainese+MIT, 2000.
Tuta aderente ed elastica, attraversata da fili neri e dorati che hanno la funzione di garantire la giusta pressione per il corpo, consentendo libertà di movimento e assicurando al contempo la massima protezione possibile per l'astronauta che andrà su Marte.
14. R. Leone, Xlence, aspirapolvere, De Longhi.
In questo aspirapolvere, grazie al sistema ad infrarossi è possibile regolare la potenza senza chinarsi sul corpo macchina. Red Dot Award 2008.
15. B. Sironi, Elica, Martinelli Luce, 2009.
Dimensionata secondo i principi della sezione aurea non presenta nessun dettaglio tecnico a vista.
Il braccio stesso della lampada costituisce l'interruttore. Compasso d'Oro 2011.

↓ 14.

↑ 15.

05 innovazione   d.i. 20. 00 .11   158

→ 16.

→ 17.

→ 18.

innovare con le tecnologie
La "vicenda" dell'innovazione italiana è un caso a sé che oggi giochiamo la nostra sfida tecnologica sulla capacità di innovare, trasferendo innovazioni venute da lontano e reinterpretandole in chiave di design. →
16. Progetto di ricerca DustBot, DustClean e DustCart, robot spazzini, Scuola Sant'Anna di Pisa, 2009.
21. ITT, Icub, robot bambino, Lira-Lab Genova, 2004.

§
innovare con le tipologie e la forma
In Italia, più che in ogni altro Paese, tecnologia e design hanno saputo sposarsi perfettamente al genius italicus, ovvero a quella particolare attitudine insita nella nostra cultura di dar forma al bello, lavorando sull'estetica del prodotto e fornendogli quei valori semantici, iconici, e rivoluzionari che caratterizzano l'italian design così come tutti lo conosciamo. →
17. Lanzavecchia+Wai, Lightmates, cuscino-lampada d'emergenza 2007. Foto Farabegoli.
18. Lanzavecchia+Wai, Our Chair, Serie Spaziale, 2010.
19. R. Arad, Do-Lo-Rez, Moroso 2008.
20. E. Magini, Lazy football, seduta per esterno, Garagedesign 2010.

→ 19.

159

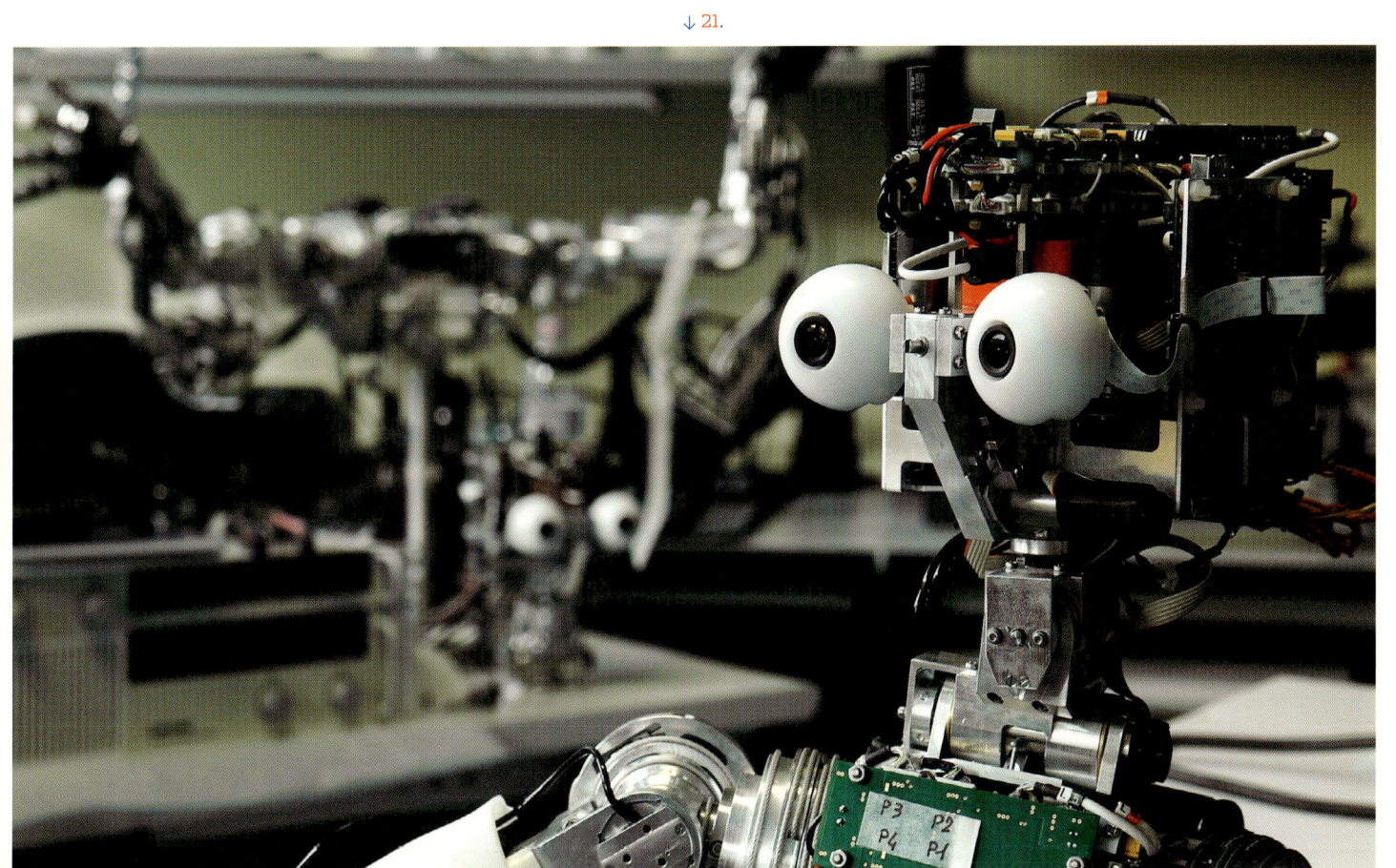

→ 20.

↓ 21.

→ 22.

→ 23.

→ 25.

→ 24.

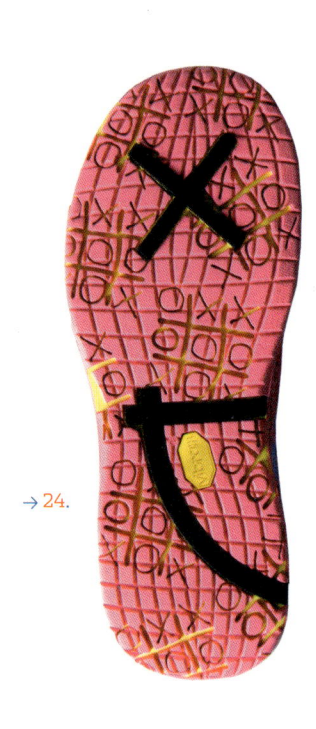

innovare "al limite"
Lo sport costituisce per il design uno dei settori
più vitali e dinamici in cui la stessa frontiera
dell'innovazione risulta in costante movimento
perché tesa al superamento dei limiti in termini
di prestazione, successo, sicurezza.
Da anni le aziende italiane sono impegnate nella
ricerca di prodotti tecnici per lo sport e nello sviluppo
di processi e materiali altamente performanti
in grado di unire alla prestazione, l'italian style,
sviluppando capi ad alta tecnologia non solo
per gli atleti, ma anche "prêt-à-porter", ovvero
per il grande pubblico. Da un lato, dunque, la costante
ricerca della "performance" e della "protezione",
dall'altro quella di una super "intelligenza"
dei materiali che, ingegnerizzati e progettati,
giocano un ruolo attivo. →

22. 23. Le suole Vibram.
24. Vibram, Fivefingers "suole per piedi".
Italian Award for Creativity 2008,
One of the best Invention of 2007.
25. Yutaak, Selle Italia. È dal 1897 azienda produttrice
di selle con all'attivo 15 brevetti internazionali.
26. FF 2011, Ferrari, 2011.
27. Nordica è una divisione di Tecnica che
comprende, tra le altre, aziende come Dolomite,
Rollerblade, ecc.

↑ 26.

→ 27.

05 innovazione   d.i. 20.00.11   162

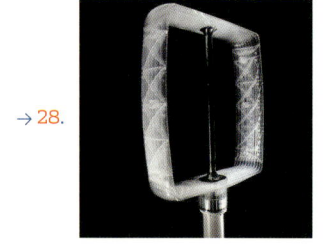

→ 28.

innovare con "sostenibilità"
Il futuro del design è sempre più proiettato a rispondere con coerenza alle pressanti questioni relative alla sostenibilità, sia essa ambientale, sociale, culturale che economica. →

28. P. Starck, Revolutionair, microturbine eoliche Pramac, 2010.
29. 30. 31. Euclide e Pitagora, Pinetti, 2009. Serie di ceste e contenitori in cuoio rigenerato.
32. Eureka Coop, Coop, Torino, 2008. La nuova linea di design democratico composta da 12 oggetti di uso quotidiano trasformati da designer italiani in invenzioni pratiche, utili, esteticamente piacevoli a prezzi accessibili.
33. 34. L. Damiani, Ciotola 152 – come il nome del decreto che regola lo smaltimento dei rifiuti speciali – contiene scarti di vetro.

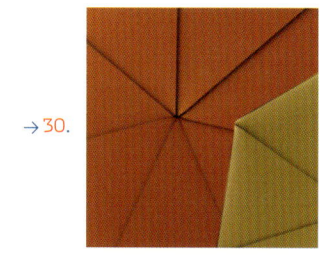

→ 29.

→ 30.

→ 31.

→ 32.

163

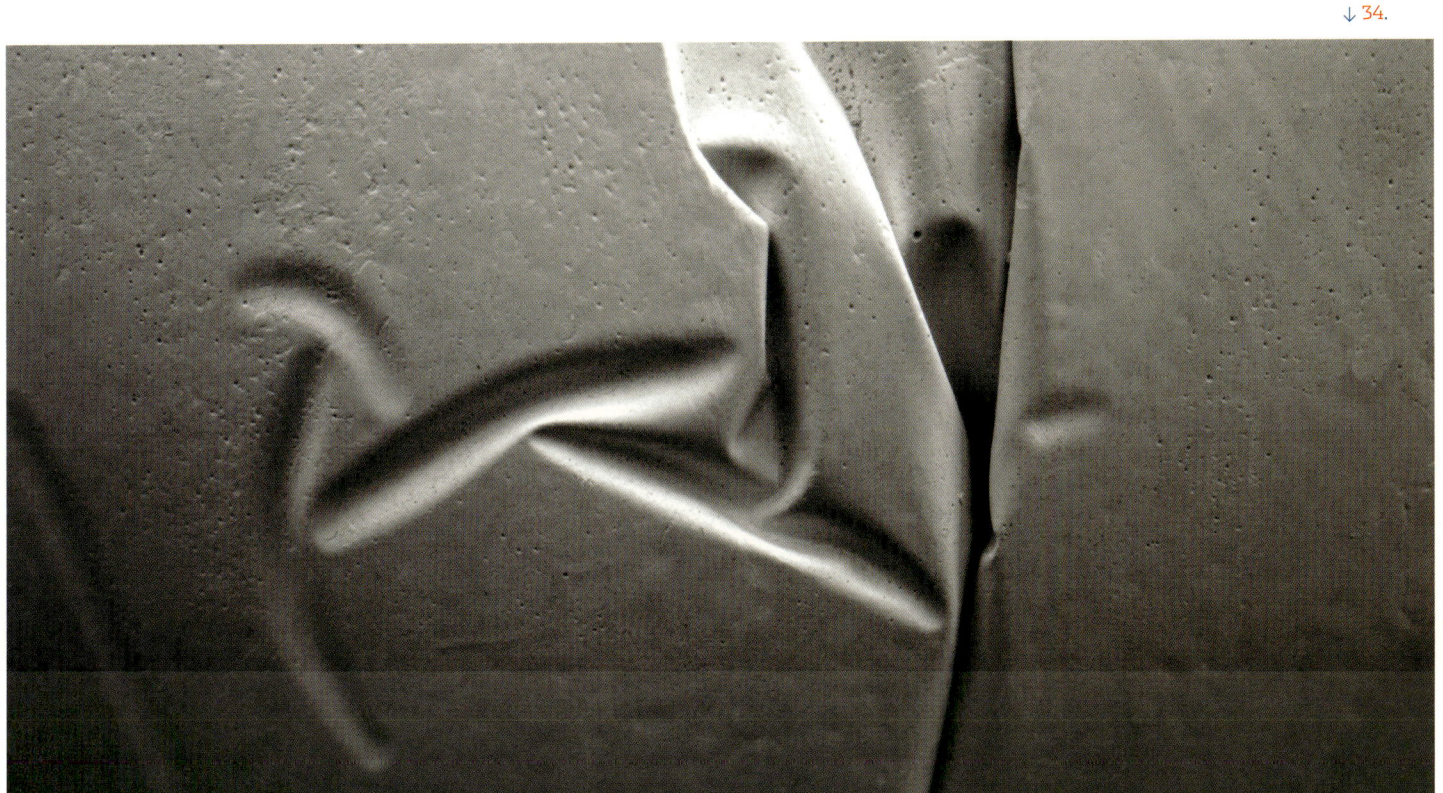

→ 33.

↓ 34.

§

06 musei e conoscenza
coordinamento raimonda riccini

06.a musei temporanei
installazioni permanenti
di raimonda riccini
06.b idee di museo, idee di design
di maddalena dalla mura
06.c il vetro oggi,
incontri con la biennale
di rosa chiesa
06.d musei d'impresa e di progetto
per il design: verso una nuova fase
di fiorella bulegato
06.e tra spettacolarizzazione
tecnologica e narratività
di ali filippini
20.00.11 raccolta iconografica
a cura di paola proverbio

coordinamento ricerca sapienza università di roma
team di ricerca università iuav di venezia

06 musei e conoscenza
06.a musei temporanei installazioni permanenti
di raimonda riccini

Il primo decennio del XXI secolo è stato per certi versi il decennio dei "musei icona", edifici monumentali ai quali viene riconosciuta una funzione connotativa per il luogo dove sorgono, realizzati per lo più da Archi-Star in tutte le parti del mondo. A inseguire l'archetipico Museo Guggenheim di Bilbao di Frank O. Gehry nel lontano 1997, citerò soltanto la Tate Modern a Londra (Herzog & de Meuron) che apre il secolo, e il MAXXI di Roma (Zaha Hadid) che ne chiude la prima decade. Si è molto discusso sulla valenza simbolica di questi edifici e sulla loro relativa indifferenza rispetto ai contenuti. Li possiamo immaginare come se si trattasse di installazioni permanenti nel bel mezzo del tessuto urbano o suburbano. ¶ Per altri aspetti, quello appena trascorso può essere definito anche il decennio dei "grandi eventi", che in Italia hanno avuto come epicentro Torino, dai XX Giochi olimpici invernali del 2006, alla Design World Design Capital del 2008, fino alle manifestazioni per i 150 anni dell'Unità d'Italia del 2011. Questi, al contrario, hanno assunto spesso il ruolo di musei temporanei, di occasioni effimere ma fortemente strutturate, momenti di riflessione e di ricerca come purtroppo non sempre si fa nei musei. ¶ Parlo con la maiuscola di questi due fenomeni di grande risonanza mediatica, per sottolineare il fatto che essi hanno spesso messo la sordina a fatti meno eclatanti, ma sicuramente altrettanto decisivi per il destino dei musei, della memoria e della cultura in senso lato. Sono fatti che hanno le loro radici appena più lontano, ma che negli ultimi dieci anni si sono espressi completamente. Sotto la spinta di una crisi del museo come istituzione ereditata dall'Otto-Novecento, con l'emergere di nuove categorie di fruitori e grazie all'irrompente funzione delle tecnologie digitali e interattive, già da parecchi anni si sta assistendo a una vera e propria mutazione genetica del vecchio modello di museo, sia nella sua versione nazional-positivista sia in quella più recente di carattere modernista.

musei temporanei installazioni permanenti → **Fra i tratti più forti e più interessanti di questa mutazione** si deve segnalare il diverso rapporto fra le collezioni esposte e le attività transitorie dei musei, grazie al quale i musei hanno perso la fissità e la stabilità paradigmatica del passato e sono attraversati da rimescolamenti continui, grazie ai quali è resa chiara a tutti l'importanza e la necessità della ricerca all'interno del museo. In questo contesto le mostre temporanee hanno assunto un'importanza maggiore rispetto al passato, in quanto la loro funzione non è chiusa in se stessa, ma è quella di dialogare con le collezioni permanenti e di aumentarne il significato. Un secondo punto riguarda la più o meno dichiarata apertura a modalità espositive, narrative e didattiche provenienti dagli sperimentati *Science Centers* (ricordiamo che l'Exploratorium di San Francisco, primo esempio in questo senso, aprì nel lontano 1969) e dai musei della scienza e della tecnologia. ¶ Inoltre si sono affacciati sulla scena contenuti nuovi che hanno, se non ribaltato, di certo rimesso in discussione le delicate gerarchie di opere, oggetti e discipline a cui il museo assegna valore. Basti pensare al patrimonio storico dell'industria, che ha visto il suo riconoscimento culturale e il suo ingresso a pieno titolo nei musei. In particolare va segnalata la crescita dei musei d'impresa, fenomeno tipicamente italiano per la natura stessa di una struttura economico-produttiva fondata su distretti e piccola e media impresa, assurti a fonti di una modalità museografica assolutamente peculiare. Oppure all'ambito della moda che, a seguito dello sviluppo dei *fashion studies* si è proposta come uno dei più interessanti ambiti di esposizione (e non solo in occasione di "sfilate"); oppure, la tecnologia stessa che si è trasformata da semplice "strumento efficiente" a oggetto di studio e di rappresentazione. ¶ Se queste trasformazioni hanno a che fare con il museo in senso generale, ci sono poi alcune questioni che toccano di preciso il mondo del design. Sia per quanto riguarda il design come progetto *dei* e *per* i musei, sia per quanto riguarda il design come oggetto di musealizzazione.

musei temporanei installazioni permanenti → **Sul design come oggetto di musealizzazione**, bisogna riconoscere che il decennio appena trascorso è stato molto importante. Nel mondo dei musei il design ha goduto di un trattamento privilegiato. In un percorso che viene da lontano, in questi anni musei e collezioni si sono aperti in tutto il mondo, vecchi musei di arti applicate si sono trasformati nella direzione della cultura del design, musei di arte contemporanea hanno allargato le loro braccia fino a incorporare il design, così come hanno fatto i musei della scienza e della tecnologia. Tutto ciò accompagnato da un dibattito vivace, almeno a livello internazionale. ¶ Se poi veniamo al design come progetto *di* e *per* il museo, a mio parere si è verificata una cosa ancora più importante per la cultura del design. Grazie all'enfatizzazione dell'architettura museale come involucro e "monumento" (l'accento sul contenitore come scultura urbana con la rinuncia a interessarsi al contenuto), grazie all'emergere di tecniche di allestimento slegate dall'architettura e dalla "vetrinizzazione" degli oggetti, si è messo in moto un processo che vede il design sempre più protagonista. Il passaggio dall'allestimento come sistema di "arredamento" dello spazio all'allestimento come "exhibition", ovvero come un sistema di artefatti e aspetti comunicativi e interattivi, connessi alle funzioni illuminotecniche e sonore, grafiche e narrative, spettacolari e immersive, ha fatto sì che il design nelle sue diverse componenti sia diventato l'agente principale nel costruire musei e mostre temporanee.

→ Studio Museo Achille Castiglioni, Milano. Foto Archivio Castiglioni.

→ Galleria Campari, Sesto San Giovanni (MI). Foto Pollini.

→ Archivio Giovanni Sacchi, Spazio MIL, Sesto San Giovanni (MI).

musei temporanei installazioni permanenti → **Con queste premesse abbiamo provato a costruire** una documentazione del design italiano in relazione a questo nuovo paesaggio del mostrare. A partire, doverosamente, dal Design Museum della Triennale, punto apicale di una lunga e tormentata storia di frustrazioni e realizzazioni mancate, che incarna tutte le contraddizioni irrisolte fra progetto scientifico e ricerca di un nuovo pubblico. Seguono una riflessione sul rapporto fra artigianato-industria-arte come cifra peculiare del dibattito italiano, attraverso l'approfondimento del caso – per certi versi unico – del vetro e una lettura problematica dei nuovi musei d'impresa e della cultura industriale nel nostro Paese. Infine, uno sguardo sull'innovazione tecnologica e le nuove modalità di esporre, sulla spettacolarizzazione della tecnologica e la progettazione di *exhibit* che sembrano essere la cifra del mostrare contemporaneo.

06 musei e conoscenza
06.b idee di museo, idee di design
di maddalena dalla mura

Se i musei sono insieme riflesso e partecipi attori della cultura di un paese è significativo che in Italia il museo di design sia stato per lungo tempo una "idea" e un progetto piuttosto che una effettiva realtà. Un'idea che, in particolare attorno a Milano, è stata più volte avanzata, discussa, abbandonata e ripresa da voci diverse, con interessi non sempre convergenti. Riguardata oggi, dopo che nel 2007 è stato inaugurato il Triennale Design Museum, questa vicenda racconta l'articolarsi di problematiche ed esigenze sulle quali merita si continui a riflettere e dibattere.[1]

idee di museo, idee di design → **Com'è noto, della costituzione di un museo del disegno industriale** si inizia a parlare fin dal secondo dopoguerra, allorché cresce l'attenzione critica verso le questioni del progetto. Nel periodo in cui riprendono e si rinnovano, nel capoluogo lombardo, le attività espositive e di promozione delle arti industriali, è dalla riflessione in merito al carattere temporaneo di tali occasioni – dunque dalla sensibilità per la "memoria" futura – che nasce l'idea di un ente permanente da dedicare non solo alla presentazione ma anche alla conservazione e documentazione di quanto si produce nel presente. Tuttavia, in un paese nel quale non è possibile allacciarsi alla tradizione ottocentesca dei musei d'arti applicate e decorative, e dove il confronto delle istituzioni pubbliche con l'arte *moderna* è faticoso, nessuna fra le strade immaginate all'epoca trova sbocco,[2] in buona misura a causa della relativa indifferenza degli enti pubblici e della conseguente carenza di fondi. Un problema, quest'ultimo, che da allora ha accompagnato la questione del museo del design in Italia, e che si ritrova, per esempio, ancora sul finire del secolo, quando il tema torna d'attualità, con nuovi accenti. ¶ Negli anni Ottanta-Novanta, anche per il confronto con quanto nel frattempo avviene all'estero,[3] la necessità di un museo viene sentita con crescente urgenza, specialmente in ragione della rappresentazione/rappresentanza professionale.[4]

idee di museo, idee di design → **Prende allora corpo un'idea di museo che si connota piuttosto come design center**, come spazio permanente ma polivalente e "dinamico", centro di documentazione e ricerca, di incontro e informazione, di esposizione e promozione. In questo periodo, d'altronde, si rende pressante l'esigenza, oltre che di individuare risorse, di attivare e comporre gli interessi di figure diverse, pubbliche e private. Compito arduo, in relazione al quale raccoglie attenzione, a cavallo del nuovo millennio, un'altra ipotesi, avanzata in forme differenti: il museo on-line e il museo-rete. In altre parole, un'istituzione "virtuale", capace di sfruttare le nuove tecnologie, come il web, per collegare e presentare materiali e contenuti conservati o prodotti da altri soggetti, quali università, centri di ricerca e, soprattutto, archivi privati e musei d'impresa che, dispersi sul territorio, cominciano a essere valutati come tasselli importanti per la testimonianza e il racconto del design in Italia.[5] In particolare, questa idea appare a molti una efficace soluzione per due questioni fondamentali che, pur fra tanti progetti, rimangono aperte: la sede e la collezione del museo.[6] ¶ È questo il quadro in cui si collocano le vicende che hanno portato, fra altri percorsi ipotizzati, all'apertura del museo del design presso La Triennale a Milano. In questa istituzione, passi concreti vengono mossi già negli anni Novanta, con le grandi mostre del 1995-1996, intese quale primo atto verso la costituzione di una collezione e di un museo. A fine decennio, invero, gli impedimenti appaiono ancora soverchianti[7] tanto che proprio la formula del museo virtuale viene considerata l'unica strada percorribile,[8] ma negli anni seguenti, mediando con i numerosi soggetti interessati,[9] il progetto per un museo all'interno del Palazzo dell'Arte trova il necessario sostegno politico ed economico. Quando nel dicembre 2007, infine, apre le sue porte negli spazi restaurati del primo piano,[10] sotto la direzione di Silvana Annicchiarico, già conservatore della collezione permanente, il Triennale Design Museum mostra di innestarsi sulle riflessioni maturate nei decenni precedenti. Considerate le risorse e gli spazi disponibili, e la necessità di attirare periodicamente il pubblico con contenuti diversi, il museo sceglie infatti di concentrarsi primariamente su attività espositive temporanee, mentre la collezione viene ad assumere un ruolo secondario, affiancata invece da una rete esterna di "giacimenti del design" (raccolte private, archivi, musei d'impresa) della quale il museo si propone come rappresentante e dalla quale può attingere oggetti e documenti.[11]

1. In questa sede è possibile solo brevemente illustrare la vicenda che si è dispiegata, con progetti e iniziative, anche fuori Milano; si pensi per esempio, oltre a varie collezioni private che sono state aperte come musei del design, al progetto, più volte ventilato, di un museo del Made in Italy a Roma, rilanciato nella primavera del 2011, con un accordo tra Roma Capitale, Eur spa, MIBAC e Fondazione Valore Italia, che prevede l'apertura entro la fine del 2012 presso il Palazzo della Civiltà italiana all'Eur.
§
2. Per una approfondita analisi del dibattito per il museo del disegno industriale in Italia fra gli anni Quaranta e Sessanta – con particolare riferimento a Museo della Scienza e della Tecnica di Milano, Palazzo dell'Arte e al progetto per un Museo internazionale di Architettura Moderna e del Disegno Industriale – cfr. la ricerca di F. Bulegato, *Per un museo del disegno industriale in Italia, 1949-64*, condotta presso l'Università Iuav di Venezia, 2009; A. Grassi, A. Pansera, *L'Italia del design. Trent'anni di dibattito*, Marietti, Casale Monferrato 1986, p. 41; A. Pansera, *Storia del disegno industriale italiano*, Laterza, Roma-Bari 1993, p. 123.
§
3. Si rammenti che nel 1989 aprono le porte due musei specificamente dedicati al design, il Design Museum di Londra e il Vitra Design Museum di Weil am Rhein, cfr. *Ottagono*, 1990, n. 95.

idee di museo, idee di design → **Mentre, dunque, la questione del museo del design** era nata come riflessione sulla conservazione, la sua prima importante realizzazione, oltre mezzo secolo dopo, sembra sia potuta avvenire solo sciogliendo (letteralmente) il nodo collezione/esposizione. Soluzione d'avvio comprensibile, a dire il vero, e non del tutto inedita nell'universo dei musei contemporanei, non sempre strettamente funzionali a una collezione; ma che sicuramente, al di là delle opportunità immediate, non è priva di implicazioni per l'identità stessa del museo. In effetti, in tal modo il Triennale Design Museum ha potuto prendere forma, producendo e ospitando in pochi anni numerose iniziative e dimostrando di poter diventare vetrina internazionale per il Made in Italy: dalle annuali "interpretazioni" del museo alle mostre monografiche, passando per le ricognizioni del design contemporaneo e le mostre itineranti.[12] Ora che il primo lustro sta per concludersi, nondimeno, il museo deve affrontare la sfida probabilmente maggiore, procedere cioè oltre la fenomenologia di occasioni ed eventi per rafforzare, e difendere, la propria identità culturale. È questa un'impresa che non solo concerne gli aspetti istituzionali, vista la convivenza con La Triennale che continua a occuparsi anche di design, ma implica *in primis* la costante riflessione su obiettivi e funzioni del museo. Così, per esempio, ci si potrà forse chiedere fino a che punto basterà l'ombrello del design "italiano", oppure se non sia opportuno ritornare sulla questione delle collezioni, e se non sia utile insediare nel museo un discorso (ovvero molteplici discorsi) sul design di più lungo periodo, magari con tematiche trasversali e curatori con più ampio mandato. Tutti interrogativi che, con altri possibili, divengono tanto più rilevanti – non solo per il Triennale Design Museum – allorché altri soggetti in Italia hanno dimostrato negli ultimi anni qualche interesse per il design e, può darsi, altri progetti si prospettano all'orizzonte.

idee di museo, idee di design → **Se pertanto la questione del "museo del design in Italia" è stata finalmente superata in quanto tale, non dovrebbe però essere lasciato cadere – dentro e fuori le singole istituzioni – il dibattito sulle idee di museo e di design. In questa direzione, certamente potrà oggi giovare tenere lo sguardo rivolto, piuttosto che sui campanili italiani, verso il panorama internazionale, dove i musei di design sono impegnati sempre più a riflettere criticamente sul design e, insieme, sul loro ruolo *sociale e educativo*.**[13]

→ G. Iacchetti, Oggetti disubbidienti, Triennale Design Museum, Milano, 2009. Foto Pandulo.

4. Tali sono le finalità di alcuni soggetti attivi all'epoca, come Assolombarda e Adi, cfr. R. De Fusco, *Una storia dell'Adi*, Franco Angeli, Milano 2010, pp. 153, 156, 159-160, 163-164, 174 e ss.
§
5. M. Amari, *I Musei delle aziende. La cultura della tecnica tra arte e stori*a, Franco Angeli, Milano 2001, e, più specificamente con riferimento al design, F. Bulegato, *I musei d'impresa. Dalle arti industriali al desig*n, Carocci, Roma 2008.
§
6. M. De Giorgi (a cura di), *45-63 Un museo del disegno industriale italiano*, Abitare Segesta cataloghi, Milano 1996, si veda anche A. Branzi, *Il Design Italiano dal 1964 al 1972*, Electa, Milano 1973, A. Branzi, *Il Design Italiano dal 1964 al 1990*, nel 1996, Electa, Milano 1996.
§
7. Contro l'idea di un museo-esposizione permanente veniva opposto quale vincolo anche lo statuto della Triennale, secondo cui questa doveva essere un centro di studi e ospitare una grande esposizione oltre ad altre mostre temporanee, cfr. quanto riportava P. Panza, *Design: museo sì o museo no?* in Corriere della Sera, 12 aprile 2001 (www.archiviostorico.corriere.it/2001/aprile/12/Design_museo_museo__co_7_0104128779.shtml)
§
8. Si veda la mostra "programmatica" *La città e il Design. La memoria e il futuro*, 2001, in cui sono stati presentati diversi materiali provenienti da collezioni private e pubbliche lombarde, accanto a sezioni virtuali/online; dal comunicato stampa del 26 marzo 2001, riportato sul sito www.undo.net/it/mostra/3885.

9. Nel comunicato stampa di apertura del museo del 6 dicembre 2007 si legge: "Il museo nasce a seguito di un accordo di programma chiesto dalla Triennale di Milano e promosso da Ministero per i Beni e le Attività culturali, Regione Lombardia, Provincia di Milano, Comune di Milano e Camera di Commercio di Milano, al quale hanno aderito Assolombarda, Fondazione Fiera Milano, Politecnico di Milano, Fondazione Adi, Università Iulm, Anfia, Cosmit".
§
10. Per il restauro del Palazzo dell'Arte e l'adeguamento degli spazi in funzione del museo si veda la *Relazione storica* a cura dello studio AMDL (Michele De Lucchi), accessibile online (www.casaportale.com/public/uploads/relazione_storica_triennale.pdf).
§
11. Si veda la presentazione della prima edizione del museo (www.triennaledesignmuseum.it/files/swf/edizione2008/comunicato_ITA.pdf), cfr. il *Protocollo d'intesa per la collaborazione tra i giacimenti del design italiano e la Triennale di Milano*, ottobre 2007 (www.triennaledesignmuseum.it/giacimenti/giacimenti.php). Se pure non è al centro delle sue specifiche attività, Triennale Design Museum continua ad avere e implementare la collezione permanente con la quale sono state curate mostre itineranti rappresentative del design italiano. A questo proposito si veda l'archivio mostre online della Triennale (www.triennaledesignmuseum.it/mostre).
§
12. Ibidem.
§
13. Siano sufficienti come riferimento, in questa sede, gli interrogativi posti durante *Reasons Not to Be Pretty: Symposium on Design, Social Change and the "Museum"*, che è stato organizzato nella primavera 2010 dal Winterhouse Institute e che si è tenuto in Italia, a Bellagio (Como), ma, emblematicamente, senza alcun rappresentante di musei italiani (www.changeobserver.designobserver.com/feature/reasons-not-to-be-pretty-symposium-on-design-social-change-and-the-museum/14748).

06 musei e conoscenza
06.c il vetro oggi, incontri con la biennale
di rosa chiesa

Vetro e arte, vetro e design. Il rapporto di questo materiale, dalla natura malleabile, con questi due ambiti creativi evidenzia quanta indeterminatezza o "fluidità" ancora esista nel tracciare dei confini precisi tra artigianato, arte e design. Se l'interesse del "mondo del design istituzionale" – quello del Salone del Mobile – verso il vetro si limita a manifestazioni saltuarie seppur di qualità,[1] si può registrare un interesse generalizzato verso il vetro che in anni recenti torna timidamente ad essere protagonista di alcuni eventi italiani e internazionali. La presentazione, alla Punta della Dogana, dell'opera esclusiva firmata da Tadao Ando per Venini, un soffiato geometrico molato, composto da tre pezzi distinti, che coniuga un design innovativo con una assoluta capacità realizzativa di grandi maestri, è avvenuta proprio in concomitanza con la 54° edizione della Esposizione Internazionale d'Arte della Biennale di Venezia, aperta dal 4 giugno 2011. Non si può certo parlare di coincidenza perché il vetro ha una seppur breve, intensa, storia che lo lega alle Biennali. Le diverse edizioni della Biennale veneziana infatti hanno, fin dalla sua nascita nel 1895, sempre costituito per il vetro di Murano un fortissimo stimolo e al contempo una vetrina prestigiosa per tutte le aziende che in quell'occasione potevano presentare l'eccellenza della propria produzione. Una sorta di motore che scatenava la concorrenza tra le aziende, in essere fino al 1972, anno in cui fu trasferita la sezione vetraria del Padiglione Venezia e in seguito abolita nel 1973 con l'introduzione di un nuovo regolamento dell'Ente.[2]

1. Collaborazioni recenti come quelle di Established&Sons con designer affermati come K. Grcic e i fratelli Bouroullec o quella di Venini, azienda caratterizzata storicamente per i fertili sodalizi con architetti e designer.

2. R. Barovier Mentasti, *La vetraria veneziana del Novecento*, in R. Barovier Mentasti, *Vetro veneziano contemporaneo, La collezione della Fondazione di Venezia*, Marsilio Editori, Venezia 2011.

3. R. Barovier Mentasti, op. cit, p. 3.

4. Si veda il programma completo (www.biennaleduverre.eu).

5. Per l'elenco completo dei partecipanti (www.glasstress.org).

→ V. Breed, 2011. Foto Sailet.

il vetro oggi, incontri con la biennale → **Un vivo interesse per il contemporaneo**, anche lontano dalla laguna, è oggi testimoniato dalla mostra *Contemporary Venetian Glass, The Fondazione di Venezia collection*, inaugurata in maggio presso il museo Hallwyska di Stoccolma, che espone, a dieci anni dalla sua acquisizione, la ricchissima collezione della Fondazione Venezia, un corpus di centoventisette opere, recentemente schedate, la cui data di realizzazione copre integralmente il periodo nel quale alle arti decorative veneziane, e specialmente al vetro di Murano, era destinato un intero padiglione. Dopo il 1972, il vetro è ricomparso saltuariamente all'appuntamento biennale attraverso grandi mostre, retrospettive o personali di artisti, coinvolgendo marginalmente le aziende come "esecutrici" di opere.[3] Dal 2009 si registra però un rinato interesse per il vetro contemporaneo, presente nei lavori di artisti di diversa provenienza, e un rinnovato impegno profuso sul fronte pubblico e privato attraverso eventi che, pur con notevoli differenze, tentano di promuovere il vetro moderno, come medium privilegiato per la creazione artistica.

il vetro oggi, incontri con la biennale → **Dal un lato il "polo istituzionale" dà segnali di rinnovamento: il Museo del Vetro di Murano**, sotto la nuova guida della direttrice Chiara Squarcina, sta vivendo un nuovo corso testimoniato dall'attenzione a un'apertura internazionale, nella odierna partnership con la Biennale Internazionale del Vetro 2011, oltre che da un rinnovamento anche organizzativo dell'ente. Nuovi spazi permetteranno un'espansione delle sale museali e la creazione di una sezione dedicata al vetro contemporaneo, mentre sarà assicurato un calendario con almeno tre grandi mostre annuali: una monografica, una storica che valorizzi il ricco patrimonio conservato negli archivi del museo e una dedicata al vetro contemporaneo. ¶ Un primo segnale di questo respiro più ampio viene appunto dalla Biennale Internazionale del Vetro 2011, *SiO2nH2O - Illuminazioni e Transizioni*, ospitata per la prima volta a Venezia e Murano. L'evento, dopo la prima edizione di *Strasbourg Glass Prize* del 2009, che indaga l'importanza della luce nel lavoro degli artisti esposti dall'European Studio Glass Art Association (ESGAA), proseguirà con appuntamenti in dieci località in Alsazia.[4] Per gli artisti invitati da ESGAA, il vetro, usato solo o associato ad altri materiali, è un mezzo espressivo, un solo supporto concettuale come nell'opera di Caroline Prisse che mette in scena il rapporto tra natura e tecnologia, o nelle opere fintamente funzionali di Bert Frijns che utilizza il comune vetro in lastre associato all'acqua per sollecitare una sorta di astrazione temporale. Sono allestimenti quasi teatrali che rievocano i riti cristallizzati della nostra civilizzazione, *Le Cene* di grande impatto di Joan Crous, mentre il designer di formazione, Vincent Breed, riflette su una tematica di forte attualità, il declino dell'isola del vetro. ¶ Accanto a questa iniziativa riconferma un ruolo centrale anche quella privata, motore dell'evento *Glasstress*, mostra d'arte contemporanea oggi alla sua seconda edizione come evento collaterale alla Biennale che ospita i lavori di artisti e designer realizzati in vetro in due diverse location, il Berengo Centre for Contemporary Art and Glass a Murano e il Palazzo Cavalli Franchetti a Venezia.

il vetro oggi, incontri con la biennale → **Il format della mostra nasce da un'idea di Adriano Berengo**, da anni in-

→ J. Hayon, Testa meccanica, 2011. Foto Allegretto.

6. Si veda la personale *Rituales de transito*, Milano, 2009 presso la Galleria Mimmo Scognamiglio Artecontemporanea, nella quale emergono temi ricorrenti nell'opera di Perez: "l'incontro tra purezza e impurità, tra bellezza e orrore, tra attrazione e repulsione. Mi piace occuparmi dei punti di incontro tra spirito e carne, tra purezza e impurità, tra bellezza e orrore, tra attrazione e repulsione. Uso spesso questi movimenti oscillanti per offrire ai miei spettatori diversi gradi di valutazione dei miei lavori. Essi cercano di riconciliare tutti questi aspetti. Vorrei rivelare come questi concetti siano ambigui, e come siano reversibili. L'idea è quella di mettere a confronto l'umanità con la propria condizione, affinché tutto ciò che essa trova spaventoso assuma un fascino irresistibile, affinché essa sia attratta dalle proprie viscere".

→ K. van Eijk, Allotment/Harvest, Red fruit bucket, 2011. Foto Allegretto.

→ T. Libertiny, The seed of Narcissus, 2011. Foto Allegretto.

serito nel settore vetrario, che ricalcando il solco tracciato da Egidio Costantini con la *Fucina degli Angeli*, desidera riportare il vetro tra i materiali d'espressione delle arti contemporanee. Sotto la direzione artistica di Silvano Rubino vengono perciò realizzate da Venice Projects, le opere di artisti invitati da Berengo. ⁋ Promosso dal MAD, The Museum of Arts and Design di New York, credibilità e notorietà dell'evento sono indubbi anche grazie al *parterre* di nomi coinvolti, da Lidewij Edelkoort a Peter Noever e Demetrio Paparoni che ne firmano la curatela, a giovani e affermati artisti e designer, tra i quali, solo per citarne alcuni, i 5.5 designers, Kiki van Eijk, Zaha Hadid, Jaime Hayon, Tomhàš Libertiny, Javier Pérez, Patricia Urquiola e Tokujin Yoshioka.[5]

il vetro oggi, incontri con la biennale → **Non solo artisti ma molti designer** per esplorare – attraverso sculture e installazioni (alcune site specific) – il rapporto tra arte-design-architettura riflettendo sullo *status* dell'opera d'arte e sui condizionamenti formali della funzione d'uso nel design. Da Patricia Urquiola che riflette sull'alchimia del vetro, affascinata dagli strumenti tecnici, a Tomhàš Libertiny che si colloca sulla soglia tra design e scultura, con opere bimateriche che incarnano il concetto di "Ahimsa" *(too precious to be touched)* e di fragilità. Se Javier Pérez con una mano surrealista trasforma un lussuoso chandelier in una carogna,[6] Hayon mantiene, anche con il vetro, un registro giocoso e scanzonato. ⁋ Rimane aperta una domanda: saprà l'interesse di mondi diversi per il vetro, siano essi arte o design, riattivare strategie e sensibilità attorno a un microcosmo che attraversa da troppo tempo un declino entropico?

175
§

06 musei e conoscenza
06.d musei d'impresa e di progetto per il design: verso una nuova fase
di fiorella bulegato

"La forza del 'modello Italia' è tutta nella presenza diffusa, capillare, viva di un patrimonio solo in piccola parte conservato nei musei [...] Il nostro bene culturale più prezioso è il contesto, il *continuum* fra i monumenti, le città, i cittadini; e del contesto fanno parte integrante non solo musei e monumenti, ma anche la cultura della conservazione che li ha fatti arrivare fino a noi".[1] ¶ Così afferma Salvatore Settis, rimarcando la caratteristica italiana del legame stretto fra territorio, memorie storiche, "inclinazione" alla custodia, ben testimoniato da musei e archivi di singole imprese o a carattere distrettuale, oppure legati ai differenti soggetti del processo industriale – dai progettisti ai modellisti – che hanno costruito la "via italiana al design". Fenomeno originale nel panorama internazionale, la loro disseminazione geografica documenta, fra l'altro, i caratteri dell'industrializzazione del nostro Paese segnati dall'attività di piccole e medie imprese, di frequente all'interno di distretti industriali. Ne deriva un variegato contesto nazionale: dall'arredo al casalingo, dalla ceramica al vetro, dall'abbigliamento alla calzatura, dalla tipografia agli alimenti, ai mezzi di trasporto. ¶ Parimenti, stanno assumendo importanza crescente le iniziative per preservare i patrimoni dei progettisti, in particolare a Milano dove sono sorti lo Studio Museo Achille Castiglioni ed altri dedicati a Vico Magistretti, Piero Portaluppi e Franco Albini.

musei d'impresa e di progetto per il design → **Rilevanti nel panorama nazionale per numero e qualità,** anche a livello di pubblico più allargato, hanno trovato riscontro, oltre che attenzione da parte dei mass media, proposte di itinerari turistico-culturali connessi a luoghi industriali ed "emergenze" produttive e progettuali.[2] ¶ Tale insieme di realtà si differenzia da altre tipologie di raccolte per alcune peculiarità: l'eterogeneità dei materiali conservati e, nel caso di imprese ancora attive, il configurarsi come "musei del presente", capaci cioè di mettere in relazione storia e attualità. ¶ Conclusa la fase spontaneistica all'origine della maggior parte di queste strutture a cavallo del nuovo millennio, si possono confermare oggi alcuni indirizzi di sviluppo e sottolineare le questioni aperte.

musei d'impresa e di progetto per il design → **Il fenomeno recente del salvataggio di documenti** e l'istituzione di archivi – più che di musei – è derivato dal tentativo delle aziende italiane di fronteggiare l'attuale crisi economica sfruttando il vantaggio competitivo della *corporate heritage*: l'eredità storica come mezzo per rafforzare identità, immagine e reputazione.[3] Da un lato, tali materiali sono utilizzati nelle strategie di comunicazione perché considerati capaci di influenzare e migliorare la percezione dell'azienda verso l'interno e l'esterno,[4] dall'altro gli archivi stanno diventando dei "catalizzatori" delle conoscenze dell'azienda, strumenti operativi a servizio delle sue attività. Così da tempo funziona l'Archivio-Museo Alessi dove i materiali sono risorse per chi opera con l'azienda e base per lo sviluppo di nuovi prodotti e per la trasmissione di processi progettuali e produttivi.[5] ¶ D'altra parte, l'ultimo decennio ha reso maggiormente consapevoli anche le stesse imprese del ruolo che queste realtà, superando l'approccio individuale, possono svolgere nel raccontare il design. Da qui, la necessità di legittimazione come vera e propria categoria archivistico-museale, e la scelta di costruire una "rete" sia collegando archivi e mu-

1. S. Settis, *Italia S.p.A.*, Einaudi, Torino 2002, pp. 10-11.
§
2. *Il Dossier Musei 2008*, a cura del Centro Studi del TCI, riporta i musei d'impresa più visitati nel 2007, fra cui la Galleria Ferrari (204.406 visitatori) o il Museo storico Perugina (39.000).
§
3. Crf. M. Montemaggi, F. Severino, *Heritage Marketing*, Franco Angeli, Milano 2007.
§
4. Crf. I. Stigliani, D. Ravasi, *Organizational Artefacts and the Expression of Identity in Corporate Museums at Alfa-Romeo, Kartell and Piaggio*, in L. Lerpold, D. Ravasi, J. van Rekom, G. Soenen (eds.), *Organizational Identity in Practice*, Routledge, London-New York 2007, p. 213; V. Martino, *La comunicazione culturale aziendale*, Guerini scientifica, Milano 2010, pp. 33-38.
§
5. Si veda F. Bulegato, *I musei d'impresa*, Carocci, Roma 2008, pp. 119-176. Al tema è stato dedicato il Seminario residenziale Associazione Museimpresa, *Dall'azienda per l'azienda: musei e archivi d'impresa*, Napoli 2-3 ottobre 2009.
§
6. Un esempio di collaborazione è la pubblicazione on-line avvenuta a giugno 2011 del portale *Archivi d'impresa* come parte del Sistema archivistico nazionale (www.imprese.san.beniculturali.it); oppure il progetto *Archivi della moda del Novecento* partito nel 2009, promosso dall'Associazione nazionale archivistica italiana con la Direzione Generale per gli Archivi e la Direzione Generale per le Biblioteche del Ministero per i Beni e le Attività Culturali (www.anai.org/anaicms/cms.view?munu_str=0_2_3&numDoc=143).
§
7. In www.museimpresa.com/museimpresa si trovano il Manifesto di intenti, la definizione dei requisiti standard per gli aderenti, i materiali sulle attività (convegni, pubblicazioni, protocolli d'intesa con le istituzioni pubbliche).
§
8. Cfr. il Protocollo d'intesa per la collaborazione tra i giacimenti del design italiano e la Triennale di Milano, ottobre 2007 (www.triennaledesignmuseum.it/giacimenti/giacimenti.php).
§
9. Aperto nel 2009 e curato dalla Fondazione Isec Istituto per la storia dell'età contemporanea, cfr. www.archiviosacchi.it.

→ Tipoteca italiana Fondazione, Officina di stampa e archivio caratteri mobili, Cornuda, Treviso.

sei d'impresa e di progetto, sia instaurando relazioni con altre istituzioni che si occupano del patrimonio della produzione industriale. Sono in corso infatti progetti – che coinvolgono, fra gli altri, Ministero per i Beni e le Attività Culturali, Soprintendenze archivistiche, organismi regionali e locali, Università – che hanno permesso di avviare un lavoro scientifico sui materiali e sulle strutture in modo da adeguarli a standard e requisiti condivisi.[6] A tal proposito, un compito determinante è stato svolto dall'Associazione Museimpresa, fondata nel 2001 a Milano da Assolombarda e Confindustria, che raggruppa cinquanta fra le maggiori aziende italiane.[7] ¶ Il riconoscimento nel panorama nazionale è apparso infine ribadito dalla scelta del Triennale Design Museum, aperto a dicembre 2007, di incentrare programmaticamente la propria attività espositiva sulla "rete dei giacimenti":[8] archivi e musei di impresa e progettisti o collezioni private.

musei d'impresa e di progetto per il design → **La consacrazione come "giacimenti"**, così come la funzione di servizio all'impresa, non esauriscono però le potenzialità di queste strutture. Per la capacità di esplicitare le trasformazioni delle componenti produttive, progettuali, civili, di relazione, possono infatti diventare motori di un'offerta culturale ampia, ancorata al territorio e, assieme, testimone di cambiamenti sociali complessivi. ¶ Per assolvere anche a questa funzione, paiono essenziali oggi indirizzi scientifici precisi e un'ulteriore riflessione su modalità, tecniche, strumenti per raccontare il processo del design. Si presentano infatti talvolta incerte le interpretazioni, autocelebrative delle capacità imprenditoriali, e le scelte allestitive, oscillanti fra modi auratici di "museificazione" dei pezzi e spettacolarizzazione dei contenuti. ¶ Una direzione utile può essere rappresentata dalle scelte dell'Archivio Giovanni Sacchi.[9] I materiali del maggiore modellista del design italiano alimentano un archivio vero e proprio, una esposizione permanente che documenta l'iter progettuale di realizzazione di un prodotto industriale, un laboratorio di modellistica attrezzato con un'area per workshop e corsi. Una soluzione tesa, fra l'altro, ad attivare differenti modalità di fruizione e di pubblico collocato all'interno di un progetto di valorizzazione delle ex aree industriali di Sesto San Giovanni, per antonomasia la città delle fabbriche italiane.

06 musei e conoscenza
06.e tra spettacolarizzazione tecnologica e narratività
di ali filippini

Uno sguardo ampio agli ultimi dieci anni di mostre in Italia e all'estero permette alcune considerazioni sia sul fronte dell'exhibition design sia sui contenuti messi in mostra. ¶ A partire dalle mostre dedicate al design, paragonata ad altri contesti, l'Italia sembra non tanto in ritardo quanto pigra nell'affrontare, per esempio, temi di indagine che non vadano oltre il racconto monografico dedicato all'azienda o al personaggio. ¶ La situazione italiana sembra ancora troppo legata, certo con eccezioni, a proporre mostre celebrative basate su rassicuranti formule (il Made in Italy, le icone del design...) supportate da allestimenti che non superano l'idea di un catalogo ostensivo, più o meno bene impaginato. ¶ Interessante invece è quello che accade nei musei e sul fronte delle mostre permanenti, dove l'introduzione delle nuove tecnologie e dei linguaggi della multimedialità sta rinnovando l'offerta espositiva. ¶ Si tratta di quel fenomeno del "comunicare esponendo" che accomuna non solo mostre e musei ma trasversalmente (com'è della disciplina "indisciplinata" di cui trattiamo) il mondo del retail, degli eventi, delle fiere. ¶ Ciò che spesso viene testato in ambiti commerciali e di *loisir*, entra – anche solo come "software" – nei luoghi della divulgazione del sapere; qui trova spazi per ridefinire i confini tra spettatore e opera mentre le forme di coinvolgimento diventano "aptiche". ¶ In questo contesto l'eccellenza italiana di settore non solo si dimostra salva ma rigenerata. Per esempio, sulla strada tracciata negli ultimi vent'anni da nomi oramai storicizzati (come Studio Azzurro) si sono affermati diversi studi e agenzie specializzate nel trattare linguaggi e strumenti innovativi di supporto al "mostrare".

tra spettacolarizzazione tecnologica e narratività → **Per citare alcuni esempi emblematici, partiamo dall'uso di contenuti multimediali al servizio del racconto.** Come spesso accade nelle mostre temporanee, video e proiezioni di materiali elaborati digitalmente sono oramai di diffuso utilizzo. Va segnalato come questa modalità permetta in alcuni casi di veicolare in modo efficace e istantaneo materiali d'archivio altrimenti impensabili da "visualizzare".[1] ¶ In altri allestimenti, l'ingresso delle nuove tecnologie (sensori, touch screen, dispositivi di rilevazione presenza...) serve a tracciare un percorso che include anche i sensi e invita all'interazione con quanto esposto, in un tutt'uno con l'esperienza del luogo visitato. Con questa sensibilità si è affrontato per esempio l'allestimento del museo multimediale *Martinitt e Stelline* a Milano. Mentre, in modo ancora più immersivo, il museo archeologico di Aosta ha prodotto la mostra *Agli Dei Mani*, che, con il coinvolgimento multisensoriale di tatto, vista, olfatto, permetteva un viaggio a ritroso nei luoghi di una necropoli romana. ¶ Più "didascalicamente" il digitale nelle sue varie forme permette di veicolare conoscenza e completare per così dire l'informazione a supporto degli exhibit, quando non a "fornirli". Accade nella nuova parte didattica al museo della plastica di Napoli (Plart) che si è dotato di un per-

→ R. Piano, Magazzini del Sale, Fondazione Emilio e Annabianca Vedova. Foto Crosera.

corso interattivo che aiuta a raccontare/illustrare i materiali. E lo si ritrova nella componente di servizio affidata ai cataloghi multimediali di alcune mostre attraverso consolle digitali che presentano materiali eterogenei da divulgare. O nei "giochi interattivi" di mostre dal taglio didattico, come la recente *2050. Il pianeta ha bisogno di te* (in partnership con il Science Museum di Londra) che grazie al supporto delle più moderne tecnologie sviluppava un percorso esplorativo sul tema della sostenibilità della vita sul nostro pianeta. ¶ Altrove, i nuovi programmi di modellazione tridimensionale permettono, come per *Le arti di Piranesi* (allestita da Michele De Lucchi e Giovanna Latis con la collaborazione di Factum Arte) di ricreare ex novo dei prototipi di oggetti fisicamente restituiti dai disegni originali.

→ Triennale Design Museum, Milano.

1. Come nelle mostre dedicate ai nomi della moda e in generale per esposizioni dove la parte di "memoria" è preponderante, si veda L. Martini, *Rossa. Immagini e Comunicazione del Lavoro 1848-2006*, Skira, Milano 2008.
§
2. "Creare un museo come macchina, come strumento di emozione: un'idea che consente ogni tanto l'innovazione", dichiarava R. Piano.

tra spettacolarizzazione tecnologica e narratività → **Un modo più tradizionale e tutto italiano,** d'ispirazione più architettonica, è ancora alla base di progetti che per coinvolgere lo spettatore confinano tecnologia e multimedialità ai margini, occultandole, per ottenere un'evocazione scenotecnica (più che scenografica) affidata a dispositivi pensati *ad hoc*. ¶ Lo dimostra il lavoro di Renzo Piano per la Fondazione Vedova di Venezia, che trasforma in una sorta di performance, introducendo la dimensione temporale, l'archivio di opere del pittore veneziano.[2] ¶ Lo tenta la sezione *Italia 2050* della mostra AILATI, all'ultima Biennale di Architettura, con la costruzione di una grande piattaforma ispezionabile, ma non praticabile, in cui sono presentate ipotesi e visioni avanzate sotto forma di frammenti in dialogo tra loro. ¶ E va ricordata l'invenzione espositiva creata nella Galleria Luca Giordano di Palazzo Medici Riccardi a Firenze: trovata spettacolare per avvicinare anche il pubblico meno attento alla lettura dell'opera. La scelta in questo caso è mostrare la volta del museo attraverso un grande pavimento-tappeto. Questo serve a riprodurre specularmente l'affresco a sette metri di distanza: mappato fotograficamente e trasferito digitalmente su una superficie di plastica "dispiegata" sotto i piedi dei visitatori.

179

↓ Le sette ossessioni del design italiano,
a cura di A. Branzi,
Triennale Design Museum, Milano, 2007.

06 musei e conoscenza
→ raccolta iconografica
a cura di paola proverbio

Nel corso dell'ultimo decennio, in parallelo al tradizionale schema "statico" d'interpretazione delle esposizioni permanenti e mostre temporanee, anche per l'Italia è andata crescendo una modalità del comunicare – informativa o didattica che sia – che intende il progetto espositivo in termini più dinamici, interattivi, di frequente dando vita a forme narrative immersive, destinate al coinvolgimento emotivo e di tutti i sensi del fruitore, non solo quello visivo. ¶ Conseguente all'ingresso delle nuove tecnologie digitali nell'ambito della vita quotidiana e lavorativa, le mostre e i musei, strumenti alti della funzione comunicativa, hanno teso inevitabilmente ad adeguarsi, in accordo con le articolate forme dell'informazione che si svolgono sempre più attraverso livelli e canali differenziati e che hanno amplificato le possibilità della conoscenza. ¶ Tale assunto rende conto, molto probabilmente, di un modo ormai globalizzato di affrontare il tema del progetto allestitivo, facendo svanire quella che poteva essere considerata un'"italianità", vale a dire lo specifico approccio italiano alla museografia. ¶ Allo stesso tempo, gli esempi migliori di questa nuova prassi dell'esporre hanno smentito la diffusa e opinabile tendenza, che interessa soprattutto la "messa in scena" nel mondo del design, di fare dell'evento espositivo una vuota performance mediatica (magari nel tentativo di fare proprie le specificità delle mostre d'arte, come le installazioni), quando non addirittura di arrivare alla gratuita spettacolarizzazione del design stesso. Almeno una parte di loro, invece, hanno dimostrato che, stante i gusti di ognuno, la contaminazione tra mondi affini, ma non intercambiabili, è riuscita a portare a proficui risultati. ¶ La rassegna di casi che seguono, guarda in due direzioni: da un lato agli sviluppi dell'exhibition design quando si trova a progettare per contenuti diversi (scientifico, tecnologico, storico, dell'architettura, del design di prodotto, della musica e dell'arte), dall'altra al design come oggetto esposto e prendendo inoltre atto di come, proprio il design, sia entrato a pieno titolo nell'ambito della vasta e articolata rassegna di mostre destinate a celebrare il 150° anniversario dell'unità d'Italia. Esempi questi, già in parte segnalati anche dall'ADI Design Index, che negli ultimi anni sono stati in grado di centrare, in varia misura, i parametri che sono (o si vorrebbe fossero) di riferimento per un'adeguata riuscita del progetto museografico-espositivo: "contestualizzare" piuttosto che isolare, "argomentare" e non solo mostrare, "narrare" anziché semplicemente esporre.

06 musei e conoscenza   d.i. 20.00.11   182

→ 1.

il design italiano esposto
Nel programma delle Celebrazioni per i 150 anni dell'Unità d'Italia sono state inserite una serie di mostre sul design, che hanno trovato posto lontano dai consueti canali. →
1. Stazione Futuro. Qui si rifà l'Italia, Officine Grandi Riparazioni, Torino, 2011. Curatela R. Luna, progetto allestitivo Viapiranesi, progetto architettonico Studio Grima.
2. 5. Copyright Italia. Marchi, brevetti, prodotti. 1948/1970, Archivio Centrale di Stato, Roma, 2011. Curatela N. Crepax, M. Martelli, E. Merlo, F. Polese, R. Riccini, progetto allestitivo Studio Pedron.
3. 4. Unicità d'Italia: Made in Italy e identità nazionale, 1961/2011, Cinquant'anni di saper fare italiano attraverso il Premio Compasso d'Oro ADI, Palazzo Esposizioni e Macro Future La Pelanda, Roma, 2011. Curatela E. Morteo, progetto allestitivo UT Fondazione Valore Italia, E. Eusebi.

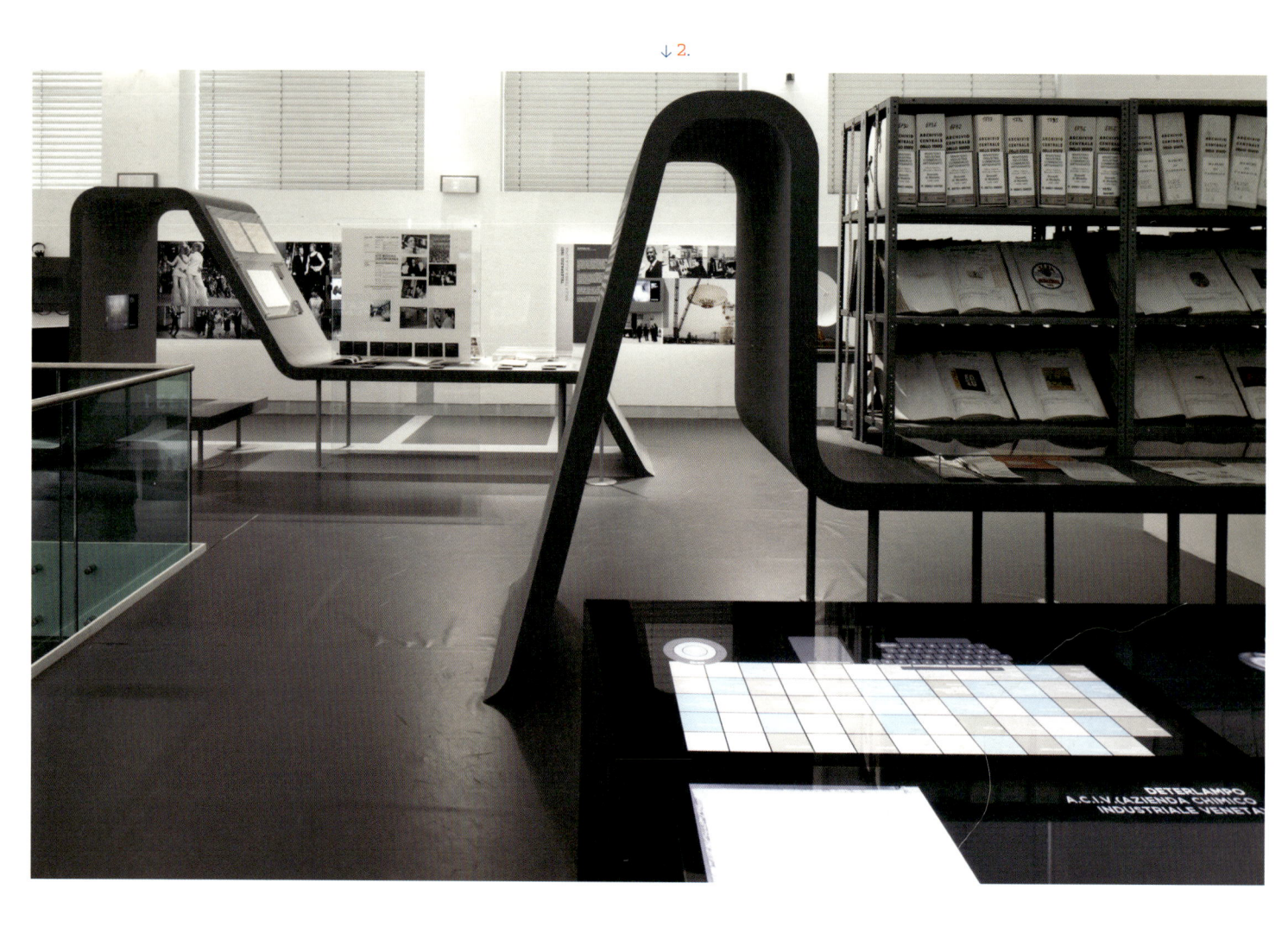

↓ 2.

183

→ 3.

→ 4.

↓ 5.

→ 6.

il design italiano esposto
Nel programma delle Celebrazioni per i 150 anni dell'Unità d'Italia sono state inserite una serie di mostre sul design, che hanno trovato posto lontano dai consueti canali. →

6. M. Cresci, La mano come ingranaggio, 1977-2010. Dalla mostra Artieri domani, Torino 2011.
7. M. Sargiani, Saguaro System, Elefante Rosso Produzioni, 2011. Foto Signaroldi.
8. 9. Arte e scienza. Lo Specchio della Meraviglia di Luca Giordano, Palazzo Medici, progetto allestitivo Perla Gianni, Firenze, 2007.

↓ 7.

185

→ 8.

↓ 9.

06 musei e conoscenza   d.i. 20.00.11   186

→ 10.

→ 11.

il design italiano esposto
La rassegna guarda qui agli sviluppi dell'exhibition design quando si trova a progettare per contenuti diversi (scientifico, tecnologico, del design di prodotto, storico, dell'architettura, della musica e dell'arte). →

10. 14. Emporium. A New Common Sense of Space, Museo Nazionale della Scienza e della Tecnologia Leonardo Da Vinci, Progetto allestitivo dotdotdot, Milano, 2009.
11. 12. Museo Multimediale Martinitt e Stelline, allestimento permanente, progetto allestivo studio N!03, Milano, 2009.
13. Le Arti di Piranesi. Architetto, incisore, antiquario, vedutista, designer,
Centro espositivo Le Sale del Convitto,
Isola di San Giorgio Maggiore, Fondazione Giorgio Cini, progetto allestitivo Michele De Lucchi e Giovanna Latis, Venezia, 2010/2011.

↓ 12.   ↓ 13.

↑ 14.

06 musei e conoscenza d.i. 20.00.11   188

→ 15.

→ 16.

il design del prodotto
Inaugurato nel 2007, Triennale Design Museum è il primo museo del design italiano e rappresenta la molteplicità di espressioni del design italiano: un museo dinamico, che si rinnova continuamente e offre al visitatore sguardi, punti di vista e percorsi inediti e diversificati. →

15. 16. Serie fuori Serie, Design Museum, Triennale, Milano, 2009. Curatela A. Branzi. Foto Torri.
17. Quali cose siamo, Design Museum, Triennale, Milano, 2010. Curatela A. Mendini. Foto Marchesi.
18. La fabbrica dei sogni, Design Museum, Triennale, Milano, 2011. Curatela A. Alessi. Foto Marchesi.

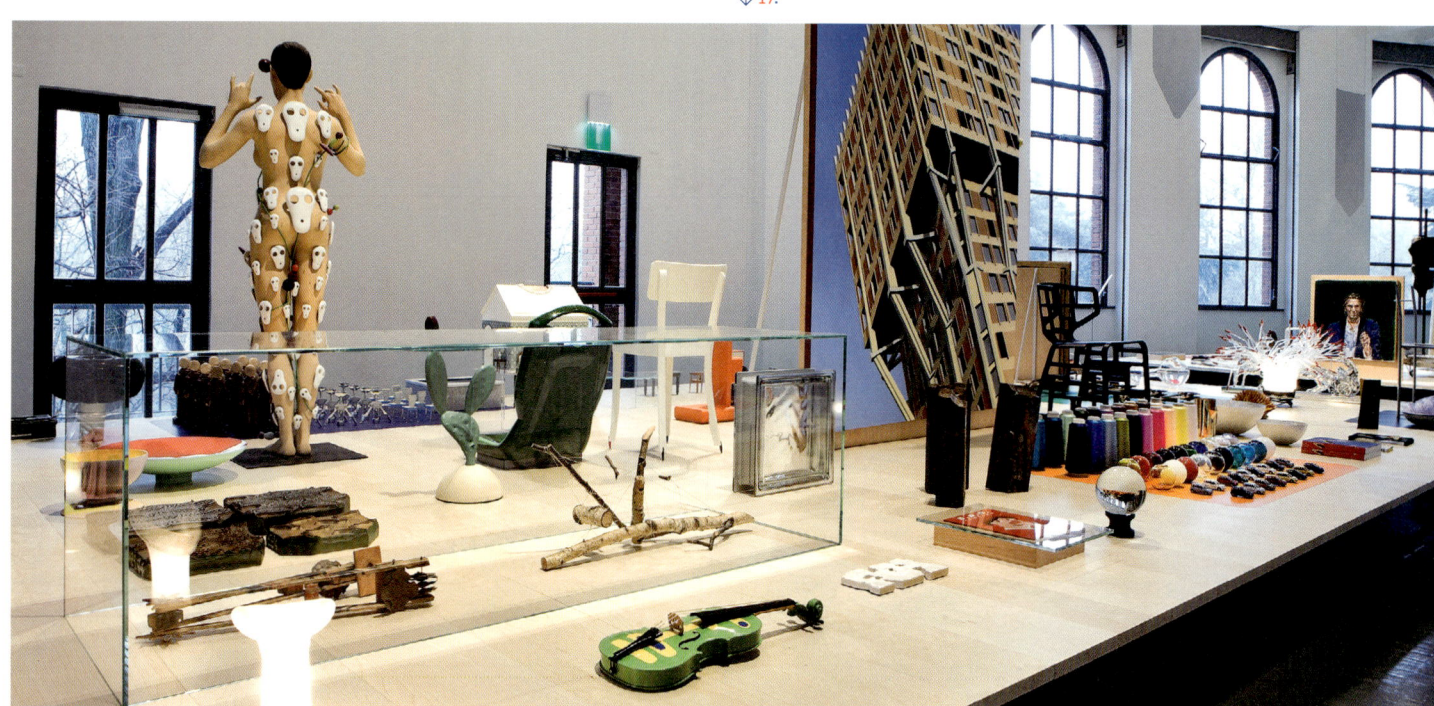

↓ 17.

context by eliminating text, or the isolation of the world on a blank sheet of paper, he describes an effect similar to what is produced by good examples of contemporary design on the blank sheet of the so-called market. The presence of well-designed ⟨objects⟩ can be seen as a continuous <u>epiphanisation</u>.

↑ 18.

Il design inteso
Design Understood

06 musei e conoscenza   d.i. 20. 00 .11   190

il design italiano esposto
Nel corso dell'ultimo decennio è andata crescendo una modalità del comunicare – informativa o didattica che sia – che intende il progetto espositivo in termini più dinamici, interattivi, di frequente dando vita a forme narrative immersive, destinate al coinvolgimento emotivo e di tutti i sensi del fruitore, non solo quello visivo. →
19. 20. 21. 22. 23. Milano made in design, mostra itinerante, New York, Toronto, Tokyo, Pechino, 2006-2007. Curatela A. Colonnetti, progetto allestitivo Studio Origoni e Steiner, progetto multimediale Studio Azzurro.

→ 19.

↓ 20.

191

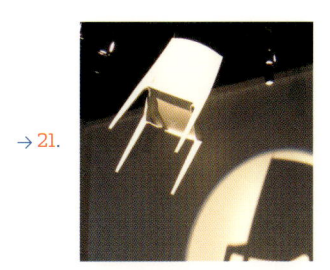

→ 21.

→ 22.

↓ 23.

§
07 territori e valori
coordinamento loredana di lucchio

07.a **territori morfogenetici del design italiano**
di loredana di lucchio
07.b **giacimenti di saperi**
di vincenzo cristallo
07.c **territori critici**
di lorenzo imbesi
20.00.11 **raccolta iconografica**
a cura di loredana di lucchio, vincenzo cristallo, lorenzo imbesi

coordinamento ricerca sapienza università di roma
team di ricerca sapienza università di roma, carleton university

07 territori e valori
07.a territori morfogenetici del design italiano
di loredana di lucchio

Erano gli anni Sessanta e Settanta del xx secolo, caratterizzati dalla crisi del modello produttivo fordista e da un declino che taluni giudicano irreversibile della grande impresa industriale fondata su gerarchie funzionali, e si scopre, che in certe regioni italiane, sistemi di piccole imprese danno prova di straordinario dinamismo: l'occupazione tiene, l'innovazione è frequente, l'esportazione aumenta. ¶ Scoppia un caso che concentra a sè l'attenzione del dibattito economico nazionale e internazionale il quale, ben presto, svela come la collocazione di questi sistemi d'imprese non sia casuale, ma che essi sono radicati in sistemi territoriali socialmente peculiari. ¶ Nasce così il fenomeno del "piccolo e bello", prendendo in prestito il titolo di un significativo lavoro dell'economista Ernst Friedrich Schumacher (1973), come critica alle economie occidentali a favore dell'adozione di tecnologie umane, decentralizzate ed appropriate. ¶ Un fenomeno tutto italiano che dimostrava come i vantaggi della produzione su larga scala potevano essere ottenuti anche da un sistema di piccole imprese, fisicamente vicine, ciascuna delle quali specializzata in una particolare fase del processo produttivo o nella produzione di un particolare componente e con alcune di esse in diretto rapporto con il mercato finale. Ma soprattutto dove i rapporti economici erano resi più efficienti da un condizionamento di relazioni fondate sulla conoscenza personale, sulla condivisione di valori, sul senso di appartenenza.

territori morfogenetici del design italiano → **Fu Giacomo Becattini, nel 1989, riprendendo il lavoro** dell'economista inglese Alfred Marshall (1870), a dare un nome chiaro e determinante a questo fenomeno: quello di distretto industriale. ¶ Il distretto codificato da Becattini, contestualizzando i concetti marshalliani al caso italiano, è quella di comunità locale entro cui operano le piccole imprese e ne costituisce il milieu, il territorio sociale, culturale e istituzionale. ¶ È da quegli anni in poi, in un percorso evolutivo articolato, che il sistema produttivo italiano, nelle teorie economiche e non solo, si è indissolubilmente legato al concetto di "territorio" sostituendo la chiave di lettura sociale e culturale a quella economica dei processi di produzione. ¶ Perché, se nella sua definizione fisica il territorio è una porzione di terra compresa entro confini (Devoto-Oli, 2006), nella sua accezione distrettuale il territorio è il tramite delle comunicazioni, il mezzo e l'oggetto di lavoro, di produzioni, di scambi, di cooperazione (G. Dematteis, 1985).

territori morfogenetici del design italiano → **L'importanza del territorio come luogo delle comunicazioni** diventa così il fondamento dell'origine e dell'originalità della produzione italiana: la comunicazione, il lavoro, lo scambio, la cooperazione sono gli elementi stessi che affermano quel modello che da quegli anni in poi sarà identificato come Made in Italy. ¶ Gli elementi citati non sono, però normali elementi economici, sono l'insieme delle relazioni sociali di cui il soggetto individuale e il soggetto collettivo, insieme, dispongono in quel determinato luogo e momento: sono il cosiddetto "capitale sociale" di James Coleman basato sulle relazioni di "autorità", di "fiducia" e di "norma". ¶ È in questo stesso humus che nasce e si sviluppa anche la relazione tutta italiana tra design e produzione, che si determina sulle stesse forme di relazione, soprattutto fiduciaria. Il design in Italia non è così solo uno dei fattori della cate-

07.a territori e valori

na del valore di Porter che in quegli stessi anni Ottanta e Novanta si comprende debba essere valorizzato e ben gestito: non a caso la disciplina del design management si sviluppa in quegli anni con autori che prendono a modello il rapporto tutto italiano tra design e produzione. Ma ciò che non sembrano fare questi autori è prendere nella necessaria importanza il fattore territorio come sistema di capitale sociale di cui il design è parte integrante. ¶ Quale risultato avrebbero dato, infatti, le competenze così squisitamente teoretiche, legate al valore morfologico e semantico del progetto, i grandi maestri del design italiano, da Achille Castiglioni a Ettore Sottsass, da Giò Ponti a Vico Magistretti, se non si fossero relazionati con il saper fare tecnico, con le competenze tacite delle aziende e dei loro contesti sociali, con una imprenditorialità fatta più di cultura che di ricette economiche? ¶ E questo modello di imprenditoria relazionale dove il territorio è il cardine, non poteva non essere profondamente toccato dagli eventi degli ultimi venti anni che hanno determinato e compiuto quel processo di globalizzazione che già circolava, nella sua accezione positivista di fenomeno di crescita progressiva degli scambi a livello mondiale, negli anni Sessanta in campo economico.

→ Produzioni artigianali di pinocchi in legno.

→ Zampogna, Italia centro meridionale.

→ Gondole a Venezia.

territori morfogenetici del design italiano → **La globalizzazione reale, al di là di ogni definizione** di matrice economica o sociologica, è stata nei fatti un fenomeno multiforme giocato più sulle evoluzioni dei sistemi relazionali che sul semplice scambio di merci. ¶ Non a caso la globalizzazione si è realizzata grazie al progresso delle tecnologie dell'informazione e delle comunicazioni in tempo reale, allo spostamento di valore dai beni materiali (economia della produzione) a quelli immateriali (economia della conoscenza). ¶ Un processo che nei fatti, piuttosto che omologare, ha approfondito le differenze e le velocità dello sviluppo, ha acuito un lento processo di decostruzione dei contesti esistenti a favore di una sua diversa ridefinizione secondo una mappa collegata alle opportunità e non alla prossimità.

territori morfogenetici del design italiano → **È dunque in questa profonda modificazione** delle relazioni prossimali che in questo inizio di nuovo secolo il valore del territorio assume per la produzione italiana, e dunque per design italiano, un nuovo valore. ¶ Dalla fisionomia dei distretti bechettiani, come sistemi compiuti e morfostatici, si è passati a quella di sistemi aperti morfogenetici, come distretti in movimento, dove i livelli di interazione sono differenti: (1) c'è un livello legato all'origine, in cui il territorio è quello che fa nascere l'impresa e da cui proviene il know-how che è alla base di quell'intraprendere; (2) c'è un livello legato allo sviluppo, in cui il territorio e

G. Becattini, *Riflessioni sul distretto industriale marshalliano come concetto socio-economico*, Stato e mercato (vol. 25), Il Mulino, Bologna 1989.

G. Dematteis, *Le metafore della terra. La geografia umana tra mito e scienza*, Feltrinelli, Milano 1985.

L. Di Lucchio, *Il design delle strategie. Un modello interpretativo della relazione tra design e impresa*, Edizione Gangemi, Roma 2005.

R. Sennet, *The craftsman*, Yale University Press, New Haven 2008.

E. F. Schumacher, *Small Is Beautiful: Economics As If People Mattered*, Blond & Briggs, London 1973.

l'impresa trovano le risorse per condurre il suo business e aumentare i profitti; (3) c'è un livello legato alla rete, dove è il territorio non ha più riferimenti fisici, ma si relaziona in maniera virtuale utilizzando alleanze e partnership come veri e propri "prolungamenti" territoriali. ¶ Si ridisegna così una nuova geografia, dove i processi non sono di impoverimento delle interazioni culturali radicate, quanto piuttosto una loro rivitalizzazione che porta ad una trasformazione tanto simbolica (dell'immagine e dell'immaginario dei territori) quanto fattiva (delle azioni, dei cambiamenti organizzativi, delle strategie innovative, della collaborazione). ¶ Una geografia dove il design italiano non può essere più raccontato attraverso la specializzazione produttiva dei distretti (le sedie di Udine, i mobili della Brianza, gli occhiali di Belluno, le scarpe di Ancona, i tessuti di Biella, ecc) legata esclusivamente al primo livello dell'origine. ¶ I territori del nuovo design italiano sono e dovranno essere territori di sviluppo e di rete, che si nutrono di valori, di saperi e di talenti, e dove la prossimità (secondo lo stesso modello delle comunità virtuali) è cognitiva e non più fisica: e dunque territori estetici, territori materiali, territori tecnici, territori esperienziali, territori sociali, territori "altri"...

07 territori e valori
07.b giacimenti di saperi
di vincenzo cristallo

Il costante richiamo a quella unicità e ampiezza di contenuti che rappresenta il sistema design italiano ha radici profonde. Radici che alimentano una pianta estesa che possiede molti rami e foglie e altrettanti frutti. Oltre ai frutti (i prodotti) si manifesta anche attraverso conoscenze tacite, relazioni ed esperienze. Vale a dire, sempre in chiave metaforica, che il design italiano è una storia composta da più trame, una mappa segnata da numerosi itinerari e per finire una lingua composta da diverse parlate. L'eventuale abuso di allegorie garbate per una sceneggiatura indorata che descriva le peculiarità del territorio italiano, e del suo patrimonio culturale, si può giustificare e finanche legittimare poiché si tratta di un giacimento irripetibile altrove, all'interno del quale le declinazioni *regionalismo* e *localismo* assumono connotati positivi se riferiti a prodotti e servizi. ¶ L'introduzione del termine giacimento diventa pertanto capitale per sottolineare come in Italia la disponibilità di beni in un determinato luogo sia il frutto ereditato e combinato di proprietà ambientali, umane e culturali che ne hanno segnato la vita e lo sviluppo in tutte le sue manifestazioni maggiori o minori. Si tratta dunque di un "contesto unico" la cui originalità è detenuta sia dalle tipicità delle materie prime che dai prodotti di filiera, e dove è possibile esaminare il valore delle risorse secondo una definizione ascrivibile alla sequenza *prodotto-contesto-identità*. In Italia, come in tutta l'area mediterranea, è questa relazione che fissa l'input generativo di una cultura materiale ad alto contenuto di valori e simboli. ¶ Una siffatta concatenazione segnala inoltre che quello che noi consideriamo talvolta genericamente come patrimoni territoriali sono beni ai quali riconoscere una tale complessità in grado di distinguere compiutamente l'ambito di provenienza e le sue principali proprietà identitarie. Non a caso gli studi economici riferiti alle produzioni locali interpretano il territorio come azienda diffusa e riconoscono in esso modelli economici, non di rado "informali", che si reggono su produzioni originate dalla combinazione tra risorsa tipica e qualità del saper fare. Non si spiegherebbe altrimenti l'alto contenuto di progettualità diffusa che noi ritroviamo tra i nostri campanili e campanilismi, in uno scacciapensieri tanto quanto nel Brunello di Montalcino, piuttosto che tra le gondole di Venezia. Si tratta di prodotti icona, contrassegni territoriali, che a posteriori includiamo con speculazioni scientifiche nel "design di fatto" di lingua italiana dalle molte sfumature dialettali.

giacimenti di saperi → **Il concetto di "giacimento" si materializza di conseguenza** nella presenza di una risorsa locale, territorialmente circoscritta. Pertanto un tipico "giacimento territoriale" italiano si rappresenta come un sistema sedimentato composto da numerosi fattori correlati e interagenti: risorse umane, risorse produttive, diversità storico-culturali, elementi fisico-ambientali e fisico-monumentali che restituiscono una molteplice identità. Questa definizione inclusiva di giacimento, oltre ogni possibile declinazione, mette in gioco soprattutto proprietà autoreferenziali che, se riferite a quelle produttive, danno ai prodotti il ruolo di medium territoriale. ¶ Tuttavia, nel caso Italia, le declinazioni di giacimento oltre che possibili sono necessarie. Su tutti primeggia, per numeri e diversità, il modello *cul-*

turale, frutto di una complessità elevata di tradizioni scientifiche, storiche, artistiche, formatesi e trasmesse in epoche diverse. Si tratta di una concentrazione estremamente variabile in termini geografici, oltre che nel tempo e nello spazio, che per un dato ambito indica la presenza di beni culturali materiali ed immateriali frutto della sintesi storica della presenza umana. ¶ Se *naturale*, il giacimento, riconosce nel sistema-ambiente, laddove questo conservi caratteri di unicità, integralità e diffusione, il proprio patrimonio identificativo che si sostanzia nelle vocazioni fisiche di un territorio (mare, monti, ecc), superando, almeno nelle intenzioni, la tradizionale lettura per "punti" (esclusivi habitat), per linee (fasce costiere o sistemi montuosi), per approdare ad una descrizione come sistema integrato nella quale si realizzi uno stato di equilibrio tra tutte le parti fisiche e di servizio.

→ Fiat 500 decorata con i motivi tipici del carretto siciliano. Foto Bubbico.

D. Paolini, *I luoghi del Gusto. Cibo e territorio come risorsa di marketing*, Bakdini&Castoldi, Milano 2000.

R. Fagnoni, P. Gambaro, C. Vannicola (a cura di), *Medesign, forme del Mediterraneo*, Alinea editrice, Firenze 2004.

F. Benhamou, *L'economia della cultura*, Il Mulino, Bologna 2001.

R. Grassi, M. Meneguzzo (a cura di), *La valorizzazione del patrimonio culturale per lo sviluppo locale*, Primo rapporto annuale di Federculture, Touring Editore, Milano 2002.

P. Nuraghi, S. Stringa (a cura di), *Cultura e territorio. Beni e attività culturali. Valorizzazione e indotto in prospettiva europea*, Franco Angeli, Milano 2008.

giacimenti di saperi → **Molto più immediato è definire un giacimento gastronomico.** Il dibattito intorno ai giacimenti gastronomici restituisce in Italia un profilo critico di estrema attualità. Sono considerati, a ragion veduta, una particolare sintesi del rapporto tra prodotto e contesto, e come tali rappresentativi (e posti a sua difesa) dell'identità del territorio. I vecchi laboratori, i frantoi, i mulini, le cantine e le botteghe artigiane sono da considerarsi un autentico sistema museale "attivo" della cultura materiale, ottenuti con un apporto umano, in termini di creatività e di sapere, tramandato da generazioni, che può adeguatamente affiancare località, musei d'arte, chiese e monumenti negli itinerari di turisti foodtrotter e gastronauti (D. Paolini, 2000). ¶ Sono inoltre "luoghi metaforici" dove si possono ritrovare tradizioni lavorative originali e insostituibili con altri mezzi tecnici, degni di essere protetti e aiutati così come si fa per il restauro di un monumento, di una pellicola cinematografica o di una tela. La loro conservazione, ma soprattutto la possibile produzione di beni e servizi che ne può scaturire, difende e preserva il territorio. ¶ La condizione è però, soprattutto considerando i profili dei nuovi turismi culturali, che si sviluppi una rete tra tutti gli attori locali che partecipano alla riscoperta e alla conservazione dei giacimenti e convincerli che i saperi posseduti dai *loci* costituiscono veri e propri *testimonial* dell'area di produzione. Questo è il motivo per cui formaggi, salumi, pasta, dolci, vini e liquori, non ci meravigli, dovrebbero essere compresi nella rete patrimoniale nazionale, paritetica, per taluni aspetti, a quella più colta delle opere d'arte.

giacimenti di saperi → **Il giacimento sostanzia dunque il valore dell'identità di un contesto territoriale.** L'identità di un contesto, ma vale anche per un prodotto, sullo sfondo di un rinnovato modo di interpretare i patrimoni di tradizioni e saperi, rappresenta simultaneamente tutto quel sistema ampio di fattori e valori consegnatici dal corso degli eventi, dall'intreccio e dal sovrapporsi delle esperienze storiche e culturali. Un patrimonio irripetibile riprodotto in immagini e simboli, in elementi fisico-monumentali, in merci che hanno segnato la vita, lo sviluppo, le relazioni di un popolo e di una nazione come quella italiana.

07 territori e valori
07.c territori critici
di lorenzo imbesi

Al di fuori del paradigma dell'industria e della serialità, va riconosciuto alla sperimentazione critica un territorio importante della produzione progettuale italiana, che ha trovato soprattutto nell'ambito sociale uno spazio fertile di ricerca. Il riconoscimento che ogni progetto si inserisce sempre in ambito sociale ed ogni suo risultato si introduce nelle interazioni quotidiane tra le persone, cambiandone spesso modalità e qualità delle relazioni, definisce cioè un atteggiamento politico che lascia in secondo piano l'immediata funzionalità delle forme, per stimolare in maniera più sottile il pensiero di chi vi si avvicina. ¶ Il progetto diventa in questo senso uno strumento di riflessione politica, se non di denuncia o di attivismo, che sfida il pubblico e le proprie aspettative, fino addirittura a mettere in dubbio il ruolo del progettista e dell'atto di creazione stesso all'interno della società. Il design diventa così un fatto collettivo, oppure un momento effimero da distribuire socialmente e condividere orizzontalmente, all'esterno degli spazi ufficialmente attribuiti allo *star system* del progetto.

territori critici → **Così, lo spazio pubblico spesso diviene il centro dell'attenzione** e il luogo dell'operare del progettista: così come negli anni dello sperimentalismo avanguardistico del Radical Design, gli urboeffimeri del gruppo UFO si affiancano alle azioni paesaggistiche di Gianni Pettena e ai laboratori con il proletariato urbano di Riccardo Dalisi, altrettanto ritroviamo in anni più recenti un'analoga sensibilità nelle pratiche spaziali esplorative di Stalker, nelle contaminazioni urbane di Cliostraat, oppure negli esperimenti collettivi proposti da Esterni. ¶ Laddove per spazio pubblico si intende non soltanto il territorio fisico di elaborazione progettuale, che spesso coincide con l'urbano/metropolitano, quanto piuttosto lo spazio delle relazioni/interazioni sociali degli uomini e delle donne, l'intervento progettuale non mira semplicemente alla costruzione di solide realtà, ma a ripensarne le strutture sociali attraverso eventi performativi con il valore di situazioni che possono essere autorganizzati e consumati in un tempo limitato, ma capaci di sconvolgerne i significati e le funzioni sedimentate. ¶ Si conferma così un'attitudine situazionista del design italiano che gioca con la società dello spettacolo di debordiana memoria e con il consumo di cultura, attraverso azioni di riappropriazione collettiva. Comprendendo bene il valore del linguaggio comunicativo e mostrando altrettante capacità organizzative, attraverso la tecnica dello straniamento il progetto si concentra sulla costruzione di situazioni ludiche e la creazione di un ambiente artistico esteso all'intera dimensione sociale. ¶ Emergono: azione diretta, provocazione comportamentale, *nonsense* ironico, denuncia politica, contaminazione ibrida, dislocazione e disorientamento. I progetti riflettono emergenze sociali, raccontano storie creative, giocano con l'incidente fortuito, mostrando spesso il processo di cui sono il risultato, un processo che non è mai lineare, ma risultato di continui rimandi e citazioni. Il catalogo che ne emerge, rompe ogni classica lettura scalare della realtà: non sono soltanto oggetti fisici, ma neanche architetture costruite oppure strutture urbane. Il collasso delle scale tra design, architettura, paesaggio, prodotto, grafica, restituisce complessità al progetto e cittadinanza all'utente, il quale smette i panni del consumatore per entrare a far parte di un più vasto scenario ambientale interattivo.

territori critici → **Altrettanto critico è vissuto il rapporto con le nuove tecnologie:** piuttosto che essere utilizzate come strumento di innovazione performante e chiudere su di esse il processo di progettazione, le nuove tecnologie vengono esplorate per le capacità espressive e le possibilità creative che possono aprire. Nella storia del Made in Italy, il confronto con la tecnologia infatti è sempre stato elaborato in senso problematico: invece che esporre l'invenzione come valore *tout court*, se ne esplorano i potenziali estetici e poetici, rivelandone la bellezza nascosta, nell'alleanza tra forma, processo e concept. Non è quindi una interpretazione *hard*, che ne metta in evidenza la differenza culturale rispetto al panorama oggettuale a cui si è abituati, quanto piuttosto è una ricerca *soft* che tende a nascondere la tecnologia ibridandola negli oggetti quotidiani. Tra le esperienze seminali, l'Interaction Design Institute di Ivrea proponeva speciali carte da parati, macchine da scrivere smart, strane FIAT 500 d'epoca, nascondendo in ogni oggetto una speciale intelligenza interattiva, piuttosto che avanzare un nuovo modello di computer o di telefonino. ¶ Il trattamento artistico della tecnologia elabora quindi artefatti cognitivi che superano lo stretto bisogno tecnico-funzionale, quanto piuttosto sembra definire vere e proprie poesie interattive e narrazioni elettroniche che, nel coinvolgimento dell'utente, reclamano complicità emotiva e sociale.

→ Ciaramelle, Italia centro meridionale.

→ Fisarmonica italiana.

AA.VV. (a cura di), *The New Italian Design. Il paesaggio mobile del nuovo design italiano*, Ed. Grafiche Milani, Milano 2007.

P. Antonelli (a cura di), *Design and Elastic Mind*, The Museum of Modern Art, New York 2008.

A. Branzi, *Modernità debole e diffusa. Il mondo del progetto all'inizio del XXI secolo*, Skira, Milano 2006.

L. Imbesi (a cura di), *InterAction by Design* diid vol. 39, Rdesignpress, Roma 2009.

G. Pettena, *Radical design. Ricerca e progetto dagli anni '60 a oggi*, Maschietto Editore, Firenze 2004.

territori critici → **La tecnologia smette di essere il luogo della speranza del futuro** e del miglioramento della vita: è invece anche il territorio delle ossessioni e delle paure. Ecco che l'espediente della narrativa diventa lo strumento di ricerca e di sperimentazione per focalizzare i nuovi ruoli, i contesti e gli approcci al design relativamente agli impatti sociali, culturali ed etici delle nuove tecnologie emergenti o già esistenti, ed esplorarne le possibili uscite nella vita e negli ambienti del quotidiano. Nel misurarsi con le biotecnologie che stanno per uscire dai laboratori degli scienziati, Elio Caccavale costruisce ad esempio scenari di *social fiction*, in cui emergono i caratteri più "macro" legati alla politica, all'economia e alla società, come i dettagli più "micro" della vita quotidiana, delle relazioni interpersonali e dei comportamenti più minuti. ¶ Il risultato non è soltanto disegnare i nostri sogni o le cose che desideriamo, piuttosto le conseguenze più sgradite e inattese, elaborando racconti che possano fungere da ammonizione. ¶ Fuori dall'industria, ancora una volta, il finale non è mai scontato.

203
§
07 **territori e valori**
→ raccolta iconografica
a cura di loredana di lucchio,
vincenzo cristallo, lorenzo imbesi

Il design italiano prima ancora di essere professione o disciplina è stato ed è conoscenza. ¶ La stessa storia economica del Paese ci racconta di un "magico" salto, avvenuto appena 70 anni fa, da una condizione proto-industriale fatta di piccole serie prodotte grazie ad un sapere distribuito e condiviso, tanto distante dalla matrice fordista allora coeva, per un mercato vicino e conosciuto, alla condizione di industria di 2° generazione efficiente e snella perché consapevole non solo delle sue capacità/possibilità ma anche della società che avrebbe accolto il suo "fare". ¶ Ma anche il design italiano come esperienza o, meglio, fenomeno evocativo di una tradizione culturale e sociale. Anch'essa fortemente legata ai singoli territori, ai regionalismi che lontani da ogni matrice separatista, raccontano di diverse interpretazioni, diverse capacità, diverse "filosofie". ¶ È dunque il tema delle "esperienze" quello che emerge con più chiarezza in un possibile racconto del ruolo dei Territori e dei Valori nel Design Italiano. ¶ Esperienze del fare: quelle da dove è nata la capacità imprenditoriale italiana e che oggi si sta trasformando nell'inevitabile confronto/apertura al sistema globale non solo della produzione ma soprattutto del consumo oramai determinato e gestito dalle tecnologie dell'informazione. ¶ Esperienze del vivere: dove oggetti, abitudini, contesti sono elementi correlati di uno stesso scenario che in Italia si ripropone ogni volta diverso, multiplo ma attraversato da uno stesso carattere, il valore dell'esperienza vissuta. ¶ Esperienze del pensare: quelle che hanno permesso al design italiano di immaginare nuovi territori, questa volta non geografici ma sociali che, dalle visioni del Radical Design, arriviamo oggi alle esperienze legate alle nuove tecnologie, da una parte, a quelle di nuove forme di produzione e consumo, dall'altra, dove il concetto di comunità culturale soppianta quello di comunità prossimale.

il design italiano 20.00.11

→ 1.

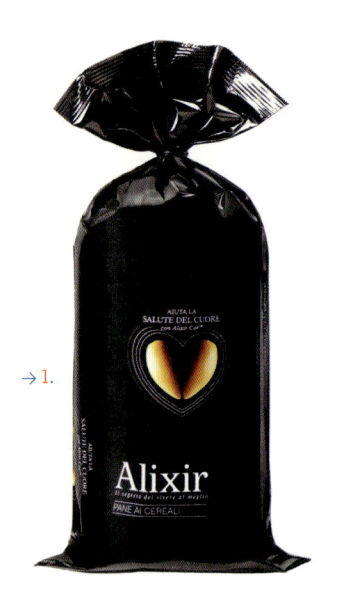

territori esperenziali
Un giacimento senza eguali altrove. Я Questa appare e crediamo sia l'Italia, una miniera all'interno della quale il contatto con "cose" e "valori" crea e alimenta un clima sensoriale ad alto contenuto di esperienza. Я Il perché è complesso ma del tutto evidente: questo giacimento si descrive come un crocevia di geografie umane, di stile e gusto, di industrie grandi e piccole... →
1. Alixir, Next Food Experience, Barilla, 2008.
2. 3. Studio FormaFantasma, Baked, Getting Lost, Dutch Design Week, 2009.

↓ 2.

205

↓ 3.

07 territori e valori   d.i. 20.00.11   206

→ 4.
← 5.

→ 6.

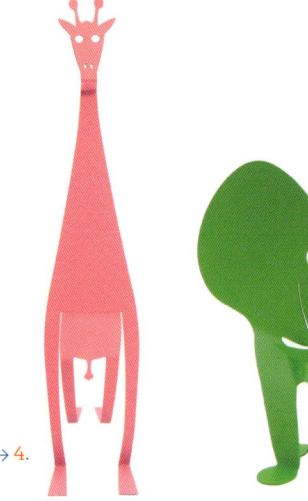

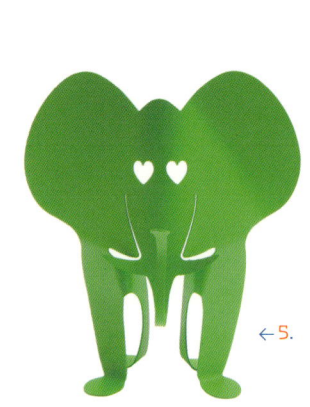

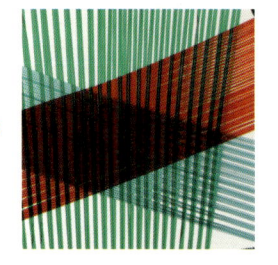

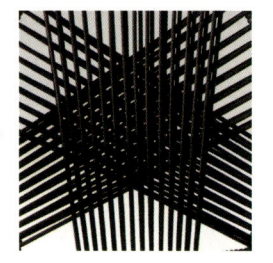

territori estetici
In una sorta di mappa rappresentativa
dei "luoghi comuni" o dei valori inalienabili italiani,
quello ascrivibile all'estensione del bello presente
in ogni dove, possiede un elevato grado
di emblematicità territoriale, che si vuole, malgrado
molti siano i fattori corruttivi, rimanga un fattore
distintivo e celebrativo dei patrimoni locali. →
4. 5. Le forme animate di Alessi.
6. F. & H. Campana, poltrone in pelle, Edra, 2007.
7. 8. 9. P. Urquiola, sedie Tropicalia, Moroso, 2008.
10. M. e D. Fuksas, Collezione Colombina, Alessi, 2007.
11. E. Van Vliet, Rontonton, lampade, Moroso, 2008.

→ 7.

→ 8.

→ 9.

207

→ 10.

↓ 11.

07 territori e valori   d.i. 20.00.11   208

→ 12.

→ 13.

← 15.

territori estetici
La bellezza italiana, soprattutto nella sua misura filosofica, è una sorta di bonus che ogni artefatto, industriale e artigianale che sia, possiede all'atto della sua ideazione, e pertanto la sua forma, la sua funzione e l'ambiente domestico e urbano che concorre a costituire idealizzano una via estetica, unica e irripetibile, tipicamente italica. →

12. 13. 14. P. Gatti, C. Paolini, F. Teodori, Sacco, poltrona, produzione Zanotta, versioni in Metal Shell Silver, Prismatic Silk, Reverse Colour Process.
15. K. Sejima, R. Nishizaw, Sanaa, servizio da tè o caffè, in argento a doppia parete, Alessi, 1995.
16. 17. 18. T. Yoshioka, Bouquet, poltroncina, Moroso, 2008.
19. Le forme animate di Alessi.

← 14.

209

→ 16.

→ 17.

→ 19.

↓ 18.

07 territori e valori   d.i. 20.00.11   210

← 20.

territori materiali

Come terrecotte rosse e metaforiche, come tele intrecciate da simboli e cromatismi, come pietre dure e cesellate di strade antiche, e come altro ancora, la storia della manifattura italiana si identifica da sempre con patrimoni e risorse locali capaci di rendere tangibile e intelligibile la cultura materiale che percorre la complessità del suo saper fare. ¶ Un sapere che supera la contraddizione tra il "fatto a mano" e il "prodotto in serie" sperimentando la contemporaneità senza ritrattare la storicità che la sostiene. →

20. V. Wong, B. Saw, Tube, Istituto italiano del Rame, 2007.
21. M. Canfori, Familypot, TeraCrea, 2007.
22. EcoTech, pavimentazione con 50% di materiale riciclato pre-consumo, FlorGres.
23. T. BoonTje, Flora, Istituto Italiano del Rame, 2007.
24. L. Damiani, Nendo, Istituto Italiano del Rame, 2007.
25. R. Giovanetti, Neopop, Istituto Italiano del Rame, 2007.
26. G. Cappellini, Collezione Alcantara Now, Alcantara, 2007.

→ 21.

↓ 24.

→ 22.

→ 23.

211

↓ 25. 26.

07 territori e valori d.i. 20.00.11   212

↓ 27.

territori sociali
L'idea di un prodotto ad alto tasso di "bene comune",
che esprime senso civico ed etico perché
necessario ad una funzione oltre che sensibile
ad una qualità formale, percorre il design italiano
dagli anni Cinquanta a seguire. Я Questa condizione
generativa ne spiega anche la continuità, la diffusione,
la naturale presenza nel sistema culturale
ed economico che racconta il Made in Italy
e soprattutto la sua aderenza a una cultura popolare
che circoscrive un territorio sociale del progetto.
Popolare in quanto comune a tutti. Я E oggi come
ieri, senza rinunciare a contraddizioni e invenzioni,
si sperimenta la permanenza di questa specificità. →
27. 28. I. Marelli, BatBike, Invicta, 2007.
29. O. Kensaku, BendingBag, Invicta, 2007.
30. Esterni, Designcamp, Macef, Milano, 2009.
31. Esterni, Questa è una Piazza, Milano, 2005.
32. M. W. Nielsen, SleepStation, Invicta, 2007.
33. Associazione Consorzio Cantiere Cuccagna,
Progetto Cuccagna, Milano, 2011. Foto Masiar Pasquali.

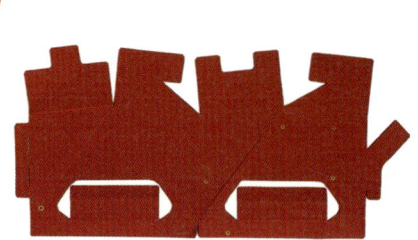

→ 28.

→ 29.

↓ 30.

213

→ 31.

← 32.

↓ 33.

07 territori e valori   d.i. 20.00.11   214

→ 34.

→ 35.

→ 36.

territori tecnici
Dello stivale a bagnomaria si dice che sia una terra
di talenti e buone menti, di macchine e ingranaggi,
di competenze al servizio del bello/necessario,
ma soprattutto terra di una cultura del progetto
che non si qualifica unicamente nella ricerca del valore
assoluto da affidare al prodotto. ¶ Questa dimensione
aperta del fare si sottrae inoltre da una misura
filosofica applicabile ovunque e aderisce a questioni
di merito capaci di esprimere abilità nelle elaborazione
teoriche e nella scienza applicata che traduce
in soluzioni tecniche il patriottico ingegno. →

34. M. Nanni, La luce che ho in mente, Viabizzuno,
installazione alla Triennale di Milano, 2007.
35. A.Branzi, L. Lani, Nuovi scenari domestici,
la domotica della Bticino, installazione
alla Triennale di Milano, 2004.
36. Talocci Design, Naos, Teuco, 2008.
37. 38. Kinesis Personal Heritage, Technogym, 2005.
39. 40. 41. 42. A. Branzi, L. Lani,
Nuovi Scenari Domestici, installazione Bticino,
Triennale di Milano, 2004.

↓ 37.   ↓ 38.

↑ 39. 40. 41. 42.

07 territori e valori   d.i. 20.00.11   216

→ 43.

→ 44.

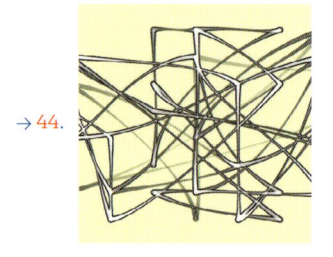

→ 45.

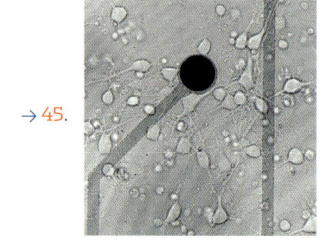

territori altri
L'Italia, un Paese in cui il contatto con cose
e valori alimenta un'esperienza ad alto contenuto
che potremmo definire insieme giacimento e crocevia
di artigianato colto e povero, di economia vera
e sommersa, di tecnologia alta e lenta,
di sperimentazione di forme e tipi. ¶ L'Italia,
patria della capacità di coniugare il necessario
con il superfluo. ¶ Come un piatto buono da mangiare
e bello da vedere. →

43. 46. Studio FormaFantasma, Autarchy,
colori vegetali, Spazio Rossana Orlandi, 2010.
44. 45. E. Caccavale, Neuroscope, material belief, 2008.
47. E. Caccavale, L. Ulrika Christiansen, S. Mirti,
Animal Pharm, Biennale di Arte Contemporanea,
Siviglia, 2008.

↓ 46.

↑ 47.

§

08 visioni e utopie
coordinamento francesca la rocca

08.a **nebulose concrete**
di francesca la rocca
08.b **nuove nature**
di renata valente, carla langella,
salvatore cozzolino
08.c **nuove etiche e approcci
allo sviluppo**
di rosanna veneziano, roberto liberti,
maria antonietta sbordone
20.00.11 raccolta iconografica
a cura di salvatore cozzolino,
carla langella, francesca la rocca,
roberto liberti,
maria antonietta sbordone,
renata valente, rosanna veneziano

coordinamento ricerca sapienza università di roma
team di ricerca II università degli studi di napoli

08 visioni e utopie
08.a nebulose concrete
di francesca la rocca

Storicamente il design italiano si colloca lontano mille miglia dall'utopia tecnocratica americana. Mentre negli anni Quaranta Walter Gropius era impegnato oltreoceano a sviluppare insieme a Konrad Wachsmann la casa totalmente industrializzata – incarnazione rivelatasi subito fallimentare di uno dei miti della modernità – in Italia i modelli dell'abitare si muovevano secondo direzioni molto diverse. Giò Ponti, come scrisse su Domus all'inizio degli anni Settanta, aveva sempre inseguito il sogno di "una casa vivente, versatile, silente, che s'adatti continuamente alla versatilità della nostra vita": nessuna casa, affermò, si è mai avverata che non sia stata prima sognata. Ma questo "sogno" più indefinito ed alieno da schematizzazioni, che è proprio di tutto il design italiano, rivelò di avere i piedi saldamente ancorati alla realtà, come ha dimostrato il successo internazionale del Made in Italy. ¶ Negli ultimi decenni molti designer stranieri hanno collaborato con industrie italiane. Pensiamo ad esempio ai fratelli Campana per Edra, Ron Arad per Driade, Philippe Starck per Alessi, Kartell e Flos, Karim Rashid per Foscarini. Secondo Andrea Branzi questo si spiega con il fatto che le industrie italiane rappresentano nel loro insieme una sorta di "distretto europeo dell'innovazione", che vede la presenza contemporanea di numerose forme di produzione: dalle imprese per la produzione di serie, all'artigianato tecnologico e manuale; dalle piccole e medie industrie ai micro-produttori autonomi; dai distretti specializzati fino ai laboratori sperimentali e al *self-brand*.[1] ¶ La capacità di coniugare un pensiero multiforme e libero con la versatilità dei modi produttivi e il rigore delle tecnologie con cui dare corpo alle idee, è connaturata alle condizioni di discontinuità e incertezza sociale in cui la modernità si è sviluppata in Italia. Ma più recentemente ha rivelato la sua forza nell'attuale situazione di frazionamento dei mercati, che richiede una continua innovazione come presupposto per affrontare la concorrenza internazionale. ¶ La prima utopia del design italiano è allora indentificabile paradossalmente con un elemento di grande concretezza: l'idea è quella che il pensiero, se è abbastanza forte e visionario, ha sempre la possibilità di trasformare la propria energia, incarnandola in oggetti. La condizione è che deve ricercare, in maniera ogni volta singolare, le strade della propria attuazione. Ricerca indipendente e grandi sistemi industriali rappresentano i poli estremi, rispettivamente della creatività e della produzione, di un territorio del progetto fatto di tante realtà intermedie, dove possono convivere serialità e oggetti unici, dove non si dà per scontato un modello ideale di industria a cui appoggiarsi, dove imprenditori e designer tendono a conservare ciascuno la propria autonomia di pensiero. ¶ Nello stesso tempo la visione del design come ricerca incessante, porta all'impossibilità di costituire un sistema organico, definibile in una armonia sistematizzata con il livello dell'architettura e della città. Al realismo degli oggetti fa quindi da contrappunto nel design italiano l'assenza di un modello consolidato, la cui immagine più convincente è quella di una nebulosa creativa. Una nebulosa che oggi possiamo descrivere come senz'altro legata alle proprie radici, ma nello stesso tempo sensibile a cogliere le visioni più influenti che a livello internazionale percorrono il design.

08.a visioni e utopie

nebulose concrete → **Nature e scienze plurali.** L'intramontabile tematica del rapporto tra natura e progetto si è concentrata negli ultimi venti anni sulle questioni dell'ecosostenibilità, che influenzano ormai diffusamente a livello internazionale anche il design. Mentre gli strumenti di controllo della qualità ecologica degli oggetti si vanno positivamente sempre più affinando, le poetiche progettuali non hanno evitato delle derive culturali pericolose, laddove sottintendono l'idea di una coincidenza etica-estetica-ecoefficienza. ¶ Una simile interpretazione, che porterebbe il progetto, tra l'altro, nelle secche di un vetero-biologismo o verso la negazione della propria autonomia di pensiero, ha poco attecchito nel design italiano. Al posto della pretesa di una mitica ricomposizione del progetto, in nome dell'ambientalismo, possiamo identificare invece una miriade di *nuove nature*: approcci del design molto diversificati che si confrontano con i luoghi comuni che riguardano le relazioni natura/artificio il più delle volte per sovvertirli, dando vita ad oggetti che non rinunciano mai al ruolo di attrattori estetici. ¶ Nel nostro Paese l'approccio del design all'ecosostenibilità è piuttosto riconducibile in alcuni casi ad una delle *sette ossessioni del design italiano* individuata da Branzi, "i grandi semplici": la semplicità non come risultato di un processo ingenuo, ma al contrario come risultato di un processo molto sofisticato, memore delle tradizioni povere della cultura latina ed italica; un modo di progettare che seleziona forme e tecnologie, costruendo nuovi alfabeti elementari in grado di veicolare valori spirituali ed ideali.

→ S. Cappelli, P. Ranzo, Figure dal buio, lampada, mostra Independent. Design Secession, Triennale Design Museum-Bovisa, 2011.

→ S. Cappelli, P. Ranzo, Frammenti di aurora, acquerello, 2011.

1. A. Branzi, *La "pila di Volta" del design italiano*, in *Serie Fuori Serie*, catalogo della mostra della Triennale di Milano, Triennale Design Museum, Electa, Milano 2009, p. 30.

nebulose concrete → **Per quanto riguarda invece la scala territoriale,** il design italiano ha dimostrato di sapersi confrontare con le diverse dimensioni del progetto in maniera più flessibile dell'architettura, proponendosi attraverso logiche di intervento leggere e reversibili. Dal caso emblematico di *Agronica* alle esperienze di Aldo Cibic come *Rethinking Happiness*, il progetto presentato all'ultima Biennale di Architettura di Venezia, e includendo in generale le ricerche sulla valorizzazione dei paesaggi produttivi che hanno impegnato nell'ultimo decennio la ricerca del design italiano, risulta un approccio originale: una progettualità che sa *curarsi* della natura, sia che questa rappresenti il sostrato di una ipotesi utopica, sia che assuma le forme di una parete verde o di un prodotto gastronomico da confezionare. ¶ Ancora, nella mostra *Independent. Design Secession*, tenutasi al Triennale Design Museum-Bovisa nell'aprile 2011, fa capolino un'altra interpretazione originale: gli scampoli di natura presenti non fanno riferimento a nessuno scenario idilliaco, poiché si tratta di una natura colta nei suoi aspetti più crudi e immediati, che fa da specchio alle problematiche esistenziali dell'uomo. ¶ Anche la collaborazione tra design e scienza ha storicamente teso in Italia ad un libero rapporto di ibridazione più che ad una relazione sistematicamente organizzata. È dalla conflittualità vivificante tra i territori di tecnica, scienza e arte più che dalla ricerca di un appiattimento e ricomposizione dei termini, che ha preso le mosse un atteggiamento creativo anticonvenzionale. Una visione quella del design italiano che – come ha osservato Branzi – si è spesso rivolta al mondo dell'arte per le sue possibilità tecnologiche e al mondo della tecnologia avanzata per le sue capacità espressive.[2] ¶ Oggi, seppure con difficoltà per la scarsezza di laboratori e progetti dedicati rispetto ad altre nazioni, la ricerca italiana di design si muove nei settori molto diversificati che si stanno aprendo nel panorama che vede design e scienza studiarsi reciprocamente. ¶ Pochi purtroppo i progetti italiani nella mostra *Design and the elastic mind* (Moma, New York, 2008) dedicata alle intersezioni tra design e innovazione scientifica, mentre le connotazioni della ricerca scientifica contemporanea dovrebbero favorire le attitudini del design italiano; non si tratta più oggi di seguire un rapporto di filiazione lineare, che va dai risultati conseguiti dalla scienza al mondo degli oggetti, ma piuttosto di far leva sulle attitudini visionarie del design per ottenere risultati tangibili dai possibili cortocircuiti tra culture disciplinari apparentemente lontane.

nebulose concrete → **Designing–thinkering.** Negli anni Ottanta Isabelle Stengers individuava una serie di "concetti nomadi" che si propagano da una scienza all'altra, secondo la visione di un sapere che abbatte i confini tra discipline; oggi si parla a livello internazionale di un movimento molto più trasversale alla società che è stato definito come *thinkering* e che riguarda "la possibilità di interagire con una rete di conoscenze, strumenti e comunità d'interesse".[3] La parola nasce dalla transizione da thinking (pensare) a tinkering (pasticciare, sperimentare) e, come osserva Paola Antonelli, "*thinkering* è il filo rosso che ci permette di leggere attraverso la storia episodi capitali di creatività sopraffina, raggiunti attraverso progressivi affinamenti collettivi".[4] Il *thinkering* è infatti un concetto che mette in connessione open source, *rapid prototyping e manifacturing*, laboratori, *crowd-sourcing* e anche fai-da te-tradizionale. ¶ I nuovi approcci allo sviluppo del design italiano più recente sono sensibili a queste possibilità, che prospettano un design non solo come produzione di oggetti, ma come rete immateriale che sostiene nuove strategie di vita e comportamenti sociali. La linea che contorna l'oggetto del design è infatti diventata oggi labile, fino a indurci a parlare di una dimensione *fluttuante*, evidente nella mostra curata da Stefano Maffei "Design of the other things" (Triennale Design Museum, Milano, 26 maggio - 27 giugno 2010). Gli scenari che ne emergono hanno come protagonisti non solo oggetti atipici, ma anche progettisti atipici: "che immaginano cose nei campi dell'*interaction design*, del *service* design, delle comunità creative, dell'educazione, delle nuove forme di impresa. Stanno tentando, senza dichiararlo per carità, di cambiare lo *status quo*". Si apre così secondo Maffei una *scena italiana* differente poiché "il design che si è sempre occupato di artefatti materiali, di comunicazione, ora si allarga a strategie, servizi, tecnologia, creatività, imprenditoria e sta occupando tutti gli aspetti dei processi di ideazione e produzione, mescolandosi con arte, scienza, cultura, educazione".[5] ¶ Ma un po' meno distanti dalle vecchie cose del design italiano appaiono questi scenari se concordiamo con quanto sostiene

---

2. A. Branzi, *Il paradosso italiano*, in *Pomeriggi alla media industria, Design e Seconda Modernità*, Idea Books, Milano 1988.
§
3. Definizione usata a partire dal 2007 da John Seely Brown, responsabile fino al 2000 del centro di ricerca Xerox di Palo Alto, cit. in P. Antonelli, *Thinkering*, in Domus n. 948, giugno 2011.
§
4. P. Antonelli, *Thinkering*, op. cit.
§
5. S. Maffei, *Il design delle altre cose*, in *Design of the other things*, Catalogo della mostra della Triennale di Milano, Triennale Design Museum, Electa, Milano 2010, p. 14.

→ G. Pesce, Feltri, poltrona, Cassina, 1987.

→ G. Iacchetti, Senza titolo, Fornace Carena, 2010. Il mattone forato viene indagato nella sua caratteristica prima: la sezione alveolare.

Richard Sennet in *L'uomo artigiano*: l'arte di fabbricare oggetti fisici fornisce spunti anche sulle tecniche che possono conformare i rapporti con gli altri. Tanto le difficoltà quanto le possibilità del fabbricare bene le cose valgono anche per la costruzione dei rapporti umani.[6] ¶ D'altronde nell'attenzione anche agli oggetti più comuni l'Italia avrebbe secondo Ettore Sottsass una particolare tradizione: "Sarebbe difficile per me citare, a partire dagli anni Trenta, il nome di un solo designer italiano più o meno famoso che disegnando qualche cosa, non avesse in mente la visione di 'quel' prodotto fatto a mano con cura da qualche antico artigiano, fatto con abilità, fatto con amore, fatto con l'idea di un largo uso quotidiano. Questo continua a succedere anche quando il tema principale riguarda il disegno di un prodotto industriale molto avanzato".[7] ¶ Tra le nuove tecnologie, ad esempio, sono quelle del *rapid manifacturing*, secondo Denis Santachiara, le più promettenti sia sul piano espressivo che su quello del mercato: "una possibile e fondamentale direzione di sviluppo di questa tecnologia è l'opportunità per il designer di allestire una sorta di personal factory: dopo aver progettato l'oggetto, egli può metterne in rete la "matematica", l'elaborazione digitale, rendendola disponibile al download a pagamento (…)".[8] Come industria personalizzata, *l'industria a mano* cerca oggi quindi di portare avanti un'altra utopia del design italiano: quella di un'industria aperta, disponibile alla variante, all'eccezione e al pezzo unico; all'intervento creativo del designer come dell'utente. ¶ *Sperimentare* è d'altronde l'unica parola chiave atta a ricucire i mille frammenti della nebulosa creativa italiana, l'elemento di collegamento che possiamo immaginare tra i due termini più antitetici che esistono: utopia e concretezza.

→ E. Mari, Sof-Sof, poltroncina, Driade, 1971.

6. Cfr. R. Sennet, *L'uomo artigiano*, Feltrinelli, Milano 2008, p. 275.
§
7. E. Sottsass, *Conferenza al Metropolitan Museum* 1987, in E. Sottsass, *Scritti*, Neri Pozza, Vicenza 2002, p. 335.
§
8. S. Annicchiarico (a cura di), *Intervista a Denis Santachiara*, in *Serie Fuori Serie*, catalogo della mostra della Triennale di Milano Design Museum, Electa, Milano 2009, p. 288.

225
§
08 visioni e utopie
08.b nuove nature
di renata valente, carla langella, salvatore cozzolino

nuove nature → **Eco-pionieri radicali** di renata valente. Quando alla fine degli anni Sessanta hanno avuto inizio le riflessioni dei progettisti più avvertiti sulle ricadute del proprio fare, in Italia sono stati soprattutto intellettuali attivi nel campo del design a concentrarsi su visioni del costruito che sarebbero poi state definite sostenibili. La dimensione debole e liquida, eppure vincente, delle forme di insediamento proposte è stata sancita a decenni di distanza dalla collettività scientifica, insieme con la pervasività di un pensiero laterale e non assiomatico. Cominciarono gli Archizoom Associati, con No-stop City del 1969-72, dove si proponeva una diffusa climatizzazione artificiale per una nuova natura costruita. "Chi fa innovazione va avanti, poi l'architettura magari segue". ¶ In seguito, dalle utopie di Agronica, che promulgava un sistema insediativo per garantire la sopravvivenza del paesaggio agricolo e naturale – compenetrandoli in molti assetti dinamici con le tecnologie post-industriali dell'elettronica e delle telecomunicazioni – ma anche dalle prime pareti verdi del 1982 di Andrea Branzi, o da quelle di Gaetano Pesce nel 1989, i designer-architetti italiani hanno sollecitato le discipline contigue verso fantasie che sono andate trionfalmente al potere dopo trent'anni, come è avvenuto, ad esempio, proprio nel caso della facciata vegetale. I risultati di questi processi, tuttavia, piuttosto che essere frutto di una ricerca scientifica che ne governasse lo sviluppo, sono stati conseguiti anche grazie ad una produzione attenta alle tendenze dei desiderata della committenza. ¶ L'esito di questo atteggiamento d'avanguardia ha in ogni caso sostanziato un approccio consolidato, per il quale nella cultura italiana il progetto del territorio evidenzia oggi una straordinaria apertura disciplinare. A fronte della crisi che coinvolge la gerarchia tradizionale urbanistica/architettura/design, quest'ultimo appare attualmente la disciplina più performativa, capace di muoversi agilmente alle diverse scale del progetto, proponendosi come insieme di saperi aperti all'innovazione e alla ricerca di soluzioni alternative. Superando il classico approccio "dal cucchiaio alla città", il design dispone oggi di metodologie e strumenti di intervento per ambiti che finora erano sempre stati appannaggio, sia teorico che pratico, di architettura e urbanistica. È quindi forte il debito culturale nei confronti di una generazione di progettisti intellettuali che hanno sempre anteposto ad una visione costruttiva tradizionale tecnicista un atteggiamento di dubbiosa osservazione nei confronti di logiche impositive di trasformazione della realtà.

→ ASAP, Collezione Recycled, Knit, 1998. Sperimentazione, ricerca e produzione nel campo tessile e dell'abbigliamento con materiali di scarto ma di qualità.

→ Cohda Studio, RD4 Chair, poltrona, 2009.

08.b *visioni e utopie*

nuove nature → **Il design ispirato alla scienza** di carla langella. Nel panorama del design internazionale si è osservata, negli ultimi anni, una tendenza che si sta diffondendo anche in Italia, ad implementare nell'azione progettuale una dimensione sperimentale sempre più prossima agli ambiti della scienza; ad utilizzare strumenti di matrice scientifica basati su protocolli metodologici in grado di affrontare tematiche complesse; ad avvalersi di approcci *open-source* capaci di garantire quei livelli di condivisione, collaborazione e trasparenza che nella scienza consentono di unire le forze per raggiungere più rapidamente gli obiettivi stabiliti. L'intersezione del design con matematica, biologia, fisica, scienza dei materiali, chimica prefigura inediti scenari di collaborazione in cui i ruoli si invertono, si fondono e si rinnovano di continuo, allo scopo comune di guadagnare avanzamenti nei diversi ambiti, in modo sinergico e proattivo. ¶ La specificità dell'approccio dei designer italiani in questa direzione può essere inquadrata nell'ambito di una capacità di cogliere i flussi evolutivi dei fenomeni scientifici, sociali ed economici, mediante visioni istantanee o di sintesi, dal forte carattere intuitivo e immaginifico, che consentono di aprire varchi nella turbolenza e di estrapolare punti di vista personali da tradurre in percorsi progettuali originali. ¶ In questa capacità di sintesi creativa si ritrovano la complessità e la stratificazione della cultura italiana, il legame con i territori e la concretezza della cultura materiale, l'attitudine a rispondere agli imprevisti e al continuo mutare delle esigenze in modo rapido ed efficace, anche quando le condizioni al contorno sono ostili. ¶ Molte delle esperienze del design italiano nell'ambito della contaminazione con la scienza dedicano ampio spazio al coinvolgimento emotivo ed evocativo della società nei processi scientifici, approccio che può essere correlato ad una capacità narrativa tutta italiana. Il designer si fa tramite dell'innesto tra scienze sociali e scienze della vita, spesso senza esprimere giudizi ma con l'intento di destare le coscienze, di fornire gli input affinché le persone possano sapere e dunque partecipare al cambiamento influendovi. Emerge il carattere visionario del design italiano che, attraverso strategie creative non convenzionali, riesce a facilitare il dissolvimento delle barriere, costruendo percorsi di innovazione, in cui design e scienza si avvicinano, si fertilizzano fino a ibridarsi.

→ P. Ulian, Vasi, vaso, Skitsch, 2008.

→ G. Iacchetti, About de souffle, Andriolo, 2008, mostra Independent. Design Secession, Triennale Design Museum-Bovisa, 2011.

→ M. De Lucchi, Canevara, vaso in marmo di Carrara, Up Group, 2011, mostra Independent. Design Secession, Triennale Design Museum-Bovisa, 2011.

nuove nature → **Nature stabili** di salvatore cozzolino. È tempo che il design riguadagni un ruolo e un significato sociale, magari rivedendo verso una maggiore autenticità l'impegno per l'ambiente, la congruità dei budget, il valore del lavoro. ¶ Negli ultimi decenni una "pelle eclatante" applicata ai prodotti ha reso impercettibile per i progettisti lo scenario di risorse limitate e di benessere sbilanciato che caratterizza il mondo. ¶ Seguendo l'invito rivolto agli operatori economici e culturali, prima dall'onu e poi dall'Unione Europea, sarebbe necessario che anche il progetto di design contemplasse scelte di compatibilità sociale e ambientale, migliorative di quelle già imposte per norma, da applicare in relazione ai manufatti e alle persone in qualunque modo implicate nella realizzazione di un oggetto. ¶ Anche la crisi economica e le instabilità monetarie (e psicologiche) degli ultimi anni sollecitano la cultura del progetto ad un ripensamento epocale per rispondere al bisogno di prodotti stabili nel linguaggio espressivo e nel regime funzionale, per consentire prezzi equilibrati rispetto al valore dell'oggetto e ai bisogni soddisfatti, per promuovere con il valore aggiunto del pensiero e dell'espressività produzioni manifatturiere in crisi, per ottenere prodotti aggiustabili e adattabili alle esigenze mutevoli. ¶ Occorre un nuovo orizzonte di prestazioni orientate alla durabilità tecnica ed estetica che renda praticamente illimitato l'uso e tramandabili i manufatti. Per il pianeta socialmente sostenibile, serve un progetto ispirato alla manutenzione e ad un linguaggio formale estraneo alle espressività temporanee, serve una connessione salda con il mondo produttivo per sostenere le comunità che vivono di quelle lavorazioni, un modo per rendere stabile perché significativa, la permanenza delle cose nello scenario fisico ed emotivo delle persone. ¶ In questo momento il design italiano, probabilmente la più fragile tra le culture del progetto, a partire dal lavoro di alcuni maestri e fino alle frazioni più inquiete del pensiero creativo, fornisce il disegno più lucido del domani, dove la natura contemporanea degli oggetti integra la sostenibilità ambientale con il soccorso civile e rimette l'uomo al centro del cosmo. ¶ Il futuro ci porterà oggetti intensi, semplici ed evocativi della cultura che li esprime, prodotti con poca materia e meno energia, ma fatti da collettivi motivati di realizzatori e immaginati da magnifiche menti.

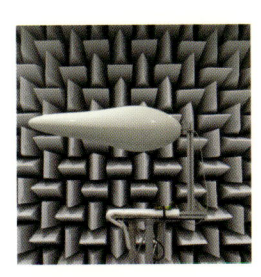

→ L. Bruschi in collaborazione con A. Genovese (design elettroacustico), Architettura acustica, serie Sonic Modulus, Dolphin, 2010.

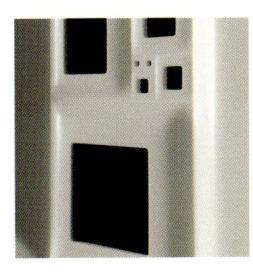

→ Co-de-iT, A. Erioli, A. Graziano, in collaborazione con C. Tibaldi, Fibonacci paneò, serie Corian®, Du Pont, 2009.

08 visioni e utopie
08.c nuove etiche e approcci allo sviluppo
di rosanna veneziano, roberto liberti, maria antonietta sbordone

nuove etiche e approcci → **Reti sociali e processi creativi** di rosanna veneziano. Le problematiche ambientali, l'inadeguatezza dei modelli produttivi, la crescente disomogeneità della distribuzione della ricchezza ed anche, non ultima, la necessità di dare risposta a problemi di ordine sociale hanno reso gli ambiti di applicazione del design sempre più variabili e fluidi, caratterizzati da interazioni disciplinari e da sinergie complesse tra differenti competenze. ¶ Il design attraverso azioni strategiche, comunicative, di definizione di nuovi prodotti materiali ed immateriali è in grado di promuovere azioni di sensibilizzazione verso specifiche tematiche e di attivare processi di innovazione, diffondendo valori legati alla sostenibilità ambientale, all'etica, all'integrazione e all'evoluzione sociale. ¶ I progetti che partono dall'emergere di un bisogno di una comunità sviluppano dinamiche di condivisione e di confronto che vengono supportate da pratiche creative spesso spontanee. I temi su cui le *creative communities* dibattono vengono risolti con la collaborazione e la partecipazione di ampi gruppi di individui e il processo di design diviene, quindi, portatore di possibili modelli di sviluppo alternativi: strumento strategico prima ancora che produttore di oggetti che concretizzano l'idea. ¶ DESIS, Network Design for Social Innovation and Sustainability, coordinato da Ezio Manzini, è un progetto di aggregazione sociale che costruisce una rete complessa di attori con lo scopo di diffondere buone pratiche di produzione e consumo sostenibile. La rete costruisce un sistema di relazioni in cui le persone si confrontano sul tema del design sociale sperimentando nuove visioni e strumenti di co-progettazione. ¶ La visione che in questo contesto culturale caratterizza l'Italia è che la partecipazione spontanea ai processi creativi guidati dal design ha come terreno fertile la ricchezza delle specificità locali; attraverso network reali e virtuali, il design ha l'occasione di configurarsi sempre più come leva di sviluppo dei territori, volta a potenziarne le risorse tangibili ed intangibili.

nuove etiche e approcci → **L'industria a mano** di roberto liberti e maria antonietta sbordone. La tendenza del mercato ad orientare le proprie produzioni verso aree caratterizzate da forza lavoro a basso costo, ha spinto in questi ultimi anni il sistema del Made in italy a cambiare profondamente le proprie geografie produttive. L'essenza del Made in italy, per chi lo vive dal punto di vista delle piccole, piccolissime e medie imprese è, infatti, correlata alla vitalità delle produzioni locali diffuse sui nostri territori. ¶ Consapevolmente, si aggiunge al "saper fare" e alla "unicità", l'innovazione "fatta a mano"; termine con il quale s'individua una prassi originaria, una sorta di maestria radicata ravvivata dall'innovazione culturale, quella del designer per l'appunto. La manualità non riguarda solo la manipolazione di materiali con strumenti adatti, si tratta al contrario di trasferire conoscenze secondo modalità sperimentali. Il self-made, l'auto-produzione, il *do-it-yourself*, individuano nuovi processi produttivi ispirati ad un modello "industrioso", corrispondente ad una natura culturale e allo stesso tempo operativa del nostro Made in Italy. ¶ Come gestisce il proprio talento creativo un designer nel mondo della produzione industriale? Da protagonista con una natura ideativa complessa, dall'interno di un sistema di saperi e prassi che continuamente si contaminano e si auto-alimentano. I giovani talenti creativi sono capaci di individuare le proprie filiere partendo da una prassi di tipo artigiana, da una tipicità locale o all'interno del corpo dell'industria, restituendo scenari sperimentali che configurano nuove nicchie produttive. All'interno di questi scenari re-interpretano il Made in Italy ricontestualizzandolo e, attraverso la realizzazione di processi produttivi veloci (rapid manufacturing) formalizzano processi creativi, forse ancora utopici per un certo milieu produttivo, ma che configurano un nuovo ruolo sia per il creatore che per l'utente. ¶ I temi sono di interesse comune e un esperimento interessante è stato condotto recentemente alla Triennale di Milano, con il titolo *Industrious Design*: una serie di mostre, del *Mini & Triennale Creative Set*, illustrano, secondo Silvia Annichiarico, i processi singolari del design giovane: "non sono semplici monografie ma sono work in progress, laboratori in continuo mutamento, capaci di restituire la dinamicità e la vivacità del nuovo design italiano contemporaneo al fine di promuoverlo e valorizzarlo".

→ P. Ulian, Tra gioco e discarica, mostra Triennale di Milano, 2010. Oggetti discreti per forma e funzione attraverso gesti minimi che esprimono, con ironia e leggerezza, una personale visione del mondo.

→ P. Ulian, Tra gioco e discarica, mostra Triennale di Milano, 2010. Diverse le categorie: contestare lo spreco della discarica; minimizzare lo scarto; reinterpretare oggetti esistenti; il gioco del design.

nuove etiche e approcci → **Il lato viscerale del design** di maria antonietta sbordone. L'*unicità* è il termine oggi utilizzato e verosimilmente il più vicino ad una lettura contemporanea di certe manifestazioni del design italiano. Il termine descrive il valore dell'oggetto creato dalla cultura del saper ideare, che sia espressione di un designer o di un artista poco importa, essendo invece interessante mettere in luce le dinamiche relazionali. ¶ Alcuni designer italiani contemporanei riflettono sulla impossibilità nelle attuali condizioni di un fare che liberi idee e progetti, ricercando nuove strade per non restare impigliati nelle maglie della logica produttiva industriale. La glorificazione della merce o della ipermerce ha snaturato il ruolo autentico del design italiano, per aderire a quello che qualcuno ha definito lo stile "design", individuando la matrice di un design talvolta svuotato e fine a se stesso. La tradizione di unicità italiana emerge dichiarando la rottura e la conseguente ri-definizione dei confini entro i quali il design si colloca. ¶ Una mostra ha annunciato recentemente le proposte del design "indipendente" (*Independent. Design Secession*), un design, secondo Branzi, non più impermeabile alle inquietudini, e non più intento a ostentare comunque e sempre il lieto fine: "I critici letterari direbbero che il design si è sviluppato secondo una linea petrarchesca, sempre più raffinata e formalmente perfetta, mentre gli manca una dimensione dantesca, oscura, viscerale. E non si capisce perché, visto che il design è pur sempre una delle culture principali oggi, per diffusione, impegno, qualità". La *matrice sovrastorica* dei contenuti che connettono le produzioni (la cultura umana, la vita, la morte, la catastrofe, il sacro), altrimenti distanti tra loro, sono il vero nucleo stabile del riaccendersi dell'interesse per un fare design utopico. ¶ La visione utopica costringe il designer ad una ricerca quanto più indipendente, che parte dalla dimensione del privato: la libertà con la quale usa le tecnologie e le abilità dell'industria o dell'artigiano ne fanno di nuovo l'artefice di un design che vuole imparare a parlare il linguaggio degli oggetti. Oggetti che non saranno più performativi degli altri, o più intelligenti o friendly, ma saranno innanzitutto i testimoni di una riflessione radicale e di abilità espressive rinnovate, messe a disposizione di tanti e fatte circolare in autonomia.

231
§

08 visioni e utopie
→ raccolta iconografica

a cura di salvatore cozzolino, carla langella, francesca la rocca, roberto liberti, maria antonietta sbordone, renata valente, rosanna veneziano

Ettore Sottsass in uno scritto del 1978 "Di chi sono le case vuote", parlava della liberazione dalla schiavitù dell'accumulare oggetti, come di un'utopia affascinante ma irrealizzabile, poiché l'uomo, seppure in forme molto diverse, è legato indissolubilmente ad una doppia tensione ad identificarsi con le cose o a disfarsene. La metafora della "distruzione degli oggetti", coniata alcuni anni prima dagli Archizoom, prospettava uno spazio in cui gli oggetti si disintegravano progressivamente, per lasciare il campo a una nuova libertà dell'abitante nei confronti della società industriale. Si trattava, a detta dello stesso gruppo radical, del vuoto come "ipotesi strategica", una intuizione che apriva il campo a vie del progetto allora inimmaginabili. ¶ Le direzioni che abbiamo individuato per il design italiano contemporaneo possono interpretarsi come tasselli che, nelle mutate condizioni tecnologiche e sociali dell'età postindustriale, concorrono a dare risposte a questo tipo di utopia: quella di un mondo alleggerito dalla pesantezza delle cose, dove per cose si intende l'incontrollata e insensata moltiplicazione degli oggetti, che li rende quasi istantaneamente fardelli di cui liberarsi. Ma soprattutto l'utopia di un mondo in cui la creatività individuale possa assumere, attraverso nuove modalità della progettazione e della produzione, un reale ruolo etico nella costruzione della società. ¶ Nelle ricerche individuate il design è soprattutto l'elaborazione di nuove forme di pensiero, che si avvalgono oggi delle ampliate possibilità di attingere a reti vaste e nello stesso tempo molto mirate, di sperimentare e rielaborare, dando vita a inedite collaborazioni creative e di interazione sociale. In questo contesto l'elemento chiave, in grado di arricchire l'ambiente e innescare nuove relazioni, è il pensiero sotteso al progetto, al di là delle sembianze che quest'ultimo sarà in grado di assumere. ¶ Se l'oggetto in quanto *cosa* sembra conservare ancora oggi un forte valore, il dato rilevante che viene alla luce è infatti l'assenza di un modello unico per gli oggetti. Questi appaiono come entità fluttuanti che possono concepirsi a velocità molto differenziate: locali e fragili aggregati di una materia in continua trasformazione o entità amichevoli che vivono tra natura e artificio; oggetti calcolati secondo sofisticati parametri scientifici, ma lasciati poi alla loro dimensione emozionale; solidificazioni istantanee del pensiero, come nelle tecniche di rapid manifacturing, o cose che attendono il lavoro della mano per assumere senso; oggetti in rapido passaggio o oggetti iconici che scavano nelle profondità esistenziali, destinati a durare e ad osservarci al di là della superficie, come specchi concavi del futuro. ¶ F.L.R. (Le sezioni iconografiche che seguono sono state curate dagli autori dei rispettivi paragrafi dei capitoli).

il design italiano 20.00.11

08 visioni e utopie   d.i. 20.00.11   232

→ 1.

→ 2.

→ 3.

→ 4.

il lato viscerale del design

Nella mostra "Independent Design Secession" emerge il lato intimo e viscerale del design italiano. Я Per Branzi si tratta della negazione della "concezione assolutista del design come pratica professionale, fuori dalla necessità di risolvere problemi, dall'urgenza di dare risposte, nel tentativo invece di restituire al design unospessore culturale, permettendogli di tornare a confrontarsi con i grandi temi della cultura che non sono quelli del mercato o della producibilità". →

1. A. Branzi, Betulla, Friedman Benda.
Mostra Independent Design Secession,
Triennale Bovisa, Milano 2011.
2. 3. A. Branzi, Grandi Legni GL02, Nilufar.
Mostra Independent Design Secession,
Triennale Bovisa, Milano 2011.
4. G. Iacchetti, A bout de souffle, 2009, Andriolo snc. 2. Senza titolo, ferro arrugginito, Arthema, 2010.
5. S. Cappelli & P. Ranzo. Figure dal buio lampada.
Mostra Independent Design Secession,
Triennale Bovisa, Milano 2011.
6. A. Branzi, Ortonuovo, Canevara, Caglieglia, vasi in Marmo di Carrara, Up Group 2011.
Mostra Independent Design Secession,
Triennale Bovisa, Milano 2011.

↓ 5.

↑ 6.

08 visioni e utopie   d.i. 20.00.11   234

→ 7.

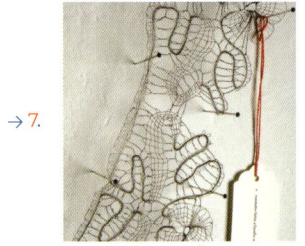

→ 8.

→ 9.

l'industria a mano
L'industria a mano è un'industria aperta, disponibile alla variante, all'eccezione e al pezzo unico, all'intervento creativo del designer come dell'utente.
Я La manualità non riguarda solo la manipolazione dei materiali, quanto la possibilità di trasferire conoscenze secondo nuovi modelli sperimentali: il self-made, il do-it-yourself, si isipirano ad una concezione della produzione corrispondente ad una natura culturale e allo stesso tempo operativa del nostro Made in Italy. →

7. G. Iorio, 12 capelli, Diritto e Rovescio, fili intrecciati tra arte, design e creatività di massa. Il recupero delle tradizioni perdute, il pizzo al tombolo, con l'introduzione di nuovi materiali. Mostra a cura di N. Morozzi, Triennale Design Museum di Milano 2009, selezione Targa Giovani XXII Compasso d'Oro 2011.
8. C. Coccioli, Eleformasfuggivano, selezione Targa Giovani XXII Compasso d'Oro 2011.
9. 10. M. Gamper, dalla mostra Happy Tech. Macchine dal volto umano, Triennale Bovisa, Milano 2010.
11. M. Adami, Fossile moderno, autoproduzione, Triennale Design Museum, Milano, 2009. La tecnica dell'assemblage che Adami utilizza in maniera inedita, recupera forma e funzioni e riattribuisce senso a questi oggetti.

235

→ 10.

↓ 11.

08 visioni e utopie   d.i. 20.00.11   236

↑ 12.

→ 13.

→ 14.

reti sociali e processi
Il design sociale, attraverso i suoi strumenti strategici e progettuali, è in grado di attivare sperimentazioni di prodotti materiali ed immateriali e diffondere modelli di sviluppo alternativi che derivano da processi di co-progettazione che nascono "dal basso". Я I progetti sono il risultato di un confronto dinamico e paritario, caratterizzato dalle specificità individuali, di comunità creative e gruppi interdisciplinari che condividono idee, valori e promuovono nuovi stili di vita. →
12. 13. 14. 16. A. Cibic, Rethinking Happiness: nuove comunità nuove polarità, Opos, 2003.
15. A. Meda, Water, Arabia Finland, 2001. Brocca per la depurazione dell'acqua per contenere il consumo di bottiglie in plastica e favorire la riduzione dei rifiuti urbani.
17. P. Ulian, Drinkable watercard, Opos, 2003. La cartolina contiene "alimenti per il corpo e per la mente" e può essere inviata nei paesi in cui c'è carenza di acqua e di cibo per sostenere idealmente e concretamente le comunità in difficoltà.
18. A. Meda e F. Gomez Paz, Solar Bottle, 2006. I raggi ultravioletti del sole disinfettano l'acqua contaminata rendendola potabile.

← 15.

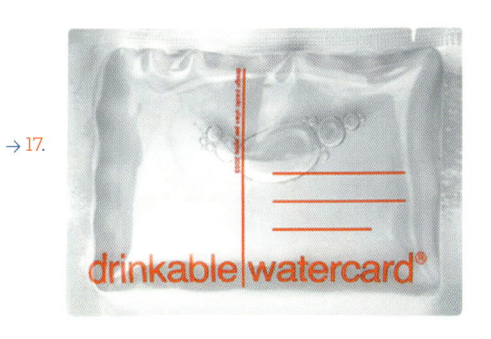

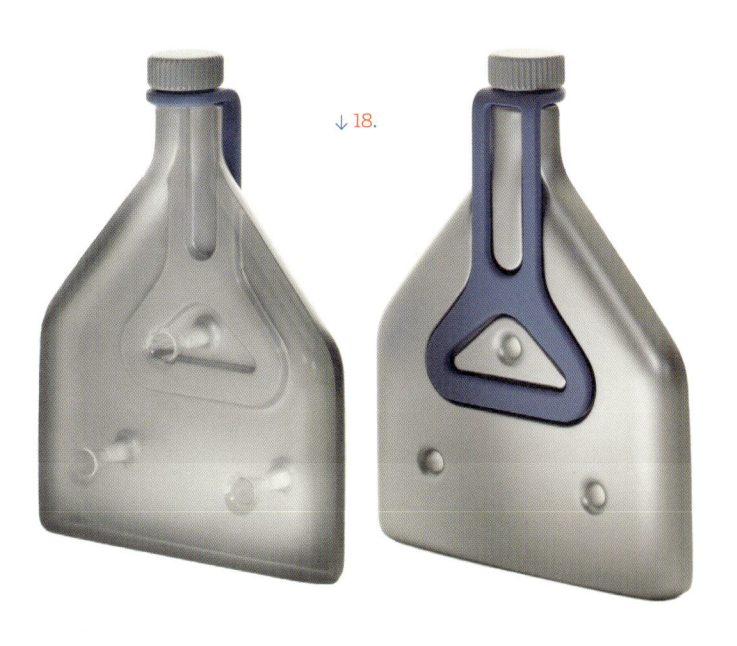

↑ 16.

→ 17.

↓ 18.

08 visioni e utopie   d.i. 20.00.11   238

→ 19.

← 20.

← 21.

il design ispirato alla scienza
L'intersezione del design con matematica, biologia, fisica, scienza dei materiali, chimica, prefigura oggi una dimensione sperimentale in cui i rispettivi ruoli si invertono, si fondono e si rinnovano di continuo. ¶ Queste dinamiche mettono in gioco, nel caso dell'Italia, la complessità e la stratificazione di una cultura materiale che ha sempre operato attraverso strategie creative non convenzionali, una cultura il cui carattere visionario si presta ad immaginare nuove ibridazioni tra le discipline da tradurre in percorsi progettuali originali. →

19. M. Iosa Ghini, Spore, Murano Due FDV, 2009.
20. C. Scarpitti, Reaction Poetique, Quasicristalli, autoproduzione, 2010.
21. AcquacaldaDesign, Communicating vase, serie Fisica Applicata, autori-vari.it, 2009. Foto Ferranda.
22. 24. A. Erioli, A. Graziano in collaborazione con C. Tibaldi, Co-de-iT, Fourier panel e Gauss panel, serie Corian® 3D Math, DuPont, 2009.
23. A. Genovese, Dolphin, serie Sonic Modules, 2010.
25. E. Rogna, In Set, Fastland, pannello modulare conformabile e articolato in tessuto e struttura metallica ispirato all'oggetto stecco.
26. C. Scarpitti, Reaction Poetique, Botanica, autoproduzione, 2011.

239

→ 22.

→ 23.

→ 24.

→ 25.

↓ 26.

08 visioni e utopie   d.i. 20.00.11   240

eco-pionieri radicali
A partire dagli anni Sessanta con il movimento Radical, dagli Archizoom associati fino ai modelli insediativi di Agronica proposti da Branzi e alle interpretazioni di Pesce, sono emerse sempre più negli ultimi anni interpretazioni del rapporto natura/costruito che travalicano la gerarchia tradizionale urbanistica/architettura/design.
Я Il design appare la disciplina contemporanea più capace di muoversi in maniera innovativa alle diverse scale del progetto, spingendosi in ambiti finora ad appannaggio, sia teorico che pratico, di architettura urbanistica. →

27. A. Branzi, Blister YG1203, produzione Design Gallery, Milano, 2004.
28. 32. M. De Lucchi, Tra eroici muri di legno, Triennale Design Museum, Milano, 2009. La volontà di non disfarsi di pezzi di sfrido apparentemente inutilizzabili, si trasforma nella ricerca di cosa possa essere nascosto nell'aggregazione dei piccoli elementi.
29. 30. A. Cibic, Microrealities, Design Research, 2004. "Tante piccole storie messe insieme possono creare narrazioni più grandi e significative".
31. G. Pesce, Pink Pavilion, Triennale Bovisa, Milano, 2007.

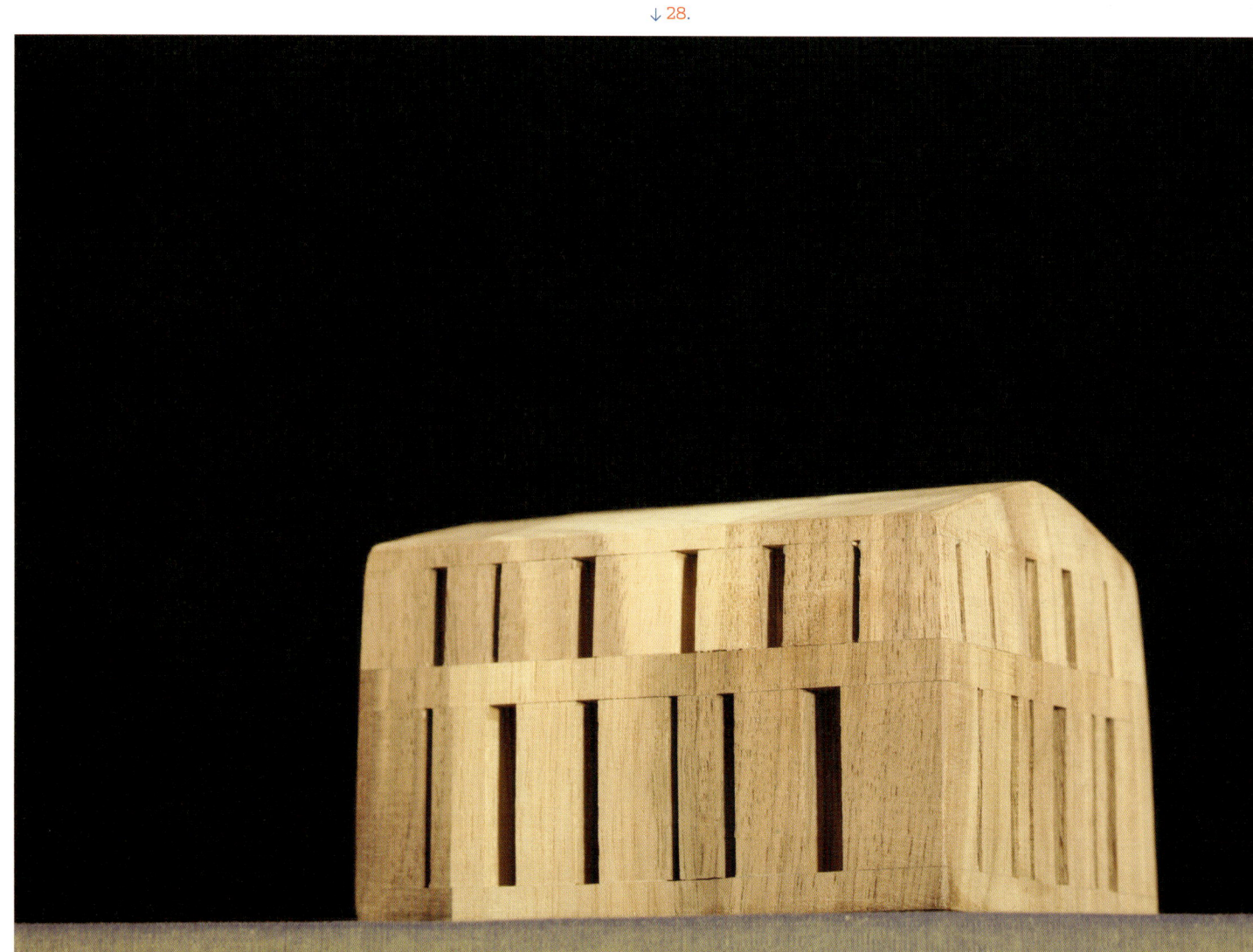

→ 27.

↓ 28.

241

→ 29.

→ 30.

→ 31.

↓ 32.

08 visioni e utopie   d.i. 20.00.11   242

→ 33.

nature stabili

Alla ricerca di soluzioni immediate, di esempi
semplici da seguire per sondare del progetto
la sua naturale propensione a soluzioni di buon senso
ancorate comunque alla creatività e al suo corollario
di manifestazioni utili. Questa una delle anime
del design italiano. ¶ Una condizione che si confronta
con i temi della piccola dimensione, dell'economia
dei gesti e che induce ad una riflessione sulla
manutenibilità degli oggetti e sulla loro durabilità
sia tecnica che estetica. →

33. 34. M. Adami, Soft Crack, Phillips De Pury, 2010.
35. M. Adami, Cheap, bicchieri, Murano, 2008.
36. M. Gamper, 100 Chairs in 100 Days, Triennale
Design Museum, 2009.
37. M. Adami, Sharpei, sedia, Cappellini, 2008.
38. P. Marigold, Split Boxes, produzione Skitsch, 2009.
Un contenitore-scultura a moduli irregolari
che nell'insieme forma figure libere sempre diverse.

→ 34.

→ 35.

← 36.

← 37.

↑ 38.

§

09 designer e imprenditore
coordinamento laura giraldi

09.a **italia: un rapporto speciale tra designer ed impresa**
di laura giraldi
09.b **design conduttivo**
di gianpiero alfarano
09.c **impresa e design. successi e difficoltà**
di eleonora trivellin
20.00.11 **raccolta iconografica**
a cura di luigi formicola

coordinamento ricerca sapienza università di roma
team di ricerca università di firenze

09 designer e imprenditore
09.a italia: un rapporto speciale tra designer ed impresa
di laura giraldi

Questo saggio intende proporre a titolo esemplificativo alcuni modelli contemporanei di eccellenza nel rapporto design-impresa. ¶ In Italia, infatti, esiste un rapporto del tutto privilegiato tra designer ed aziende produttrici. È grazie ad alcune imprese, alla loro passione, al coraggio di voler investire per innovare, che il design italiano si è affermato ed è diventato un'icona famosa ed apprezzata in tutto il mondo. ¶ La mostra "Italy: the New domestic landscape", organizzata al MOMA di New York nel 1972 da Emilio Ambasz con la collaborazione di Anna Querci è sicuramente un evento che ha contribuito a far conoscere prima e a diffondere poi la fama del design italiano nel mondo e con esso delle aziende che hanno permesso la realizzazione di prodotti tanto innovativi ed originali quanto contestatori, dalle forti connotazioni simboliche e dalle morfologie morbide, sinuose e seducenti in linea con il temperamento ed il carattere individualista del popolo italiano. Un design dalle qualità visionarie, capace di immaginare e di mostrare scenari futuribili. ¶ L'eccellenza del design italiano e la sua fama nel mondo è quindi frutto di una miscela tanto rara quanto unica, fatta dalla creatività dei designer, dell'ingegno del voler e saper fare di aziende "speciali", oltre che dai maestri artigiani. Il tutto iniziato in un momento socio economico particolarmente proficuo ed ottimista della ricostruzione e del benessere degli anni Cinquanta e Sessanta.

un rapporto speciale tra designer ed impresa → **Oggi, a distanza di circa quarant'anni,** il panorama produttivo italiano è alquanto simile ad allora. Accanto alle grandi aziende permane una fitta rete di piccole e medie imprese che lavorano con successo nel campo del design. ¶ Una piccola parte di esse è ancora guidata da imprenditori particolarmente "illuminati" che lavorano con passione e che ricercano designer con idee innovative da sperimentare e produrre. ¶ Proprio per questo l'Italia in realtà è il luogo, più di ogni altro al mondo, in cui è ancora possibile la collaborazione speciale tra designer-azienda. Tale fenomeno avviene grazie all'organizzazione di quelle piccole imprese italiane che hanno il desiderio di mettersi sempre in discussione e di sperimentare. I tempi decisionali sono molto veloci perché è lo stesso imprenditore che lavora alla definizione dell'idea insieme al designer.

un rapporto speciale tra designer ed impresa → **La prototipazione avviene anch'essa con l'aiuto di qualche maestro artigiano,** in grado di consigliare il designer nella scelta e nella realizzazione di particolari tecnico-costruttivi, prima della messa in produzione. ¶ Un esempio di imprenditore illuminato contemporaneo è sicuramente Eugenio Perazza, di Magis. Così sintetizza egli stesso il suo pensiero circa il rapporto designer-imprenditore: "Alla base di tutti e due (designer e impresa, ndr) devono esserci gli stessi punti di partenza: la ricerca di una buona idea con un'altezza inventiva e saper poi sviluppare la giusta narrazione, il tutto per arrivare a definire un progetto che canti ad alta voce in termini di qualità, di differenze e si distingua rispetto a quanto c'è già in giro, avendo chiaro in mente che la qualità si misura per raffronto... Quando un prototipo è finito, e per prototipo intendo il modello definitivo che, secondo la mia analisi, vince e supera ogni incertezza di natura tecnica ed estetica, io, prima di metterlo in produzione, mi pongo sempre la domanda che è una specie di *gate keeper*: ma questo prototipo potrà mai portare a qualcosa di nuovo, di diverso, di meglio di quanto c'è già in giro?".

un rapporto speciale tra designer ed impresa → **Un interessante differenza da sottolineare**, rispetto al passato, è che oggi il design ha enormemente allargato i suoi confini, non è ristretto come prima a pochi settori produttivi ma coinvolge e comprende scale molto diverse di lavoro, fare design quindi significa "progettare tutto". Questa tendenza porta al coinvolgimento in questo "fenomeno" di aziende di settori diversi da quelli "tradizionali" del complemento d'arredo, favorisce i trasferimenti di saperi e facilita collaborazioni inedite tra le imprese. A titolo esemplificativo, tra i tanti, l'unione di due aziende: Baleri Italia del settore del mobile con Cerruti del settore moda, per fondare, nel 2005, la Cerruti Baleri con l'obiettivo di sviluppare un nuovo progetto industriale a cavallo tra il talent scouting della prima, e la ricerca tessile e cromatica della seconda; o il binomio Fossil e S+arck che, a partire dal 2005, si uniscono per avviare una linea innovativa di orologi da polso che diventano degli accessori fashion; o anche la collaborazione tra Alessi e Bassetti, per la collezione di nuovi prodotti tessili nel 2009 ed infine quella di PiQuadro e Peuterey per borse e giubbotti, sempre nel 2009.

→ T. Heatherwick, Spun, poltrona, Magis, 2010.

→ J. Miller, Littlebig, sedia, Cerruti Baleri, 2006. Seduta ottenuta con una tecnologia in grado di piegare in 3D il legno multistrato.

→ J. Miller, Flipt, poltrona, Cerruti Baleri, 2005. Sistema variabile che, da chaise longue, si trasforma in una longue chair.

un rapporto speciale tra designer ed impresa → **Un altro aspetto importante di diversità**, rispetto al contesto di quaranta anni fa, è che oggi le aziende non operano più solo o quasi esclusivamente in territorio nazionale. Per questo hanno necessità di avere una visione ampia dei mercati esteri e delle richieste provenienti da culture differenti. ¶ Di conseguenza il contatto con giovani designer stranieri diventa un'esigenza per condividere nuovi valori da apportare progetto. ¶ La generazione del Web 2.0, con le nuove applicazioni, rende possibile sempre più scambi di idee e di stimoli senza precedenti; proprio attraverso il nuovo valore della condivisione, il processo creativo riceve forti accelerazioni ed i contatti tra designer ed aziende dinamiche e sempre attente ai cambiamenti sono estremamente facilitati. ¶ La grande ricchezza di questi nuovi modi di lavorare e condividere, si concretizza con il combinarsi di culture diverse, di materiali tradizionali ed innovativi, di tecnologie, di saperi artigianali e genius loci che si coniugano nei modi più originali e disparati in prodotti eccellenti capaci di evocare emozioni e relazioni affettive, in cui gli aspetti immateriali predominano su tutti gli altri. ¶ Ne sono esempi significativi alcuni prodotti di Cappellini, Edra, Driade, Magis, Kundalini, per citarne alcuni.

un rapporto speciale tra designer ed impresa → **Tra i tantissimi esempi di collaborazione proficua** tra giovani designer stranieri e aziende italiane, va evidenziato quello che vede il binomio Jeff Miller di New York e la già citata Cerruti Baleri, i cui prodotti sono tutti caratterizzati da ricerca tecnico-funzionale ed emozionale. Va ricordato in particolare Flipt, una chaise-longue che si trasforma in longue-chair e Littlebig, seduta che suggerisce utilizzi inediti. ¶ Si riportano, a titolo di esempio, alcune parti di un'intervista sul rapporto designer-azienda fatta a Jeff Miller nel 2007, in occasione di una sua lezione al corso di Laurea in Disegno Industriale di Firenze. Tale esperienza presenta un punto di vista che può rappresentare una significativa chiave di lettura di questo rapporto privilegiato, tutto italiano, tra design e impresa.

L.G. "Secondo la tua esperienza, rispetto ad altri paesi, in Italia ritieni sia più facile lavorare con le aziende per la tradizione artigianale delle stesse che si prestano con entusiasmo a sperimentare e realizzare modelli e prototipi con ingegno e manualità, accelerando molti i tempi di uscita di un prodotto? Ritieni inoltre che questa possa essere una peculiarità dell'italian design?"

J.M. "Il mio background nel mondo del product design americano è stato principalmente con grandi aziende dove la controparte era il gruppo marketing. Di conseguenza la visione del prodotto era spesso compromessa per soddisfare le basse aspettative estetiche e di prezzo del consumatore americano. ¶ La mia esperienza con l'industria italiana è stata fino ad ora l'esatto opposto. ¶ Il processo di sviluppo è personale, spesso condiviso con la direzione dell'azienda. ¶ Si disegna per mantenere degli standard di prodotto altissimi e si lascia che il mercato segua e impari. ¶ La storia del design contemporaneo italiano è quella di un gruppo di imprenditori illuminati del dopoguerra e della collaborazione di questi con operai artigiani dotati di capacità esecutive uniche. Questo passato ha generato una cultura di design che continua a sopravvivere ed è compresa fino all'interno delle officine. È una gioia visitare le fabbriche italiane dove si sviluppano i prodotti e vedere l'entusiasmo dei tecnici nel realizzare un buon prodotto. ¶ Il design italiano si contraddistingue per un coinvolgimento personale sia nello sviluppo del prodotto che nell'imporsi sul mercato."

→ J. Olivares, contenitore multifunzionale trasportabile, Danese, 2007.

→ E. Mariotti, Morfeo, lampada, Lucedentro, 2009. Lampada notturna ideata per le camere dei bambini che distribuisce per tutta la notte, la luminescenza di cui si è caricata.

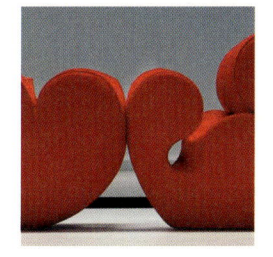

→ R. Arad, Spring, poltrona, Moroso, 1991. Moroso produce in serie la collezione Spring inizialmente realizzata come pezzi unici in lamiera di ferro e acciaio.

un rapporto speciale tra designer ed impresa → **I due saggi che seguono approfondiscono sotto luci diverse il rapporto design-impresa.** Il primo descrive l'importanza e l'unicità di questo rapporto ed evidenzia come oggi, attraverso le scuole di formazione universitaria e non, fucina-laboratorio delle giovani menti creative degli allievi designer, si instaurano sia pur con difficoltà, speciali rapporti design-piccola impresa anche attraverso workshop e collaborazioni mirate. Il secondo parte dalla citazione di un esempio di azienda "illuminata" del passato, quale fu l'Olivetti, per arrivare a sviluppare un focus analitico su un settore caratteristico del design italiano, quello dello yacht design, che, insieme a quelli del comparto moda (con aziende del calibro di Gucci, Pucci, Ferragamo, Ferrè, Prada), del car design (con Ferrari) e dell'interior, dai mobili ai complementi, al lighting design, hanno reso il design italiano famoso e rinomato in tutto il mondo. ¶ Infine, la raccolta iconografica della seconda parte, mostra un repertorio selezionato di prodotti Made in Italy, premiati anche al Compasso d'Oro negli ultimi dieci anni, suddiviso a sua volta in prodotti in cui predominano gli aspetti più tradizionali di forma-funzione, ed in prodotti in cui, invece, emergono quelli relativi agli aspetti formali, emozionali ed evocativi.

09 designer e imprenditore
09.b design conduttivo
di gianpiero alfarano

Il carattere pervasivo ormai raggiunto dal design lo ha portato a costruirsi una reputazione talmente generalistica e semplificata da far sostituire, nell'opinione pubblica, il concetto di design con quello di idea. Ciò vuol dire che al design è ormai riconosciuta una tale capacità di suggestione da essere totalmente svincolato dal dover essere capito. ¶ Non serve capire, basta fruire! È l'imperativo categorico che ci circonda. ¶ Del resto sono sempre più le cose che usiamo senza sapere come sono fatte che quelle di cui conosciamo completamente la loro consistenza. ¶ Uno smartphone, l'Ipad o il ventilatore Air Multipleir non sono certo oggetti comprensibili. Sono oggetti altamente complessi che si apprezzano per ciò che promettono di fare, ma devono molto alla loro riconoscibilità formale nella giungla degli oggetti. È attraverso l'identificazione, trasmessa dal design, che gli viene favorita la comprensione e garantito, in modo sottinteso, un valore di appartenenza al fronte più avanzato dell'innovazione. ¶ Quest'onere e prestigio che da sempre il design ha avuto, lo ha eletto a protagonista e vittima dell'esibizione formale. Sempre più la sua missione si è identificata nell'essere esuberante, appariscente, verso una piena spettacolarizzazione delle forme.

→ G. Pesce, UP5, poltrona, B&B Italia, 1969.

→ G. Pesce, UP5, poltrona, versione silver, B&B Italia, 1969.

design conduttivo → **Vi sarà capitato di chiedervi davanti ad un nuovo oggetto**, magari di design, dov'è l'idea? Risposta: nella spettacolarizzazione dell'effetto! ¶ Se Jannacci cantava anni a dietro "... per vedere di nascosto l'effetto che fa", oggi l'effetto deve essere evidente addirittura prima che si manifesti. ¶ Allora tutti a caccia di effetti! Magari di effetti speciali. Trascurando di considerare che ampliare la spettacolarizzazione comporta un aumento di velocità nel comprendere e distinguere il nuovo. Occorre capire in poco tempo e dedurre in fretta da pochi elementi. Il rischio è di non fare in tempo a riconoscere in un oggetto l'idea sopraffatta dall'invadenza della forma. Una sorta di perversione che fa godere più del segno che del suo significato. ¶ In realtà ciò che serve alle aziende non è tanto far percepire l'idea che c'è dietro ad un prodotto quanto il suo valore. Se il valore può essere inteso come reputazione, questo è stato da sempre veicolato dal design che in tutta la sua storia ha firmato e certificato nuove ipotesi sia di prodotto sia di comportamento sociale.

design conduttivo → **Il design figlio di una modernità basata sulla riduzione della diversità** (omogeneità, produzione di serie) e sullo sfruttamento di massa del già noto, oggi si trova a dover affrontare la complessità perdendo l'obiettivo di doverla ridurre anzi, con l'esigenza di gestirla. ¶ Ecco il nuovo ruolo del designer: da server a enabler! ¶ Il passaggio è ormai obbligato e consapevolmente già assimi-

→ Strum (G. Cerruti, P. De Rossi, R. Rosso) Pratone, seduta tappeto, Gufram, 1971.

→ J. Colombo, Boby, contenitore multiuso, Bieffeplast, 1970.

→ Archizoom, Safari, sofà, Poltronova, 1967.

lato dalle nuove generazioni di designer che in questi ultimi anni si sono formati nelle scuole di design delle università italiane. Il design che verrà non offrirà solo soluzioni, ma sarà in grado di fornire alla progettazione strumenti per un'autonoma costruzione di soluzioni da parte del fruitore. Avrà un ruolo di facilitatore capace di mettere in relazione processi diversi. Una sorta di conduttore capace di collegare concetti, sistemi, tecnologie distanti che, così come già sosteneva Francesco Bacone, "crea matrimoni illegittimi tra le cose". Questo comportamento in realtà è già la cifra che contraddistingue il design italiano in ambito internazionale. Mettere a contatto mondi diversi. Creare nuove opportunità con nuove relazioni è da tutti riconosciuto come la diversità del design italiano. Non lo è stato mai e mai potrà definirsi un metodo, ma nella sostanza della pratica in molti lo hanno adottato e lo adottano quasi inconsapevolmente per semplice contagio. Le lezioni dei grandi maestri insieme allo sviluppo della didattica del design nelle università ha contribuito a farlo conoscere. Una disciplina in rapida espansione dalle potenzialità forse ancora trascurate o non del tutto pienamente comprese dal sistema produttivo nazionale. ¶ Un sistema produttivo succube del pregiudizio di un'Italia che non è mai voluta diventare veramente moderna arroccandosi sulla capillarizzazione delle piccole e medie imprese, meglio noto come fenomeno dell'artigianato locale, invece di dare spazio alle grandi imprese. Questo tipo di considerazione ci porta a riflettere sul ruolo storico nazionale della cultura del progetto rispetto al rapporto con il contesto produttivo e con il repertorio culturale a cui si riferisce.

design conduttivo → **L'identità del design italiano,** che vede facilitata la strada per la realizzazione d'intuizioni a volte anche visionarie grazie a una diffusione di piccole aziende artigianali disponibili a mettersi in gioco, non ha trovato altrettanto entusiasmo nella promozione del fenomeno messo sempre in confronto con la grande impresa. La percezione sbagliata dell'artigianato ha creato svalutazione del sistema e, nel pregiudizio comune, la contrapposizione, nella realtà invece inconsistente, tra impresa artigiana e grande impresa. La verità è che i due mondi sono complementari e non opposti come molti pensano. Sono due sistemi che vivono a strettissimo contatto e che fanno la forza dell'industria italiana, capace di avere economia di scala e standardizzazione a fianco dei vantaggi del lavoro artigianale e in particolare della piccola impresa quando questa sa esprimere flessibilità, personalizzazione dei prodotti, risposta immediata ai trend del mercato.

design conduttivo → **La peculiarità del design italiano di inventare nuovi punti di vista,** di saper far vedere ciò che altri non vedono richiede di consolidare e rendere virtuoso il legame che s'innesca tra territorio e formazione. Un esempio può venire da ciò che si è manifestato nella piana fiorentina, luogo con la più alta concentrazione industriale sul territorio toscano. Se già nel 1873 risulta istituita a Sesto Fiorentino una Scuola di Disegno Industriale non vuol dire solo che c'è stata molta ambizione e fede in uno sviluppo programmato. Vuol dire aver creduto prima di altri, e anzitempo, nella formazione come educazione al saper fare. ¶ La scuola voluta per fornire adeguate abilitazioni professionali alla Richard Ginori, è ancora oggi esistente e costituisce un caso e un vanto per la continuità di una simile storica ambizione. Non esiste al mondo una così longeva scuola con un così specifico indirizzo industriale. Da alcuni anni, non a caso, nella stessa piana – a Calenzano – si è insediata la scuola universitaria del design fiorentino che tra le prime in Italia ha istituito, in ambito accademico, l'insegnamento della disciplina del design. ¶ L'approccio della scuola fiorentina, avviato dai maestri come Pierluigi Spadolini, Giovanni Klaus Koenig, Roberto Segoni, si è contraddistinto per il carattere specificatamente rivolto al progetto messo a diretta relazione con le aziende locali: i cantieri di Pisa al tempo di Spadolini o la Breda di Pontedera per Koenig. Nel corso degli anni il contributo formativo di quest'approccio ha sviluppato competenze nello stretto scambio del saper fare tra designer ed azienda, ma ancor di più ha permesso di far crescere la consapevolezza del saper far comunicare alle aziende le proprie caratteristiche di qualità e soprattutto i propri valori.

design conduttivo → **Il design italiano sa far porre l'attenzione sull'intenzione:** conta non il primo che fa una scelta, ma il primo che sa far porre l'attenzione su di essa. Uno spiazzamento, un ovvio mai visto. Forse atteso e sicuramente, grazie al design, condotto ad essere compreso ed è per questo che il design potrà definirsi conduttivo nella misura in cui saprà creare delle nuove condizioni più che cercare nuove soluzioni. ¶ Oggi che il fruitore è passato da consumatore a consulente, da obiettivo da raggiungere a opinione da consultare, per proporre il nuovo il designer sa, più di altri, che contano più le innovazioni sociali che quelle tecnologie.

09 designer e imprenditore
09.c impresa e design. successi e difficoltà
di eleonora trivellin

Il rapporto tra imprenditore e design ha assunto caratteristiche molto diverse in Italia nell'ultimo secolo. Raramente il designer è stato organico ed integrato con l'azienda di produzione come accadeva di regola negli Stati Uniti, dove, ad esempio, si sono potuti sviluppare, anche nel segno di una ricerca creativa più indipendente, interessanti collaborazioni. Queste collaborazioni, non casualmente, si concretizzarono proprio con quelle aziende che possedevano una struttura e una dimensione matura. E questo accadeva non tanto perché l'industria tradizionalmente più evoluta poteva contare per la propria gestione su di una "dirigenza" particolarmente illuminata, quanto piuttosto per necessità: nella grande produzione di serie la divisione dei compiti nel processo progettuale e produttivo era un concetto acquisito e, di conseguenza, l'esistenza di un progettista o di un team progettuale era un dato di fatto. Non era e non è lo stesso quando si parla di piccola e media impresa dove, in qualche modo, la continuità tra progettazione e produzione sembra ancora non essersi interrotta. Detto questo, casi di imprenditori particolarmente illuminati, sono stati presenti nella grande industria ma anche, nella piccola e media impresa, ovviamente con differenti influenze e ricadute economiche, tecniche e comunicative. ¶ Sicuramente, il "caso" italiano più emblematico è quello della Olivetti di Ivrea, azienda che oggi, in modo del tutto appropriato, viene paragonata alla Apple per i valori di innovazione non solo tecnologica ma soprattutto formale che ha sviluppato.

→ C. Olivetti (1868-1943), padre di Adriano, fondatore della prima fabbrica italiana di macchine per scrivere.

→ A. Olivetti (1901-1960), una straordinaria figura di imprenditore-intellettuale che fu anche politico.

→ Fabbrica Olivetti, linea di montaggio della macchina da scrivere Lettera 22, progettata nel 1950 da M. Nizzoli in collaborazione con G. Beccio.

successi e difficoltà → **Alla Olivetti si fondeva la ricerca della bellezza dei propri prodotti e degli spazi** per la produzione e di servizio (asili, mensa), con la ricerca costante di innovazione, con l'appartenenza alla fabbrica da parte dei lavoratori o forse, sarebbe meglio dire, alla comunità eporediese che si fondava sulla fabbrica. Inoltre, l'azienda dava la possibilità agli operai di occuparsi anche di un piccolo appezzamento da coltivare in modo che la fabbrica non fosse contrapposta alla terra. I prodotti e gli spazi erano parte integrante del progetto di comunicazione dell'azienda. Marcello Nizzoli, Mario Bellini, Ettore Sottsass, hanno avuto il privilegio di lavorare per questa azienda che ha rappresentato il Made in Italy in tutto il mondo grazie al progetto generale che andava ben oltre i prodotti e il territorio di Ivrea. E questo disegno così evoluto tanto da essere futuristicamente fuori tempo, era opera di Adriano Olivetti e dei suoi collaboratori, architetti, designer, ma anche sociologi, economisti, scrittori. ¶ Quello che distingueva il rapporto tra Adriano Olivetti e i designer, rispetto alle altre industrie, era che nella Olivetti si costruivano le condizioni affinché si producessero idee culturali in grado di diventare prodotti. ¶ Oltre a questo, ciò che va ricordato come tratto distintivo dell'azienda era quello di mettere al centro l'uomo lavoratore, senza che per questo ci fosse un rapporto paternalistico tipico della grande industria almeno fino alla fine degli anni Cinquanta. ¶ Se l'esperienza Olivetti, nata con Camillo e proseguita con il figlio Adriano, comincia nei primi decenni del XX secolo, per avere esempi di piccoli imprenditori illuminati pronti a collaborare con designer affermati o emergenti e ad investire su nuove idee di prodotti si deve attendere il secondo dopoguerra.

successi e difficoltà → **Nel secondo dopoguerra gli imprenditori** che hanno saputo vedere nel progetto e nel design un valore sono state numerosi. Tuttavia il rapporto con la piccola e media impresa non è mai stato facile. L'esperienza, e una sapienza fondata sul fare, ha in molti casi ritardato processi di innovazione di processo e di prodotto. In Toscana, tra le aziende che hanno saputo accogliere nuove idee progettuali, ricordiamo la Poltronova che, distinguendosi da tutte le aziende di imbottiti dell'area di Quarrata, è riuscita ad entrare nella storia del design realizzando prima gli arredi di Giovanni Michelucci, Gae Aulenti e poi degli Archizoom, fino ad arrivare ad Hans Hollein. E ancora, i cantieri di Pisa, con i quali collaborò Pierluigi Spadolini, proposero il nuovo tipo di yacht allontanandosi dalla forma della nave in miniatura e trasferendo alcuni elementi dell'architettura contemporanea, da tempo già acquisiti nella forma delle imbarcazioni.

successi e difficoltà → **Trattare del rapporto imprenditore illuminato/designer oggi,** appare un compito difficoltoso perché grandi differenze si riscontrano, non solo tra l'industria e la piccola e media impresa, ma considerando le marcate differenze tra aziende che lavorano categorie merceologiche diverse come ad esempio le aziende del comparto moda con quelle del comparto arredo. ¶ A fronte poi di una generalizzata innovazione sulle tecniche di lavorazione, non è corrisposto un riconoscimento del lavoro intellettuale di progettazione tanto che è possibile affermare che gli imprenditori illuminati, percentualmente, non sono certo aumentati da cinquant'anni a questa parte. Se oggi molte aziende sono consapevoli che innovazione, qualità e sviluppo sono elementi che risultano sempre più in relazione tra loro, soprattutto in momenti di difficoltà come quello che stiamo vivendo, non altrettanto chiaro è il ruolo e il valore che la progettazione deve assumere. Come Università, ci capita frequentemente di svolgere progetti di rete con aziende e centri ser-

---

A.A.V.V. (a cura di), *Pierluigi Spadolini. Architettura e sistema*, Dedalo, Bari 1985.

A.A.V.V. (a cura di), *L'impresa tra innovazione e bellezza*, Pime, Pavia 2009.

J. Attali, *Breve storia del futuro*, Fazi Editore, Roma 2009.

G. Berta, *Le idee al potere: Adriano Olivetti tra la fabbrica e la comunità*, Edizioni Comunità, Milano 1980.

G. Chigiotti, *Pierluigi Spadolini. Il design*, Cadmo, Fiesole 1998.

R. Gargani, *Archizoom associato, 1966-1974: dall'onda pop alla superficie neutra*, Electa, Milano 2007.

L. Giraldi (a cura di), *Jeff Miller Designer*, Alinea, Firenze 2007.

F. La Rocca, *Scritti presocratici. Andrea Branzi: visioni del progetto di design 1972/2009*, Franco Angeli, Milano 2010.

E. Morteo, A. M. Sette, *Unicità d'Italia 1961/2011, Made in Italy e identità nazionale*, Marsilio Editori, Venezia 2011.

A. Olivetti, *La fabbrica e la comunità*, Movimento Comunità, Ivrea 1956.

M. Ruffilli, L. Giraldi, *Design a mano libera*, Alinea, Firenze 2010.

P. C. Santini, *Facendo mobili con...*, Poltronova, Agliana 1977.

→ E. Sottsass, Valentine, macchina da scrivere, Olivetti, 1968.

vizi qualificati alle aziende e, da queste esperienze, possiamo affermare che è necessario, prima ancora di collaborare, comunicare ed educare a capire i rapporti virtuosi che possono svilupparsi dalla collaborazione centri di ricerca/aziende. ¶ Molte aziende considerano un'esperienza positiva confrontarsi con gli ambienti di ricerca ma per molti questo rapporto può nascere solo se "assistito" e se passa magari per canali di cofinanziamento pubblico che permettono al piccolo imprenditore di non rischiare.

↪ Barca dei cantieri Vismara Marine di Viareggio, Lucca.

↪ F&U Campana, Anemone, seduta, Edra, 2001.

successi e difficoltà → **Per riprendere un settore già citato, riportiamo come esempio quello della cantieristica.** Si tratta di un comparto fondamentale per l'economia italiana. Se si escludono rari casi, le aziende hanno tutte una configurazione artigianale e la progettazione non sembra avere il riconoscimento necessario all'interno del processo decisionale. In alcuni casi le aziende chiedono l'intervento del designer più per un valore comunicativo che per nuove idee. ¶ Casi diversi sono quelli degli imprenditori-progettisti dove ricerca e progetto sono complementari e costantemente interagenti. In questo senso possiamo citare Vismara che ha applicato alcune ricerche innovative alle imbarcazioni prodotte nei propri cantieri.

257
§

09 designer e imprenditore
→ raccolta iconografica
a cura di luigi formicola

Nella storia del disegno industriale, dopo Inghilterra e Germania, l'Italia costituisce il terzo pilastro portante nel campo della progettazione industriale. Il design italiano ha contribuito significativamente, soprattutto nei settori automobilistico, motociclistico, navale e dell'arredo, del tessile e della moda, alla creazione di un vero e proprio marchio di qualità: il Made in Italy, tutelato dall'art. 16 del d.l. 135 del 25 settembre 2009, e terzo al mondo per notorietà, dopo Coca-Cola e Visa. ¶ Made in Italy non evoca solo appartenenza geografica, piuttosto l'insieme di quei valori, riconosciuti a livello mondiale, che sono sinonimi di estetica, creatività, tradizione, innovazione, e stile. Una miscela tutta italiana costituitasi nel tempo grazie alla fortunata collaborazione dell'architetto/designer con l'azienda radicata nel suo territorio di appartenenza. Nella cultura italiana, difatti, il progettista industriale, che spesso coincide con il fondatore dell'azienda – basti ricordare Camillo Olivetti, Vincenzo Lancia, Osvaldo Borsani, Cesare Cassina, Sergio Pininfarina, Ernesto Gismondi, Giorgio Armani, Gianni Versace, Valentino Garavani – è l'inventore, il creatore tout court del prodotto, che ne definisce tutte le caratteristiche di utilizzabilità, di ergonomia, di bellezza, di commercializzazione. ¶ Valore aggiunto, quindi, che si fonde irrinunciabilmente al know how progettuale di cui l'industria non può fare a meno per competere nel mondo globalizzato sul piano dell'eccellenza e dell'unicità propria di quel Made in Italy tanto ricercato nei mercati internazionali. ¶ La storia del design italiano è costellata di binomi di successo: Olivetti e Marcello Nizzoli, Fiat e Giorgetto Giugiaro, Brionvega e Marco Zanuso, Cassina e Giò Ponti, Flos e Achille Castiglioni, Danese e Bruno Munari, Poltronova e Ettore Sottsass, Alessi e Alessandro Mendini, Kartell e Philippe Starck, sono solo gli esempi più celebri. ¶ Dal 1954 sancisce queste unioni il Premio Compasso d'Oro, il più antico ma soprattutto il più autorevole premio mondiale di design. ¶ Nato da un'idea di Giò Ponti, il Premio Compasso d'Oro fu per anni organizzato dai grandi magazzini la Rinascente di Milano e, dopo il successo ottenuto con una manifestazione occasionale denominata Estetica del prodotto, si decise di rendere periodica l'iniziativa, dandole una organizzazione e istituendo dei premi riconosciuti ex-aequo fra gli "industriali i cui prodotti si fossero distinti per i valori estetici di una produzione tecnicamente perfetta", e i progettisti che avessero avanzato soluzioni tecnicamente corrette. ¶ Successivamente il Premio Compasso d'Oro fu donato all'adi che dal 1964 ne cura l'organizzazione, vigilando sulla sua imparzialità e sulla sua integrità. ¶ I quasi trecento progetti premiati, insieme ai quasi duemila selezionati con la Menzione d'Onore, sono raccolti e custoditi nella Collezione Storica del Premio Compasso d'Oro adi la cui gestione è stata affidata alla Fondazione adi, costituita all'uopo dall'adi nel 2001.

il design italiano 20.00.11

09 designer e imprenditore   d.i. 20. 00 .11   258

→ 1.

→ 2.

→ 3.

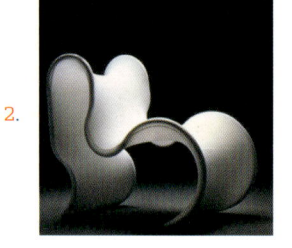

la forma segue la funzione
Oggetti utili, ma anche funzionali, riescono a coniugare bisogni e desideri, forma e funzione. →

1. Momodesign, Fighter, casco con bluetooth, 2005.
2. G. Pareschi, Fiocco, Busnelli, 1970.
3. H. Koskinen, Muu, collezione di sedute, Montina, 2003. XX Compasso d'Oro 2004.
4. Bartoli Design e Fauciglietti Engineering, R606 Uno, Segis, 2003. XXI Compasso d'Oro 2008.
5. S. Pengelly, Nuur, sistema di tavoli, Arper, 2009. XXII Compasso d'Oro 2011.
6. S. Giovannoni, Mr Eye, Alessi & Iida, Designtide, Tokyo 2010.
7. A. Baldereschi, Le Piantine, Simone Cenedese Murano per COIN Casa Design 2008.

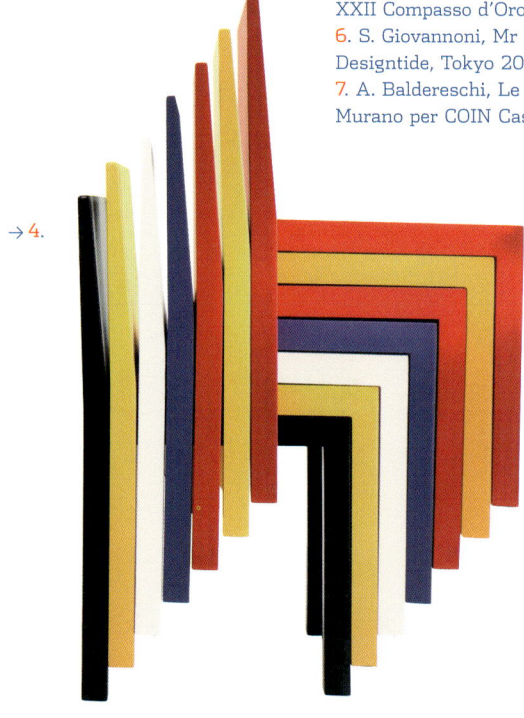

→ 4.

→ 5.

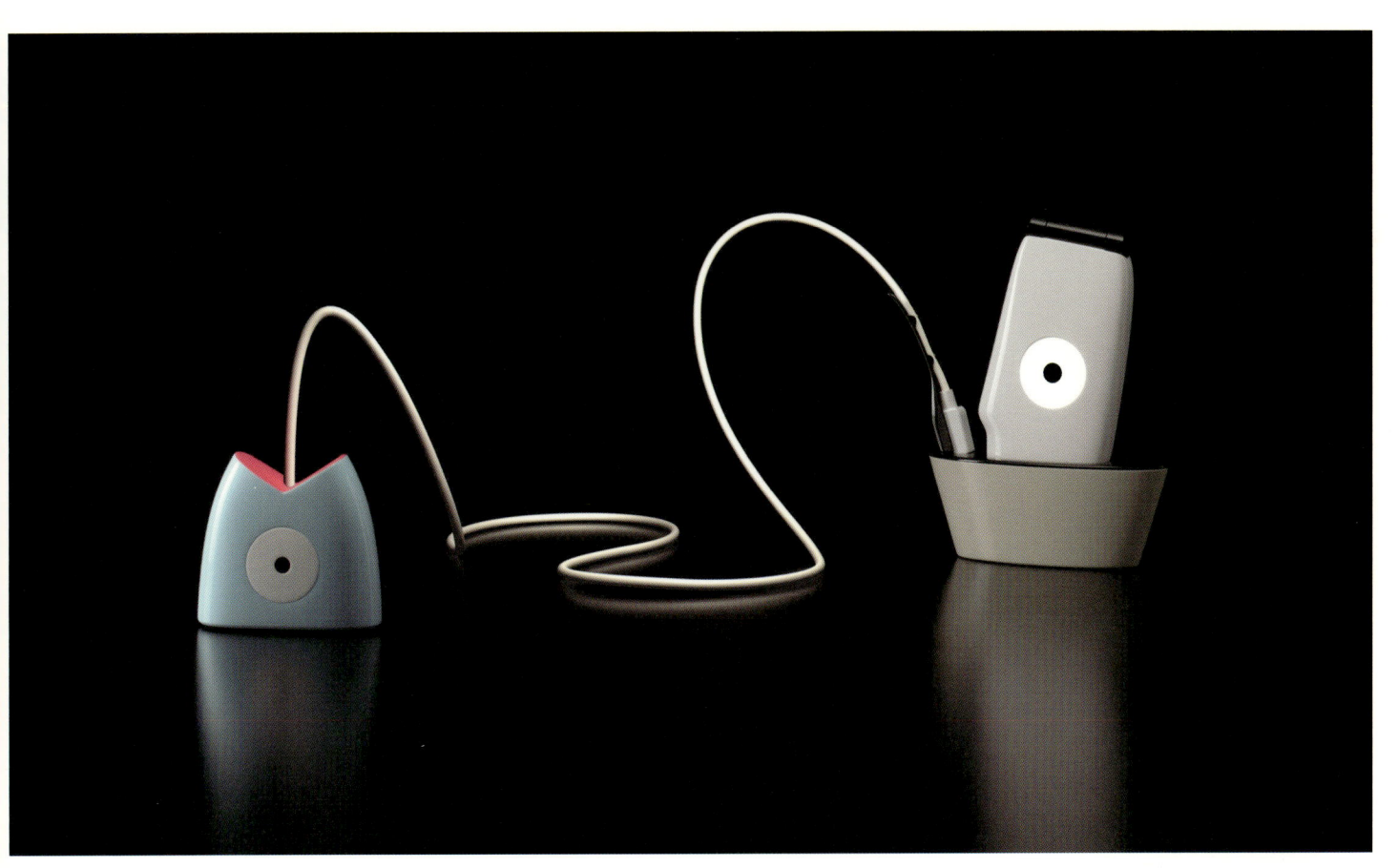

↑ 6.

↓ 7.

09 designer e imprenditore   d.i. 20.00.11   260

← 8.

→ 9.

→ 10.

→ 11.

la forma segue la funzione
Fedeli al principio dell'architetto americano
Louis Henry Sullivan, che enunciò il motto
"form follows function", liberando l'architettura
moderna dall'ornamento, molti designer
cosiddetti razionalisti e funzionalisti progettano
oggetti utili, belli e funzionali che riescono
a coniugare bisogni e desideri. →

8. P. Gatti, C. Paolini, F. Teodori, Sacco, poltrona, Zanotta+Missoni, 2004.
9. Hangar Design Group, casa mobile, Movit+Pircher Oberland. XXII Compasso d'Oro 2011.
10. 11. Chiaramente design, Alveo, chaise longue, Marin per Emu, 2000.
12. R. & E. Bouroullec, Steelwood, Magis, 2008. XXII Compasso d'Oro 2011.
13. L. Nichetto, Poliart, tavolino, Casamania, 2010.

→ 12.

↑ 13.

09 designer e imprenditore d.i. 20. 00 .11

la funzione segue la forma
Cosa accade se il design adotta il principio enunciato da Ettore Sottsass "l'emozione prima della funzione"? ⁋ Rovesciando il paradigma classico della progettazione funzionalista, dunque, il designer deve rispettare le emozioni umane considerandole fattori determinanti nell'influenzare il rapporto tra utente e artefatto progettato. ⁋ Le emozioni costituiscono un punto di partenza della progettazione e il design diviene emozionale. ⁋ Sorpresa, trasgressione, ludicità, citazione, ornamento, anche fine a se stesso, sono gli strumenti con i quali il designer riesce a stimolare le emozioni del consumatore, inducendolo a desiderare e possedere l'oggetto emozionante. →

14. P. Starck, Gun Bedside Lamp, Flos, 2005.
15. 16. 17. 19. G. Berchicchi, ETA, ETA baby e ETA sat, Kundalini, 2000.
18. Herzog & De Meuron, Pipe, lampada, Artemide, 2002. XX Compasso d'Oro 2004.

→ 14.

↓ 15.

263

→ 16.

→ 17.

→ 18.

↓ 19.

09 designer e imprenditore   d.i. 20.00.11   264

→ 20.

←21.

la funzione segue la forma

La forma diventa un veicolo di relazione tra l'azienda e il consumatore: i prodotti immessi sul mercato non si identificano unicamente come la risposta ad una domanda di tipo funzionale, ma piuttosto rappresentano la sintesi fra l'ambiente fisico, le interazioni sociali e i bisogni latenti. →

20. 22. M. Sadler, Mite e Tite, lampade da terra e a sospensione, Foscarini, 2000.
XIX Compasso d'Oro 2001.
21. E. Aarnio, Trioli, sedia per bambini, Magis, 2005.
XXI Compasso d'Oro 2008.
23. 24. D. Chipperfield, Tonale, servizio da tavola, Alessi, 2009. XXII Compasso d'Oro 2011.
25. K. Grcic, Myto, sedia a sbalzo, Plank Collezioni, 2008. XXII Compasso d'Oro 2011.
26. Canasta, sedia con nastri della spalliera elastici a tensione regolabile, Heron, 2000.

↓ 22.

265

→ 23.

→ 24.

→ 25.

← 26.

→ a.
comunicating italian design
by tonino paris

Italian design is a well-studied phenomenon with a wealth of literature. ¶ Talking about it today means looking at its past, at the unique nature of its present, and at its visionary ability to look at future scenarios. ¶ We do this within a specific reference period: the first decade of the third millennium. Ten years during which the Italian design system has established itself as a system of polycentric activities spread throughout the country, as a non-unitary form of expression, one that is polyhedral, multiform and articulated in a broad range of applications, which, despite our increasingly globalised world, have seen the emergence of specific and unique characteristics, such as in the field of training, with the university network of design schools across the width and breadth of the country. Ten years in which new designers have established themselves. ¶ In a few cases, their way of designing has followed the theoretical, cultural and methodological approach of their teachers who, since the middle of the last century, have helped affirm Italian Style in the world. More often, however, a discontinuity and a new way of understanding the discipline of design has emerged, accounting for the disappearance of the distances between the cultures of countries and traditions that in the past were still widely separated. This is a new way of looking at the past and future, based on the increasingly weak boundaries between the disciplinary statuses of art, design, architecture, on the hybridisation and contamination with each other, and on the emergence of new tangible and intangible expressive forms of communication. Ten years during which, in addition to traditional design applications (furniture design, interior design, product and transportation design), others have established themselves, such as exhibit and public design, fashion design, visual and multimedia communication design, and so on. Ten years during which the media has shown increasing interest in design. With so much attention to design with respect to more traditional applications, too little attention is paid to the design expressed in products offering high performance content, those in which innovation, and not just formal innovation, entails typological innovation, the invention of new products for new needs, or the so-called anonymous design. ¶ With so much attention paid to teachers, who certainly deserve it, there's too little focus on new designers and the new design that explores territories other than the home, the interstitial spaces between people and their living space, between people's needs and the emotional involvement of their senses, or which explores the relationship between people and the objects they use within new ethical values, or in the new vision of the world that they desire. ¶ The artefacts that design produces can be traced to the enormous flow of artificial products, both tangible and intangible, that invest our bodies and cross our spaces. ¶ These are all the things that surround us and as such we can interpret them in many ways. ¶ In this way, we are facing a different scenario from that definition/exaltation that still insists in complacently reinterpreting a history, which is certainly important, but no longer conditions the methods and content of the work of young designers, who know how to observe contemporary people and the world in which we live, to interpret our needs and transform designs into products that improve our lives. ¶ It is precisely this complexity that has pushed us to communicate on the Italian design of the last ten years through thematic prospects that crisscross it and provide so many ways to interpret it: communication, creativity, manufacturing ingenuity, innovation, visions and utopia, icons, museums and knowledge, territories and values. • communication → We can tell how in the past ten years the traditional ability of Italian design to identify in its own communication one of the contents of its added value has not only been fully preserved, but has been made even more effective through the use of all the devices of visual and multimedia communication technologies. The efficiency of the methods and of the means used in communicating products from the fashion world has been transferred to communicating knowingly and effectively about artefacts and objects of use, thereby promoting the "surface" of the products rather than their functional and technological performance. • creativity → We can tell how in Italian design in the past ten years, creativity in design has been reflected in proposals, thanks to ingenuity and know-how, combining the culture of craftsmanship and tradition and the culture of innovation in the design of artefacts. Creativity has become the means by which new instances are expressed, by finding a new place for design within new disciplinary and professional fields such as interaction design and app and videogame design; by finding a new place for products within the processes that invest in new sustainable, alternative and clean energy sources; as well as for products within the processes of a new craftsmanship focussing on quality, in which the uniqueness of the object is the representation of ability, expertise and creativity in managing manufacturing processes. • manufacturing ingenuity → We find in Italian design of the past decade what has characterised it since its beginnings - manufacturing ingenuity, i.e. a design dimension that includes the ability to make and to produce. A strength and weakness of Italian design at the same time, it is unequalled in products that use materials and processes specific to craftsmanship, including its innovative forms, but it is increasingly lagging behind, except for a few very specific exceptions, in the design and production of technical objects that require high degrees of performance. • innovation → Italian design has been and is crossed by innovation in a specific meaning, i.e. linked to a design/experimentation activity that coincides with the designer-entrepreneur pair who together express innovation not so much in research, in high technology, in marketing or in corporate strategies, as in experimenting with languages and new types of products. • visions and utopia →Looking at what's new, foreshadowing – pushed by a visionary, at times utopic impetus – future scenarios is a characteristic of Italian design, certainly of that which has made its history, that which has represented a model on the international scene. Mendini reminds us of this in the first editorial of Domus which opened his brief, final season at the helm of the magazine: 'Utopia: the legendary model to strive for. It is important for it to be unreachable.' Where he states: '... Italian designers of the past century, perhaps because of their training (as architects rather than engineers) have always described scenarios rather than constructed realities. Objects, almost always furniture, even in their physical nature expressed no pragmatism, no lucid correspondence between form, function, material...' ¶ For Mendini, Italian design is a set of '...symbolic and significant images, which take to heart the slow and perennial novel of form...' Objects as manifestos of another reality, as stories of other and different thoughts. ¶ Perhaps this is the character that, more than any other, new generations have inherited, although post-modernity has transformed the utopia of recent years into a "weak utopia", perhaps unable to move masses but certainly able to stir consciences. • icons →We can tell how artefacts' iconic power has still been an added value in the past ten years; this is a specific feature not just of the objects that have made the history of Italian design, but also of more recent proposals, which not rarely manage to design things that can still become objects of desire, not only identified with specific uses, but with names that define the affective reference of the person who possesses them. The appearance of objects must be more persuasive than demonstrative, it must simultaneously and instantly solicit the senses, thoughts and feelings (sense, think, act, feel, relate). • museums and knowledge →Over the past decade, many institutions have appeared with the goal of disseminating the design culture - from corporate museums to the Collezione Farnesina, from the Fondazione Valore Italia to the Salone Internazionale del Mobile, from Abitare il Tempo to the opening of the Museo del Design Italiano at the Milano Triennale, which sought to answer the question "what is Italian design?" with its first four exhibits: The Seven Obsessions of Italian Design; Series, Off Series; What Things We Are; Dream Factories. ¶ These exhibits presented objects, ideas, designers, companies, visions and paradoxes of Italian design. However, a specific aspect of design has also emerged: exhibit design, which increasingly uses new digital technologies to plunge into the narration of what is exhibited in terms that are more and more dynamic and interactive, frequently giving life to immersive narrative forms, aiming to involve the emotions and all the senses of the observer, and not just sight. • territories and values →Italian design is also a phenomenon evocative of a cultural and social tradition linked to individual territories, which are the representation of different material cultures, different values and experiences. The experience of making, like the dissemination of small and tiny companies, coming from different contexts. The experience of thinking has allowed Italian design to imagine new social scenarios, and new visions for experiences related to the use of new technologies, or related to experimentation with new forms of production and consumption. Finally, the experience of living is different in the various Italian contexts, in objects of use, in behaviours, specific to consolidated traditions each time. Many different aspects that make up a shared Italian scenario, differing elements having one thing in common: the value of the lived experience.

→ b.
the design culture
by massimo arlechino

How can the journey of Italian design be described? This book sets itself the ambitious goal of doing just this, in the knowledge that the very act of telling the tale will help to preserve the precious design and cultural heritage in question.
Ultimately, the real secret of Italian design is the "design culture". It can take many forms and we felt it appropriate to highlight the ones that make up the different topics of our publishing work. In terms of practical implementation, the design scene has been able to count on the support of producers that are mainly based in the North of Italy, but the conceptual and cultural sides of the process have taken place all over the country and created a multi-centre system. Its exponents have shown the ability to adapt the design culture to cater to the specific needs of each area, going beyond the more traditional sphere of industrial design to emphasize and promote these requirements. The different types of "design" that are now listed in the study programmes of numerous academic institutions (*visual design, food design, experience design, communication design* and so on) and the many practical examples of their use in Italy are simply variations on a single national culture. ¶ One of the topics covered in this publication is entitled "Manufacturing Ingenuity". This is perhaps the most effective way of describing Italy's unique place in the world. Its roots probably lie in the mediaeval arts and crafts

guilds, corporations and academies. The proximity between "arts" and "crafts" – sometimes in the same workshop – meant that it was only natural for Italian ingenuity to combine high production standards and a quest for beauty. Even after the onset of industrialization, the resulting production system has always shown great flexibility and a marvellous capacity to adapt (in terms of both machinery and entrepreneurial risk-taking) to the creative ideas of designers, acknowledging that their value added should not be lost because of mere "difficulties with the management of the production line". ¶ This is what the *Made in Italy* label has come to represent: culture, striving for beauty and quality, design skills and manufacturing capabilities. In short, "manufacturing ingenuity". ¶ Italian design should not just be associated with one area of the country. As demonstrated by this book, there are a number of centres of design research and development in Italy. The challenge is to encourage all Italian companies – and not just the ones in the North – to use design to boost their competitiveness on the international market. In the past (after the Second World War), design was unquestionably a key driving force behind the success of small Italian production companies. Now it can play an even bigger role on the *Made in Italy* scene. The quality of products is becoming increasingly important on the markets. The focus of competition is shifting from the actual production stage to the previous pre-competitive development phase (design, prototyping, testing) and the final distribution and marketing. In both cases, the use of design as a conceptual and planning system can help to give companies an advantage over their international competitors. Therefore, it is essential for the design culture to take measures to enhance its standing in terms of higher education (universities and research), the protection of intellectual and industrial property rights, and incentives for investments in design (businesses, the banking system).

→ c.
from architecture to design
by umberto cao

The broad field regarding the Italian culture of Industrial Design that *Comunicare il design italiano* wishes to illustrate has an illustrious precedent in *Il disegno del prodotto industriale, Italia 1860-1980*, published thirty years ago by Vittorio Gregotti for Electa. The connections or divides between this great 1982 publication and the collection of critical contributions inside this volume will certainly be highlighted with greater care by our other colleagues. But I believe that the path of young contemporary Italian Design (and perhaps even planetary design) has its roots in the volume edited by Gregotti who is, coincidentally, an "architect" par excellence. From the commendation of the machine suspended between ideology and pragmatism, through the development of industrialization fostered by the conflicting adjustment of the great western countries, to the affirmation of consumerism and the consequent supremacy of the market over production, Industrial Design (first established as a branch of Architecture) has progressively assumed its own specific connotations. ¶ For architects of my generation (who were students during the Sixties), Architecture and Industrial Design stood together as one. The explosive "De Stijl" movement was still experienced with passion (basically slightly more than forty years had gone by since its foundation), the passage of the academy to functionalist experimentation was still new in the Faculty of Architecture, there was a strong connection between "Visual Design" and architectural image, and some "Masters" (in Rome, Maurizio Sacripanti just to mention one) blatantly possessed the conscious creative hybridization between architectural space and shape of the object. ¶ The said explicit connection between architecture and industrial design in Italy would last nearly two decades, coming to a close towards the end of the Seventies when the extraordinary and overflowing story of urban studies and the relationship between architecture and cities shifted the discipline drift and expanded the range of design reference. So Aldo Rossi designed a "coffee machine" that seemed like a scale model of one of his "baptisteries" and (not coincidentally) during those years Design acquired (at least in the Italian schooling environment) its first conformation as a specific discipline. ¶ While it is not one of the final objectives of this "Comunicare il Design italiano", I believe it would be impossible to measure the values and the problems of our industrial design without considering the question of its definition as a discipline and the consequent university studies. But I also believe its connection with Architecture is the foundation itself of the discipline. And I would like to explain the reasons. ¶ It is a well-known fact that most Italian designers, at least the middle-aged and most successful ones, are "architects" due to the very recent constitution of university studies in Industrial Design. Perhaps less expected is the fact that they lay claim to their education, dedicating themselves to designing furnishings and objects that often possess methodological and figurative guidelines not unlike Aldo Rossi's approach to the subject of "coffee". Moreover, most of the professors of undergraduate courses in Industrial Design are "architects". Nor should it seem contradictory to speak of this bond as being still very strong, while observing the momentum possessed by two other components of Italian Design: on one side that of "visual communication", evidently linked to new digital instruments and imaginative creativity that has also invaded the world of architecture; on the other side that regarding the "definition of processes", not far from the reflections on social defence and the safeguarding of the environment – only too actual in the planning and construction of buildings. ¶ But, more than any other consideration, Italian reality itself confirms this strong connection between Architecture and Design. The international renown of our architects and designers is certainly not due to their capacity of administering technological and building innovations, but rather their ease in designing simple shapes, their freedom with the "elementary" and the "complex", the preservation of an identity that still foreshadows supremacy in a dimension of artisanship over that of industrialized globalization. ¶ I hope that our universities are aware of this and, going through some difficult times where the possibility of surviving lies in the capacity of abandoning one's dreams in order to become pragmatic, they might give back not only its original dignity to the virtuous connection between Architecture and Italian Design, but also give it back its extraordinary impassioned power dating back to its young traditions.

→ d.
design is one
by medardo chiapponi

Design – of its own account a discipline with many aspects and many souls – over time has been subjected to and has generated different lines of research and areas of application. Some of the most recent ones are services design, strategic design, interface design before and interaction after, etc., almost suggesting a widespread fragmentation of its original statute. A sort of conceptual segmentation that is necessary on one hand in order to organize know-how in all of its shapes and forms, while on the other inevitably stresses that no list or specialization can ever be complete and exhaustive. ¶ Trying to give a name and form to this great variety of meanings is therefore legitimate, but even more legitimate (and I daresay necessary) is trying to understand to which extent each one of these articulations is a true variation or whether "Design is one" is still true. ¶ In other words, what keeps all of this together? In my opinion, the core of the question lies in the analysis of the relationship between the unitarity of the discipline (referring to a compact organic methodology) and the great variety of "topics" envisaged. This mutation phenomenon that "is occurring" and that "occurred" to design over recent years also occurs in other disciplines, for example in the field of Physics and Medicine, namely in all those other fields where (due to the vastness and complexity of those areas) in-depth and specialized skills are necessary, which in principle always takes place according to a unitarity of thought and methodology. ¶ This is one of the crucial aspects of the disciplinary question of design needing careful considerations and which (also setting off from the definition of industrial design made by Tomàs Maldonado exactly fifty years ago during an annual icsid conference) will be one of the topics during the forthcoming icsid conference that will be once again held in Venice in 2011. Certainly an opportunity to reconsider the destiny of design, even more mandatory when referring to Italian design. ¶ Italian design, famous the world over for its excellence, quality, elegance and formal sophistication, has always been bound to a widespread artistic-visual culture that pervades us and that nourishes our intrinsic creativity so capable of giving forms to ideas. While in fact "classic design", namely that Made in Italy trademark, seemed to be essentially linked to a small number of categories and product types mostly connected with architecture and therefore interior design (although there was no lack of exceptions in the automobile and calculator sectors, for example), today there are many Italian design sectors of reference, likewise to the many technologies that are available. ¶ A little like during the early Sixties when, thanks to the development of the chemical industry and Natta's discovery of polypropylene, Italian design interpreted technological innovation; so today's new Italian design must translate into artefacts and must experiment the possibilities that research has opened up in the fields of robotics, nanotechnology and materials. ¶ And once again this is where the design challenge is being played, namely the capacity of translating technological innovations into intelligent applications, without neglecting what is still known as "Italian style" – a blend of elegance, quality and the reflection of our culture.

L. Vignelli, M. Vignelli, *Design is One*, Images Publishing, Victoria (Australia) 2006.
In 1961, during the third icsid (International Council of Societies of Industrial Design) conference held in Venice, the old definition of Industrial Design (ratified during the first conference held in Stockholm in 1959) was substituted by Tomàs Maldonado's proposal: "Industrial design is a creative activity whose aim is to determine the formal qualities of objects produced by industry. These formal qualities are not only the external features but are principally those structural and functional relationships which convert a system to a coherent unity both from the point of view of the producer and the user. Since an exclusive for the external features of an object often conceals a desire to make it seem more attractive or even mask its constitutional weaknesses, the formal properties of an object – at least how I see them

– are always the result of the integration of different factors: be they functional, cultural, technological or economic. In other words, while external features regard something like an extraneous reality (namely not connected to the object and not having been developed with the same), on the contrary formal properties constitute a reality that corresponds to its interior organization – bound to the same and developed with the same".

→ e.
necessary contents
by umberto croppi

The word 'design' means design but, at the same time, it means project, idea and invention. As everyone knows, the term is an Anglo-Saxon one but in our language it has attained the full sense of the word. It is precisely this complexity of meanings assumed by the term "design" in our country that has led us to consider its specific territorial value since we expect to have a broad historicization of the same; namely its being a widespread, polycentric and multiform legacy that is beyond compare. ¶ These design "qualities" have different origins; but one of them, which is at times neglected, represents one of its most original traits: time, namely its duration. In fact, there is no other place in the world where craftsmanship and industrial laboriousness in creating objects of daily use has had such permanent continuity and tradition. This has led to constantly experimenting with different materials and expressive languages, in addition to trying out aesthetic and technical issues. All of these traits could only have been explained and legitimized through the skilful "slowness" of constitutional processes and long-term perspectives that are typically Italian. ¶ Thus our country has refined its practical abilities, discovered forms of manufacturing and intellectual specializations allowing us to get a glimpse at the long-term and to change our way of observing the usual, the already known. To this extent, suffice it to consider that extraordinary invention called "perspective": a device capable of arranging the representation of space but also of giving a different sense to time itself. ¶ This capital, which is a matter of culture before being a matter of disciplines, is at risk of being squandered since the mutations produced during the last two decades on the international scene have questioned its peculiarities and primacy. It is not only an economical question – the cost of labour, availability of material, access to transportation – since even quality standards no longer constitute an Italian exclusive; nor must we deceive ourselves into believing that we are equipped with automatisms that can save us and allow us to compete in any case. ¶ Besides, nothing was obvious even at the beginning of the last century when Italy faced highly industrialized and competitive nations. In that case art, more than other fields, realized the potentials offered by new materials and how to bend the same (using original solutions) to fit the characteristics of new models to be produced. Then came a schedule of requisites so vast and authentic as to develop a particularly competent industrial network, an exacting and attentive demand that has contributed towards determining a virtuous production and market system. ¶ Returning to the present, it is important not to overlook some of the advantages that we naturally possess. One of these is the selection of real and symbolic "qualities" that our products possess, which represent an ideal lifestyle. This is perhaps a slightly mythical view of our country and of our capacities, but nonetheless it constitutes a fundamental marketing factor: we already possess what others have to come up with. Another gift is our experience deriving from long and widespread practice that has been handed down thanks to direct "on the field" teachings, but also through schools of higher education - translating into the "made by Italians" expression. If we wish to, we can also add the "X" factor – Italians as the first spokespersons for their own productions. Once again, this statement may be expressed in the "made for Italians" formula. All of this means that Italian "know-how" is of high importance. Therefore affirming that a product has been made in Italy produces an appeal that increases its market value. Although Italy is still forefront in some niche sectors (beginning with nanotechnologies, physics, industrial mechanics just to name a few), the field of design (intended as Italian design) is where it best offers a vast, recognizable and recognized representation of itself. This includes, in addition to interior decoration, the fields of fashion, communication, food, all the way to planning complex systems and the new frontiers of sustainability applied to daily life. ¶ This is our "goldmine" that luckily has not been depleted yet. But sometimes what seems to be lacking is a full understanding of its value by those who should be implementing it in terms of research, transfer of know-how and regulation facilities. This deficit forces the players into being self-sufficient at times, laboriously making up for the deficiencies of the system. Although the "art of getting by" is one of our great prerogatives, the moment might be approaching where this will not longer suffice. For this reason a conviction must prevail that our material and intellectual resources, being the "spontaneous" legacy of our land, must represent the launching-pad of our culture, our economy and act as the permanent banner of our identity.

→ f.
comunicating design
by arturo dell'acqua bellavitis

The history of the industrial object is closely related to the development of modern technology, but also to modifications of settlements on the territory and the evolution of architecture, in addition to forms of communication and social-economic causes induced by their mutation. ¶ Objects of everyday use in fact express the predominance of a class, a caste, a social standing, a culture. ¶ Due to their proximity to man, objects of everyday use clearly denote the attitude of different men between themselves and the relation between man and his surrounding environment. ¶ Various forms may be used to communicate design; one of particular importance is the subject of exhibitions, suffice it to think that "Italy the New Domestic Landscape" has communicated Italian design to the whole world in such an effective manner. Attention of designers and artists in today's modern movement is aimed at determining the role played by technology compared to art: if technology, as master of the machine, has overpowered the artistic creativity of man; or, instead, a correct relationship between art and technology might give rise to new sorts of creativity. During the post-war period love for nature, for one's home and for colour have refined tastes and induced a search for objects that were increasingly corrected, aimed at solving issues of function, in soft and fluid forms. ¶ With the aim of giving a further boost to the creativity of designers, the Compasso d'Oro award was established by the Rinascente department stores in 1954; today it still presents the most interesting proposals in the field of industrial productions. In all of its different evolutions and in addition to being a clear mirror of the times (for the general public) the Compasso d'Oro award is also a highly influential means of communication. So much so that it is often mentioned by great production companies as proof of the quality of their products. ¶ Another important communication means for Italian design is represented by the museum. The subject of Museum Design has been faced many times, but each step of the project delivery phase has been interrupted by something that only led to the failure of the initial process. ¶ Design has been at length at the centre of the attention of all industrialized countries, which have historically recognized its role of cultural expression and (to be more precise) as a factor working towards the upper-hand in competition. The Triennale Design Museum now stands in Milan, but we can find different and more specific forms of the same in London, Paris, Vienna, Zurich, Stuttgart, Cologne, Glasgow, Copenhagen, Helsinki, Barcelona, Thessalonica, New York, Tokyo, Osaka, Sydney and even in Bombay. ¶ But while all these museums showcase their collections, the Triennale Design Museum aims at setting up a new model for the Museum of Design, capable of responding to the ever-changing paradigms of contemporary times. ¶ The starting point for any institutional development strategy that wishes to present itself with real implementation possibilities is in fact the idea (a radically innovative one) that the Museum of Design must be a hub of all the energies, a collective meeting-place, a place where all the synergies within the system can be strengthened, an expression of the differences. ¶ The Italian situation is one regarding a series of "goldmines", more or less open and visible, scattered over its territory. These are heterogeneous collections or collections belonging to corporate museums: a "widespread" legacy. This casual distribution, determined over the course of time by a lack of integration/interaction between subjects, is strongly responsive to the concept of a "network museum" aiming at the integration of the various nuclei. ¶ In developing the project, it has emerged that one must reconsider the method of describing design at its roots, in addition to the exhibition methods used to date. It is the System of Objects that must be the leading actor in the Museum, namely the set of complex aspects, a network of actions that have contributed to the definite establishment of a determined object; therefore the necessity for a presentation of relative projects, designs, production processes and anything else that might contribute to the comprehension of facts specifically connected to the works presented for the public most inclined towards in-depth studies, especially in highlighting the story of its evolution. Therefore there must be a thorough contextualization of the works displayed (i.e. the presentation of the context in which they first appeared and were used) both as a way to date them in time, and as a method for recognizing their impact on later times. In this sense, an important contribution has been given by the direct portrayal of the project in question by the actors themselves: designers, model designers, producer, technicians, marketing managers, etc. ¶ Moreover, design activities are not limited to product design, therefore the museum underlines (and effectively represents and communicates) a concept of broadened design: i.e. the design of materials, interfaces, corporate product and cultural strategies (design direction), multimedia design, sound design, movie design, space design, etc. ¶ The founding criterion of this organization was imagining a museum that not only communicates products, but also the ideas and contexts they refer to. ¶ While not wishing to deny the evocative and explanatory capacities of products as such, their effective comprehension and therefore also the perception of the design activities that have generated the same cannot be separated from their history and from the social, political and cultural environment from which they emerged –

and which they later collaborating in transforming. This also means considering the importance of the various actors, leading the contribution of all the interactions between project designers back into the museum. ¶ The museum presents itself as a collection of themed showcases, each time representing either an event of particular importance, or a phenomenon was developed through a period in the history of Italian design, or a critical and topical consideration of a precise and well-argued topic. These groupings select the product at times from the standpoint of the history of industry, then from the standpoint of the history of the project, then the history of the technique or the history of the artistic movements; in this way portraying all the complexities that design itself is made up of, meaning that the same nucleus can be observed using different interpretation keys. ¶ In summary, the object is not exhibited, but the "system behind the object" is. ¶ It is blatantly clear how the exhibition becomes a means of communication of primary importance: the Museum areas are set up in such a way as to allow a clear interpretation of the different presentation levels, a quick and economic passage from one exhibition to the next; a certain characterization of the different showcases, especially regarding the creation of "atmospheres" that play upon different levels, including at the level of senses. ¶ Man instinctively combines his sensory perceptions by living new experiences. The need expressed by Pine and Gilmore [2000] for the intensification of sensory interaction joins that by Verbiicken [2003] as he points out the necessity to provide man with intelligent stimuli nurturing the senses and the brain with entertainment and information. ¶ During the era of Ambient Intelligence, technologies sensitive to human communication foster intuitive interactions through the voice, senses, body language; these create new points and moments of contact in new environments with mixed realities, stimulating all our senses and setting off a holistic experience. ¶ With the term Poetic Interface, Rees and Cass [2003] refer to the interfaces that capture the user during experiences rich in emotional or intellectual significance that last much longer than the interaction itself. Just as an object of daily use can recite the poetry of the use it is intended for, likewise an interface can mediate the poetic dialogue between man and the virtual world. In some Museum exhibitions, while the visitor reads poetic interfaces he is hypnotized and (freed from time and space) loses himself in the image, looks through it, beyond it, abandoned to the flow of emotions. So he might read the qualities and capacities of a system, which communicates its functions through the meta-language of poetry. On the other hand, rationality stimulates the critical and creative faculties of the user – proving to be an instrument that is particularly useful during the knowledge economy era, where learning is a continuous rather than an intermittent process. The expanded museum (taken the concept of knowledge as a shared good) has sharing platforms that allow curators, experts, enthusiasts, suppliers, distributors, employees, partners, stakeholders and visitors to create, share, publish and therefore generate personalized experiences. ¶ Thus relevant contents assume the form of narration such as is the case in best practices, such as is the case for the present exhibition curated by Alberto Alessi. The involvement of all the stakeholders associated with the event through the lever of rationalism, transforms it into a learning organization where learning experiences and narrative learning are put into context. According to Rutgers [2003], the systems and instruments of Ambient Intelligence foster experiential learning in an essentially intelligent, social and human manner. Whereas communicating design is a continuously-changing process and the Museum asks itself (at every edition) what strategic lever it should make reference to. For example, in the future one might envisage the use of the lever of emotions. ¶ The objective one aims at satisfying is the human need for emotions, giving rise to interactions at the real and virtual level. All of these concepts are fundamental in Ambient Intelligence from the early research stage, and they lead to the development of projects like those of intimate media. These are real databases containing creations, collections, recollections, interests and personal passions. They can store film footage, photographs, texts and music to enjoy in solitude or to show one's friends when wishing to share emotional experiences that are deeply involving. By doing so, the Triennale Design Museum becomes a hotbed of continuous experimentation focusing on how to effectively communicate with a varied and multifaceted public, both in terms of age brackets (referring to the Trienniale Kids project, for example), of cultural background or origins.

→ g.
the restlessness of italian design
by patrizia ranzo

Profound social, economic and production changes that are affecting the third millennium constitute the backdrop of contemporary design. Traumatic yet vital events have been investing the old order of nations and economies, generating chaotic and fluid situations where only broadly prospective visions manage to make an impression. ¶ In the midst of this scenario, Italian design has experienced a complex evolution, distinguished by the broadening of its cultural and professional community, and especially by a two-fold quantitative and qualitative revolution. ¶ An increasing number of design schools, first in Italy and then all over the world, has created a new generation of professionals able to manage (from a multidisciplinary standpoint) the design project in all of its aspects. The number of design graduates has increased in an exponential and vertical way in Italy: "This quantity revolution", affirms Andrea Branzi, "has also led to the end of the era of masters. Namely the long period going from the Fifties until the end of the century, when design was a practice carried out by a few important professionals, has left the field to a new and very numerous generation with many different characteristics and tasks, within an industrial context that attributes a completely new strategic value to design". The generation of new designers faces an entirely different world. Great Italian craftsmen have disappeared; likewise companies that used to be the correspondents of Italian designers have undergone complete transformations, to say the least. The production world, once highly integrated in the districts or in concentrated geographical areas, has become capillary; production is an event that occurs around each single manufactured item and it is geographically widespread. An instable world that is going through continuous expansion, requiring a design culture capable of coordinating many aspects that overcome the specific nature of the object itself. Within such a changing and impermanent system, designers have developed a highly sensitive nature; rather than focusing their attention primarily on the project specialization, they especially focus on envisaging, managing and experimenting in the first person. Therefore the quality revolution concerns two specific aspects: research underlying every project that generally overcomes specific functional and qualitative aspects; the consequent capacity of the design discipline to extend its skills to all the problems in a world that evolves through commodities. ¶ Facing these profound transitions, Italian design has come up with myriads of research laboratories (individual, university, social, production...) nearly substituting an industry incapable of asking questions that should be answered with projects. The task of today's designer is concentrated on singling out project problems, even before considering the solutions. Each object becomes a sort of Manifesto, very much related to the characteristics of contemporary society where what is consumed is especially the communications value, its distinguishing power. ¶ This design attitude has distinguished the work of younger generations who, at a distance from the world of Masters (and often at a distance from the production world), speak directly to the world of consumers in a relationship of communication and collaboration that seems nearly symbiotic. ¶ Massimiliano Adami's Fossili Moderni (Modern Fossils), similarly to Martino Gamper's 100 chairs for 100 days, Elio Caccavale's experiments involving biotechnology and design, and many other experiments conducted by new generations in their independent workshops correspond to the expressive and communicative value of contemporary design research. Manifesto objects that speak about the restlessness and problems troubling the late-Modern world, about technologies or the hyper-presence of commodities. Speaking objects, often confined to the immediacy of the artistic language but actually of a profoundly realistic nature. ¶ The scope of contemporary revolutions (social, technological and scientific) and their speed in investing daily life has determined a profound transformation in the culture of Italian design and, on a more general level, the world as such. Opaque white objects from the beginning of the decade have gradually turned into powerful extreme images, which bring to light the world as it is: chaotic, problematic and disturbing. Oppressed by commodities and by objects, by pollution that is not only material and environmental, but it is also verbal and relational. The nature of design, facing the noise of contemporary times, becomes highly critical and expressive – an instrument of disobedience; from the historical standpoint, it reconnects to Italian experiences during the Sixties and Seventies in addition to the design of beautiful forks and lightweight chairs. Ettore Sottsass's experiments in Design Methaphors are closer than what we think to contemporary design, but with a substantial difference: the total absence of an optimistic horizon in design, in favour of extreme realism. As Sottsass wrote in 1973: "It may occur to someone working in design to produce objects that are of no use to industrial civilization as it is set up at present, but that serve to release creative energies, to suggest possibilities, to stimulate awareness, to bring people's feet back onto the planet... and it may also occur to him to use consumerism and adapt it to this idea so that that it becomes a liberating force rather than a conditioning one. All this is difficult, very difficult, and one knows, but that doesn't mean that we can't try..." ¶ Paola Antonelli (especially referring to design by Anthony Dunne and Fiona Raby, experiments by Michiko Nitta and projects by Ralph Borland) speaks about Critical Design in reference to a cultural attitude which, extending its experiments to a wide variety of sectors (from biotechnology to performance art, from communications to technological objects design), demonstrates its non-consenting stand towards the dominating social and cultural context. Contemporary aesthetic experiences often blanket themselves with cynicism or feed on the (feared or hoped-for) horizons of transhumanism: techno-corporal hybridizations, bio-engineering technologies that extend human capacities. Design aiming at reflections, anticipating possible scenarios in a concrete and realistic way; utopias that can be achieved, that actually are already present in many scientific laboratories. "The Critical Design process does not immediately lead to useful objects, but rather to food for thought on the usefulness revealed by its ability to help others prevent and direct future outcomes. The job of digital designers is to be thorns in the side of politicians and industrialists, as well as partners for scientists or consumer advocates, while stimulating discussion and debate about the social, cultural and ethical future implications of decisions that technology made today". ¶ The critical attitude in recent design has many origins, from the environmental one to the refusal of identifying man with the destiny of the consumer, from social disobedience to criticism, to scientific evolution deriving from the connection between biology and technology. Research of sense is the overall scenario which includes all experiences; the progressive quantitative saturation of the world through commodities arouses great apprehension, nurtured by scientific and technological research that proceeds with its own independent project compared to the existing ones. According to Andrea Branzi: "Perhaps it is precisely this state of design that is beginning to sow doubts in my mind, about its tendency to produce an electrolysis, as it were, which clads the porous surface of the existing world with chromed skin but fails to confront that world's new dimension. It is a different world to that of the last century: worse perhaps than the one before it, but certainly much bigger, deeper and more complex."

→ h.
the time of design
by massimo ruffilli

What does the future have in store for us? It seems that we will have to face very complicated problems. Resource depletion, global warming, religious fundamentalism, the rise of new countries and the fall of western lifestyles, represented by the American superpower. Contemporary reality is already registering great changes. The onset of new markets following the opening to eastern countries and growing mass migration from southern countries are leading to entirely new economic and social orders, in addition to human settlements. ¶ Change involves the geographical shift and the new relocation of production sites on a worldwide level, together with the international centres of financial and economic power. ¶ Europe represents the geographical bridge between two worlds, the east and the west; it has always been involved in managing these passages and being the premises of change. Its role as a go-between territory can and must represent an opportunity; but this transformation occurs at such a rapid pace that Community politics still have not been able to adapt and provide answers that are as rapid. ¶ One of the most troubling and dangerous phenomenon of this new development is that it tends to increase the unconditional exploitation of natural resources and non-renewable energy. Tomorrow depends on how we plan to use technological innovations and, as the economist Jacques Attali states, to which extent we share creative capacities with others. ¶ Nuclear energy crisis makes the picture of energy resources an even more dramatic one. This insatiable need to produce and devour energy leads us more and more towards an uncontrolled exploitation of the residual resources, especially in those places in the world where there is no supervision over the said exploitation. This is enormously aggravating the environmental issue all over the world. ¶ The Europe 2020 Strategy, aimed at overcoming the present profound socio-economic crisis, has singled out three priorities: intelligent, sustainable and inclusive growth. However, it also must envisage a possible "decline". ¶ The environment is of paramount importance, together with a concept of sustainable development where research and innovation are aimed at the use of clean and renewable energy resources as an alternative to the use of non-renewable energy or high-risk sources such as nuclear energy. ¶ A determining role in the management of such transformations must be backed by a planning capacity for adjusting the system to the territories, in the field of construction, with new products and new services answering to the new demands of a changing society. ¶ During the last few years we have witnessed a progressive impoverishment of contents, not only in the theoretical field of architecture, but also in the field of concrete productions. Where have design, good taste, the sense of beauty, cultural identity, the language of a society that wishes to express some values, and the project itself gone to? ¶ To observe some beautiful architecture, we have to look at the great examples of the past, the works of outstanding architects, we have to leaf through architecture reviews or even dream in the virtual dimension. And things get worse in the field of urban-planning. ¶ Already at the close of the Seventies, Andrea Branzi had predicted the death of architecture as it could not accept the challenge of modernity. ¶ Today we are witnessing the death of the design culture in architecture, in the traditional sense. Planning cities and houses has been reduced to a mere technical operation confined to respecting bureaucracy and regulations. And it is for this reason that the disciplinary role of design is stepping forward. ¶ As one of the fields of planning, design has remained the freest, the most creative, the most dynamic, the most up-to-date, the one most representative of contemporary culture. ¶ Design has developed new planning methodologies such as Design Discourse, Design Driven, Use-Centred Design, Design for All, Design for Environment Sustainability, etc., which have refined instruments and methods that are also spreading to the fields of architectural and urban planning. Design has especially kept man at the centre of its interests, maintaining a strong role (in the strict sense of the word) as a project and as a capacity to foresee and manage its own future. Design as an opportunity of expressing ideas, ideals, new concepts where design (as a graphic sign) not only assumes a semantic value of meaning, but also value as an expression of the concrete will to build, to take a stand, to make decisions, to "design" the project. ¶ Its field of application is progressively growing with the affirmation of strategic design into broader sectors, services, communications where the design object can be viewed as a product or as a product system. ¶ Design therefore as the liberation of the project, the value of the design, the graphic mark impressing a sense of purpose in the things that surround us; not only expressing the values, the language and the dynamism of contemporary times, but also and especially man himself. ¶ The progressive rift that has arisen between architecture and design witnesses the latter claiming its own cultural independence… ¶ "From simple instrument of industrial civilization, design has gradually conquered its status as an independent discipline, breaking away from the role of lesser art compared to architecture, proposing itself as the key to refoundation of the project". (Branzi, "L'Autonomia del Design"). ¶ Research and innovation must lead us to offering results that are food for thought and even call into question our lifestyle. ¶ Design has been the only project discipline, as asserted by Francesca Rocca, "historically able to settle into the hidden recesses of the home, introducing the most innovative technologies into private sectors and moreover distempering the anonymity of the industrial product". Today even the machinery civilization has been suffering from the crisis and the concept of production at all costs no longer seems to be a "natural law". ¶ Society no longer has to resemble a factory, as predicted by British utopians at the close of the 1800s, but the factory itself has to adapt itself to society and its changes. ¶ Design therefore can and must become the leader of "applied arts" and through these proceed towards re-establishing architecture and town-planning, as well. ¶ The arts, which used to be defined as "minor" by the most fanatical architectural giants, must dominate the project once again because today architecture and town-planning themselves have become "minor" and the dimensional scale is no longer enough to affirm the quality of a product. The chain that once linked interior design to the building and the building to the city has been interrupted. ¶ The building, increasingly ugly and peripheral, disconnected from the environment and from reality, no longer fits with the world of the object which, vice-versa, helps, supports and backs contemporary life. ¶ Automobiles, airplanes, trains for transportation; telecommunications and digital technologies for work and relations. Therefore design today means planning the life of contemporary man and perhaps today designing a chair, a kitchen, an automobile or a beautiful boat is more important than designing an ugly building plan. Moreover all modern architecture is the result of early 20th-century applied arts; and all the innovative efforts are the result of designers who worked with the dimension of small objects and the possibility of creating (through their use) a new relationship between consumer and manufactured object, between technology and expression, between work and culture. ¶ These possibilities were underlined already during the early 1900s by the best men in the design culture. It was already predicted that the "Time of Design" would come. Adolf Loos argued that the truly operating architecture was interior architecture, since civil architecture was no longer an active cultural structure in urban living. So today the time of design seems to have finally arrived. ¶ Design, an "art applied to the industrial product of modern society" as defined by Tomas Maldonado at the Ulm School of Design, has the task of reaffirming the experimental value of evolved craftsmanship; standing alongside, an not against, mass production. ¶ Design can thus also be interested in new living models, namely in the forms of a new domestic civilization, new behaviours, new objects, colours, perfumes, music, images and decorations. ¶ Design as a culture of "happiness in doing" that recovers the nature of man by addressing his expressiveness. Therefore a new quality of life, new ways to use both the home and the city.

→ i.
italy and its know-how
by maria benedetta spadolini

The history of the design profession, as we understand it today, is still short and concentrated in a few evolutionary stages that since the Industrial Revolution have led to the birth of modern education and research facilities. On the other hand, there have been many people and objects distinguishing the aforesaid evolution, relating to areas and historical periods that can be easily identified and outlined. ¶ Amongst the great countries contributing to the establishment of this history, Italy is the last one to have institutionally begun the process of safeguarding its design and production experiences. This is a very emblematic case in a land full of archives, exhibition areas, collections, where cultural tourism is an inexhaustible source of promotional activities. One of the causes we can mention for this discrepancy, in order to find a culturally acceptable excuse, is the impossibility of simplifying the history of Made in Italy, with the consequent difficulty of limiting the objects and actors who have fostered its birth and development down to only a few cases. The quantity of products and designers that pile up over seventy years of history make distinguishing the exact methods for limiting permanent collections to universally shared choices a very delicate matter. The complexity of evolution and the different typologies are aspects that are difficult to explain with only a few examples. This calls for a broader filing project that would involve the widespread involvement of the whole country in an exhibition path made up of episodes, connected to local development, to industries and production areas. Design for cultural heritage, not only involved in the product but also in the designer and design itself. ¶ It is nearly impossible to portray the complexity of project methods and supporting the importance of the single object or person would risk being incomplete. We might underline one of the infinite paths that have been travelled, expose business considerations, concentrate on the reference targets for each single product, or play with the interactivity and sharing of information to help the consumer in his quest for acquiring new knowledge. We are at a crossroads where we have to choose between museums as a filing and information system or as a place of entertainment, instruments of evolution or representing an era, local or national museums specialized by type or merchandising sector, by single actors or education obtained, by social or formal themes, national propaganda systems or single trademarks. Ultimately static or dynamic, active or passive museums. ¶ It is an irrefutable fact that Made in Italy has represented and still represents an important aspect of our social and economic history; failing to document its development or to optimize its potentialities actually deprives those visiting Italy from the capacity to understand where our faculty for thought has ended up, or how it has been transformed – limiting their chance of understanding the historical continuity of that practical and cultural practice called Made in Italy.

→ a.
notes on communication of italian design
by carlo martino

The field of communication has always been an integral part of the Italian Design System and, like the specific nature of its other two actors – designers and businesses – it is certainly among those that have made the largest contribution to determining its success, or perhaps even creating its "legend". ¶ "(…) before owning a chair, armchair, sofa or household item with modern lines and innovative material, consumers have become familiar with their images, their names and their quality through the pages of advertising or from promotional brochures, catalogues and magazines" (M. Piazza, 2010). ¶ Image, as Mario Piazza states, has often been the first medium of Italian Design, the first contact between product and consumer. An image that has been and is, each time, an illustration, a photograph, a page of advertising, a catalogue, a brand, a product or a store window and is today a frame, a video, a banner, etc. • notes on communication of Italian design → **The original, entirely Italian, combination** of design, production and communication has certainly been a winning formula for design, which is transversal to various product sectors, extremely persuasive and not easily duplicable. ¶ In an etymological sense, a reflection on "Design Communication" would seem only to deal with the aspect of the cultural "divulgation" and "promotion" of design, with the risk of neglecting its other aims, such as sales promotion and advertising. "Design Communication" in general, and in Italy in particular, seems today increasingly close to those forms of activity that the semiologist Ugo Volli considers part of the so-called "seductive circuit" (U. Volli, 2007), in those manifestations where there is a strong display by the transmitter – in this case the design system in all its facets – and a great deal of pressure on the receiver – the public it is aimed at. ¶ In reality it is a set of activities strictly linked to design, representing not only its etymological meanings, but also a real context in which design moves and develops today, a true mediascape, in the words of anthropologist Arjun Appadurai, a landscape made up of "a global communication network" (F. Carmagnola, 2006), thanks to which design exists. • notes on communication of Italian design → **Initially in Italy**, when people like Nizzoli or Ponti designed the first industrial products, the promotional message - which was also part of the construction of a brand identity - was a complementary element of product design (design being more important than anything else). Today design, in Italy too, has an increasingly symbiotic relationship with communication, thanks to the wide availability and the pervasiveness of new methods; it is a relationship that often sees sequences inverted – first the method and then the product – and therefore shares, in a biunique dynamic – the main themes of modern life. Thus communication coherently translates and transfers to various types of public the concepts on which design is working, amplifying its effects and design, in turn, takes creative inspiration from the language, icons and methods of communication, fully absorbing and declining it in various elements of a project. Design is even consciously generated to be consumed by communication processes, as Vanni Codeluppi has theorised for years and is shown, for example, by the recent spread of Showpieces – unique limited edition objects that are extremely striking and have clearly ephemeral communication ends. ¶ An extremely powerful system has developed and evolved around Italian design from the second half of the 20th century. We can credibly assert that no other country – except perhaps China – has ever had such a high concentration of specialised publications, such a packed calendar of trade fairs and events, such a pool of design experts, theoreticians and historians, aimed at "communicating" how much designers and businesses are doing. • notes on communication of Italian design → **Today Italian Design Communication** involves almost all the components of the system and the new phenomenon lies in the innovative combinations between them. Businesses are today even more active financiers, designers engage in self-promotion, associations contribute to creating a design "community" and organising awards and recognition, which can be fully ascribed to the processes of communication; there are schools, aimed at the private or public training market; research, aimed at conveying its sense and its value, and publishing itself, forced to constantly transform in a market with a high level of competition. ¶ In recent years, even more than in other periods, Italian design has seemed to exist, more than in other forms, in the action of communicating. Rather than concentrating on building coherent signs and messages, it has focussed on how to pervasively enter the collective imagination. What has happened is that communication – intended as a moment in which information is organised or a presentation of what to show to the outside world (both in terms of *identity* and *image*) – has transformed into a greedy system that generates a demand for products to be consumed rapidly and voraciously. In order to exist it has to communicate and to communicate it has to construct a story or create news and feed the desire for new products. ¶ The system has created an accelerated rhythm that has proved unsustainable, both for those who are called upon to produce these new products and for those who have to consume them. A virtuous circle has been created that, fortunately, has seen an important hiatus in these years of profound economic crisis. The public - bulimics constantly feed with new products - have become selective and anorexic. The entropic acceleration and proliferation of the communication system has touched all its levers. Traditional printed media have multiplied and become internationalised and, above all, have transformed into articulated businesses in which the publication has become a brand. It has been called upon to manage events and dematerialise them in online systems and broadcasting. Media specifically designed for the Web, like E-Zines and Web-magazines, etc, which are still in the embryo phase, seem to be linked to the logic of social networks, and pose problems of the management and sedimentation of information. The exponential development of advertising has involved all media: TV, the Internet and new viral and guerrilla methods. Display systems have seen the phenomenon of the trade fair grow almost to saturation point, with the increase in exhibitions and specialised display events, to the creation of real amplifications systems through event organisation. ¶ Showrooms, which have perhaps best represented a typically Italian way of communicating and taking care of brand image, are designed by important architects. • notes on communication of Italian design → **Finally, there is communication through the product.** A feature that has distinguished Italian Design, for the iconic value of the objects designed and created in this country. What many call "trade dress", has been the most distinctive element of Italian design, both material and immaterial, and that which has perhaps received least attention in recent years. The form of an object still has a very strong communicative value: "Today (…) it is possible to consider a product not only for the important contribution that it makes to the company balance sheet, but also for its role as a key tool in the company's blend of communication" (V. Codeluppi, in G. Fabris, 2003). ¶ From the '80s and '90s onwards this semantic approach saw a strongly propulsive impetus and it was understood that careful manipulation of communicative contents, exercised through the form of the product, could not only induce the public to purchase through empathy or affection, but could also create the desire for rapid substitution, therefore creating new product demand. ¶ In the early years of this century, Italian companies and designers have fully understood this manipulative potential, leading to the semantic redundancy or "gadgetisation" of design. A light-hearted approach has prevailed but has, however, rapidly exhausted its innovative content, creating semiotic ado that has required other forms of trickery. These include gigantic *off-scale* products, *new baroque* (the critical recovery of decorative styles and apparatus from the past) and *multiculturalism* – enhancing the decorative codes of other cultures. • notes on communication of Italian design → **Fortunately the economic crisis** has slowed down all the processes of acceleration and unsustainable consumption that communication started and, to quote Perniola, that seemed more orientated towards maintaining excitement than achieving pleasure (M. Perniola, 2004). ¶ Once again there are new spaces in which to reflect on the sense of producing and consuming and new scenarios are to be created, preserving what has been positive and unique in Italian design, including communication.

→ b.
Communicating Design: Notable Appearances.
by daniela piscitelli

"During this era of media victimization, when we are convinced that "they can convince us" and we are seeking a great communicator to blame for our laziness and sloth, it is essential to take communication back to its humanistic background". (Franco La Cecla) • communicating design → **Carmagnola believes that changes to the designer** as a figure are caused by expansion, rationalization and showmanship, as long as the latter does not clash with the secularization and growth of design as a mass phenomenon. As Italy's creative industry is "genetically altered and moves from Fordism to an intangible economy, this phenomenon is one of the main driving forces behind the innovation needed by companies in order to compete on the market." It is also a source of propulsion for the Sistema Design Italia organization, which has become much more than a section of the production industry and is now a "social catalyst" whose cultural vibrancy, strong relationships and formation of networks generates economic development, as well as spawning and nourishing entire processes rather than just products. Media, aesthetics and economy become interconnected values fuelling the entire design system. The only products to survive are those whose "notable appearances" give them "enhanced media desirability". "The design system is one of the finest exponents of the imagination economy," which has moved on from the use of large exhibitions and magazines as tools to present both products and critical comments. Relationships and connections made through multimedia systems are now predominant. In these revolutionized circumstances, communication projects have been expanded to encompass co-ordination of all of the processes linked to the design system and designers have taken on a role as "underground heroes" who express their ubiquity and status as "domestic designers" by moving rapidly between their own habitats – with hazy boundaries between the public and private sides – and areas of ostentation and speculation, as well as the international dimension made possible by new technology, new connection systems, networks, online forums and the web as a mass phenomenon. Such demand for "willingness to entertain" makes designers, companies, products and dialogue systems into links in a more complex process. Even the end users become participants in a procedure whose only players are those with the performance capacity to enter a "narrative fragment" in which the typical categories of persuasion and seduction from modern communication processes give way to concepts such as immersion and sharing. This fuels the design system, which is capable of contributing value "for itself and everyone". ¶ "Design 2.0" – or *e-design* as Ciuccarelli calls it – takes the form of an interaction interface, bringing all of the players together for joint production of value. *E-design* was "the tactical response to the availability of technology which prefigured potential new relationships (…). Its growth requires the ability to design – perhaps from scratch – relationship formats and languages for new production systems which will simply have to include the end customers." The focal point will be moved from the creation of products towards the creation of sharing. ¶ We may be witnessing the start of Bruce Sterling's "synchronic society" in which design is no longer an opportunity to create museum-ready events and objects. It is a means of creating links and information resources that can be handled in real time and establish ties between expansion of experience and extension of existence, with the design system introducing us to new symbolic and imaginative values for use.

→ c.

product communication and cultural products: Italian house organs
by carlo vinti

There is no doubt that one of the reasons for the international success of Italian design is a concept of style which stretches beyond the product and encompasses the cultural identity of companies in a much broader sense. As Mario Piazza showed at an exhibition promoted by the Italian Visual Communication Design Association (*La grafica del made in Italy/Graphic design for the Italian Creative Industry*, Milan 2010), graphic designers have often played an important role in the success of Italian companies. Designers such as Enrico Ciuti, Ilio Negri, Giulio Confalonieri, Mimmo Castellano, Giancarlo Iliprandi, Bob Noorda and many more besides have used their visual skills to co-ordinate the presentation of products and build strong identities for renowned Italian design companies like Arflex, Boffi, Cassina, Kartell and Tecno, to name but a few. ¶ This is certainly something that took place when the phenomenon of *Italian Design* first exploded onto the scene. Subsequently the communication strategies of Italian manufacturers became more complex, and perhaps less closely tied to the inventions of individual designers and graphic identification systems. However, precursors of many of today's communication approaches have actually been present ever since the 1950s in house organs, and the corporate publishing sector in general. •
product communication and cultural products →**Publications like** *Qualità* by Kartell, *Ideal Standard rivista*, *La botte e il violino* by the Mim furniture makers (one of Leonardo Sinisgalli's many publishing creations for industry), *Caleidoscopio* by Busnelli and *Design & Industria* by B&B Italia's research centre soon managed to position themselves somewhere between commercial promotion and cultural awareness. They were all-encompassing communication instruments. The specific idea behind their creation was not to talk solely about the companies but to build up stories around the products. This could already be seen in *Qualità*, the magazine that Giulio Castelli launched in 1956 for Kartell-Samco. The main objective of the few issues that were made was to introduce plastic items into the homes and workplaces of the Italian people, making them into a familiar, everyday presence. As time went by, the art director Michele Provinciali used fewer and fewer technical presentations and diagrams illustrating the manufacturing systems. ¶ As could be seen on the pages of *Qualità*, he rejected the typical presentation approach of modernism – an isolated product against a neutral background – and always showed Kartell products in "a tangible, vibrant setting together with people, in their (future) everyday lives". ¶ *Caleidoscopio* was a house organ that was in existence for a significant part of the history of Italian design (from 1965 until the late 1980s). It was the result of collaboration between Busnelli and the Al.Sa agency (Gianni Sassi + Sergio Albergoni), which produced some exceptional cultural output. Right from the start, the idea was to see the topic of living as a vast area and a starting point for exploration of the most varied of subjects: from environmental issues to fashion, from the consumer society to cutting-edge experiments, from counter-culture movements to underground comic strips. Throughout the period of its publication, the magazine had no qualms about placing advertisements for Busnelli products alongside demanding articles about all sorts of aspects of contemporary culture. ¶ It was an open-minded attempt by the Italian design company to expound the new social and cultural movements in the country, in a period of great change to economic and production processes. Many more examples could be mentioned (see www.houseorgan.net). One thing that is important to emphasize with regard to Italian design companies is that the editorial teams and the firms themselves nearly always remained separate to a large extent. The publications were independent from the company management. This is an idea that can also

be found in more recent examples, such as the *Blueindustry* series by Fantoni and *Lux* magazine by Foscarini, both of which are by Designwork. The companies shun the spotlight, which is instead allowed to shine on the topics chosen for the individual issues. Publications also provide opportunities to organize events (for example, *Lux* was presented at the Tate Gallery in 2007) and they actually become collectable design objects themselves. ¶ Foscarini and the publisher Corraini are behind the recent launch of *Inventario*, a book/magazine whose take on design is far from literal. The aim is to occupy an independent space on the culture and art publishing market. The Foscarini logo only appears in the colophon and the opening and closing double pages. • product communication and cultural products → **From the very beginning,** publishing a magazine has been a way for companies to make their names known outside the limited circles of sales communication and advertising in the strictest sense of the term, by penetrating the traditional ground of the cultural scene. Directly accessing the media world as a publisher is a strategy that foreshadowed many aspects of contemporary communication. Still today, it is important for Italian design brands to not only address their potential customers but also pick up on cultural tastes and interests, promote the intellectual debate about design, and present their vision for the world. ¶ The Italian design system is exploring more flexible and open means of communication, but the publication of a magazine or a book as a place for reflection and investigation can still play an important role. This has been demonstrated by the boom in micropublishing by groups of young designers in recent years. These independent initiatives are based on the clear desire to rediscover the physical and tactile qualities of printing and paper, but at the same time they are a direct consequence of the opportunities created by new media. Design products have growing communication value as elements of symbolical worth that contribute to the promotional strategy of a brand. The future of corporate communication, meanwhile, often seems to be focused on the creation of publishing and cultural products that are capable of building up communities around specific topics and providing opportunities for joint experiences that go well beyond ink and paper.

→ iconographic collection.
communication
by cinzia ferrara

Communicating Italian design, intended as the "Made in Italy" product, implies singular and twofold project activities, namely the one that leads through the various sequential stages of the communication design, to the establishment of a communicative artefact in the ultimate attempt to give a name, a face, a voice and a system of recognizable marks to an artefact of product design. ¶ A close and biunique relation that arises between the two, in a relationship that strongly links form and function, initially in the product itself and then in communication, finally in an inseparable whole where design alone, defined by its many names, becomes the only key for the interpretation of the speaking object. Something that goes well beyond problem solving; something that along the route takes upon itself meanings, contents expressed between the threads of a trademark, of a visible identity system, of packaging, of staging, of an advertising campaign, and impresses itself by "branding" the same on the object. ¶ In such a virtuous process to date described in the absence of the figure of the designer, the true architect of the same, actually the same assumes (especially over recent decades) a predominant role, more and more changing and overbearing, in some cases even overlapping the object itself. Therefore the three ideal actors of the project system (the object, communication design and designer) have different positions and roles through subordinations that often place the object under the precise aegis of he who planned it. But this might rightly be considered the drift of a process that has witnessed the progressive greater assumption of power by the designer, who has gone from an anonymous standpoint to the full affirmation of self – this translating into decision-making power for himself and a safe investment for the manufacturing company. More and more, speaking of design means speaking of relations between the different disciplinary fields that are part of the game, between the different expertise that collaborate at its creation and finally between the objects and the end-users who interact in a growingly articulate and complex way – ultimately defining that which seems like a landscape inhabited and governed by men, things and the relations that stem up between one another. Speaking of design communication still means discovering the right balance between the roles and the actors involved, in an attempt at avoiding dependence and subjection, but rather creating amplifications, emphasis, narrations and especially webs of ganglia and relationships around which the entire game for the future made up of more and more omnipresent and versatile design discipline seems to be played. §

**from the communication of the company
to the communication of the product**
The communication of Made in Italy as an instrument and incentive for the construction of competitive business strategies. → 1. 2. 3. Arclinea interior design,

coordinated image project, logotype, colours and font.
4. Designwork, catalogue, Foscarini Lux inside pages.
5. Designwork, poster for the "Di Vaso in Fiore" exhibition, Foscarini, 2011.

from the communication of the company to the communication of the product
The vision of illuminated entrepreneurs is made possible through the constant confrontation between the communication designer who, interpreting the wish for innovation intrinsic to the Italian industrial system, has fostered the construction of that "Italian Style" that has allowed the "Made in Italy" trademark to become famous all over the world. → 6. Fantoni, publication series distributed by Fantoni, inside, Blue Industry house organ, 2002/2005. 7. Inventario, front cover, graphic design.
8. 9. 10. 11. Fantoni, research centre, brochure and video.
12. Designwork, publication series distributed by Fantoni, inside, Blue Industry house organ, 2002/2005.

from the communication of the company to the communication of the product
The passage of company communication to product communication takes place through the system of visual identity and its artefacts. → 13. 14. Moak, cups, advertising. 15. Bob Noorda, Moak, logotype project.
16. Moak, trademark applications.

from magazines printed on the website, design communication
Italy boasts of a great and prestigious tradition in the field of reviews in the sector, specialized in the field of design, that open up to the international market thanks to their being entirely translated in English and their intricate distribution on the market – these elements combined with a critical interpretation of the phenomenon and the projects, make these an example for other reviews, from which they may gain their inspiration. Today practically all the most important reviews have an extension on the Web, which has slowly grown from being a showcase site (using another media compared to its printed paper version, namely web logs and/or online magazines) with relative applet for the various tablets. This goes well beyond a formal transformation to become a different way of interfacing with the end-user, who is a more and more active and less passive spectator. →
17. Case da abitare, Website. 18. Case da abitare, front cover.
19. Domus, from the Website. 20. Interni, Website.
21. Interni, front cover. 22. diid Disegno industriale, Website.
23. diid Disegno industriale, front cover. 24. Abitare, Website.
25. Abitare, front cover.

from exhibitions to detailed accounts
The history of Italian design, so well characterized and important, is widely recounted in books, and in turn accompanies the lives of objects, companies, designers.

It is a story or a micro-story, when referring to single significant segments, that may be narrated in different ways, through words, but also through a simple or complicated sign system that allows the end-user to follow the itinerary in a clear and concise manner. → 26. 27. 28. 29. 30. Studio FM, Serie Fuori Serie. Triennale di Milano, staging project by A. Citterio and Partner, Milan 2009. Photo Cimenti.

from exhibitions to detailed accounts
An itinerary outlined by graphic design systems where information is elaborated and transformed into a graphic, pictographic and alphabetic sign. This defines the context in which communication design operates, becoming a unique tool for the construction of the narrative and relational fabric that substantiate the single stories that make up the entire Italian design system. → 31. 32. 33. Studio FM, stand Livinluce, Urmet Group, Pictogramsystem, Turin 2007.
34. Studio FM, stand Livinluce, Urmet Group, Turin 2007, staging project by PARK associates, Photo Pandullo.
35. 36. Studio FM, store, B&B Italia, Milan, 2002, architecture project by Antonio Citterio and Partners.
37. Studio FM, 1960-2003, Atlante del Design Italiano, Abitare, No. 432, October 2003.

from exhibitions, to design weeks for communicating, disseminating, experiencing and discussing
Cultural events organized for various reasons, offers the end-user an organic scene where subjects and projects are organized according to precise paths and clear interpretation patterns. Cultural events are therefore a picture of the contemporary landscape of design, useful in comprehending the paths that have been travelled upon and also the objectives to be attained. →
38. 39. 40. 41. Illustrations by Ale+Ale for Italianità, edited by G. Iacchetti, Corraini publisher. 42. 43. Covers designed by G. Iacchetti for Inventario, a magazine published by Corraini. 44. G. Iacchetti, Un Sedicesimo, Corraini publisher, during the Oggetti disubbidienti exhibition. Photo Fazel.

from exhibitions, to design weeks for communicating, disseminating, experiencing and discussing
Cultural events organized for various reasons, public and private, within schools, promoted by institutions, companies, associations, which in the last few decades have increased exponentially over the territory, are of considerable importance since they allow both: the comprehension of the state of the art of design, imposing the various actors to crystalize and communicate ongoing research and projects. → 45. 46. 47. 49. Information graphics map and diagrams for DRM Design Research Maps. Prospects of university research in Design in Italia, edited by P. Bertola and S. Maffei, Maggioli Editore, Milan 2010.
48. 51. Lanificio Leo. 50. Dinamismi Mussali, Super Dutch, poster, staging E. Leo, Soneria Mannelli 2007.

→ a.
the new made in italy of independent design or "ettore's prophecy"
by alessandro biamonti

The term Made in Italy represents an interesting case where one rhetorical figure is transformed into another. Initially, following our country's so-called *economic boom*, people used *Metonymy*, a rhetorical figure in which a term is used with a meaning different from its usual one. And so, the place in which a produce is manufactured has become a "mark of quality". However, things are constantly changing and we are discovering that not everything is as simple as the market would sometimes have us believe. So, over time, we have switched to *Prosopopea*: which in Italian means both "conceit, haughtiness", and "to have dead or absent people speak"… • the new made in italy of independent design → **Today, the best Italy has to offer appears not only in the numerous** showrooms in Dubai or in the People's Republic of China, although these are certainly important commercial successes for companies that, in the best-case scenario, are the result of major communication projects and the promotion of original creative energy. However, over time, companies (not all, but many) have stopped seeking this creativity, as they have stopped assuming the risk of (true) exploration and experimentation. ¶ Let's be clear, they are certainly entitled to do so, and it may also be entirely understandable when considered in terms of company balance sheets or short term strategy. However, we should not confuse the current state of the market as real Made in Italy, as it was born and became known worldwide. The original spirit of Made in Italy was closely linked to experimentation and research, when entrepreneurs and designers joined forces to go beyond the market to invent new markets. Because of growing fears, these types of operations are now considered *heroic* acts by *courageous men*, whereas it used to be business as usual, or at least, *creative* business as usual. • the new made in italy of independent design → **The latest true and important point of no return** in the design culture of our country was Memphis. Memphis was born within a very active cultural climate, but unlike other experiences, like Alchymia for example, it aimed to compare itself with the design of current production, challenging it on its own turf. Indeed, Memphis' objects are designed to be produced industrially, and distributed via normal commercial networks. Memphis exploded onto the Milan scene in 1981, blowing away all forecasts to that point, and as a result, the scenario of the design culture. It changed the way design was approached, thought about and done. • the new made in italy of independent design → **But this is no longer enough.** Today, we need new platforms and laboratories where ideas are promoted, concepts are incubated and the products are sold in new ways. ¶ Professional platforms located within that free space emerging between the increasingly rigid margins of mass production, and the slow but now historic slide of craftsmanship that has simply been offering tired copies of itself. ¶ Then, there are new "peripheries" of design (but the web teaches us that peripheries, at least as a concept, will soon no longer exist). Small companies that, outside the Milan-Brianza area, develop ideas whose common denominator is improving people's quality of life in material terms, but also often in cultural terms. These are small start-ups with a passion for Design. For that grand Culture of Design that, if well managed and especially if well understood, could represent a competitive advantage for our country on the international scene. ¶ They produce few pieces of extreme quality, whose production is based on a national territory with a wealth of capabilities, thanks to both the historic presence of an extensive network of craftspeople, and the development of highly specialised SMEs that are both flexible and responsive. ¶ These operations leave room for ideas. They are born of strong passion. And because of this they are the paradigms of a new approach in the Italian way of doing things. They represent a world that develops around *ideas*, and *design*, as the true engine of new scenarios. ¶ We're not talking about a new IKEA: rather about unique – or almost unique – pieces. This is the emerging question of limited editions in the design field. • the new made in italy of independent design → **Speaking of limited editions,** now that industrial production is seeking to avoid "warehousing", no longer sounds aristocratic and a bit "snobbish" like a few decades ago. Today, this relatively new aspect faces other issues. First, the knowledge that our Planet cannot support continuous and constantly growing production, and the consumer society should not be demonised, but dealt with in a knowing and correct way. Through products and services based on a concept of quality that goes beyond material, technical and performance aspects. Objects that also represent a new expression of those responsibilities that design assumed right from the moment it emerged on the global scene of the industrial revolution, representing a critical and design interface, between humans, the world heavily affected by humans, and in a way, History. Some authors see in the way contemporary design is done, especially *independent design*, those logics that in the previous century belonged to art, especially as concerns the reading and interpretation of contemporary society. ¶ Indeed, unique pieces are created with extremely high quality designs. This type of production requires special attention, in both the production and communication phases, and as a result become a reflection of our times. On the one hand, we see the pervasiveness of contemporary art and its logic, but also the influence of the web and the new ways in which we communicate knowledge and information. • the new made in italy of independent design → **Within this scenario, the focus** doesn't lie in the question of whether these emerging realities represent a real alternative to industrial production. That's not the point. For decades, our world system has no longer been based on dualistic alternatives. For some time, the global scenario has been shared by possible and complementary alternatives. Indeed, the new entrepreneurial forms of *independent design* have presented themselves as new paradigms for means and approaches to *Doing*. This is what they are: possible alternatives. Possible and complementary, so they won't replace, but will rather accompany traditional industry, craftsmanship, districts, etc. • the new made in italy of independent design → **The world hasn't really changed.** The transformation process of organisations, categories, sometimes even values has been underway, continuously, for decades: so the world is changing. It has been changing for some time now, and it certainly isn't done yet. The complexity of the late 20th century, as a category, has been sublimated by the potential inherent in the pervasive effects of digitisation, including biotechnology. These are scenarios where technology has given up its central position as a checkpoint, for other often new and necessarily synergic categories, such as sustainability, comfort, accessibility, and aesthetics. Today, a debate on *trust* may be useful. • the new made in italy of independent design → ***Trust*** is necessary for designing scenarios for a world of tomorrow. At every level. Trust has a very strong subjective component, but also represents an excellent result for a civil society, in addition to being terribly contagious… So, we can only hope that the current growing uncertainty, instead of turning into widespread and unjustified fear, will see the growth of experiences revealing the appearance of new Trust in the possibilities of contemporary design, for the staging of a new tomorrow. A better tomorrow.

→ b.
creativity and experimentation with materials
by marinella ferrara

It is frequently said that Italian design has the special ability to make sense of technological innovation, seek out broader meanings for technology and use it as a filter to gain a new perspective on reality . In the last 50 years, a number of theoretical contributions have shown how the design culture has managed to impose itself on the traditional, engineering-based technical culture. The idea has emerged of an Italian approach to design innovation based on the dialogue between technical language and symbolical language, a focus on the expressive and communicative value of materials, and control of the emotional properties. ¶ This concept became prominent in the 1970s, when "leading design" took the focus beyond the hard, structural qualities of environments and objects – which were seen as the main characteristics by the Modern Movement – towards the *soft* qualities relating to the sensory side of material and physical perception of space . ¶ This characteristic is now commonly found in Italian creative projects and the working approaches of both the designers and the companies involved. The design-oriented Italian industry is continuing along this road. Many of the designers employed nowadays are from outside Italy, but they have learnt from Italian design. • creativity and experimentation with materials → **Designers see technological innovation as creative input** which is capable of starting up the process that leads to the generation of new ideas. It overturns accepted knowledge and introduces new elements that go against contemporary thinking. ¶ This is one of the unwritten methods developed independently and customized by designers, who use it to put together new production ideas. This system allows them to come up with unprecedented approaches and open up new horizons or fresh points of view. ¶ This is why designers are constantly looking for technical innovations and always have their eyes open for new things and the fresh possibilities provided by a material, a texture, a surface or an image that could be adapted for an innovative project. Collections of materials are therefore loved by designers, with their pleasures and sensations that can be transferred to projects. ¶ What does the creative process inspired by materials involve? ¶ In order to answer this question, it is worthwhile looking back at some Italian design experiences, such as that of Bruno Munari. ¶ In the 1960s, there were numerous attempts to put together a scientific approach to design. In contrast, Bruno Munari devoted his time to extensive exploration of creativity. He described it as a product of imagination and inventiveness, which must take into account both the concrete and the psychological sides of design . Munari described creativity as the capacity to forge new relationships between existing things with which we are familiar . Some of his projects show how sensory discovery of materials can stimulate the mind of a designer and give rise to a creative process capable of producing original visual and tactile solutions, and new approaches to the use of forms and space. For the Falkland lamp, the spark of inspiration came from the discovery of a new material: stretch nylon. This attractive, inexpensive material is used to make traditional women's stockings. It is opalescent, flexible and stretchable, so it was perfect for making a light lamp that was easy to transport and assemble. It was one of the first "technology transfers" from one sector to another. • creativity and experimentation with materials → **Creativity is a logical process**, which requires inquisitiveness, attention, and the capacity to pick up on sensations and give them meaning. Perception provides input which can be processed on a number of logical bases, setting to work the imagination and the ability to combine elements through lateral transfers which challenge convention and overturn the rules in place, thus creating associations and generating new languages. ¶ Handling a new material can lead to the emergence of new ideas, as is demonstrated by the experiments of Gaetano Pesce. His creativity was spurred by the plastic materials that he discovered, worked with great craftsmanship and reinvented, to the point that they became physical symbols of his political ideas. Gaetano Pesce believed in the symbolic value of objects and their ability to convey messages. He would have found it impossible to conceive of a typological, expressive or linguistic innovation that did not originate in – or have some other form of close ties to – experimentation with the materials used. ¶ Although the results are completely different, Alberto Meda takes the same approach with composite materials. Other names that could be mentioned include Riccardo Blumer, Paolo Rizzatto and Denis Santachiara. • creativity and experimentation with materials → **Creative ability** same approach involves visual thinking, lateral thinking and synthetic processes. These techniques are described and used with increasing frequency to stimulate the imagination and creativity. ¶ When it comes to Italian design, I firmly believe that the creative aptitude comes from the artistic and artisan material culture of the country's past. It involves *homo faber*, who develops creative thought while carrying out manual work, in a procedure that starts with sensory stimulation and leads to parallel processing of visual, sound, touch and symbolic/linguistic information. As Michelangelo's biographers remind us, the artist "used to send one of his men to look for statues among the stones". He believed that an "artist was a person who was capable of glimpsing and bringing out shapes, or at least the beginnings of a shape that was already present in the marble, which was full of opportunities for him". • creativity and experimentation with materials → **In conclusion** I agree with Umberto Eco's proposal to give scientific and artistic creativity the same standing. "Just as all of the scientific discoveries of the future should in some way be present in the algorithms behind natural events, the potential for all artistic creations should already be present in the fundamental elements, sounds, letters, pauses, colours, lines and shapes available to our species. Creative people will not be those who make something out of nothing, but those who pick things out through instinct, trial and error, or chance".

→ c.
application techniques of creativity as a design tool
by nicola crea

The definition of innovation has acquired a positive connotation only in relatively recent years. One reason is certainly the major economic development in the last 100 years following the Industrial Revolution. It is because of the spread of consumerism and strong commercial competition that companies have needed to constantly produce new things and regularly renew their production. ¶ Today, at a time of economic globalisation and indiscriminate market growth, there is an incessant need to produce new things. Competitiveness leads companies to constantly change the products they offer, and demand for personnel able to find new solutions to problems related to industrial development is growing. • application techniques of creativity → **Innovation is produced essentially by humans.** It is possible thanks to the mental processes of those able to understand, imagine, visualise and foresee unusual solutions. These people, who are generally considered special, out of the ordinary, different, are the "creative people". They are people who enjoy unique personal gifts that allow them to casually come up with new design solutions in terms of ideas, concepts, shapes and content. While in many cases creative characteristics are inborn, they can be strengthened, emphasised and enriched through specific study. ¶ As we mentioned, today, the ability to come up with new ideas is considered a desirable quality and a resource to be cultivated. In design, as in other activities, even those who don't usually perform creative production tasks can aspire to do so. The profile we have identified for the creative professional is someone who, blessed with a certain nature, plus appropriate training, can reach greater abilities. In short, in order to aim to be a creative person or to work with a significant creative component, one needs three main elements: said *natural predisposition, strong mental determination and psychology* and the acquisition of specific *application techniques*. ¶ Each of us can evaluate our own natural predisposition. Following a request to come up with innovative concepts, we can measure the number of ideas found in a certain period of time (fluidity), the number of logical categories present in the creation of concepts (flexibility) and the rarity of the solutions proposed with respect to others (originality), (Hubert Jaoui *Crea prat*, 1982). With this information in hand, we can make an initial estimation of our predisposition to creativity. • application techniques of creativity → **The brain and the mind are powerful and sophisticated tools** that we use to visualise new ideas and concepts. As we know, the brain combines the different activities of the two lobes. Each lobe is the seat of different mental activities and each individual has a more or less of a propensity towards one of the two hemispheres. Those who primarily use the right hemisphere are more inclined towards creative activities (Betty Edwards, *Drawing on the Right Side of the Brain*, 1979). ¶ If we already have a natural propensity and wish to further improve our ability, we need to become aware of our creative potential and decide to use it. As concerns mental determination and psychology, it is essential that we acquire an awareness of mechanisms that prevent full mental openness and take necessary measures to remove the psychological or cultural blocks that each of us has subconsciously built throughout our intellectual development. For this, we need to understand what creates these obstacles that inhibit the production of new ideas. Overcoming these psychological blocks brings us an intellectual freedom that facilitates the regular production of ideas. Joy Paul Guilford (Marquette, Nebraska 1897 – Los Angeles, California 1972) made a significant contribution to the analysis of creative thought and to the mental dynamics that encourage it. He was an experimental psychologist and psychophysicist, who initially work on establishing tests to measure intelligence, introducing an innovative model that took some 150 factors into consideration. In his 1967 book, *The Nature of Human Intelligence*, he presented the results of his research on intelligence and cognitive abilities: his theory saw intelligence as a structure bringing together various types of content, operations and products, and many different mental abilities and products derive from the combination of these three. Interested in problem-solving, Guilford was the first to introduce a distinction between *convergent and divergent* production, a fundamental definition for analysing creative processes. ¶ Convergent production seeks a single solution; it is similar to Aristotelian logic and is a prerogative of the left cerebral hemisphere. When we speak of convergent intelligence, we speak of deductive intelligence (from practice to theory), a typical mental process of the scientific method. ¶ *Divergent production*, on the other hand, is that which allows creative thought and is based in the right brain hemisphere. Divergent use of intelligence allows us to come up with original and creative solutions and is typical of flexible thought. It can also be identified as inductive intelligence (from theory to practice) and is fundamental for finding unusual combinations of ideas. • application techniques of creativity → **A distinctive aspect of creative processes** lies in the alternate use of both types of thinking. Initially, the mind's productive capabilities are freed, and the ideas produced are rationalised only later (Hubert Jaoui, *Crea prat*, 1982). ¶ To be able to get results on a regular basis, a variety of methodologies have been created that organise the creative process and are composed of learned application techniques. Over the years, a number of them have been proposed and tried. Many of them are now commonly used. ¶ Already in the late 1940s, in the United States, Alex Osborn, who worked in advertising, invented *brainstorming* techniques, a creative process released of preconceived mental structures and aiming to find new concepts. It is based on the idea of play, that "light" dimension that frees the creativity of the participants of a research group, who might normally be held back by any number of inhibitions. Osborn's proposal was new in that it involved a deliberate withholding of judgement during the exploration phase, applying it only after ideas have been collected. The advantage of brainstorming and of mental maps is that it helps to increase the use of divergent thinking, which is usually practised very little. Brainstorming is applied by focussing the mind on a specific problem, allowing as many hypothetical solutions to arise in no specific order and no precise logic. The procedure has two stages: in the first, divergent, phase, ideas are produced freely, and the leader encourages participants to offer up ideas, forbidding any criticism of them. This is because it has been observed that criticising and evaluating possible solutions as they are proposed inhibits the idea creation process, reducing their number and quality (and even originality). During a second phase, the proposals are examined, and based on a rational evaluation, the most pertinent ideas are selected and inserted in a general map in the form of key words. Afterwards, and possibly with people different from the previous phases, we move to the convergent phase where the most promising ideas are evaluated, and the most interesting ones are selected. The goals of brainstorming are to help overcome inhibitions and restraint regarding expressing one's own position, overcoming the need to take sides, avoiding a defensive attitude to the ideas expressed and avoiding preconceived structures of power and leadership within the working group. • application techniques of creativity → **The study of mental dynamics in order to increase** the production of ideas has also led to the development of unusual logics and the application of unconventional mental processes. Edward De Bono, famous for having developed and promoted the "Six Thinking Hats" technique, with his book *The Use of Lateral Thinking* (1967) opened the way to the use of non-linear logic. We should also mention *The Art of Looking Sideways* (2002), by Alan Fletcher, a nonconventional book, both in its form and content which focuses on lateral thinking in a variety of forms. ¶ We can use Hubert Jaoui's P.A.P.S.A. method both for managing pure creativity for speculative purposes, specific to initial design stages, and for the development process, in which creativity is applied to resolve problems. Here, creativity is seen as an operational tool, able to find solutions to problems with a variety of types and degrees. When an idea is found, it can be refused for reasons that are considered realistic and pragmatic. Obviously, a new idea cannot be perfect and unassailable, so a refinement and maturation process is needed. ¶ Many of these techniques are based on an unusual use of the mind. Despite the fact that our culture is founded on Aristotelian and Cartesian principles, which are fundamental bases of scientific thought, today lateral thinking, sensitivity towards emotional flows and arbitrary associations of thoughts is becoming increasingly widespread. ¶ So we can say that it is very useful scientifically managing the creative process by using specific tools. The various techniques we have mentioned have a common goal: to suspend judgement in order to overcome possible blockages to producing new ideas, to then make a critical evaluation at a later time. Designing with creativity does not mean improvising at all. An articulated design practice must be developed, whose goal is to get the best possible results based on pre-established goals. While it is true that the method is a set of techniques that become precious operational tools in the hands of creative designers, it is also true that the search for it remains a subjective and individual issue.

→ d.
the environments and locations that generate innovation
by annalisa dominoni

As I write, in the month of June 2011, Bar Jamaica is celebrating its 100th anniversary. In the post-World War II period, the famous establishment in Milan became a veritable hotbed for the avant-garde of the art world. It is in the heart of the Brera district – which was rather bohemian back then – and a short walk from the Academy. In the frantic modern world, people's memories are short and few of us seem to remember the people and places that have made history. However, the name of Bar Jamaica immediately brings to mind artists such as Lucio Fontana and Piero Manzoni, poets like Giuseppe Ungaretti and Salvatore Quasimodo, and the designers whose work from the 1950s onwards transformed the language of design, which was rooted in the traditions of the Modern Movement. In Ettore Sottsass' autobiography *Scritto di notte*, the legendary establishment is described as a place "that served food and drink on the slate to an enormous group of painters, writers, poets, directors and journalists", but most importantly, it provided the backdrop to discussions, debates that often became heated, furious rows and interminable games of cards. ¶ Looking even further back in time, the first coffee house in England was the Grand Café in Oxford, which was opened in 1650. English cafés played a key role in the development and spread of one of the great intellectual movements of the last 500 years, which we now call the Enlightenment. In addition to the refreshments that they served, the thing that made cafés important was their architecture. They were places where people from different backgrounds and fields of knowledge met up to share their passions and exchange views. They were places where one could hear ideas. Cafés play a role of some kind or other in the stories of an incredible number of innovations from the time. • the environments and locations that generate innovation → **If we look at these two examples of enlightened places** in the era of the information culture, the internet, mobile telephony and electronics – in which deep personal relationships develop completely independently from the physical forms of the locations in cities and social gatherings, meetings, interaction and news expand in a space that is no longer constituted by roads, squares, cafés and bars but by websites, search engines, portals and blogs – it is legitimate to wonder whether it is still possible to find constructed environments that produce unusual amounts of innovation and creativity. Is it possible to pick out environmental variables and places that promote creativity? Are there regular patterns that we can study, adopt and apply to our lives, our institutions and our surroundings to make them more creative and innovative? Steven Johnson has investigated exceptionally innovative cafés and multimedia spaces such as the world wide web, as well as looking back through the history of the first cities and studying natural environments with extremely high levels of biological innovation, such as coral reefs and rainforests. His goal is to find common elements and forms of behaviour that appear in all of these environments. ¶ The conclusions that he draws may seem rather obvious, but they take us back to the start of this article and the chaotic cafés of the art and literature sets, who are able to bounce ideas off each other. Interesting, unpredictable encounters between people from different backgrounds are possible. We get ideas from other people – from those who teach us and the people that we meet in cafés – and we put them together in a new form to create things that have never been seen before. This is where innovation really takes place. It may seem strange, but if we want to create more innovative companies, we must design spaces that look more like public establishments than traditional workplaces. This means that we have to change some of our outlooks on innovation and productive thinking. We must see the environments that produce innovation as "liquid networks", as they are called by Johnson. In these settings, many different ideas, a huge variety of areas of research and contrasting interests come together and bounce off each other continuously. It is a bit like what happens in our heads. • the environments and locations that generate innovation → **Stepping down** a scale from our surrounding environments to our minds, we can easily observe how the networks in the outside world are largely reminiscent of the circuits in the human brain. ¶ In our minds, a new idea is like a network of information that continually creates synapses between neurons through thought configurations and associations that have never previously been formed. Like our bodies, our minds are tools for interaction with our surroundings, people and objects, thus providing us with experiences. The more experiences we have, the more interconnections there will be in our brains. In the early 1980s, Marian Diamond analysed sections of Albert Einstein's brain and discovered a high number of glial cells in the left inferior parietal area, a sort of neurological exchange zone that she described as "an association area for the other association areas of the brain". This shows that interconnections make a much bigger contribution to intelligence than the number of neurons in the brain. • the environments and locations that generate innovation → **Ideas are thus produced by minds that act** like natural computers. They bring together and combine all of the incoming information from the surrounding environment and the known forms of intelligence, utilizing all of our human and biological resources. ¶ "How can we provide our brains with environments in which these new networks have more chance of forming?" The answer to this question is by mimicking human biology, which has highlighted the importance of recreational places where many people from different cultures and backgrounds come together. Shared environments and personal relationships based on exchanges of thoughts and emotions are still fundamental and cannot be replaced by a digital society.

→ e.

the history and stories of design
by carlo vannicola

Historic periods, movements, types, materials, technologies, designers, brands, distribution systems, events and places of production, are just some of the main categories in which we catalogue and organise the history of Italian design. Its widespread identity and ease of recognition are not due to concretely defined distinctive traits, to laws, to methodological designs, to organised schools or to codified shapes and images; in short, it is not born of a programmed school of thought. Therefore, individually, or as a whole, the ways in which we seek to understand "Made in Italy" should aim to highlight and understanding the creative act in order to avoid transforming the object into a simple fetish. • the history and stories of design → **So, basically, the term Made in Italy spotlights the fact that an item** has been made and designed in Italy. Therefore, it is reasonable to wonder what its identity is based on, it even becomes curious to wonder how we delimit its participants and define its characteristics. ¶ The main implications that allowed post-war industrial development, identifiable in the presence of many family-owned companies with a clear entrepreneurial bent, in the need to rebuild an Italy that had been destroyed and until that time poorly recognised for its know-how, in the proximity of rich markets just over the Alps, and in the possibility of exploiting new domestic markets born of the rapid urbanisation of large swaths of land near cities that were already potentially defined by millennia-old histories, are all elements that alone cannot be the birthplace of the image that the sales systems and critics have when it comes to the development of our creativity. ¶ The uniqueness of Made in Italy is based on aspects of simple industrial development combined with the presence, in certain areas, of designers lent to the new course of things, mostly architects, called to provide their own culture and desire to design to the emerging production structures. It is clear that designers alone would not have been able to cover the enormous need for change, allowing a profitable hybridisation with the owners, themselves local artists and technicians, transforming production places into workshops creating innovation. The many design components and the randomness of intent are often considered to be the less noble side of the development of Made in Italy; while very often, these factors are often considered secondary, they were fundamental in creating a large corollary to the obvious genius of some of our major homegrown designers. ¶ Since Made in Italy was not born of a single school of thought, can only be defined on the basis of direct knowledge of a series of stories and objects, conceived, designed and manufactured individually but contemporarily, in successive phases, in specific areas of development. These items, in the long term, turned out be highly appreciated and constitute, on their own, both the historic heritage of Italian design and the founding elements of its recognisability. • the history and stories of design → **Since we are considering both socio-cultural aspects** and those more inherent to the formal evolution of the products, we have to consider a large number of examples in order to be able to begin to link the term "Made in Italy" with some of its unique characteristics. Many of these, although important, cannot alone highlight the complexity of the story. The ability to change the type of objects, facilitated by a society fleeing rhetoric, fortunately destroyed by war, does not constitute any particular evolution different from the industrial development of other nations in previous or successive periods. And following in-depth analysis of the case, not even an intuitive ability to transfer and model technologies and materials from one productive area to another, often pointed out as a decisive factor in establishing the originality of many objects of Italian design, is sufficiently incisive to be considered as a typical element of its uniqueness. ¶ So, we need to recognise that our history is made of periods in which the protagonists, in specific times in history, have succeeded in imagining and representing scenes from life that are particularly fascinating and meaningful to a real need for change that the budding consumer society was so hungry for. ¶ This is a history of minor events, of individual designers, of random coincidences and exhibitions repeated constantly in order to mark and highlight the constant transformation. A history of individual research, decades long, in a constant need to surprise oneself, to explore oneself, to promote oneself and criticise oneself. These are stories of companies connected to one or many designers, to one or many types of products, to one or many images, characteristics that allow us to interpret history in many ways where the only certainty is the need to exhaustively catalogue any design done in the last seventy years in Italy. ¶ In his book *Pomeriggi alla media industria*, Andrea Branzi highlights the chronicity of the Italian productive fabric, mentioning the first and most important reference to the birth of Made in Italy. The positive and negative sides of the simultaneous presence in Italy of a myriad of companies in the furniture and accessories sectors, the negative sides of the impossibility of controlling and programming the market, the choices made in line with familiar settings: these are more than offset by the possibility of continually modifying production, of trying, metaphorically speaking, to point the market in alternative directions. Small series, negative in many ways, cannot stabilise the market, but allow infinite variations, repeated changes. In short, they always allow formal innovation, and innovation in types, materials and technologies, although almost exclusively with little complexity and moderate investments. • the history and stories of design → **Therefore, the enormous quantity of products conceived and made in Italy** between 1940 and 1980 constitutes a never-ending heritage of variations that can be and must be promoted as such. For example, completing the biographies of some of the best-known Italian designers in order to extract transferable design methods would, in many cases, require an analysis of the infinite number of events that led them to become protagonists of Made in Italy, separately for individual periods or types of product. • the history and stories of design → **It's not easy to create a historic memory of all this**, there's just too much of it, too many differences, and permanently exhibiting just a small part of these products would mean risking basing ourselves only on what is best known, on stereotypes, highlighting only a few names and risking losing the true historic potential of the events. The quality and originality of a product must be proven, but this proof cannot constitute forever the only element of reference for successive considerations of the events, since research in the field means much more than perusing and rereading never-ending reiterated publications. ¶ The collections of design, whether public or private, born of a broader love for the history of Italian design, more than individual objects, represent tangible examples of all that which has been exhibited to date, not too selective, soaked in famous objects and forgotten ones, improbable ones, semi-copies of better-known experiments: these bring to light the true state of things, the professionalism of some compared with the amateurism of others, the quality of some companies compared with the barely sufficient artisanal nature of improvised companies. ¶ The unique nature of such widespread cultural heritages resides in following only in part the considerations of the more orthodox critics, seeking to find fundamental objects but also allowing oneself to fall in love with poorly identified design experiments. In this search, various curators, veritable talent scouts, have brought to light previously forgotten elements and people, that certainly enrich Italy's complex business of design with episodes. ¶ Perhaps, all this is our true history, chock full of genius and failure, pure designers and artists lent to the infant profession.

→ iconographic collection.
creativity
by alessandro biamonti

The last ten years have not been an easy period. For anyone. All over the world and in every sector we have had to face new questions, the crisis, waves of global distrust. Certainly some important boosting opportunities have not gone lacking. For example the impact with new forms of energy – sustainable, alternative and clean. Likewise the attention for new projects with a strong social innovation value. New widespread sensitivities that have found an important energy catalyst in design. Design, in the broadest sense of the term, has in fact often found itself at the centre of questions, with a key role not so much in view of a hierarchy, but rather by virtue of its outstanding tendency for inter-cultural and inter-disciplinary mediation, together with a good capacity for reading and interpreting reality. ¶ Design has used these talents even in interpreting itself. To understand its evolution as an increasingly broad discipline and increasingly less easy to trace back to a precise professional sphere. Great international Design communities have developed this notion as a common reflection, as a great wave, a great flow of communication. Our country has an important role in this, also thanks to its increasing sensitivity for new forms of design developing at the edge of the discipline. In those borderland areas between disciplines, but also between professions, that are very different and very distant from Industrial Design that marked the 1900s. ¶ Phenomena such as self-production, interaction design, app developers, videogames… it is such an effort to include them in the strict logic of industrial design culture from the last century! But on the contrary they are an integral part of the increasingly large culture of project in contemporary times. ¶ There are still designers who confront themselves with very strict industrial processes, for a market that is developed in millions of pieces; but these are also flanked by all the others and they are a part of a large global community that is planning (in different scales and in more or less tangible forms) its own World.

§

the creativity of things
Should we consider the inclination of design in offering contributions to questions of a different nature, hence from now on (the future where greater and different problems will be concerning us) design, therefore research and especially the creative humus supporting the same will be in greater demand. → 1. 4. M. Bottura, Uovo al prosciutto. A true experimenter, Bottura carries out one of the most difficult tasks: proposing the new while settingoff from tradition and, in some ways, respecting the same. 2. 3. A. Cos, Barchetta collection, 2002. Like a skilful Japanese samurai using a katana, he proceeds with clean, precise and quick cuts that change the state of things.

the creativity of materic and sensorial innovation
A creativity which, even in its most controversial version, follows the most wide-ranging paths: including those that belong to the absolute value of material and sensory innovation of objects, playing a major role in the same. → 5. 6. GumDesign, L'astemio, L'equilibrato, Lo smodato, Gianni Seguso company, 2009.
7. 8. 9. D. Parruccini, Bottoni. 10. M. Ragni, w-eye, ma-wood, 2010. An interesting challenge between materials and form with the relative merits and limitations.

the creativity in trasformation
Creativity played on the level of conceptual manipulation, never an end in itself, of technological transformations and typological combinations that transform our material culture. → 11. 15. 16. L. Sonnoli, Emptypeness, 2004. 12. 13. 14. D. Parruccini, Bulbi.

the creativity of things
Creativity has different ways of revealing itself. It goes from the theories of a single author, invoking the model of a unique and unrepeatable legacy, and then lands in the idea of a collective dimension; consequently giving rise to phenomena of socialization between those having the same needs for experimentation or, if you will, the same creative horizon. → 17. 18. 19. DotDotDot, La Cultura Eleva, Plusdesign, 2008. 20. Esterni, Person Parking.

the creativity of people
Amongst the different ways that creativity has to reveal itself, a strong one is the collective dimension that converges towards one same creative horizon. The latter horizon evidently does not welcome the idea of a "singular" creativity, but rather a creativity that strongly depends on the context in which both the individual and the organization work with the objective of common growth in mind. → 21. 22. 23. 24. I. Marelli, Branch, Coro, 2009. 25. L. Scheppati, Ciclò, self-production, 2005. 26. C. Contin, Mediterraneo, self-production, 2002. 27. P. Ulian, Concentrico, 2011. 28. A. Ponzini, 24 ore, self-production, 2009. Industrial logic, eco-friendly, in addition to a touch of fashion: one thing inside the other, everything in its own place.

→ a.
evolution and fluctuating stratifications
by federica dal falco

Identifying an object as an icon is a complex issue. The most evident aspects of its meaning can be understood by adopting a transversal interpretation – biological development – based on the assumption of an analogy between natural and artificial order. ¶ The metaphorical viewpoints referred to are, on one hand, the lens of the palaeontologist, who scrutinises evolutionary lines back through time, beginning with the initial series and, on the other, that of a biologist, who analyses aspects related to the most "evolved" changes at the opposite end of the spectrum. ¶ In general, the scheme of development of an object is similar to that of living beings (birth, expansion, saturation and decline), even more so if we adopt the comparison of copying and hereditariness. A primary object is *remoulded*, modified through gradual transformations, influenced by "environmental factors" linked to contexts and transmitted from one generation of craftsmen to another. Packages of data destined to survive through time are those whose morphologies include technological innovation and aesthetic manipulation while maintaining a stable sense and function. From pruning shears, based on the traditional principle of a class three lever, with new materials and flat blades, to soaps for which we still have ancient moulds, to tables and pans, domestic objects seem linked together by an older historical chain that then arrives at industrial design. • evolution and fluctuating stratifications → **One of the aspects that characterises the morphological evolution** of objects is the unexpected innovations that often follow non-linear paths, leading to different phylogenetic product characteristics. Contamination between elements, also due to the interference of pure chance, takes place through the incursions of designers into history, free transfers and the grafting of forms and concepts along timelines. Sometimes unconscious plundering is influenced by changes in taste, by alternating serpentine and straight lines, by organicity and abstraction, bulimic decoration and zero-degree material. Thus even a brand new product can have a singular emotional quality because it incorporates an element of déjà-vu. ¶ In the uninterrupted proliferation of objects, some have a certain permanency while others disappear, perhaps to be reinterpreted and produced once more, whereas others evolve. ¶ This mobile set of things generally survives us, allowing us to reconstruct civilisations and cultures from archaeological finds preserved beneath the ground, to reach that *fluctuating stratification* deposited on surfaces that surround us, whose preservation is conditioned by the affection of an individual and/or of a group. Some examples of modernity have escaped obsolescence while maintaining their original features. For example the folding chair Tripolina, with its wooden structure, metal joints and canvas seat, which is still produced today by Citterio, or Persol 649 sunglasses from 1938, reinterpreted and relaunched in '57 and still available on the market in Rhodoid with glass lenses. • evolution and fluctuating stratifications → **The idea of some objects that have survived has a strange urban repercussion.** Despite being sold in supermarkets, their image is accompanied by that of small local or village shops, grocery and haberdashery stores, which are now declining. Take, for example, the wooden egg used for darning, Coccoina 603 glue with its silver tub and blue-purple logo, created in 1927, Assa drawing pins from 1932 or Nivea creme in its dark blue tin. There is also the evergreen packaging of the classic Star stock cube, with its reassuring, yet slightly perturbing image of a 1950s housewife smiling as she raises a spoon to her lips. According to post-Darwinian theories, extinction is normal. Palaeontologist Stephen J. Gould believes that as well as "microevolutionary losses" caused by local ecological processes, species disappeared in correspondence with the gaps between geological eras. The disappearance of several objects can also be interpreted in relation to sudden *crashes* due to technological innovation. One only has to think of the recent telematic evolution that has led to a dual list of objects: on one hand, those at risk of extinction and, on the other, new tools and products. In the list of obsolete, virtually unobtainable objects there are names, gestures and rituals (telephone tokens, carbon paper, razor blades, ...) that seem to belong to another geological era. In their place are so-called smart objects, with enigmatic forms and surfaces, offering increasingly high performance and interactivity, concealing interfaces, menus and services. • evolution and fluctuating stratifications → **Most classic objects, whose shape is a mould designed to accommodate or contain** (a chair, a hat or a plate...) belong to the category of *evolved survivors*, according to a well-known distinction between artefacts whose form communicates their primary function or emphasizes their secondary function. Some of these objects are icons, in the sense that their intrinsic, material value of use is accompanied by a symbolic quality linked to image and its communication. Icons, as well as being thought of as determining the identity of Italian industrial design, are able to generate *scenes* in which behaviour linked to their use has taken place or will take place. In this sense iconic objects are "visual documents" that reproduce aesthetics and individual and collective memory, whose subjective memory combines with advertising and cinema images. Every artefact communicates "contact" with the past and has the singular power of producing "a system of mental projections" in an unpredictable way. Evolved *mould icons*, include the various shapes of two chairs linked to references from the far off past. With Leggera (1951) and Superleggera (Cassina, 1957) Giò Ponti reinterpreted the Chiavari chair (by experimenting with new technology), which in turn echoed the lines of the first 19th century version by Giuseppe Gaetano Descalzi; while Milano by Aldo Rossi (Molteni, 1988) is an ironic reinterpretation of an austere model from 14th century Tuscany. In the fashion sector, cult objects from the autartic period include sandals by Salvatore Ferragamo with an orthopaedic cork sole, with hand-woven bands in natural fibres or with a woven, multi-coloured cellophane upper, patented in 1942. These creations reinterpreted a type of typical footwear popular in Mediterranean culture, combined with a modern lifestyle. A conceptual passage that has analogies with the studies and projects on rationalist homes carried out during that period by Bernard Rudofsky and Luigi Cosenza in the Campania region and Procida. Wedge heeled shoes have been redesigned in multiple forms since the 1970s and it is interesting how the Prada 2011 Summer collection is inspired by the colours and weaves of cellophane models of 70 years ago. • evolution and fluctuating stratifications → **In this framework – considering Italian design as "a polycentric yet unitary phenomenon"** comparable to a large collage in progress – the following essays develop the theme of icons in an evolutionary perspective from three points of view. Alfonso Morone paints a portrait of contemporary design by focussing on how the proliferation and growth of design has transformed the profession of designer, moving further away from the figures of great masters. Adriana Feo, on the other hand, offers an incisive analysis of brand evolution from classic examples of communication to the design of cultural events. Rossana Carullo and Spartaco Paris provide a rigorous exploration of "re-editions", to then highlight the transformation of contemporary objects through an iconographic repertoire: a cluster of artefacts that are the mirror of a diverse landscape with transient borders where the changing behaviour and aesthetics of our age fluctuate.

→ b.

italian design: from singular to plural
by alfonso morone

The past season of "maestri" and design as a minority phenomenon with a strong cultural and elitist vocation is clearly of little use for understanding the scenario that we face today. In fact, not long ago there was a time when designers represented a small community of a couple dozen exclusively Milanese names and the industries that we now know as *design oriented*, that could also be counted on the fingers of one hand, were run by entrepreneurs who lived in close contact with the designers themselves, sharing the same aspirations. That world, as difficult as the post-war period, was more comprehensible than today's context. The "biography" of Italian design shows the growth of a family tree from a few original progenitors progressively diluted, extending into ever wider, more varied and inevitably distant branches. The result of this proliferation is a community that, although extended and firmly rooted in Italian society, is also more evanescent and unstable than its original ancestor. • italian design: from singular to plural → **Recent attempts to survey and selectively analyse** the current panorama of Italian design have revealed the story of a new generation of designers who, instead of constructing solutions to strong and widespread problems like their predecessors, prefer to focus on design that applies to an infinite range of smaller, every-day or even interstitial needs. ¶ The new generations of Italian designers entirely lack that sense of an epical mission that runs through the activities of their predecessors. In this panorama characterised by a multiplication of figures and signs, the problem of style has been entirely surpassed. The various artistic languages which Italian design uses to express itself today are no longer traceable to unitary expressive currents that could be summarised in the eternal diatribe between functionalists and anti-functionalists. Given these initial observations, it is clear that in order to face the current phenomenon of Italian design, we must first accept its transformation. The contemporary period, in fact, has its own form of authenticity that cannot be understood simply by seeking continuity with the past. Some of the most recent and convincing descriptions of the current scenario insist on prioritising the mass dimension of the phenomenon of Italian design. In reality, the number of designers, the spread of Universities and Design Schools and the importance of Salons and Design Fairs are increasing each year, not only in Italy but all over the world. • italian design: from singular to plural → **Contemporary design has broken out of the corral** of cultural *élites* and the definition of an activity that was prevalently perceived as a form of aestheticizing products, gaining recognition as one of the indispensable engines of innovation for the economic growth of post-industrial societies. Such a clear and extended phenomenon can be effectively summarised by stating that "design is becoming the most typical mass profession of the 21st century" (Branzi, 2007). The "democratisation" of the career of designer in Italy has resulted in a pyramid-shaped profession, with a summit formed of a few internationally renowned names and a base of a multitude of young professionals that in Italy now number over ten thousand people working in the design field . This mass is certainly the most useful source to interrogate in order to pick up the sense of innovation. Statistics show a diffusion of the profession of designer that is not only growing in numbers but also spreading geographically, covering areas of the country not previously represented, even though this expansion does not affect the absolute supremacy of the design-system in the Lombardy region. • italian design: from singular to plural → **The activity of the new generations of Italian designers** takes place within a particular form of professional socialisation. In fact, work is performed in small groups or firms in which the individual dimension is often the most important. ¶ However, these small nucleuses with their focus on the individual interact to form an extended community that amplifies the potential for each, through a mobile network of skills that can easily draw together or dissolve again according to the requirements of each commission. The system of relations in which each designer is inserted, this belonging to a community circuit, therefore constitutes an indispensible requirement for gaining competitive quality in design projects, but is also a clear sign of the precariousness of the work, often based on uncertain job opportunities that rarely provide continuity and stability. ¶ This social network is ever more closely linked by habit, lifestyle and culture to an international dimension. The international aspect of the Italian design system is supported by a historical attraction that Italy exercises on many foreign designers, not only established celebrities but also young professionals from both the more industrialised countries and ever more often from emerging countries. In this sense, Italian design shows an opposite trend to the well-known "brain drain" out of Italy.

→ c.
iconic brands: from custom to culture
by adriana feo

The idea of a *brand* is part of a relationship that develops between a company, the consumer and the competition in a given market. Thus each company tries to create, communicate and spread its image in the mind of the consumer public. The result is a close relationship between product technology, its communication and popular culture, through which the product becomes recognisable and permeates the collective imagination. Communicating the idea of a brand has a psychological effect on the mind of the consumer. For example, when one thinks of Bialetti, the reference is not just to the company that produces coffee makers, but also to the whole Italian tradition of coffee made with *moka* coffee machines. ¶ Thanks to their ability to suggest a lifestyle some products become icons, i.e. models to follow in various sectors of society. Since the beginning of the 20th century the most prominent brands have been a certain and reliable presence in Italian daily life, influencing the general public with their simple, yet strict rules and with the repetition of their graphic symbols. In the '30s and '40s a brand was no longer exclusively thought of as a name linked to an image but, through strategic advertising, companies began to think of developing corporate awareness to affirm their identities. • iconic brands: from custom to culture → **At the basis of the industrial activity of Italian companies there** is a long tradition of cultural projects, of relationships between entrepreneurs, designers and artists. For example, the relationship between Davide Campari and Fortunato Depero who designed the Camparisoda bottle. Olivetti from Ivrea is an example from another product sector, with a model company policy that included not only a co-ordinated image and products, but also architecture and community programmes. "Olivetti style" was the symbol of a new business reality and of a close link between company policy and culture. Post-war development made an enormous contribution to productivity and Olivetti became a leader of this development. Its typewriter Lettera 22 (1950) became a part of Italian homes, together with other new appliances. ¶ The '80s saw the brand as a distinctive feature of the company reach its height, together with a design culture linked to technology and marketing. Italy saw the beginning of company practice that was closer to that of an applied arts workshop, rather than that of a profit-focussed company. A leading exponent was the Alessi company, where the relationship between industry and culture was transformed and the rigour of rationalist design gave way to a new idea that focussed on the playful aspect of the designer object. • iconic brands: from custom to culture → **Over the last decade we have seen a very diverse situation**, in which brands of varying importance compete for the attention of an increasingly broad consumer public that is also overloaded and distracted and thus more difficult, requiring complex narratives, high-quality output and strategic sponsorship. Technology has fragmented communication across various platforms, like social networks or Internet pop ups. Such a broad market makes it difficult to recognise even the most successful brands, which follow "… an extremely precise and idiosyncratic script, or are abstract, incisive and malleable enough to embrace several platforms, maintain their role and remain recognisable." This is why many companies offer reworkings of their historic brand, reinforcing its iconic aspect: in 2009 Matteo Ragni created a glass for Camparisoda to place on top of Depero's bottle, making a single yet separable object. The combination of these two different shapes gives added value both to the object and to the act of drinking. In 2006 Fiat relaunched their 1932 trademark, together with a new edition of the Fiat 500. Other brands have been inspired by advertising in episodes, from the happy period of Carosello, a TV show which included real evening sketches; for example, "Carmencita e il Caballero Misterioso", the animated icons of Café Paulista. Today the same theme is offered in the serial gags of "Nespresso" with Clooney and Malkovich, combined with the virtual interactivity of the website, where spectators can edit the sketch as they wish and become the director. Finally, the Prada group was also the subject of an important relaunch. In recent years the Prada image had lost its quality in the eyes of consumers due to the market for fakes. In 1999 businesswoman Miuccia Prada employed Rem Koolhaas on the basis of his *Guide to Shopping created* for students at Harvard University. She entrusted him with the design of three new US stores (in New York, Los Angeles and San Francisco, 2001). The aim was to give Prada a new store image for a brand relaunch. In Koolhaas' project this took place through the concept of space-events that were part of the urban context and linked virtually with a network of Prada stores. A wide use of technological elements, new materials created specially for Prada and an e-commerce website are the features that generated an integrated structure of services to give the brand a new sense of exclusivity and reinforce its aura. The architect becomes the director of an avant-garde shopping experience associated with cultural events and a new kind of interaction between consumer/spectator-store-product. In fact, the arts already provided a model of reference in contemporary art museums. Mibac, thinking of the Guggenheim in New York and Bilbao, entrusted Zaha Hadid with the design of the new Maxxi museum. The image of the building has immediately become an icon of the museum of the future, with an opening poster showing the layout of the building as the human sensory apparatus, inviting the visitors to experience art and nourish themselves through it. The relationship between companies and the arts is now inseparable.

→ d.
iconicity and reproductions:
encounters on the surface of objects
by rossana carullo, spartaco paris

An ambiguous phenomenon has recently emerged in the Italian design panorama: a pervasive reproduction of many of the artefacts that contributed to forming the image of Made in Italy between the 1950s and the beginning of the 1980s. This is particularly true in the most characteristic and renowned sector of design – that of home furnishings. ¶ When the Triennale Design Museum was inaugurated in 2007, dozens of objects were already protagonists of this phenomenon: from Arflex to B&B, Flos to Artemide and from Danese to Venini. For the first time the Cassina catalogue includes a Master of Italian design: Franco Albini. There are market reasons that could have caused these historical design firms to invest in the process of remakes after joining important financial-economic groups: this is the surest way to occupy specific market segments, associated with the identity of Made in Italy, in the face of growing globalisation. ¶ However, there are also some more specifically cultural reasons. In part, the phenomenon appears to be a response to the overwhelming presence of objects and designers, as documented in the 2006 exhibition entitled The New Italian Design 2006. Once the season of *maestri* was over, the identity of Italian design became problematic. Alongside contemporary hyper-production, the phenomenon of reproduction seems to be an attempt at re-establishing a dimension of identity without nostalgic aspirations. The aim of this form of repetition-reiteration appears rather to reinforce the iconic value of the products or designers in question. The objects take on secondary meanings, both strongly symbolic and immaterial, and are transformed into images of themselves, cult-objects, icons. For purchasers, all this is translated into the gratifying feeling of belonging to a certain social, cultural, aesthetic or existential category. A form of experimental marketing takes place, capable of opening new and vaster segments of market and retail. • iconicity and reproductions: encounters on the surface of objects → **Reproposed for daily use, dislocated from their time** and fished out of the layers of history, these reproductions find themselves floating among the multitude of contemporary objects, contributing to the whole. Their re-proposal decontextualizes them from their original system of values and assigns them new meanings. however, the tight dynamics of this revitalisation today appears to take place on the surface rather than on a deeper level, working in the sphere of exemplification rather than on the original sense of the objects. The phenomenon's centre of interest is no longer the analytical dig in search of paradigmatic archetype s to reinvent, as it was for Alison with "I Maestri" by Cassina. ¶ If we compare some of these recovered objects, we notice that they belong indifferently to different moments of the history of Italian design, symbolising heterogeneous aspects, at times contrasting, but always ready to represent us to construct a sentimental story of living open to multiple interpretations. • iconicity and reproductions: encounters on the surface of objects → **What do sharply different iconic objects** like the Albini bookshelves now known as Infinito have in common with the reproduction of Le Bambole by Bellini or Taraxacum by the Castiglioni brothers? The Luisa chair with the Fiocco seat by Cini Boeri? ¶ Those wooden poles in Albini's bookshelf express the ultimate reduction of the grade of necessity between form-structure-function of vertical weight-bearing elements freely positioned in space, representing a search to reach the maximum possible performance from counterpoised and/or composed wooden slats in relation to their slenderness: doubling the structure, reciprocal tension between the elements with contact-joints which tend to widen the section in the points under the greatest stress. We recognise the features of an iconic connotation centred on the clear perception of the structural function even before the function of use, unaffected by the substitution of the original jointed wooden elements, now replaced by metal joints, in the same way as the Luisa chair or the Cicognino coffee table. ¶ The relation between form and structure is also resolved in a brilliant synthesis in the Le Bambole sofa. The technological innovation of polyurethane foam created at different densities is used as an invention to resolve in a single move the relation between the weight-bearing structure, the elastic system and the stuffing. However, in this case it is not so much this aspect that the designer attempts to communicate, but its effect: the image of comfort, softness, relaxation. characteristic features belonging to the sensorial and sensual sphere of the relation with objects, communicated in an advertising campaign by Oliviero Toscani that was so effective and indissoluble from the object even at the time, that it was consciously reproduced by Toscani himself today. ¶ In the Taraxacum light, the sensorial aspect associated with the function of light control, was instead linked to naturalistic allusions. Fine metallic elements like the stems of a dandelion clock, that the light itself is named after, are wrapped in cocoon fibre threads in such a way as to filter the light in different ways. The biomorphic aspect of the resulting narrative form places the object on a current and immediate level not only of re-edition, but also re-interpretation: Marcel Wanders with the Zeppelin lamp explicitly declares his inspiration from Castiglioni and adds confirmation of the iconic value of the object. Taraxacum, Le Bambole, Infinito: three different iconic connotations with a single common feature, traceable to the necessary encounter with the evolution of contemporary production technology. this game of temporal dislocation is played on the connotation of surfaces; new varnishes, polishes, veining techniques, weaves, consistencies and colours. Here the codes of taste act directly to produce the necessary consonance between the object, market mechanisms and the awareness of the period.

→ iconographic collection.
icons
by ossana carullo, spartaco paris

If the factors that allow us to recognize a classic icon are its reiteration, sedimentation and the capacity to be recognized as an image through codes that have been constant in time, then it is problematic to deal with such a short stretch of time, so alterable and so lavish with design (as in the last decade) without encountering icons that seem weak and instable. Yet in some production sectors, where the obsolescence itself of the product is a strategic prerequisite for its use, we might recognize some artefacts that already constitute cult objects: beginning with technological *gadgets*, to means of transportation, clothing, where one can find collectively recognizable *exempla* of the times in which we live. Overcoming the exclusive and traditional dimension inherent to the Masters, the significant elements that unite such diverse experiences and objects (intrinsic to an increasingly inclusive dimension of design) regard two categories-keys: surface and the sense of pleasure. These are both united by a new individual narcissism that attributes the objects with meanings and desires exceeding their functional and representative sphere. Likewise to the medieval *exempla*, the aspect of objects must be more persuasive than demonstrative, it must arouse the senses and thoughts, simultaneously and instantly (*sense, think, act, feel, relate*). The surface is the physical and conceptual interface, material and immaterial, of this new man-artefact interaction. ¶ So the recovery of the figure, of naturalism and quotes can be explained; the reappearance of hyper or post surreal languages in objects which, in the first place, must be desirable and therefore offer very much pleasure. Their forms are investigated through a blatant hybridization with the world of contemporary art (from video art to *body art*), through a playful approach or through *sex-appeal* stereotypes. ¶ A new desire for pre-Socratic pleasure replaces idealistic contemplation and abstraction as the key of expression. ¶ So one is not surprised by the success obtained by Her, the Fabio Novembre chair, that reinterprets historical icons through figurativeness, not lacking erotic allusions, in a metamorphosis between the female body and the seat itself. Or the seductiveness – slightly playful – of the new Fiat 500 or again the "curvy" grit of the Ferrari Maranello, or the soft lines of the Prada Sport eyeglasses and footwear. ¶ Simultaneously the immaterial dimension and *Interaction design* accentuate the role of the surface, that acquires a "conceptual" depth and attributes an increasingly enigmatic role to real and virtual artefacts.

§

home, accessories, small
The home has been enriched with a great number of small superfluous objects for the kitchen, but whose accessible language (camouflaging their use in favour of playful identity) has transformed them into pop characters within the domestic environment. → 1. Seletti, Estetica del quotidiano, salt and pepper shakers. 2. D. Paruccini, F. Bortolani, Deluxe, Pandora, 2000. 3. G. Pezzini, Moving, Maxdesign, 2004. 4. 5. Seletti, Estetica del quotidiano, set of bottles, coffee set, 2008. 6. S. Giovannoni-R. Takeda, The Chin family, Alessi, 2007.

home, living, large
The field of design products blatantly demonstrates the presence of artefacts denoted by the designer/icon phenomenon: images select heterogeneous products by Italian firms principally planned by famous designers, Italian or foreign, whose designer labels have turned them into icons. → 7. S. Yoo, Opus Incertum, Casamania, 2006. 8. P. Urquiola, Antibodi, Moroso, 2006. 9. R.& E. Bouroullec, Cloud modules, Cappellini, 2002. 10. T. Yoshioka, Bouquet, small armchair, Moroso, 2008. 11. F. Novembre, HIMHE, Casamania, 2011. 12. P. Urquiola, chair Re-Trevué, Emu, 2008. 13. M. De Lucchi, Castore, Flos, 2003.

pets, games
Within a world made up of popular forms that have chosen a code of irony and within superfluous objects, design has also provided a theme for the world of articles for domestic animals. → 14. I. Gibertini and M. Mirri, Bon Ton classic, United Pets, 2000. 15. Bubble, day bed for cats, B. Pet, 2008. 20. M. Young. Dog House, Magis, 2001. 21. M. Mirri, Lulà Dog Bowl, Alessi, 2008.

bath, well-being
Body care has led to a transformation of the bathroom in the domestic environment, which has become a "representative" place of the house where fittings acquire new forms and meanings. Panelling, from wood to ceramics, is the tactile and visual interface of this place of physical and visual pleasure, where water flows between river stones and creeping vegetation. → 16. M. Thun, I Maestri Collection, sink, Catalano, 2006. 17. Palomba-Serafini, Twin Column, sink, Flaminia, 2001. 18. 19. M. Cohen, Outline, sink, Althea Ceramiche, 2006.

outdoors
New landscapes are determined with objects and furnishings that transmigrate between the outdoors and the indoors. And therefore, from the indoors towards the outdoors, forms are crystallized – creating unusual shifts in sense as for the Bubble club chair – or these are emphasized, going off the scale as Vas-one. A new artificial flora that illuminates spaces observed by iconic off-scale faces, while the reference to ancient wicker furniture (also exasperatingly magnified with biomorphic hints) is transformed into shapes where complex weaves and decorated surfaces envelop the bodies with their shadows. → 22. L. Bocchietto, Vas-one, vase, Serralunga, 2002. 23. P. Starck, Bubble club, armchair, Kartell, 2000. 24. Moredesign, Tulip S-XL, lamp, Myyour, 2000. 25. 26. 27. P. Urquiola, M'Afrique, armchair, Moroso, 2009. 28. G. Moro and R. Pigatti, Queen of love, armchair, Acerbis, 2009.

transportation
Transportation design by "nature" works on the definition of forms that dialogue with the subject of streamlining and the sinuosity of surfaces and casings, in a field where it was one of the first to verify and re-modulate its morphological repertoire using digital media. Within the same, there is no lack of references to "revivals", remakes and updating of iconic forms belonging to the collective imagination. → 29. 30. 31. 32. 33. 34. Centro Stile Fiat, Nuova 500, Fiat, 2008. 35. Centro Stile Piaggio, Vespa, Piaggio, 2007. 36. Momodesign, helmet, Momodesign, 2010. 37. Centro Stile Piaggio, Ape calessino, Piaggio, 2009.

→ a.
innovative by tradition
by cecilia cecchini

By way of easy simplification, the birth of Italian design can be made to coincide with the contact that arose in the 1950s between anti-conformist architects who wished to realise their talented ideas, and businesspeople who indulged them because they themselves were seeking new products that could provide answers to still unformulated questions. The backdrop: a country that had only recently emerged from a dictatorship, which needed to be materially and socially reconstructed, almost entirely lacking in large industry that could conduct wide-ranging research programmes. ¶ Yet while all this is true, it does not entirely explain the origins of the complex, daring and fertile phenomenon that is Italian design. A phenomenon in which "manufacturing ingenuity" played a predominant role; which fed upon art, drew liberally from artisanal tradition and made the most of Italy's regionalism and polytechnic culture. • innovative by tradition → **The underdevelopment of industry and the overdevelopment of craftsmanship.** ¶ The rapid path of modernity begun in those years – which Branzi calls weak and incomplete and, precisely for this reason, positive – did so against a backdrop of unequalled knowledge, experience, manual skills and artistic abilities. ¶ That baggage – used wittingly or unwittingly, accepted or rejected in the name of the "new" – was moreover the cornerstone of nascent industrial design immediately following WWII. Those were crucial years of great ferment in which architects/artists established themselves as designers flanking, and in part replacing, artisans/artists in the nascent industrialisation. ¶ At the time, manufacturing new objects seemed a way to overcome the country's backwardness and its traditional lifestyles. It was the thrust of an aesthetic, comprehensive reform – spread by advertisements in newspapers and on television, which was just emerging – that influenced people's uses and customs, and was driven by a general, industrious optimism. ¶ The same cannot be said of production. Unlike the many countries in which industry played a leading role in the economy, in Italy the weakness of this sector created a continuity of sorts between artisanal and industrial work. ¶ Moreover, in our country the Morrisian conflict between industry and artisanship was never as acute as elsewhere. • innovative by tradition → **The DNA of Italian design: artisanal bravura and technical experimentation.** ¶ The search for a perfect model for industrially reproducing exponential copies of something rested upon thousands of established manual skills passed down from generation to generation, characteristic of diverse territories and able to maximise local raw materials. They were the legacy of an agricultural civilisation that was still dominant at the end of the Second World War. ¶ It is this bond with the land that often initiated production that still flourishes today, such as flexible straw for hat manufacturing, conceived by Domenico Michelacci, who in the 1710s intuitively began to sow dense rows of Marzuolo grain. Seeking light, the seedlings stretched upwards and were harvested before they reached maturation. In this way they could be dried without becoming hard – to facilitate weaving – through a gradual process of sap evaporation obtained by alternating exposure to the sun and to dew for three days and three nights. ¶ It is an example of a rich heritage of knowledge that straddled tradition and experimentation. A heritage that was historically also fed by the spreading of art, a breeding ground of the "social aesthetic" for which Italy is universally acknowledged. ¶ "Art fell in love with industry, in an almost feminine fashion" (Gio Ponti 1932). We can say that industry reciprocated. • innovative by tradition → **The mark of ingenuity.** ¶ The ability to "know how to do something well" is the Ariadne's thread that binds the complex paths of the history of Italian artefacts with the memory of customs, transfer of knowledge and the terrain for new experimentation. ¶ As well as the vital energy that could connect diverse languages and trends typical to the manufacturing wealth of our country, which were still intact in the early 20th century. They spanned the frugality of the straw chair to the sophistication of Eugenio Quarti's cabinetmaking; the regeneration of cloth cuttings in the Prato region to the incredibly modern pleated textiles of Mariano Fortuny; the Spartan peasant railings to Alessandro Mazzucotelli's floral wrought iron; and the simplest glass to the magic of Murano and the thematic stained glass windows of Duilio Cambellotti... ¶ An encyclopaedia of manual talent. • innovative by tradition → **Making virtue out of necessity: the years of autarchy.** ¶ harpen ingenuity! This was the imperative that, from 1935 to 1943, the fascist regime's autarchic policies imposed to guarantee a manufacturing autonomy that could compensate for the lack of raw materials. Thus began, in an "Italy that worked *all'Italiana*" (Gio Ponti 1939), the autarchic reinterpretation of many products and a quest for new national materials to replace imported materials. Such as Lanital, the textile fibre extracted from casein; Albene; Cisalfa; Viscol; and the natural resins obtained in part by reutilising ancient manufacturing methods, in part by inventing new ones. ¶ In a "do-it-yourself Italy" (...), at times in paradoxical ways, numerous ideas, materials and experiences came to life that are hidden but extremely rich baggage, and very much represent the wellspring and the scenario of successive developments that everyone came to know as *good Italian design* and the vitality of the small- and medium-sized industry of our country". ¶ Those were also the years in which the manufacturing ingenuity of brilliant researchers such as Giulio Natta laid the foundation for the revolutionary discovery of isotactic polypropylene (Moplen) – which occurred in 1954 from a synergy between university and industry research – that had planetary repercussions. • innovative by tradition → **We lost the ornaments but not the skills to make them.** ¶ In the 1950s, manual mastery wed the irreverent talent of numerous young architects who felt the urgent need to tackle an unprecedented contemporaneity, and the far-seeing determination of many businessmen who could take personal risks and, in some cases, foresee new, more just worlds, by not only chasing profits but also aspiring to a cultural function. ¶ From the folds of artistic-humanistic culture thus arose a modernisation process that transformed many workshops into small factories that mechanised artisanal technologies, or created new ones, sometimes simply to produce the ingenious ideas of a designer. ¶ A virtuous circle was created between artisanal singularity and industrial mass production, in which linguistic and formal experimentation went hand in hand with, or actually sometimes were anticipated by, manufacturing technology and the use of the materials that were often entirely new, such as plastic. ¶ Furthermore, the process of reconverting production activities to maintain continuity had already taken place in many sectors. For example, with the proliferation of the railways, and tapping workers' artisanal abilities to the utmost, leading coach manufacturers in and around Milan – which employed carpenters, upholsterers, smiths, saddlers, tinsmiths and so forth – began to restructure to fabricate train wagons. At first with interiors made from costly wood and corresponding upholstery, and later with materials that increasingly adhered to the changing tastes and needs of the era. ¶ This took places in many companies: Guzzini, which manufactured horn through thermoforming, after WWII began to apply this technology to the first thermoplastic polymers. With the same artisanal mastery. • innovative by tradition → **The technological collective imagination beginning with the "Cembalo scrivano".** ¶ In 1855 Giuseppe Ravizza patented the first, rudimentary typewriter, the "Cembalo scrivano", which took its name from its piano keyboard. Even though initially no one understood the significance of this revolutionary invention the die had been cast, and not only for its famous progenies – beginning with the legendary Lettera 22 and *Valentine* – but, with Da Vinci-esque ingenuity, Italians began to apply themselves to conceiving more diverse modern machines. ¶ This true passion embraced all technical objects, in which Italian ingenuity proved itself across the board. In examining registered Italian patents one is left speechless. ¶ All types of inventions – from ice cream waffles and the Tratto pen to the Neapolitan coffee maker and folding chair, as well as calculators, vacuum cleaners, hair dryers, fans, radios, refrigerators, and so on – demonstrate the talented creativity of Italians. ¶ Even more moving than the evergreen icons of Italian design is the large number of surprisingly unknown objects, most of which never had their fifteen minutes of fame yet confirm the idea "Italy, a nation of inventors". • innovative by tradition → **The ingenuity *of* making versus the ingenuity *to* make: instruments, tools, models.** ¶ Better and with less effort: the history of the technical progress of a people can be seen through their tools' progressive correspondence to the needs for which they were invented. Italians' sharp minds have always produced great results in this field, from the simple objects of yesterday to the complex manufacturing machinery exported throughout the world today. ¶ Not only the more or less genius implements "for creating" – it would be remiss not to mention the window dresser tool that in its austere beauty contains more functions than a Swiss army knife – but also "for modelling", such as wooden moulds for shoes and hats, or stuffed mannequins, indispensable sculptures that have accompanied Italian production. As well as objects "for anticipating": Sacchi's wooden models are the most renowned – indispensable planning tools made when virtual, three-dimensional modelling was still science fiction. • innovative by tradition → **The manufactory ingenuity in the era of globalisation.** ¶ Chinese determination, South American imagination, German precision... In the globalised world, "the factor of Italian spirit" (Gio Ponti, 1930) is the only weapon of successful competition. Manufacturing ingenuity has always been the foundation upon which it rests. But today in what can it be identified? ¶ The in-depth examinations that follow attempt to give at least a partial answer. Rather, there are many answers, all of them different: from the research of designers who produce their own work, thereby achieving their expressive freedom, to the companies of various sizes and levels of mechanisation – whose work is illustrated in the iconographic section below. ¶ In this kaleidoscope of diverse production there is, however, one distinctive trait that unites them all: "doing one's best", realised in languages that are never banal. ¶ For everyone, the artefact is truly that: an artfully manufactured work. And intellectual ingenuity has priority even over manual ingenuity. An ingenuity that can transform humble materials, reutilise those now forgotten, poetically employ the leftover waste, apply ancient manual skills in a new way, use technologies from entirely different sectors... ¶ In other words: with feet firmly planted in the tradition of know-how and head in the clouds of imagination.

→ b.
"knowing how to do things well": the new renaissance of Italian design
by lucia pietroni

Many theoreticians have identified the specificity of Italian design as "knowing how to do things well", that factual and experimental approach which in the past distinguished the quality of Italian products internationally and which still today, despite the economic crisis, is an important competitive edge on the globalised scenario. ¶ In fact, Italian design has never renounced its close ties and profound dialogue with craftsmanship and with material culture and local traditions, let alone in the face of the recent globalisation of the markets. ¶ Furthermore, in recent years a nationwide debate has been sparked on the value of "know-how" and on the ingenuity of small- and medium-sized Italian companies, as well as on the need to emphasise high quality Italian craftsmanship as one of the most promising aspects of the "Made in Italy" label in terms of international business potential, which considers the contamination between artisanal work and the global economy extremely virtuous. • knowing how to do things well → **Artisanal work, according to Stefano Micelli,** is one of the distinctive traits of the Italian culture and economy. It has always been a distinguishing element of our country around the world. The competitiveness of our industrial system is still today intimately tied to artisanal skills that were able to revamp their role within large and small companies. Furthermore, in our country, artisanal work will not renounce its dialogue with international industry. In the global economy, therefore, craftsmanship (with its ability to be culture, creativity and personalisation) can very much be added value in the production of limited volume, complementary and not antagonistic to the industrial world, "an enzyme that completes and enriches standardised processes typical to industry". It is precisely in an economy based on knowledge, such as the present one, that what characterises Italian industry is often a *know-how* that few other countries have been able to preserve. Artisanal expertise renders our manufacturing flexible, dynamic and, above all, interesting in the eyes of a growing populace that seeks history and culture in the products it acquires. In artisanal work, in the relationship between "ideas" and "hands", theory and practice, there is, in fact, much of that which is commonly defined as the Italian *genius loci*: the unique ability to transform into artefact (an object "made of art") the essence of the place and culture that generated it, the ability to endow a "product" with an aesthetic and emotional value that goes well beyond its use. As Salvatore Zingale says, "design is not strictly only a technical practice, a mere *know-how*, but above all a mental and intellective activity: it is knowledge that meets creation". Knowledge that is refined with experience, by exercising the progressively improving ability to make something. To this end, American sociologist Richard Sennett highlights the difference between those who know how to do something, who are satisfied with just doing it, and those who, instead, make a strong personal effort and are gifted with the artisanal skills that push them to improve continuously with passion and pride, and who thus "know how to do something well for the sheer pleasure", who "do good work for the desire of it and are gratified by what they do". According to Sennett, the "Renaissance workshop" – where "knowing" and "making", cognitive and manual values, cultural variety and manufacturing accuracy, intersected and generated distinctive and unique qualities – is the production model of the future that will allow us overcome the crisis of the large Fordist companies, by developing the "manufacturing mastery" of the small- and medium-sized companies, which should thus be supported and placed in conditions to invest in people. Francesco Morace and Giovanni Lanzone – founders not coincidentally of the association *The Renaissance Link*, which proposes a search for a new Italian socio-economic model founded upon distinctive values of Italian quality (creativity and innovation, beauty and sustainability, a wealth of differences, territorial rootedness) – also look to the "Renaissance workshop" as a model to reassess in order to revitalise Italian companies and the defence and diffusion of "Made in Italy" products on international markets. According to Morace and Lanzone, "passion for creation, respect for harmony, a sense of beauty, attention to the territory in which one works, enlightened leadership that also pays attention to the cultural aspects of creation and production, using the most diverse talents in creating a product" – these are all values borne during the Renaissance that were then widely recovered and cultivated in the great season of Italian design, post WWII, and which today are still more than valid for coping with the competitiveness of global markets. Therefore, according to the two theoreticians, in the future Italy can become "an aesthetic destination" internationally. It can experience a "third renaissance" if it succeeds in placing its Renaissance tradition at the heart of a new strategic vision, which unites the quality of the products, management and everyday life with an interdisciplinary, innovative and humanistic approach, thus able (like in the artisanal workshop) to produce everyday beauty with inimitable quality, such as the evocative power of the territories (that *genius loci*), maniacal attention to detail, and the added value of the passion and pride of "knowing how to do things well".

→ c.
self-producers in italy
by bianca e. patroni griffi

Manufacturing ingenuity: do-it-yourself ingenuity. Conceiving, designing, building, communicating, distributing. In a word: self-producing. ¶ One of the most interesting trends of Italian design today. On the simplest level, this phenomenon includes those young designers who choose self-production as a tool for positioning their designs and skills on the market, aided by the communicative potential of the Internet. ¶ On a more sophisticated level is a generation of designers who have turned self-production into design philosophy. For them, self-producing grants vital expressive and research freedom, far from market impositions. ¶ In this way they regain the design-process union often lost in industrialised settings, which is why their ideal work space is not the studio but the atelier, in contact with manufacturing materials, tools and techniques. ¶ Generally building their products themselves, establishing a physical relationship with the material and using their hands as the very tool of ideas. They produce objects in limited series, or varied series, or sometimes one-off pieces. • self-producers in italy → **Thus emerges a hybrid form of designer,** who consciously straddles design and craftsmanship. ¶ The difference, as Lella Valtorta states, lies in the fact that "in most cases, the artisan executes the designs of others, works safely, goes down an already beaten path. Self-producers are experimenters, they take a material and explore it fully, they invent techniques and tools. They are true researchers". ¶ This kind of "border crossing" seems equally evident in the art world. However, the objective of these designers is not to create contemplative objects, but functional objects that can be contemplated. In the words of Marco Stefanini (who goes by Dum Dum), a self-producer with a propensity for steel and stone and a fascination with the forms of nature, "works have to function. If not, what purpose do they serve?" ¶ This attitude calls to mind some top names of Italian design, such as Gaetano Pesce and Riccardo Dalisi, to name but a few. They share a passion for manual creativity, expressive research and diversification. Naturally, the changed social and cultural climate marks the passing of time. The new generation of self-producers chooses this path as a research method that is hardly viable within today's industrial landscape that is moreover marked by outsourcing and global competition. ¶ Yet, perhaps because of these effects, they seem to meet to the demands of a critical, mature public that appreciates this kind of work precisely because it is so personal. • self-producers in italy → **Self-producers do not reject the industry as such.** On the contrary, when they need to, they bend its techniques to their own needs. ¶ One example is the work of Luisa Cevese, a designer who through her self-produced brand Riedizioni has created a line of textiles and accessories in a material she invented, named II, produced by combining industrial textile waste and plastic. The result is a sort of combination of opposites: the technology used is industrial, yet the composition and appearance - ever-changing due to the differing types of waste - are artisanal. • self-producers in italy → **In self-production, the relationship with the material is crucial,** so it's no surprise that the material itself is often the preferred arena for experimentation. ¶ Such as Daniele Papuli's relationship with paper. In his hands, it transforms from a stable, two-dimensional object into a dynamic element that generates twists and weaves, solids and surfaces. But before he could transform it, by cutting it, he had to get to know paper, and began producing it by blending shredded paper, herbs, earth and colours. ¶ Then there is Alessandro Ciffo's research on silicone. A material that beyond its traditional uses is still entirely to be explored, and for which to invent manufacturing techniques and test aesthetic and sensorial properties. Ciffo came to silicone through a series of trials and errors, eventually transforming its defects, such as the "whisker" left by the palette knife when modelling it, into stylistic elements, until he succeeded in dominating it entirely. • self-producers in italy → **For these designers, traditional craftsmanship,** the know-how rooted in the territory, is a wellspring of knowledge from which to draw in order to transform manufacturing techniques and revitalise ancient traditions, or perhaps create new ones. ¶ The mutual contaminations between design and craftsmanship, the relationship between tradition and local culture are, for example, at the heart of the work by the young duo of designers, Formafantasma. They have recently come to international attention with a series of works made from materials and processes inspired by the past, by a pre-modern era, in which the synthesis of natural polymers was experimented by draining plants and animals, or in which it was possible to obtain sustenance and tools for everyday life directly from nature. In mapping out similar scenarios they offer their own interpretation of sustainability. ¶ This theme often appears in self-producers' preferred fields of exploration and is more topical than ever. The work group Resign, for example, interprets this in an emotional, and not just physical, sense. For them, re-use is a design method, not only a recycling of material but, above all, the renewal of the symbolic value that the objects incarnate.

They create reassembled, readapted, re-functionalised objects, conceived as unfinished and open to further variations and interpretations. • self-producers in italy → **It is immediately evident how often archetypal forms** such as the vase and the chair recur in the work of self-producers. This is further proof that the key aspect of their research is generally not identifying new uses and new functions, but experimenting with new expressive and relational potential. ¶ This may be the central thread that more than any other associates these new generations with the great tradition of Italian design, with which they share its most distinguishing quality: the narrative skill.

→ iconographic collection.
ingeniousness in making
by susanna mirza

The following images describe "the ingeniousness in making" through products made by small and medium-sized companies, chosen as proof of the state-of-the-art manufacturing culture and of innovative artisanship. The said production philosophy in fact constitutes one of the distinguishing characteristics of excellence in the Italian entrepreneurial sector. The identifying trait of this portrayal is the relationship between object and its relative manufacturing process: the story of the ingenious "know-how". ¶ Global competition has brought to light the necessity of reconsidering one's identity, for the different production districts. The answer of Italian business, according to Francesco Morace, lies in its vocation for "doing the best" and in what he defines as the artisanship DNA of our companies. The proof of the strength and competitiveness of this identifying trait is testified by the companies presented hereafter, which are inclined towards a philosophy that we may define as an "open tradition" declined in the different aspects of know-how. ¶ In some cases, specialized skills in manufacturing techniques have a fecund relationship with the international creative scene, through collaborations with foreign designers who draw from the manufacturing capabilities of Italian companies – setting off linguistic experiments on contemporary subjects. In other cases these skills blend with the most recent technical innovations, creating products whose strength lies exactly within the stratification between past and present, in a timeless dimension but at the same time oriented towards the future. ¶ The possibility of recognizing the care and ingeniousness that goes into the manufacturing of products offers one a chance to strengthen the relationship between end-user and product, conferring the latter with an identity that exceeds the bi-dimensional condition of the image in order to acquire concreteness and substance. ¶ During the post-crisis period, this care towards the concrete excellence of know-how, especially when accompanied by an intrinsic inclination towards good taste, also contributes to reconsidering the concept of luxury. This is manifest in gradually abandoning the more hedonistic positions in favour of an approach towards new ethical demands: in fact, high range products were amongst the first to find a new position within the dimension of innovative artisanship inclined towards quality, where the uniqueness of the product is synonymous with creativity backed by wisdom and skill in the manufacturing process.

§

"how it's made"
The ingeniousness in making is certainly present in the items produced by small and medium-sized companies, proof of the state-of-the-art manufacturing culture and of innovative artisanship. It is the identifying trait of a story that lives in the relationship between objects and their relative manufacturing processes: the story of the ingenious *how it's made*. → 1. 2. 3. 4. 5. 6. 7. T. Ando, Venini, 2011. The vase was produced to celebrate the ninetieth anniversary of the Murano foundry. The project is made up of three elements whose surfaces have been created using the inversion between isosceles triangles. The photographs show the manufacturing process at the grinding department and at the furnace.

production excellence
Ingeniousness in making, as a production philosophy, is one of the many distinctive traits of excellence in the Italian entrepreneurial sector. → 7. 8. 9. F.and H.Campana, Vermelha, Edra. The company's philosophy is expressed through the metaphor of "meeting": the first being Mazzei and Massimo Morozzi who came up with an approach based on both technical and formal advanced research for the production of the object-icon thanks to cutting-edge technologies and the most refined manual skills; according to the "High Tech – Hand Made" motto. Five-hundred metres of special rope were necessary to produce the Vermelha armchair, woven into the structure creating a frame and subsequently knotted by with overlapping techniques. 10. 11. 12. 13. P. Lenti, Tappeto Spin carpet. The company is specialized in carpets and seats for the indoors and the outdoors; today it is an international reference point for innovations in textile design in the field of textiles manufacturing using the hand-tufting, loom weaving, manual and mechanical weaving techniques. In the Spin

carpet, inspired by ancient decorations, a cord of thread is wrapped into spirals and leaves, respectively made by hand and using machinery and then assembled into modulesmeasuring approx. 33x33 cm.

production excellence

The production philosophy, a distinctive characteristic of excellence in the entrepreneurial field of our country, here is put into practice by Horm technicians who have revisited the Toyo Ito project (Compasso d'Oro 2004), using one single type of wood, either solid okumè or gaboon, an African kind of wood that "absorbs" sand from its roots. Sand therefore establishes itself within the woodgrain and prevents dampness from rising up. → 14. 15. 16. Sebastian Errazuriz, Metamorphosis, bookcase, Horm. Horm is specialized in woodworking techniques and its products are often the result of collaboration with world renowned designers and young artists. 17. 18. A tribute to Toyo Ito, Ripples Outdoor, Horm.

the "know-how"

The ingeniousness of making also means passion and *know-how*, always balanced between tradition and innovation. → 19. 20. 21. Carmina Campus, handbags. The company belonging to Ilaria Venturini Fendi blends experience in haute-couture and passion for reusing materials, creating handbags, accessories and household furnishings. Each manufactured item is unique since it is made of raw materials with a limited availability, assembled through the meticulous work of local artisans according to the logic of short supply chains. The single items belonging to the collection are conceived as a prototype. This characteristic is also underlined thanks to an attached identification badge that summaries the story of the product. 22. 23. Angeletti-Ruzza, Happy Hour, Bicoloured Pitcher, Guzzini, Design Plus Award 2009. Bicoloured items have marked most of the industrial production of the company thanks to the refining of patented technologies: thermoforming in the Fifties and injection technologies in the Sixties. The result is a soft and harmonious movement of forms and colours, where the fullness of whites blends with the transparency of brilliant colours.

use and processing customs

Even the transposition into form of some common practices and manufacturing processes that have been stereotyped through time represent *the ingeniousness of making.* → 24. 25. 26. Bosa, manufacturing processes. 27. L. Nichetto, Essence Collection, Bosa. The ceramic candle holder gives a fresh take on the casting process for a number of materials. 28. L. Nichetto, preliminary drawings. The collection takes an alternative look at the most symbolic pieces of equipment associated with manual glass and ceramics manufacturing. The objects are the results of encounters between ceramics and other materials. They come with complementary elements made of wood, metal or glass, which are produced in collaboration with Venini. The ceramic bowl with a blown glass lens lying in it is a faithful re-envisioning of the mould used to make centrifuged glass. The multi-purpose ceramic and wood containers are based on the cases used for packaging. The idea for the coat stand came from the habit of glass workers of hanging their coats on their blowpipes when they are not using them to blow glass.

contamination

When *the ingeniousness of making* manages to successfully relate (through collaborations with foreign designers) the international creative field with the manufacturing capabilities of our companies, this gives rise to a new linguistic experimentation on the subjects of modernity. → 29. 30. Post Krisi e Malagola, pendant lights, Catellani & Smith. Strong artisanship influence in the choice of materials and textures, but the result of constant experimental research: the Malagola pendant light is made out of metal with its diffuser coated with gold foil; and the Post Krisi lamps, that bring to mind the textiles world because of the frayed texture of the diffuser, are produced in various forms and made of hand-painted fibreglass or left in their natural state. 31. 32. Modus, handbags and luggage, Piquadro. High manufacturing quality combined with innovative technologies and exclusively Italian material that are traditional (leather from the Tuscany tannery district) and innovative (technological fabrics). 33. Fil de fer, lamp, Catellani & Smith. The Fil de fer sphere is made of aluminium wire and halogen bulbs, even the anodized finishing is in gold or white with elements in nickel. Even Turcià, made with aluminium or brass branches, has variable shapes.

→ a.
the innovation gene
by sabrina lucibello

Innovation is change that generates progress through research, technology, education, development of knowledge, new processes and industrial production, and fresh organizational methods. All of this and "all of the other 'new things' that make up the varied concept of innovation show us the extent of its dynamism". ¶ Italian Design is the creative tool that has made it possible to give a concrete form to the fleeting dynamism of innovation, bringing together its various aspects (technology, desires, needs, production issues, environmental impact, aesthetic sensitivity, the tastes and fashions of the time). ¶ Herbert Alexander Simon, who won the Nobel Prize in Economics in 1978, said that design "is the systematic desire to influence the future (…) by planning innovation." In Italy this systematic desire has followed paths that cannot be classified, developed within a flexible, varied production system and grown in an economic and social context lacking in clarity and stability, i.e. in what Branzi called an "unorthodox" modern world. It is perhaps for this reason that the "Italian paradox" associated with the "Made in Italy" label has emerged. • the innovation gene → **The story of Italian innovation is quite unique.** It is often visionary – which is why it has been able to achieve great things despite the lack of significant industrial and research capital – and it has always been the product of ideas, technical capabilities and the chemistry between designers and open-minded business owners rather than research, high technology, marketing and business strategy. Italian companies in the field of design are less structured than multinationals and are largely family based. This has allowed them to use technology in a flexible manner and embrace the challenges of designers. Furthermore, in Italy entrepreneurship, technology and design have been superbly blended with the *genius italicus*: the inherent inclination in the Italian culture and DNA to experiment – which results in "informal" research based more on invention and the ability to transfer innovation from one sector to another rather than on technical and scientific foundations – and to create beautiful things, in other words the capacity to work on the aesthetics of products, giving them the typical semantic, iconic and revolutionary values of *Italian design* as we all know it. While beauty and innovation often seem to be in competition or even stark opposites, in Italian design these two aspects manage to co-exist in complete harmony, largely thanks to the strong bond between technology (especially in the field of materials) and design. A clear example of this is Kartell, which revolutionized the world of plastic and furnishings. It was founded by Giulio Castelli, a student of the Nobel prize winner Giulio Natta at the Politecnico di Milano. Another similar case is the Falkland ceiling light designed by Bruno Munari for Danese in 1964, which consists of a tubular stretch fabric made in a hosiery factory and metal rings of varying diameters. The story of the creation of this object illustrates the brilliance of the designer, but also the visionary capacity of certain business owners. As Munari revealed: "One day I went to a hosiery factory to ask if they could make me a light. 'No, we don't make lights' they said, and I replied 'You soon will.'" Another example in this vein is the Up range of anthropomorphic chairs by Gaetano Pesce, which were produced by B&B in 1969. The items in the Up range were made of stretch fabric filled with polyurethane foam and vacuum packed, thus reducing the volume by 90%. Once they came into contact with the air, they magically took shape and produced an effect that was surprisingly expressive to say the least at the time and embodied the combination of form and technique for which Italian products have always been renowned. Then there was the Sacco chair, which was designed by people whose names were largely unknown to the general public. The designers have told how they got the idea from the mattresses put together by peasant folk by filling sacks with chestnut leaves or similar materials. These homemade items did a better job than water or air of adapting to the shape of the body in a semi-fluid manner. The idea soon emerged of using the polystyrene foam produced for heat and sound insulation and it gave astonishing results, because the type of product, process and language were all innovated at the same time. • the innovation gene → **Another distinguishing feature of the unique approach to innovation in Italy,** on top of the *genius italicus* and the combination of open-minded business owners and designers, is the presence of numerous companies from the same sector in the same area: this is the phenomenon of the "Districts". The companies in question are founded in specific zones and use the main craft skills and materials available locally. This has led to a concentration not only of production but also of creation, with people innovating as they work. ¶ For example, take the SportSystem and footwear district in Montebelluna, which is home to companies such as Diadora, Fila and Tecnica, and has produced hugely significant patents that have brought about process and product innovation. ¶ This is also the case with Lotto, formerly known as Caber, which revolutionized ski boot manufacturing in the early 1970s. Marc Sadler, the designer of the Pioneer ski boot, said: "I had a skiing accident and I realized that the steel levers in use at the time did not support the ankles well. I said to myself, 'Why don't I try to make a more ergonomic, better performing model out of plastic?' So I put together a simple prototype using two identical thermoformed shells. (…) The boot only reached up to the ankle and it never actually worked, but it made us realize that there was enormous potential to innovate and experiment not just with new materials, but also with processes and technique. Most importantly, it became apparent that there was huge scope for aesthetic innovation. (…) The use of plastic meant that we were able to introduce colour". ¶ The identity of Geox, meanwhile, is closely tied to a brilliant idea by its founder Mario Moretti Polegato. After studying agriculture, in the early 1980s he joined the family wine firm with the aim of expanding onto new markets. During a trip to Reno in Nevada, he found that his feet were very uncomfortable because they were so hot, so he decided to make a hole in his shoes. When he got back to Italy, Polegato developed this idea in the workshops of a small footwear firm near Montebelluna and produced the first shoes with rubber soles that allowed the feet to breathe without letting any water in. This led to the international patent for the famous "shoes that breathe". When the first prototypes were presented, the established Italian and international footwear companies did not appreciate the extraordinary potential of the invention, but Mario Polegato refused to give in and decided to found GEOX, a new company to design, make and sell the breathing shoes. • the innovation gene → **Is Italy's typical approach to innovation still compatible** with the altered global circumstances of today? ¶ The process of globalization has meant that frequently it does not pay off economically to follow up an idea or a brainwave, so open-minded business owners are now few and far between. The free, informal Italian innovation system also struggles to fit in with an economic world that is increasingly squeezing out small and medium companies and imposes rigid, pre-established working standards for product innovation systems. ¶ Nonetheless, "design-driven innovation can be a significant source of profit. If it is done properly, it leads to the creation of products with strong, unique personalities that stand out from the standardized ones by the competition". This also brings the benefit of product longevity. For example, take the Fiat Panda. The average life cycle of a car model is approximately $8\frac{1}{2}$ years, but the Panda kept coming off the production line for no fewer than 23 years. • the innovation gene → **In recent years, the market** has been dominated by two factors. The first is the "user-centred innovation model", by which companies that want to embark on an innovative project must first analyse market needs (through research and surveys) and study users' requirements and approaches to products (with focus groups). The second is the desire to establish the formula of the outstanding success of Italian design and recreate it in mass production, in the belief that it can be summed up in a design-driven form or means of company organization. ¶ However, none of this has led to a repeat of the "Italian miracle" elsewhere in the world, and even in Italy it is difficult to recreate the same levels of success. Therefore, it is necessary to radically rethink the process that leads to innovation, especially in Italy. ¶ If the country does not grasp the value of the new technological revolution taking place, it will lose more and more ground and Italian design may end up being nothing more than a glorious memory from the past. • the innovation gene → **The contributions that follow attempt to establish the boundaries** of the topic of innovation, which is always changing. One way in which this has been done is to describe Italian design's tendency to decontextualize an element and transfer it "from one sphere to another in order to use it for something other than its original purpose" (Domitilla Dardi). Another approach is to create a scene that will bring us into contact with "global" elements and make us consider how "design thinking processes can be used (…) to generate research skills with the ability to invest in risk and overcome the typical conservative nature that holds back the Italians" (Niccolò Casiddu, Raffaella Fagnoni and Andrea Vian). Finally, there is analysis of the sectors in which technological and design innovation come together, such as sports. "What are the focuses of design research in the field of sports products, accessories and sailing?" is the question asked (Massimo Musio-Sale, Mario Ivan Zignego and Maria Carola Morozzo della Rocca).

→ b.
innovation through decontextualization
by domitilla dardi

"The ways of the imagination follow the ways of technological evolution, and future technical efficiency will lead to fresh imagination." (J. Baudrillard, *The System of Objects*, 1968). • innovation through decontextualization → **It is possible to turn this quote from Baudrillard completely upside-down:** we are increasingly seeing new forms of imagination leading to technology that makes them possible. For example, we often see predictions from the most vivid science-fiction imaginations – which are frequently portrayed by the film industry – being used as the inspiration for the creation of cutting-edge technological products. The prophetic photo scanning scene from Ridley Scott's *Blade Runner* and the interactive screen from Steven Spielberg's *Minority Report* both feature forms of technology that are now commonly used, but they were only figments of the filmmaker's imagination at the time. This outlook could also be expanded and take in the work of writers such as Asimov, Bradbury and Dick, as well as futurologists like Bruce Sterling and artists – especially surreal and conceptual ones – for reasons which shall become clear below. ¶ Obviously innovation's debt to imagination is actually an inherent part of the nature of industrial design, as well as of commonly used craft tools and utensils. However, the flash of illumination for innovative solutions is not only provided by practical functions resulting as a logical consequence of basic needs. Looking back in the history of design, there are numerous examples of superb creative combinations – based on great innovative ideas – that arose by taking a different slant rather than working in a linear manner through a cause-effect relationship. Among these brainwaves is the transfer of materials and components, which is most certainly directly connected to a genuine innovation in terms of language rather than just technological input. The idea seems extremely simple and involves using a material – or perhaps a joint or an assembly method – for new purposes other than those for which the element was originally designed. ¶ For example, the answer to the question "What has the Space Shuttle got in common with a plate of hot pasta?" lies in the field of technology transfer. The ceramic material used to make the famous spacecraft releases heat slowly, so it is ideal for use in a food warmer like the Kalura, which Alberto Meda designed for Alessi. ¶ Transfers between the automotive industry and furniture take place very often. For instance, the structural adhesives which are used for windscreens can also stick together the parts of household furniture. The Arflex armchairs designed in the early 1950s – starting with the *Lady* by Zanuso – were made with nastrocord, a material that consisted of strips of tyre rubber. Sudden inspiration often leads to transfers. This was the case with Busnelli's use of polyurethane foam in the furniture industry: he says that the idea came unexpectedly from an inflatable duck. The first tubular metal cantilever chairs were also famously the result of a transfer: Stam and Breuer made them from gas pipes and bicycle parts respectively. • innovation through decontextualization → **The results were very different in all of these examples,** but there was one principle shared by all of them, and it does not concern the materials or the technology used. The common factor is the ability to identify the decontextualization potential of an element, i.e. the possibility of transferring it from one sphere to another in order to use it for something other than its original purpose. The bright idea of combining two seemingly distant worlds is based on a connection that is all in the imagination. Indeed, it almost seems that the greater the distance between the original field and the new area of application, the bigger success it will be. Ventures of this kind are not just down to creative personalities with broad knowledge – potential applications can only be identified if the figure in question is familiar with a wide range of matters – but also to imagination that is capable of daring to look beyond the ease of the most obvious connections. The creative and procedural thinking of art unquestionably provides excellent training for technology transfer exploits. Surrealism gave rise to decontextualization and opened the way for conceptual ready-made offerings but also – in another sense – for material transfers. The union can be summed up by the famous quote attributed to Max Ernst (although it originally came from Lautréamont): "As beautiful as the chance meeting on a dissecting table of a sewing machine and an umbrella." This encapsulates the issue: it is necessary to have the right outlook and the freedom to organize an encounter on neutral ground between two completely different things. In his 1977 book *Fantasia*, Bruno Munari encouraged people to engage in what might seem like truly "absurd exercises": inverting relationships, overturning established hierarchies, combining distant elements, making figurative use of the power of rhetorical devices from oxymorons to synaesthesia, from metaphors to reverse similes. These exercises resulted in materials that amalgamated different characteristics; in free associations of "glass" and "rubber" that were capable of generating the ideas of "elastic glass" and "transparent rubber". Gianni Rodari did something similar in *The Grammar of Fantasy*, which offered numerous ways of coming up with new stories. He knew that the number one way of innovating is contemplating what others only look at with a passive glance and using reality – or a new, unprecedented take on reality – as a basis for the imagination.

→ c.

technological innovation through design
by massimo musio sale, mario ivan zigneo and maria carola morozzo della rocca

The outlines of Research and Development schemes often overindulge in key words in an "affected" fashion, and at times the terms used even distract attention from the real objective of improving the quality of life, a process which should occur as knowledge increases and increasingly effective research solutions are introduced. ¶ Words such as *innovation* and *sustainability* are often used (and abused) to describe research processes and identify actions that are not necessarily relevant to the objectives of the project. ¶ Research work (of any kind) reflects the world around it in terms of the historical setting, the social, geographical, economic and political background, and other factors such as energy and technology. This shows just how many variables there are regarding the pertinence of research, and they are always affected by the circumstances. For example, consider the topic of transport in research for the first, second and third worlds. At one end of the scale there are congested cities and problems with traffic and pollution. At the other end there is a lack of infrastructure and vehicles as well as problems with pollution, albeit of a completely different nature. ¶ Research cannot be generalized, as there are many facets to it depending on the field in question. It thus becomes clear that *innovation* is not necessarily the key to obtaining high quality results. Indiscriminate use of the term innovation seems to imply that research is only virtuous if it rejects the previous state of the art and innovates using different methods, which must be original. ¶ In contrast, *sustainable* is a "universal" term. Nowadays, it seems to be used to describe processes with significant benefits for the environment and (at times) the economy. However, it is worth remembering that no one operates in an infinite system, so sustainability must become an automatic, indispensable part of any process. Given the globalization that has taken place recently, stating that something is sustainable seems to give it a new quality, but let us hope that soon it will become a natural part of everything and that it will no longer be seen as value added. • technological innovation through design → **Design is the discipline that conceives, develops,** controls, harmonizes and implements production, communication and even management processes. Its highly effective focus generates advanced products. The more design research is based on innovation, the more efficacious the process becomes. Innovation in this case does not mean rejecting the existing technology, but simply refining it and continually honing methods and products. ¶ In the field of product design – and especially when it comes to sports, technical clothing, accessories and sailing – innovation is always present, unlike the current state of the art. At times innovation covers short phases of a complex process. It does not reject existing technology but simply refines it more and more to optimize the results. Competitive events have led to this working method. The need for constant evaluation of the performance of products means that there are profoundly technical factors in a competition, in addition to the athletic side of things. ¶ The two elements are inseparable and competitive performances improve much more with regard to technical aspects than they do in terms of especially athletic head-to-heads. This is shown by the most prestigious international sailing challenge: the America's Cup. While the sailors taking part are highly skilled, the real competition is between extremely sophisticated forms of technology. They are so advanced that the rules of the matches are often reworked and adjusted to promote more sporting and spectacular competition, even though this is to the detriment of the outstanding performances offered by new materials and solutions. ¶ The last event took place in Valencia. The yachts were extremely different and there was no competition between the two due to the breathtaking performance by BMW *Oracle Racing*'s trimaran, which was fascinating but at the same time minimized the media appeal of the match. Therefore, there are plans to take a "step back" in the design of the yachts for the next event, in order to make the race more exciting. ¶ Formula 1 also features such cutting edge technology in terms of the materials, aerodynamics and engines – in short, the design – that the ruling body has had to come up with highly elaborate racing regulations in order to make the competition between teams closer. Although they have to comply with these complex rules, the cars with the best overall design almost always come out on top and there is no complete comparison of the vehicles during the race. ¶ This demonstrates that design is unquestionably the key to performance innovation and winning products, to the extent that in certain fields this aspect is so strategic that (paradoxically) it even becomes counterproductive. • technological innovation through design → **What are the focuses of design research** in the field of sports products, accessories and sailing? Having established that design plays a key part in the success of a product, research must aim for maturity and awareness of the values that can go "beyond" the obsessive quest for pure performance. ¶ Matters relating to product and process sustainability appear in the brief for every design project and are intertwined with the objectives relating to pure performance. ¶ In other words, the design work does not concentrate solely on the performance. Using design to contemplate the various phases of use of a product is at the forefront of real technological innovation of a process. ¶ Understanding and quantifying the use of a product in accordance with its constituent materials, construction processes, commercial thinking and markets, utilization approaches, and scrapping, recycling or disposal policies are the new indispensable elements in the design culture, even though they were completely disregarded until the last century. ¶ The final objective of this cultural enrichment is to gauge the impact of design in ways that include the energy footprint of new products. In the near future, it will become an inherent part of design and not just a new element resulting from the current focus of the scientific disciplines. This is especially true in Italy.

→ d.

an aptitude for innovation
by niccolò casiddu, raffaella fagnoni and andrea vian

The findings of the report entitled "The Culture of Innovation in Italy 2010" reinforce the popular opinion that innovation is not a chance happening but the result of serious work based on scientific foundations and individual and group skills. ¶ Innovation works not so much from an economic point of view as from a cultural perspective, with reassessment of the importance of intangible factors in an area's propensity to innovate. One of the biggest obstacles to the inclination for innovation is the conservative reluctance of consumers to adopt new things, as they are considered incomprehensible or risky. • an aptitude for innovation → **Eureka.** It is important to focus on learning and creative education, in keeping with the heuristic side of science. Heurism involves aspects of human cognition which are not easy to quantify and are based on *feelings, emotional intelligence and intuitions*. It is important to take "design" back to being an activity which is not limited by rules but by contexts, specific problematic settings, the decisions of the parties involved, and/or the particular historical and cultural aspects of the society in question. Most of the issues faced by design are complex, "wicked" problems, so they do not have a definitive form. Instead of being true/false, the solution is better/worse so it is difficult – if not impossible – to automate the process. • an aptitude for innovation → **Local know-how, global knowledge.** Is it possible to keep up the distinctive know-how and tacit expertise of Italian design that is often quite separate from the "sciences", especially now that it is blending with and drawing on global knowledge through web 2.0 technology? ¶ How can design thinking processes be used, especially in education, to generate research skills with the ability to invest in risk and overcome the typical conservative nature that holds back the Italians? ¶ Design research must focus on attentive, meticulous analysis of the current circumstances, starting with social and cultural needs. It is necessary to work closely with users and avoid what Thackara called an "innovation dilemma", i.e. the danger of putting intelligent technology in a useless product which does not satisfy a need. The future lies in designing *with* the public rather than *for* the public and making users into the subjects of innovation instead of the objects. ¶ One form of widespread design which is connected to the "Blur Effect" seeks to respond to the emergencies in the wide range of spheres in our daily lives (such as mobility, family assistance, homes and food networks) through the capacity of communities to come up with new approaches, habits and types of conduct. In scientific research, processes based on induction, hypothesis and deduction are used in an attempt to reveal the essence of phenomena, by developing new hypotheses to test and using the most suitable methods to do so, in what Kuhn calls "normal research". ¶ In contrast, design activities test experiences in the use of new products or services. While the most frequent scientific innovations involve technology, design innovations have a greater effect on the social fabric and are the result of social dynamics in which the needs of the community come together with the knowledge generated by research and return to the community in the form of products, goods and services. • an aptitude for innovation → **Giving sense.** Innovation led by design involves radical innovation of meaning, by giving an object or a service an unrequested meaning that people were waiting for without even knowing it. Unlike *Market pull* – which is based on understanding of the (immediate) needs of customers – and *Technology push* – which involves exploration and investigation of new technological possibilities and leads to innovation with greater technical content – *Design-driven* innovation comes from exploration and understanding of trends in socio-cultural models and brings about innovations that were not explicitly demanded in advance by users. ¶ The design culture has turned to *digital design* methods, which feature a close connection between the concept, production and realization, with the emphasis on flexibility. Electronic media can be fluid and changeable thanks to their ability to change structure and meaning in response to the environment and interact with users in accordance with the incoming data. ¶ The philosophy behind the design of these goods – which are finished products but are able to be modified to meet the needs of users and generate their final form (interfaces in communication systems) – in systems that are open to the contributions of a vast community of users/creators (the 2.0 environment) inspires alternative approaches for designing a more general sense.

→ iconographic collection.
innovation
by sabrina lucibello

Is the typically Italian way of "making innovation" today compatible with the changing global scene? If speaking of "Made in Italy" still makes sense when referring to the extraordinary manufacturing skills of our country, is this also true when observing our own particular way of "making innovation"? ¶ Little or nothing seems to have changed compared to the past, therefore innovation – that has always been strongly bound to planning/experimenting activities together with out Italian genius and the successful designer/enlightened entrepreneur dual concept – proceed along a very particular path. ¶ In fact, not availing itself of great amounts of capital, innovation followed ideas, developing itself on technical skills, the result of that special chemistry between designer and entrepreneur; in addition to research, high technology, marketing and corporate strategy. ¶ Interpretation through the images being proposed describes the meaning (during the last decade) of making innovations in Italy, the leading sectors where research and design have found a common ground at present; the results in terms of form, function and language. ¶ Therefore on one hand it has been decided to portray where and in which sectors (such as, for example, the sports sector or specifically the hi-tech one) Italian invention capacities (which we believe coincides with the concept of "innovation" before the concept of "technology") have successfully shifted our ability of "making a summary" between performance (stretched "to the limit") and design. ¶ On the other hand, the way in which this process has been accompanied by a constant will to experiment materials, reinterpreting those belonging to our tradition with more modern technologies or by planning new ones; and by the intrinsic capacity of Italian design to innovate typologies, languages, forms while not neglecting some "topical issues" that call for "sustainable" renewal. ¶ What comes as surprising is observing how many of our designers often manage to innovate only outside of our national borders, for example by participating in and winning international competitions; or how technical-engineering research, capable of extraordinary inventions even in the field of robotics, has yet to find the right synergy with design.

§

innovation with materials

The sphere of interior design products blatantly demonstrates the presence of artefacts denoted by the designer/icon phenomenon: the images selected are heterogeneous products by Italian companies mostly planned by famous Italian or foreign designers, whose labels have made them icons. → 1. J. Nouvel, Skin, Molteni, 2007. A seating system based on blending research, technology, design and craftsmanship together at the utmost. Skin is an innovation due to the technical solutions that have been adopted, including a structure in tubular pre-tensioned aluminium, upholstered in leather, with self-modelling geometric incisions. 2. Front, Wood Chair, Moroso, 2010. Can innovations be made simply by offering a new interpretation to traditional material? Wood Chair is a chair covered with thousands of beads creating a comfortable surface that stimulates the body; it was inspired by seat covers used by taxi-drivers and by haute-couture. 3. 4. K. Grcic, Osorom, Moroso, 2004. Body in thermoplastic material made up of technopolymer composite stratified in variable densities. 5. P. Urquiola, Volant, Moroso, 2007. The real leading character of the "Volant" system (sofa, armchair, chair, stool) is the "Demi plié" fabric in Alcantara® which (processed using unique tailoring skills) transforms itself, bends, ripples, ruffles, is deformed, creating the object and designing its shape.

innovation with materials

During the last few years, the world of materials (beyond "basic" material such as wood, metal and plastic) has been subjected to a true revolution since it has come to include a universe made up of many sub-categories in constant and rapid modernization, developing new and hybrid materials that are aesthetically innovative, intriguing at the sensorial level and offering "high performance" → 6. Herzog & De Meuron, Pipe, Artemide. Floor lamp and pendant light with a frame in flexible steel tube covered by a natural silicone case. Red Dot Award in 2006. 7. M. Sadler, Mite, Foscarini. Compasso d'Oro 2001. Technology is that used for the production of fishing rods (rowing); the flexible, strong, light and resistant material is a blend of fibreglass and Kevlar® or carbon fibre. 8. R. Lovegrove, Cosmic, Artemide, 2009. Blends the organic aesthetics of "a digital leaf from another world", with technology and the intelligent use of materials. 9. T. Yoshioka, Memory, Moroso, 2010. A chair that memorizes the form, creating a natural interaction with the end-user thanks to a special cotton fibre fabric with an aluminium core. 10. R. Liddle, Roughly Drawn 21, Plusdesign, 2009. Chair produced in a limited edition (only 21 pieces) in 100% recycled plastic obtained with the thermal procedure that transforms waste packaging into a pliable material: an experimental method called URE plastic that has been developed by Cobda. 11. Alcantara produces "tailor-made" solutions with a perfect blend of style and technology, combining the senses, aesthetics and functionality with innovation. Special Award for excellence in innovation during the Confindustria Centennial celebrations in Turin, 2010.

innovations with technologies

The Italian innovation "event" is a case of its own: it is often visionary – and for this reason capable of overcoming the constraints of the possible although it cannot avail itself of great sums in research or industrial capital – it has always been the result of ideas, of technical skills, of the great understanding between designer and "enlightened" entrepreneur in addition to research, high technology, marketing and corporate strategies. → 12. Copenhagen Wheel, hybrid bicycle, MIT+Ducati Energia. The system can be mounted on an ordinary bicycle frame without batteries to be recharged. It can offer in real-time, using a smartphone, feedback on the environmental conditions in town (the quality of the air we breathe, the level of CO2, temperature and humidity, routes travelled). 13. G. Trotti, Biosuit, Dainese+MIT, 2000. A tight-fitting and elastic suit, using black and gold threads that allow freedom of movement while ensuring the maximum protection possible for the astronaut flying to Mars. 14. R. Leone, Xlence, vacuum cleaner, De Longhi. With this vacuum cleaner, thanks to an infrared system, power can be regulated without having tobend over the machine. Red Dot Award 2008. 15. B. Sironi, Elica, Martinelli Luce,

2009. Dimensioned according to the principles of the golden ratio, it does not present any visible technical detail. The arm itself of the lamp constitutes the switch. Compasso d'Oro 2011.

innovations with technologies

The Italian innovation "event" is a case of its own: it is often visionary – and for this reason capable of overcoming the constraints of the possible although it cannot avail itself of great sums in research or industrial capital – it has always been the result of ideas, of technical skills, of the great understanding between designer and "enlightened" entrepreneur in addition to research, high technology, marketing and corporate strategies. Today we are playing our technological challenge on the capacity for innovation by transferring innovations that have come from afar and reinterpreting them using the design key. → 16. DustBot research project, DustClean and DustCart, garbage-collecting robots, Sant'Anna school in Pisa, 2009. 21. ITT, Icub, child robot, Lira-Lab Genoa, 2004.

innovations with typologies and form

In Italy, more than in any other country, technology and design have successfully blended with the genius italicus; namely that particular attitude that is intrinsic to our culture of giving form to beauty, working on the aesthetics of the product and providing it with semantic, iconic and revolutionary values that distinguish Italian design as we all know it. → 17. Lanzavecchia+Wai, Lightmates, emergency cushion-lamp 2007, Photo Farabegoli. 18. Lanzavecchia+Wai, Our Chair, Serie Spaziale, 2010. 19. Ron Arad, Do-Lo-Rez, Moroso, 2008. 20. E. Magini, Lazy football, seat for the outdoors, Garagedesign 2010.

innovations "at the limit"

Sports are one of the most vital and dynamic sectors or design, where the frontier of innovation itself seems to be in constant movement since it is aimed at overcoming the limits in terms of performance, success, safety. For years Italian companies have been committed to the research of technical products for sports and the development of high-performance processes and materials capable of blending performance with the Italian style; developing hi-tech sportswear not only for athletes, but even "prêt-à-porter", namely for the public at large. On one side, therefore, we have constant research for "performance" and "protection", while on the other the super "intelligence" of materials which, being engineered and planned, play an active role. → 22. 23. Vibram soles. 24. Vibram, Fivefingers "footsoles". Italian Award for Creativity 2008, One of the best Invention of 2007. 25. Yutaak, Selle Italia. Since 1897 has been producing saddles and owns 15 international patents. 26. FF 2011, Ferrari, 2001. 27. Nordica is a Tecnica division that includes, amongst others, companies such as Dolomite, Rollerblade, etc. Italian Award for Creativity 2008, One of the best Invention of 2007.

innovations with "sustainability"

The future of design is increasingly aimed at coherently answering the urgent questions relative to sustainability, be it environmental, social, cultural or economic. → 28. P. Starck, Revolutionair, micro wind turbines Pramac, 2010. 29. 30. 31. Euclide e Pitagora, Pinetti, 2009. Series of baskets and containers in reclaimed leather. 32. Eureka Coop, Coop, Turin, 2008. The new democratic design line made up of 12 everyday objects transformed by Italian designers into practical, useful, aesthetically pleasant inventions with affordable prices. 33. 34. L. Damiani, Ciotola 152 – like the Decree Regulation that regulates the disposal of special waste – containing waste glass.

→ a.
temporary museums permanent installations
by raimonda riccini

The first decade of the 20th century was to some extent the decade of the Icon Museums, monumental buildings whose connotative function was recognized for the place in which they arose, made mostly by Archi-Stars throughout the world. Following the archetypal Guggenheim Museum in Bilbao by Frank O. Gehry in faraway 1997, I will cite only the Tate Modern in London (Herzog & de Meuron), which inaugurated the century, and the MAXXI in Rome (Zaha Hadid), which closed the first decade. There has been much discussion on the symbolic value of these buildings and their relative indifference to their contents. We can think of them as permanent installations in the middle of the urban or suburban fabric. ¶ In other aspects, the recently ended decade could also be defined as the decade of Great Events, which in Italy had their epicentre in Turin – including the 20th Winter Olympic Games in 2006, the Design World Design Capital in 2008, and the events celebrating 150 years of Italian Unification in 2011. These often took on the role of temporary museums, ephemeral but highly structured occasions; moments of reflection and research that unfortunately do not always take place in museums. I use capitals for these two phenomena of great media resonance to highlight the fact that they often muffled less resounding but equally decisive facts regarding the fate of museums, memory and culture, broadly speaking. ¶ These facts took root not long before the decade in question, but in the past 10 years have come entirely into fruition. As a result of the crisis afflicting the museum as an institution passed down from the 18th and 19th centuries, the emergence of new kinds of consumers and the disruptive function of digital and interactive technologies, for many years we have been witnessing a genuine genetic mutation of the old model of the museum, both in its national-positivist sense and in its most recent modernist version. • temporary museums permanent installations → **One of the strongest and most interesting aspects of these mutations** is the changed relationship between exhibited collections and the transitory activities of museums, thanks to which the latter have lost their fixity and paradigmatic stability of the past and are experiencing continuous reshuffling, which has made clear to all the importance and necessity of research in museums. Within this context, temporary exhibits have taken on greater importance than in the past, insomuch as their function is not to navel gaze but to interact with permanent collections and increase their significance. A second aspect regards the more or less declared opening towards the expositive, narrative and educational methods of the tested *Science Centres* (like the San Francisco Exploratorium, the first example of one such centre, which was opened in 1969) and of science and technology museums. Moreover, new content has appeared on the scene that has not exactly overturned but has certainly reopened the debate on the delicate hierarchies of the works, objects and disciplines to which museums assign a value. One need only think of the historical heritage of industry, which has become culturally recognized and gained rightful entrance into museums. Of particular note is the growth of "company museums" – a typically Italian phenomenon for the very nature of an economic-productive structure founded upon industrial zones and small- and medium-sized firms – and their wholly peculiar museographic approach. Then there's the fashion world that, with the development of *fashion studies*, has become one of the most interesting areas of exhibition (and not only during "fashion shows"); and technology, which has transformed itself from a simple "efficient tool" to the subject of study and representation. While these transformations are related to museums in the general sense, there are some issues that touch precisely upon the design world. Both in terms of design as a project *of* and *for* museums, as well as design as an object of musealization.
• temporary museums permanent installations → **We must recognize that the recent decade** was very important for design as an object of musealization. Design has enjoyed privileged treatment in the museum world. Though the process began long ago, in this decade museums and collections were opened the world over; old applied arts museums were transformed to reflect the culture of design; and contemporary art museums broadened their arms to incorporate design, as did science and technology museums. All of this was accompanied by lively debate, at least internationally. ¶ If, however, we look at design as a project *of* and *for* museums, I believe something even more important took place for the culture of design. Thanks to the emphasis of museum architecture as casing and "monument" (which stresses the container as urban sculpture and is disinterested in content), the emergence of exhibition techniques disconnected from architecture, and the "showcasing" of objects, a process began in which design enjoys an increasingly central role. The shift from the creating an exhibit as a system of "furnishing" a space to creating it as "exhibition" – i.e., a system of communicative and interactive artefacts, connected to functions of lighting and sound, and that are graphic and narrative, spectacular and immersive – has helped design in its various

components become the key player in constructing museums and temporary exhibits. • temporary museums permanent installations → **This is the premise for the documentation we have sought to create** on Italian design in relation to the new exhibiting landscape. Dutifully beginning with the Triennale Design Museum, the apical point of a long and tormented history of frustrations and failed realizations, which incarnates all the unresolved contradictions between a scientific project and the search for a new public. What follows is a reflection on the relationship between craftsmanship-industry-art as a distinctive element of the Italian debate, through the close examination of the (to some extent unique) case of glass and a problematic interpretation of the new company museums and the industrial culture of our country. Lastly, we look at technological innovation and new exhibiting methods, the spectacle-ization of technology and the planning of *exhibits* that seem to be the signature elements of contemporary exhibiting.

→ b.

museum ideas, design ideas
by maddalena dalla mura

If museums both reflect and play a leading role in a country's culture it is significant that in Italy design museums were, for a long time, merely an "idea" and a project rather than an actual reality. An idea that, in particular in the Milan area, was more than once proposed, discussed, abandoned and then taken up once more by various voices, not always with coinciding interests. Looking back today, after the opening of the Triennale Design Museum in 2007, this story reveals the meanders of problems and requirements that still deserve reflection and discussion. • museum ideas, design ideas → **As is known, the idea of establishing an industrial design museum** was first talked about in the post second world war period, when critical attention towards project issues began to grow. In the period in which, in Lombardy's regional capital, the exhibition and promotional activities of industrial art resumed and were renewed, it was a reflection on the temporary character of such occasions – and therefore from the sensitivity of future "memory" – that gave rise to the idea of a permanent body to be dedicated not only to the presentation but also to the preservation and documentation of all things produced in the present. However, in a country in which it was impossible to link up with the nineteenth-century tradition of applied and decorative arts museums, and in which the relationship between public institutions and *modern* art was not easy, all the paths envisaged at that time came to dead ends, to a large degree due to the relative indifference of public bodies and to the consequential lack of funds. This latter is a problem that, since then, has accompanied the issue of design museums in Italy, and that was still to be found, for example, at the end of the century, when the subject once more came into vogue, with new undertones. ¶ During the eighties and nineties, to make a comparison with that which, in the meantime, was occurring abroad, the necessity for a museum was felt with growing urgency, especially in consideration of professional representation. • museum ideas, design ideas → **The idea began to take shape of a museum that had the characteristics of a design centre**, a permanent space at the same time versatile and "dynamic", a centre for documentation and research, for encounters and information, for exhibitions and promotion. In that period there was a pressing need, besides that of locating resources, to activate and combine the interests of various figures, both public and private A hard task, around which, in the period bridging the new millennium, attention gathered for another hypothesis, put forward in various forms: the on-line museum and the net-museum. In other words, a "virtual" institution, capable of making the best of new technologies, such as the net, in order to link and present material and content conserved or produced by other entities, such as universities, research centres and, above all, private archives and company museums that, scattered throughout the country, begin to be seen as important elements that witness and tell the story of design in Italy. In particular this idea seemed, to many, to be a good solution for two fundamental issues that, amongst the many projects, still remain open: the museum's seat and collection. ¶ This is the setting of the issues that lead, amongst the other paths imagined, to the opening of the design museum at the Triennale, in Milan. In this institution tangible steps had already been taken back in the nineties, with the exhibitions of 1995-1996, intended as the first move towards the establishment of a collection and a museum. At the end of the decade the obstacles appeared to be overwhelming, so much so that the virtual museum formula was considered to be the only possible path but, in the following years, through mediation with the various stakeholders, the project for a museum in the Palazzo dell'Arte found the necessary political and financial backing. When, in December 2007, its doors finally opened in the renovated spaces on the first floor – under the direction of Silvana Annicchiaro, already curator of the permanent collection – the Triennale Design Museum proved to fit in with the considerations that had matured over the previous decades. Considering the resources and space available, as well as the necessity to periodically attract the public with different content, the museum chose to concentrate primarily on temporary exhibitions, while the collection took on a secondary role, backed-up by an external network of "design repositories" (private collections, archives, company museums) represented by the museum and from which it may draw objects and documents. • museum ideas, design ideas → **Therefore, while the design museum issue** originated as a question regarding conservation; it seems that its first important realisation, more than half a century later, only came to be when the collection/exhibition problem was resolved. An understandable starting solution, to tell the truth, which was not completely new to the world of contemporary museums, not always strictly functional to a collection; but that certainly, looking beyond immediate opportunities, was not without implications for the identity of the museum itself. In fact, in this way the Triennale Design Museum was able to take shape, producing and housing, in just a few years, numerous initiatives and demonstrating its capacity to become an international showcase for design Made in Italy – from the museum's annual "interpretations" to the monographic exhibitions, from the exploration of contemporary design to the touring exhibitions. Now that the first five years are drawing to an end, nonetheless, the museum must face what is probably its greatest challenge: going beyond the phenomena of occasions and events in order to strengthen, and defend, its cultural identity. This is an undertaking that doesn't only concern the institutional aspects – such as coexistence with the Triennale, which continues to deal with design as well – but implies *in primis* constant considerations regarding the functions and goals of the museum. Thus, for example, one may wonder how long the umbrella of "Italian" design will suffice, or whether it may not be advisable to revert to the collection idea, and if it might be useful to introduce an argument (or multiple arguments) related to design over a longer term, possibly with transversal themes and curators with a broader mandate. These are all questions that, together with others which may be posed, become even more relevant – not only for the Triennale Design Museum – as other subjects in Italy have shown interest for design in recent years and, maybe, other projects are appearing on the horizon. • museum ideas, design ideas → **If, therefore, the issue of a "design museum in Italy"** as such has finally been overcome, the discussion about the ideas of museums and design – both within and outside the individual institutions – should not be dropped To this end, today it may well be beneficial, instead of just looking at the scene in Italy, to keep an eye on the International panorama, where design museums are becoming more committed to a critical reflection on design and, at the same time, on their *social and educational* role.

→ C.

glass today, encounters with the biennale
by rosa chiesa

Glass and art, glass and design. The relationship of this malleable material with the two creative realms underscores how much irresolution and "fluidity" there still exists in defining precise borders between craftsmanship, art and design. ¶ While the interest of the "world of institutional design" – the *Salone del Mobile*, i.e. Milan International Furniture Fair – in glass is limited to occasional albeit quality events, there is generalized interest towards glass that in recent years has shyly retaken centre stage at numerous Italian and international events. ¶ The presentation at the Punta della Dogana of Tadao Ando's exclusive work for Venini – ground, geometric blown glass composed of three distinct pieces, which blends innovative design with the absolute creative prowess of the great masters – took place in conjunction with the 54th Venice Biennale – International Art Exhibition, which opened June 4, 2011. This is no coincidence, for glass has an intense though brief history with the Biennale. Since its inception in 1895, various editions of the Venetian event have in fact always been both a powerful stimulus and a prestigious showcase for Murano glass, for all those companies that for the occasion could present the very best of their production. The Biennale was a driving force that sparked competition among companies, essentially until 1972, when the glass section of the Venice Pavilion was transferred, and subsequently abolished in 1973 with the introduction of new rules from the association. • glass today, encounters with the biennale → **Proof that there is great interest today for contemporary glass,** even far from the Laguna, comes by way of the exhibit *Contemporary Venetian Glass, The Fondazione di Venezia Collection*, inaugurated in May at Stockholm's Hallwyska Museum, which 10 years after its acquisition is showing the Fondazione Venezia's vast, recently indexed collection of 127 works, the execution date of which covers the whole period that an entire pavilion was dedicated to Venetian decorative arts, in particular Murano glass. ¶ After 1972, glass reappeared occasionally at the Biennale through large exhibits, retrospectives or one-person shows, marginally involving companies as "executors" of works. Since 2009, however, there has been renewed interest in contemporary glass, seen in the works of artists of various backgrounds, and renewed commitment from both the public and private spheres through events that while significantly dissimilar seek to promote contemporary glass as a preferred medium for artistic creation. • glass today, encounters with the biennale → **On the one hand, institutions are showing signs of renewal.** Under the new guidance of director Chiara Squarcina, the Murano Glass Museum has taken a new, more international course through its current partnership with the 2011 International Glass Biennale, and is also being renewed organizationally. New spaces will allow for the expansion of museum rooms and the creation of a section dedicated to contemporary glass, while the calendar of events will guarantee at least three large annual exhibitions: a monograph, a historic exhibit of the vast patrimony preserved in the museum's archives, and one on contemporary glass. ¶ An initial sign of this increased interest comes from the 2011 International Glass Biennale, *SiO2nH2O – Illuminations & Transitions*, hosted for the first time in Venice and on Murano. The Biennale, after the first edition of the *Strasbourg Glass Prize* in 2009, which examines the importance of light in the work of artists showing at the European Studio Glass Art Association (ESGAA), will continue with events in ten locations in Alsace. Glass, used alone or combined with other material, is an expressive method, a single conceptual base for the artists invited by ESGAA. Such as Caroline Prisse, who works on the relationship between nature and technology, or Bert Frijns, who for his falsely functional works uses everyday glass sheets with water, to evoke some kind of temporal abstraction. There are almost theatrical exhibits that recall the crystallised rites of our civilisation, like Joan Crous' high-impact *Le Cene*, whereas designer-by-training Vincent Breed reflects upon a highly topical theme, the decline of the island of glass. ¶ Along with these kinds of initiatives, the private sector also plays a central role, and is the driving force behind *Glasstress*, a contemporary art exhibit today at its second edition. The parallel event to the Biennale hosts the glass works of artists and designers in two different locations: the Berengo Centre for Contemporary Art and Glass in Murano and the Palazzo Cavalli Franchetti in Venice. • glass today, encounters with the biennale → **The exhibit's format was conceived by Adriano Berengo** – who for years has been working in glass and emulating Egidio Costantini and his *Fucina degli Angeli* – wanted to restore glass among the creative materials of the contemporary arts. Under the artistic direction of Silvano Rubino, the works of artists invited by Berengo were thus realized by Venice Projects. ¶ Promoted by the Museum of Arts and Design (MAD) of New York, the event enjoys guaranteed credibility and notoriety thanks also to the illustrious names involved, such as curators Lidewij Edelkoort, Peter Noever, Demetrio Paparoni; and young and established artists and designers like 5.5 Designers, Kiki van Eijk, Zaha Hadid, Jaime Hayon, Tomhàš Libertiny, Javier Pérez, Patricia Urquiola and Tokujin Yoshioka, to name but a few. • glass today, encounters with the biennale → **In order to explore** the relationship between art-design-architecture – through sculptures and installations (some of which are site specific) – not only artists but many designers too are reflecting on the status of the work of art and the formal influences of the function of use in design. Including Patricia Urquiola, who reflects upon the alchemy of glass, fascinated by the technical instruments; and Tomhàš Libertiny, whose multi-material works span the threshold of design and sculpture and incarnate the concept of "Ahimsa" (*too precious to be touched*) and fragility. And while Javier Pérez uses surrealism to transform a lavish chandelier into a carcass, Hayon maintains a playful and breezy tone, even with glass. ¶ Nevertheless, a question remains unanswered: will art and design's interest in glass revive strategies and sensibilities surrounding a microcosm that for too long has been experiencing an entropic decline?

→ d.

company and design museums: a new phase
by fiorella bulegato

"The strength of the 'Italian model' lies entirely in the common, widespread, lively presence of a patrimony conserved only in small part in museums [...] Our most precious cultural good is the context, the *continuum*, between monuments, cities and citizens. Not only are museums and monuments an integral part of this context, so is the culture of preservation that has brought them to us". ¶ So says Salvatore Settis, pointing out the characteristically close bond in Italy between territory, historical memories and custodial "inclinations", proof of which are the museums and archives of individual firms and industrial areas, and of various figures of the industrial process – from designers to model makers – who created the "Italian path to design". An original phenomenon on the international landscape, their geographic diffusion documents, among other things, the leading figures of our country's industrialization, marked by the activity of small – and medium-sized design firms, frequently within industrial zones. This gave rise to a diversified national context that spans furniture, household appliances, ceramics, glass, apparel, footwear, typography, food, even means of transportation. ¶ Likewise, initiatives to preserve the patrimony of designers are gaining importance, particularly in Milan where the Studio Museo Achille Castiglioni was created, along with others dedicated to Magistretti, Portaluppi and Albini. • company and design museums → **Important on the national landscape for their quantity and quality,** they have found success even with the wider public, as well as attention from the mass media and as stops on touristic-cultural itineraries of industrial areas of production and design "emergences". ¶ Several peculiarities distinguish them from other types of collections: the heterogeneity of the preserved material and, in the case of still-active companies, their role as "museums of the present" that can bridge history and the present-day. ¶ As the spontaneous phase at the heart of most of these structures straddling the old and the current millennium has ended, today we can note several development trends and highlight unanswered questions. • company and design museums → **The recent phenomenon of rescuing documents and the institution of archives** – more than museums – comes from the attempts of Italian firms to cope with the current economic crisis by taking advantage of the competitive edge of *corporate heritage* – as a means to strengthen identity, image and reputation. On the one hand, the material is used in communication strategies because it is thought to influence or improve perception of a company internally and externally; on the other, archives are becoming the "catalysts" of companies' knowledge, operative tools at the service of their activities. The Alessi Archive-Museum has functioned as such for some time. Its material is a resource for those working with the firm – as a foundation for developing new products and presenting design and production processes. ¶ Moreover, the last decade has made those same companies increasingly aware of the role that these museums, beyond their individual approaches, could fulfil in presenting design. This spurred the need to legitimize the archive-museum, as well the choice to build a "network" by connecting archives and company and design museums and establishing relationships with other institutions working with the heritage of industrial production.

Several projects are underway – involving, among others, the Ministry of Culture, archive boards, regional and local bodies, and universities – that have initiated scientific work on the materials and structures, in order to adapt them to shared standards and requisites. To this end, a determining task was carried out by the Associazione Museimpresa, founded in 2001 in Milan by Assolombarda and Confindustria, which groups together 50 of the largest Italian design firms. ¶ International recognition finally seemed confirmed by the Triennale Design Museum, which opened in December 2007 and chose to concentrate their exhibition activity on "repository networks": archives and company and design museums or private collections. • company and design museums → **Their consecration as "repositories"** – more like their function at the service of the design firm, do not however exhaust the potential of these structures. Insomuch as they can render explicit the transformations of production, design, civic and relational components, they can in fact become driving forces of a wide cultural offering, anchored in the territory and, together, testimonies of combined social changes. ¶ In order to satisfy these requisites, precise scientific indications and further reflection on the methods, techniques and tools for presenting the design process are essential today. In fact, at times the interpretations – self-celebratory of the firms' skills – seem uncertain and the exhibitive choices appear to oscillate between the aureate modes of the "musealization" of pieces the spectacle-ization of content. ¶ One useful model may be the Giovanni Sacchi Archive. The material of the leading model maker of Italian design supplies an archive, a permanent exhibit that documents the design process behind the creation of an industrial product, and a model-making lab complete with an area for workshops and lessons. This solution moreover can activate diverse modes of consumption and visitors, as part of a project to improve the former industrial areas of Sesto San Giovanni, the city of Italian factories par excellence.

→ e.
technological spectacleization and narration
by ali filippini

An in-depth look at the last ten years of exhibits in Italy and abroad allows for some considerations both in terms of exhibition design and the content exhibited. ¶ With regard first of all to design exhibits, compared to other countries Italy doesn't seem as far behind as it does lazy in tackling, for example, attempts to explore beyond the monographic show on a company or designer. ¶ Though there are of course exceptions, Italians still seem overly attached to proposing celebrative exhibits based on reassuring formulas (Made in Italy, design icons...), with exhibits that do not go beyond the idea of an os-

tensible catalogue – more or less well designed. ¶ What's interesting, instead, is what's happening in museums and among permanent exhibits, where the introduction of new multi-media technologies and languages is renewing exhibition offerings. ¶ This phenomenon – "communicating by exhibiting" – unites not only exhibits and museums but also crosses into (like the "undisciplined" discipline with which we are dealing) retail, events and fairs. That which is often tested in commercial and leisure arenas, penetrates – even just as "software" – those places where knowledge is spread. ¶ There it can redefine the boundaries between spectator and work as the forms of participation become "haptic". In this context, Italy's pre-eminence in the sector seems not only salvaged but regenerated. For example, following in the footsteps created over the last 20 years by now legendary names (such as Studio Azzurro), various studios and agencies specialising in innovative languages and instruments that support "exhibition" have found success. • technological spectacleization and narration → **To cite several emblematic examples, we begin with the use of multimedia content at the service of the story.** As is often the case with temporary exhibits, videos and screenings of digitally reworked material are today widely used. Of particular note is how this method in some cases allows for efficient and instantaneous transmission of archive material otherwise impossible to "visualise". ¶ In other situations, the introduction of new technologies (sensors, touch screens, devices for tallying visitors and so forth) that also involves the senses invites users to interact with the exhibit, for an experience that is at one with the exhibition space. This was the sensibility, for example, behind the exhibit design of the multimedia *Martinitt e Stelline* Museum in Milan. Whereas for their exhibit *Agli Dei Mani*, the archaeological museum of Aosta produced an even more immersive experience – involving touch, sight and smell – to take visitors on a journey back in time to a Roman necropolis. ¶ More "didactically", digital in its various forms allows us to transmit knowledge and in a sense round out the information accompanying exhibits, or even "supply" the exhibit directly. Such is the case with the new, educational part of Naples' Museum of Plastic (Plart), an interactive experience that helps narrate/illustrate a variety of material. As well as with the multi-media catalogues of exhibits that use digital consoles to present the heterogeneous material they want to convey. And with the "interactive games" of exhibits of an educational nature, like the recent *2050. The Planet Needs You* (in partnership with the Science Museum of London), which thanks to the latest technology developed a hands-on exploratory exhibit on the sustainability of life on our planet. ¶ Elsewhere, new programmes of three-dimensional model making, like The Arts of Giambattista Piranesi (conceived by Michele De Lucchi and Giovanna Latis in collaboration with Factum Arte), allow us to recreate new prototypes of objects from the original designs. • technological spectacleization and narration → **A more traditional and entirely Italian method,** inspired more by architecture, is still the basis of projects that in order to involve spectators use technology and multi-media in a marginal way, concealing them, to obtain a sceno-technic (rather than sceno-graphic) feel through devices created *ad hoc*. ¶ One example of this is Renzo Piano's work for the Vedova Foundation of Venice, which transforms the archive of the Venetian painter's work into a performance of sorts, introducing a temporal dimension. ¶ The section *Italia 2050* of the AILATI pavilion at the latest Architecture Biennale attempted to do the same, through a large platform that can be inspected but not utilised, which puts forth hypotheses and visions in the form of fragments dialoguing with one another. ¶ Also worthy of note is the invention at the Luca Giordano Gallery in Florence's Palazzo Medici Riccardi – a brilliant idea for grabbing the attention of spectators less attentive to the displayed works. The museum reproduced a "mirror image" of a ceiling fresco onto a large floor carpet, photographically mapping and digitally transferring it onto a plastic surface "laid out" under the visitors' feet.

→ iconographic collection.
museums and knowledge
by paola proverbio

Over the course of the last decade, in parallel with the traditional "static" scheme of interpreting permanent exhibitions and temporary displays, a growing method of communication (be it informative or educational) has also taken place in Italy. This considers the exhibition project in terms that are more dynamic and interactive, frequently giving life to immersive narrative forms aimed at the emotional involvement and all the senses of the end-user – not only sight. ¶ Consequently to the entrance of new digital technologies in daily life and employment, exhibitions and museums (high grade instruments of the communicating function) have inevitably adapted themselves to articulated information forms that increasingly take place through differentiated levels and channels, and which have amplified the possibility of knowledge. ¶ The said assumption most probably registers a more globalized manner of facing the subject of exhibition projects, causing the disappearance of what might have been considered an "Italian way", namely the specific Italian approach to museology. ¶ At the same time, the best examples of this new exhibition procedure have denied the widespread and debatable trend that especially involves "staging" in the world of design, of turning an exhibition event into an empty media performance (perhaps in an attempt to gain the specificity of art exhibitions, such as installations), at times attaining a gratuitous glamorization of design itself. Whereas at least part of them have demonstrated that, owing to the tastes of each one, the contamination between similar (but not interchangeable) worlds has led to profitable results. ¶ The forthcoming review of cases looks into two directions: on one side it looks at the developments of exhibition design when planning for different contents (scientific, technological, historical, architectural, product design, music design and art design); on the other design in the sense of an exhibited object. This also takes into account how design itself has rightly become a part of the vast and articulated review of exhibitions aimed at celebrating the 150th anniversary of Italian Unification. These are examples (which have been reported in part by the ADI Design Index) that over the last few years have captured (in various measures) the parameters that are (or would like to be) of reference for the success of the museum-exhibition project: "contextualizing" rather than isolating, "reasoning" and not only showing, "narrating" rather than simply exhibiting.

§

italian design on exhibition

The programme for celebrations commemorating the 150th anniversary of Italian Unification includes a series of design exhibitions, whose premises are distant from the customary channels. → 1. Stazione Futuro. Qui si rifà l'Italia, Officine Grandi Riparazioni, Turin, 2011. Curatorship R. Luna, Viapiranesi exhibition project, Studio Grima architecture project. 2. 5. Copyright Italia. Trademarks, patents, products. 1948/1970, Archivio Centrale di Stato, Rome, 2011. Curatorship N. Crepax, M. Martelli, E. Merlo, F. Polese, R. Riccini, Studio Pedron exhibition project. 3. 4. Unicità d'Italia: Made in Italy and national identity, 1961/2011, Fifty years of Italian know-how through the Compasso d'Oro ADI Award, Palazzo Esposizioni and Macro Future La Pelanda, Rome, 2011. Curatorship E. Morteo, UT Fondazione Valore Italia exhibition project, E. Eusebi.

italian design on exhibition

The programme for celebrations commemorating the 150th anniversary of Italian Unification includes a series of design exhibitions, whose premises are distant from the customary channels. → 6. M. Cresci, La mano come ingranaggio, 1977-2010. From the Artieri domani exhibition, Turin 2011. 7. M. Sargianti, Saguaro System, Elefante Rosso Produzioni, 2011. Photo Signaroldi.

8. 9. Arte e scienza. Lo Specchio della Meraviglia by Luca Giordano, Palazzo Medici, exhibition project Perla Gianni, Florence, 2007.

italian design on exhibition

Here the display observes the development of exhibition design when planning for different contents (scientific, technological, product design, historical, architectural, in the field of music and arts). → 10. 14. Emporium. A New Common Sense of Space, Leonardo Da Vinci National Science and Technology Museum, dotdotdot exhibition project, Milan, 2009. 11. 12. Martinitt e Stelline Multimedia Museum, permanent exhibition, studio N103 exhibition project, Milan, 2009. 13. Le Arti di Piranesi, Architect, Engraver, Antiquarian, Landscape Artist, Designer, Le Sale del Convitto exhibition centre, Isola di San Giorgio Maggiore, Giorgio Cini Foundation, Michele De Lucchi and Giovanna Latis exhibition project, Venice, 2010/2011.

design of the product

Inaugurated in 2007, the Triennale Design Museum is the first museum of Italian design and it represents the many expressions of Italian design: a dynamic museum that continuously renews itself and offers visitors some unprecedented and diversified glimpses, points-of-view and itineraries. → 15. 16. Serie fuori Serie, Design Museum, Triennale, Milan, 2009. Curatorship A. Branzi, Photo Torri. 17. Quali cose siamo, Design Museum, Triennale, Milan, 2010. Curatorship A. Mendini, Photo Marchesi. 18. La fabbrica dei sogni, Design Museum, Triennale, Milan, 2011. Curatorship A. Alessi. Photo Marchesi.

italian design on exhibition

Over the last decade there has been a growing mode of communication – either informational or educational – considering the exhibition project in terms that are more dynamic and interactive, frequently giving life to immersive narrative forms aimed at the emotional involvement and all the senses of the end-user – not only sight. → 19. 20. 21. 22. 23. Milano made in design, travelling exhibition, New York, Toronto, Tokyo, Beijing, 2006-2007. Curatorship A. Colonnetti, Studio Origoni and Steiner exhibition project, Studio Azzurro multimedia project.

→ a.
morphogenetic territories of Italian design
by loredana di lucchio

In the 1960s and 1970s, during the crisis of the Fordist production model and what some deemed to be an irreversible decline of large industrial firms and hierarchical function structures, groups of small but extremely vibrant companies were discovered in certain Italian regions: employment remained steady, there was frequent innovation and exports were increasing. ¶ The situation became the focus of a national and international debate. It was soon revealed that the locations of these companies were not dictated by chance, as they had roots in territorial systems with singular social characteristics. ¶ This led to the "small is beautiful" phenomenon, which borrowed its name from an important book by the economist Ernst Friedrich Schumacher (1973) which criticized Western economies and favoured the adoption of more human-oriented, decentralized and appropriate technologies. ¶ This quintessentially Italian phenomenon showed that the advantages of large-scale production could also be obtained by a network of small companies that were located near to each other. Each of the firms would specialize in a particular phase of the production process or the production of a particular component. Some of them would have direct contact with the end market. Most importantly, the economic relationships were made more efficient by the ties based on personal acquaintanceships, shared values and a sense of belonging. • morphogenetic territories of Italian design → **In 1989, Giacomo Becattini drew on the work** of the English economist Alfred Marshall (1870) and gave a clear, decisive name to this phenomenon: industrial districts. ¶ Becattini adapted the Marshallian concepts to the Italian context, describing a district as a local community in which small companies operate. This milieu constitutes a social, cultural and institutional territory. ¶ In a complex evolution process, since that time the Italian production system – both in economic theories and elsewhere – has become intricately bound to the concept of "territory", with social and cultural outlooks being replaced with economic views of production processes. ¶ In physical terms, a territory is a portion of land within boundaries (Devoto-Oli Italian dictionary, 2006), but when it comes to districts a territory is a means of communication, and a vehicle and focus of work, production, interaction and co-operation (Dematteis, 1985). • morphogenetic territories of Italian design → **The importance of the territory as a place for communication** thus became a cornerstone of the origin and originality of Italian production: communication, work, interaction and cooperation are the very elements that help to assert what has been known since that time as the so-called Made in Italy model. However, the elements mentioned are not normal economic characteristics. ¶ The elements in question are the various social relationships that individuals and the group as a whole have in a specific time and place: they are James Coleman's "social capital", based on "authority", "trust" and "regulatory" relationships. ¶ In this fertile breeding ground, the unique Italian bond between design and production emerged and developed around the same forms of relationships, especially in terms of trust. Consequently, design in Italy is not just one of the activities in Porter's value chain, whose importance and need for good management became apparent in the 1980s and 1990s. Around the same time, the discipline of design management established itself, with authors taking the typical Italian relationship between design and production as a model. However, these authors do not seem to have grasped the importance of territory as a social capital system in which design plays a key role. ¶ What results would have been achieved by the exquisite theoretical capabilities – based on morphological and semantic aspects – of the great masters of Italian design such as Castiglioni, Sottsass, Ponti and Magistretti, if they had not been complemented by the technical know-how and tacit knowledge of companies and their social contexts, and businesses that concentrated more on culture than on economic guidelines? ¶ A huge impact on this relationship-based business model hinging on the territory was inevitable over the last twenty years, which have seen the completion of the globalization process which was already being discussed in economic circles in the 1960s in its positive sense as a phenomenon of progressive growth in international interaction. • morphogenetic territories of Italian design → **Leaving aside economic and sociological definitions, globalization** has been a multi-faceted phenomenon which is based more on the evolution of relationship systems than on simple exchanges of goods. ¶ It has taken place thanks to real-time progress in information and communication technology and the shift of values from tangible goods (a production-based economy) to intangible goods (a knowledge-based economy). ¶ Rather than making things more uniform, this process has led to a bigger gulf in the nature and speed of development. It has driven a slow process of deconstruction of existing contexts and redefinition around a map based on opportunities rather than proximity. • morphogenetic territories of Italian design → **Against the backdrop of this profound alteration** of proximal relationships at the start of the 21st century, the territory has taken on a new value for Italian production, and therefore for Italian design. ¶ There has been a shift from the features of Becattini's districts – as complete, morphostatic systems – to open, morphogenetic systems like moving districts in which the levels of interaction are different: (1) There is a level linked to the origins, in which the territory gives rise to the creation of companies and provides the know-how on which the businesses are built; (2) There is a level linked to development, in which the territory is the place where companies find the resources to conduct their business and increase their profits; (3) There is a level linked to the network, in which the territory no longer has physical points of reference but interacts in a virtual manner, using unions and partnerships as ways to "extend" the territory. ¶ A new geography has thus been drawn up. Instead of weakening the established cultural interaction, the processes taking place revitalize it and lead to transformation of a symbolic nature (of the image and conception of territories) and effective changes (to action, organizational set-ups, innovative strategies and cooperation). ¶ In this new geographical layout, Italian design can no longer be portrayed using the specialist production models of the districts (such as chairs in Udine, furniture in Brianza, eyewear in Belluno, shoes in Ancona and textiles in Biella) which are linked exclusively to the first level of the origins. ¶ The new territories of Italian design are – and must be – based around development and networks, with values, know-how and talent driving them. The proximity (employing the model of virtual communities) is now cognitive rather than physical. This means that there are now aesthetic territories, material territories, technical territories, experiential territories, social territories and "other" territories.

→ b.
repositories of knowledge
by vincenzo cristallo

The constant references to the unique, broad range of contents of the Italian design system have deep roots. These roots lie beneath a large plant with many branches, leaves and fruits. In addition to the fruits (products), its presence can be felt in tacit knowledge, relationships and experiences. Other metaphors to express the idea might be that Italian design is a tale with a number of storylines, a map covered in numerous routes, and a language with various dialects. Any abuse of courteous allegory for a gilded scenario outlining the singular characteristics of Italy and its cultural heritage can be justified and excused, as it is an unparalleled repository in which *regional* and *local* products and services are always seen in a positive light. ¶ The introduction of the term "repository" is essential, as it underlines the fact that the presence of assets in certain parts of Italy is a result of its heritage and a combination of environmental, human and cultural factors that have influenced its life and development throughout all of its small and large happenings. It is a "unique setting" whose originality lies in both the qualities of its raw materials and in the output from the production chains. It is possible to examine the value of resources using a definition based on the *product-context-identity* sequence. In Italy, as in the rest of the Mediterranean area, this relationship is behind the generative input of a material culture with large quantities of values and symbols. ¶ Links such as these reveal that what we sometimes generically consider to be parts of the territorial heritage are actually assets whose complexity means that there is a clear distinction between the place of origin and the main identifying properties. Economic studies into local production see the territory as a large company and recognize economic models within it – frequently of an "informal" nature – that revolve around production based on the combination between typical resources and high quality know-how. This is the only explanation for the high design input that can be found amongst our parishes and parochialisms, in products ranging from Jew's harps and Brunello di Montalcino wine to the Gondolas of Venice. They are iconic products that represent their local areas. We have included them with scientific speculation under the umbrella of "Italian design" and as part of the national language, but they are actually full of dialectal nuances. • repositories of knowledge → **The concept of a "repository" is used to embody a local resource in a limited area.** Therefore, a typical Italian "territorial repository" is an established system made up of numerous correlated, interacting factors: human resources, production resources, historical and cultural differences, and environmental and monumental physical elements that create a multi-faceted identity. This inclusive definition of "repositories" goes beyond all specific descriptions and largely brings into play self-referencing properties. ¶ In terms of production, they give goods the role of a territorial medium. In Italy, as well as being possible, specific definitions of repository are necessary. Leading the way in terms of numbers and diversity is the *cultural* model, which arises from a complex blend of scientific, historical and artistic traditions that have taken shape and been conveyed at different times. This mixture is extremely variable when it comes to geography, time and space, and in each area it refers to the presence of tangible and intangible cultural assets that encapsulate the human presence over the course of history. ¶ If the repository is *natural*, its unique qualities, integrity and diffusion will be based around the environment system. This is the source of its distinctive heritage, which derives from the physical vocations of a territory (such as the sea or the mountains) and stretches further – in its intentions at least – than the traditional labelling by "spots" (exclusive habitats) or "strips" (coastlines or mountain ranges). The result is a description of an integral system with balance between all of the physical parts and services. • repositories of knowledge → **It is much quicker to define a gastronomic repository.** The debate about this matter is a very topical one in Italy. Due consideration has led to gastronomic repositories being seen as a unique way of summing up the relationship between products and settings, so they are portrayed as representatives of an area's identity and used to defend it. Old workshops, mills, wineries and stores should be seen as an "operative" museum of tangible culture. The human input in terms of creativity and knowledge is handed down from one generation to the next and these venues have every right to be placed alongside popular destinations, art museums, churches and monuments on the tourist routes for "food-trotters" and "gastronauts" (Paolini, 2000). ¶ They are also "metaphorical places" that are home to original working traditions which are impossible to replace with alternative technical approaches and are worthy of protection and assistance, in a process similar to that of the restoration of a monument, a film or a painting. Preservation of them and the resulting production of goods and services boosts the defence and conservation of the territory. ¶ However, especially with the new forms of cultural tourism, this is reliant on the development of a network for all of the local players who contribute to the rediscovery and conservation of repositories. It is necessary to convince people that the local knowledge is a key, emblematic quality of production areas. Nobody should be surprised to hear that cheese, deli meats, pasta, confectionery, wines and liqueurs deserve to be part of the national heritage, on an equal standing in some ways with the more cultured area of works of art. • repositories of knowledge → **Repositories thus give substance to the identity of a territory.** The identity of a setting – and also of a product, given the renewed outlooks on the heritage of tradition and knowledge – embodies the entire range of factors and values resulting from the course of events and from interweaving, overlapping historical and cultural experiences. This incomparable heritage is reproduced in images and symbols, physical and monumental elements, and goods that have had an impact on the life, development and relationships of the Italian people and the nation of Italy.

→ C.
critical territories
by lorenzo imbesi

Looking beyond industry and mass production, critical experimentation deserves recognition for the role it plays as an important sphere of Italian design output. It has found social aspects to be a particularly fertile area of research. Every design project has a social impact and all of the results become part of the daily interaction between people, often changing the form and quality of their relationships. Acknowledgement of this fact leads to an approach which places the immediate functionality of form in the background and focuses more on subtle stimulation of the thoughts of onlookers. ¶ Design thus becomes a tool for political reflection – or even protest and activism – that challenges the public and its expectations. It goes as far as questioning the role of the designer and the act of creation itself within society. Design thus becomes a group activity, or a fleeting occasion to be distributed socially and shared horizontally, outside the official realm of the design *star system*. • critical territories → **Public space is often at the centre of attention** and the workplace of designers. In the years of the avant-garde experimentation of Radical Design, the Urboeffimeri by the UFO group appeared alongside the landscape schemes by Gianni Pettena and Riccardo Dalisi's workshops with the urban proletariat. More recently, similar sensitivity has been seen in the space exploration by Stalker, Cliostraat's urban crossovers and Esterni's collective experiments. ¶ Public space in this sense not only means the physical area at the heart of the design work – which is often urban/metropolitan – but also the location of social interaction/relationships between men and women. ¶ The aim of the designer is not just to build solid objects, but to rework social structures through performative events akin to situations which can be organized spontaneously and take place briefly, but shake up established meanings and functions. This underlines the situationist outlook of Italian design, which plays with the Debordian society of the spectacle and consumption of culture through popular reappropriation. With good understanding of the value of communicative language and organizational skills of an equally high level, the technique of estrangement is used in design to construct ludic situations and create an artistic environment that embraces the entire social dimension. ¶ Emerging from all of this are direct action, provocative behaviour, ironic nonsense, political protest, hybrid crossovers, displacement and disorientation. The projects reflect social emergencies, tell creative stories and play with chance happenings, often revealing the process behind their existence, which is never linear and involves continual cross-references and quotations. The catalogue that emerges is in contrast with all classical takes on the scale of the situation: they are not just physical objects, nor indeed are they pieces of built architecture or urban structures. The collapse of the scales between design, architecture, landscapes, products and graphics gives renewed complexity to design and makes users into members of the community. Instead of being consumers, they become part of a broader interactive environmental scenario. • critical territories → **The relationship with new technology is just as critical:** instead of using them as high performance tools for innovation and bringing the design process to an end with them, the expressive capacities and creative possibilities that new technologies present are explored. Throughout the history of Italian industry, there has always been an intricate relationship with technology. Rather than portraying an invention as a value in itself, its aesthetic and poetic potential is explored, thus revealing its hidden beauty and the combination of form, process and concept. Unlike a *hard* take on things, which would highlight the cultural differences with the objects to which we have become accustomed, this *soft* research tends to conceal the technology and hybridize it in everyday items. One of the seminal experiences of this kind was put together by the Interaction Design Institute in Ivrea. Instead of presenting a new model of computer or mobile phone, special wallpaper, smart typewriters and strange vintage FIAT 500s went on display, with special interactive intelligence concealed in each item. ¶ Artistic adaptations of technology produce cognitive goods that go beyond strictly technical and functional needs to create genuine interactive poetry and electronic narration which involves users on an emotional and a social level. • critical territories → **Technology goes from offering hope for the future** and life improvement to becoming a source of obsession and fear. The expedient of narrative becomes a tool of research and experimentation that focuses on the new roles, contexts and approaches to design with regard to the social, cultural and ethical impact of emerging and existing technology, and explores its possibilities in life and everyday surroundings. When looking into the biotechnologies that are about to emerge from scientific laboratories, Elio Caccavale constructs things such as *social fiction* scenarios. "Macro" elements associated with politics, the economy and society come to the fore alongside the "micro" aspects of daily life, interpersonal relationships and the smallest behavioural characteristics. ¶ The resulting picture is not just of our dreams and the things that we want, but also of the most unpleasant and unexpected consequences, whose depiction can serve as a warning. ¶ Once again, outside industry no one can take the final outcome for granted.

→ iconographic collection.
territories and values
by loredana di lucchio, vincenzo cristallo
lornzo imbesi

Before being a profession or a discipline, Italian design was and is knowledge. ¶ The economic history of the country itself describes a "magical" leap, which took place only seventy years ago, from a proto-industrial condition made up of small series produced thanks to distributed and shared know-how. This is so distant from the then contemporary Ford matrix, for a close and known market, to the condition of 2nd generation efficient and trim industry, aware not only of its capacities/possibilities, but even of the society that would have welcomed its "activity". ¶ But even Italian design as an experience or, better yet, as a phenomenon evoking cultural and social tradition. The same strongly bound to the single territories, to regionalisms that were distant from any separatist matrix yet told of the different interpretations, the different capacities and the different "philosophies". ¶ Therefore the subject of "experiences" emerges with greater clarity in a possible story about the role of Territories and Values in Italian Design. ¶ Experience in doing: where the Italian entrepreneurial capacity was born and which today is being transformed into the inevitable confrontation/opening to the global system not only regarding production, but especially regarding consumerism that is now determined and administered by information technologies. ¶ Experience in living: where objects, habits, contexts are elements correlated to one same scenario that in Italy presents itself in a different way every time, a multiple yet comprising one same character, the value of lived experience. ¶ Experience in thinking: those who have allowed Italian design to imagine new territories: this time not geographical but social ones that, through the visions of Radical Design, have led to today's experiences linked to new technologies on one side and to new forms of production and consumerism on the other – where the concept of cultural community supersedes that of proximal community.
§

experiential territories
A goldmine without compare. This is what
Italy appears to be and what we believe it is,

a goldmine where getting in touch with "things" and "values" leads to creating and nourishing a sensorial environment with a high content of experience. The reason is complex but blatantly clear: this goldmine describes itself as a crossroads of human geographies, of style and taste, of small and large industries, of erudite and poor artisanship, of real and shadow economy, of hi-tech and slow technologies, experimenting forms and types, the capacity of blending the necessary with the superfluous. Just like a dish that is good to eat and pleasant to see. → 1. Alixir, Next Food Experience, Barilla, 2008. 2. 3. Studio FormaFantasma, Baked, Getting Lost, Dutch Design Week, 2009.

italian design on exhibition

In a sort of map representing the "clichés" or the inalienable Italian values, those ascribable to the extent of beauty present in every place, possessing a high degree of territorial specificity that hopefully will remain a distinctive and celebrative factor of local legacies, despite the presence of many corruptive factors. A sort of bonus that each industrial and artisan artefact possesses from the moment of its conception: therefore its form, its function, the domestic and urban setting that it contributes to constituting leads to the idealization of an aesthetic, unique and unrepeatable way that is typically Italic. → 4. 5. Le forme animate by Alessi.
6. F. and H. Campana, leather armchairs, Edra, 2007.
7. 8. 9. P. Urquiola, Tropicalia chairs, Moroso, 2008.
10. M. and D. Fuksas, Colombina Collection, Alessi, 2007.
11. E. Van Vliet, Rontonton, lamps, Moroso, 2008.

aesthetical territories

Italian beauty, especially in philosophical terms, is a sort of bonus that all products – both industrial and craft ones – boast from their conception. Therefore, their forms, their functions and the domestic and urban environments that they jointly create result in unique, unrepeatable and typically Italian aesthetics. → 12. 13. 14. Gatti, Paolini, Teodori, Sacco chair, made by Zanotta, Metal Shell Silver, Prismatic Silk and Reverse Colour Process versions. 15. K. Sejima, R. Nishizaw, Sanaa, double walled silver tea or coffee set, Alessi, 1995. 16. 17. 18. T. Yoshioka, Bouquet, armchair, Moroso, 2008. 19. Le forme animate by Alessi.

material territories

Like red and metaphorical terracotta, like fabrics woven with symbols and colours, like hard and chiselled stones embedded in ancient streets, and like much more, the history of Italian manufacturing has always been identified with local legacies and resources capable of turning the material culture that travels through the complexity of its know-how into something tangible and intelligible. A sort of knowledge that overcomes the contradiction between "handmade" and "mass-produced",

experimenting with modernity without retreating from the traditions that sustain the same. → 20. V. Wong - B. Saw, Tube, Italian Copper Institute, 2007. 21. M. Canfori, Familypot, TeraCrea, 2007. 22. EcoTech, flooring using 50% pre-consumption recycled Material, FlorGres. 23. T. Boontjie, Flora, Italian Copper Institute, 2007. 24. L. Damiani, Nendo, Italian Copper Institute, 2007. 25. R. Giovanetti, Neopop, Italian Copper Institute, 2007. 26. G. Cappellini, Alcantara Now Collection. Alcantara, 2007.

social territories

The idea of a product with a high rate of common good, that expresses a civic and ethic sense necessary for a function that is sensitive beyond being formal, has been travelling through Italian design since the 1950s. This generative condition also explains its continuity, propagation, the natural presence of the cultural and economic system that portrays the Made in Italy brand and especially its belonging to a popular culture that circumscribes a social territory of the project. Popular inasmuch as it is common to all. And today, just like yesterday, without abandoning contradictions and inventions, the permanence of these distinguishing traits is being experimented. → 27. 28. I. Marelli, BatBike, Invicta, 2007. 29. O. Kensaku, BendingBag, Invicta, 2007.
30. Outdoors, Designcamp, Macef, Milan, 2009.
31. Outdoors, Questa è una Piazza, Milan, 2005.
32. M. W. Nielsen, SleepStation, Invicta, 2007.
33. Cantiere Cuccagna Consortium, Cuccagna Project, Milan, 2011. Photo: Masiar Pasquali.

technical territories

It is said of the bathing boot that it is a land of talent and good minds, of machines and mechanisms, of skills at the service of beauty/necessity but especially as a land of a design culture that not only qualifies itself in the quest for absolute value to be entrusted to the product. This open dimension of doing also subtracts itself from a philosophical measure applicable wherever, adhering to questions of merit capable of expressing ability in theoretical elaborations and in applied science: translating national ingeniousness into technical solutions → 34. M. Nanni, La luce che ho in mente, Viabizzuno, installation at the Triennale di Milano, 2007. 35. A. Branzi and L. Lani, New household scenarios, Bticino domotics, installation at the Triennale in Milan, 2004. 36. Talocci Design, Naos, Teuco, 2008.
37. 38. Kinesis Personal Heritage, Technogym, 2005.
39. 40. 41. 42. A. Branzi and L. Lani, Nuovi Scenari Domestici, Bticino installation, Triennale di Milano, 2004.

other territories

A goldmine without compare. This is what Italy appears to be and what we believe it is, a goldmine where getting in touch with "things" and "values" leads to creating and nourishing a sensorial environment with a high content

of experience. The reason is complex but blatantly clear: this goldmine describes itself as a crossroads of human geographies, of style and taste, of small and large industries, of erudite and poor artisanship, of real and shadow economy, of hi-tech and slow technologies, experimenting forms and types, the capacity of blending the necessary with the superfluous. Just like a dish that is good to eat and pleasant to see. → 43. 46. Studio FormaFantasma, Autarchy, vegetable colours, Spazio Rossana Orlandi, 2010.
44. 45. E. Caccavale, Neuroscope, material belief, 2008.
47. E. Caccavale, L. Ulrika Christiansen, S. Mirti, Animal Pharm, Biennale di Arte Contemporanea, Seville, 2008.

→ a.
concrete clouds
by francesca la rocca

Historically, Italian design is a million miles away from American technocratic utopia. While in the 1940s, Walter Gropius and Konrad Wachsmann sought to develop and impose an entirely industrialised house to the American market – an attempt that immediately destroyed one of the myths of modernity – living models were moving in very different directions in Italy. In the early 1970s, Giò Ponti declared that he was busy chasing the dream of "a living, versatile, silent house, which continuously adapts to the versatility of our lives": no house, he said, has ever been built that wasn't first a dream. But this "dream" more vague and alien to schematization, which is unique to all Italian design, turned out to have its feet firmly planted in reality, as demonstrated by the international success of Made in Italy. ¶ In recent decades, many foreign designers have collaborated with Italian industries. Take, for example, the Campana brothers for Edra, Ron Arad for Driade Philippe Starck for Alessi, Kartell and Flos, and Karim Rashid for Foscarini. According to Andrea Branzi, this can be explained by the fact that Italian industry as a whole represents a kind of "European innovation district", with the simultaneous presence of many forms of production: from mass-production companies to technology and manual craftsmanship, from small and medium-sized industries to independent micro-producers, from specialized districts to experimental laboratories and self-brands. ¶ This flexibility in the system, the ability to combine varied and free thinking with the versatility of manufacturing and the rigour of technologies with which to give substance to ideas, is inherent to the conditions of social uncertainty and discontinuity in which modernity has developed in Italy. However, more recently, it has proved its strength in the current fragmentation of the markets, which requires continual innovation as a prerequisite for international competition. ¶ The first utopia of Italian design, then, can paradoxically be identified with an element of great concreteness: if the idea is strong and visionary enough, it will always be able to transform its energy, embodying it in objects. However, it has to seek how it will be implemented, in a new way each time. Independent research and large industrial systems represent the extremes of creativity and production respectively, of a project scene made up of many intermediate realities, where mass-production and unique objects can live together, where there is no ideal industrial model to lean on, where entrepreneurs and designers each retain their own autonomy of thought. ¶ At the same time, the vision of design as a relentless search makes it impossible to establish an organic system, defined in harmony with the level of architecture and cities. Therefore, in Italian design, the realism of the objects contrasts with the lack of an established model, whose most convincing image is that of a creative cloud. A cloud that we can describe as certainly linked to its roots, but at the same time sensitive to capturing the most influential international visions in design. • concrete clouds → **Natures and plural sciences.** In the last 20 years, the timeless theme of the relationship between nature and design has focused on issues of environmental sustainability, which now widely influence design on an international level. While the tools for monitoring the ecological quality of objects are being increasingly refined in a positive way, design poetry has not avoided dangerous cultural drifts, where the idea of an ethical-aesthetic and coefficient coincidence is implied. ¶ Such an interpretation, which would lead design, among other things, onto the shoals of an old biologism or to negate the autonomy of thought, has not taken root in Italian design. Instead of the pretence of a mythical reconstruction of design in the name of environmentalism, we see a myriad of *new natures*: many diverse design approaches that confront the stereotypes concerning nature/artifice relationships most often to subvert them, resulting in objects that never give up their role as aesthetic attractors. ¶ In our country, the approach to environmentally sustainable design can be traced in some cases to one of the *seven obsessions of Italian design* identified by Branzi, "the big easies": easy not as a result of a naïve process, but rather as a result of a very sophisticated process, mindful of the poor traditions of Latin and Italic cultures; design that selects forms and technologies, building new elementary alphabets able to transmit spiritual values and ideals. ¶ As for the regional scale, Italian design has proven itself able to draw comparisons with the various aspects of design in a more flexible way than architecture, proposing itself through light and reversible logics of intervention. Design was presented at the recent Venice Architecture Biennale from the emblematic case of *Agronica* to the experiments of Aldo Cibic like *Rethinking Happiness*, and included research on enhancing productive landscapes that have kept Italian design busy for the past decade, as an original approach: design that knows how to *take care* of nature, whether this represents the substratum of a utopian hypothesis, or whether it takes the form of a green wall or a food product to be packaged. ¶ Again, in *Independent. Design Secession*, held at the Triennale Design Museum Bovisa in April 2011, we discover another original interpretation: the scraps of nature there do not refer to any idyllic scenario, as it is a nature captured in its most raw and immediate forms, acting as a mirror to the existential problems of humankind. The collaboration between design and science in Italy has also historically tended towards a free relationship of hybridization rather than a systematically organized relationship. An unconventional creative attitude was born of the living conflict between areas of technology, science and art rather than a search to flatten and recompose terms. One vision of Italian design – as noted by Branzi – has often turned to the art world for its technological capabilities and to the world of advanced technology for its expressive capabilities. ¶ Today, although with difficulty due to the shortage of laboratories and dedicated projects with respect to other countries, Italian research in the areas of design is moving in very different sectors which are opening in a panorama that sees science and design studying each other. ¶ Unfortunately, there were few Italian projects at the *Design and the Elastic Mind* exhibition (Moma, New York, 2008) dedicated to the intersections between design and scientific innovation, but the connotations of contemporary scientific research should foster the attitudes of Italian design; today, we no longer follow a linear parent-child relationship, which goes from the results achieved by science to the world of objects, rather we use the visionary skills of design to obtain tangible results from the possible short circuits between seemingly unrelated disciplinary cultures. • concrete clouds → **Designing-thinkering.** In the 1980s, Isabelle Stengers identified a series of "nomadic concepts" that spread from one science to another, according to the vision of knowledge that breaks down the boundaries between disciplines; today we speak worldwide of a more cross-societal movement defined as *thinkering* which is the ability to interact with a network of knowledge, tools and communities of interest. The word comes from the transition from thinking to tinkering, and as noted by Paola Antonelli, "*thinkering* is the thread that allows us to read through history fundamental episodes of superfine creativity, achieved through progressively collective refinements". *Thinkering* is in fact a concept that connects open-source, rapid prototyping and manufacturing, laboratories, crowd-sourcing and even traditional do-it-yourself. ¶ The *most recent new ethical approaches to the development* of Italian design are sensitive to these possibilities, they foresee a design that not only produces objects, but is an intangible network that supports living strategies and social behaviour. The line surrounding the design object has become unstable, so we need to speak of meta-objects, of a *floating* dimension, evident in the exhibition curated by Stefano Maffei, "Design of the other things" (Triennale Design Museum, Milan, May 26-June 27, 2010). The protagonists of the scenarios that have emerged are not only atypical objects, but also atypical designers "who imagine things in the fields of interaction design, service design, creative communities, education, and new forms of enterprise. Without saying it aloud, they are trying to change the *status quo*." According to Maffei, this opens a different *Italian scene* because "design has always dealt with tangible artefacts and communication, but now extends to strategies, services, technology, creativity and entrepreneurship, and is working on all aspects of design and production processes, mixed with art, science, culture and education". ¶ But these new objects appear to be a little less distant from the old things of Italian design, if we agree with Richard Sennett in *The Craftsman*: the art of making physical objects also depends on techniques that can shape relationships with others. Both the difficulties and the possibilities of making things well also apply to the construction of human relationships. ¶ And, according to Ettore Sottsass, Italy has a particular tradition in the attention paid to the most common items: "It would be difficult for me to mention, since the 1930s, the name of a single more or less famous Italian designer who in designing something, did not have in mind the vision of 'that' product hand-made with care by some ancient craftsman, made with skill, with love, with the idea of a extensive daily use. This continues to happen even when the main theme concerns the design of a very advanced industrial product". ¶ Among the new technologies, for example, are Rapid Manufacturing, which according to Denis Santachiara, is most promising both in expressive and market terms: "a possible and important direction for developing this technology is the opportunity for designers to set up a kind of personal factory: after designing the object, they can put the "math" and digital processing on the web, making it available for paid downloading (…)". Like the custom industry, the *hand-made industry* today pursues another utopia of Italian design: that of an open industry, open to variation, open to the exception and to unique pieces; to the creative intervention of the designer and of the user. ¶ *Experimenting* is indeed the only keyword capable of mending the thousand fragments of the Italian creative cloud, the connecting element that we can imagine between the two most antithetical terms that exist: utopia and concreteness.

→ b.
new natures
by renata valente, carla langella, salvatore cozzolino

• new natures → **Radical eco-pioneers** by renata valente. When the most conscious designers began thinking about the consequences of what they were doing in the late 1960s, in Italy it was primarily intellectuals active in the design field who focussed on visions of building that would later be defined as sustainable. Decades later, the weak and liquid, though winning, aspect of the proposed forms of emergence have been sanctioned by the scientific community, along with the pervasiveness of lateral and non-axiomatic thinking. It began with Archizoom Associati and their No-stop City in 1969-72, where they proposed widespread artificial air conditioning for a new constructed nature. "Those who innovate move ahead, then maybe architecture will follow". ¶ Next, with the utopia of Agronica, which promoted a settlement system to ensure the survival of the agricultural and natural landscape – dynamic structures interpenetrate with post-industrial technologies of electronics and telecommunications – but also the first green walls of the 1982 Andrea Branzi, and those of Gaetano Pesce in 1989, Italian designers-architects urged contiguous disciplines towards fantasies that triumphantly gained power three decades later, as happened, for example, is the case of the plant facade. However, rather than being the fruit of scientific research that governs its development, the results of these processes have been achieved thanks to production that pays attention to the trends of clients' desires. The outcome of this avant-garde attitude has in any case had a consolidated approach, for which today, in Italian culture, regional design shows extraordinary openness. In the face of the crisis involving the traditional planning/architecture/design hierarchy, it now appears to be the most efficient discipline, capable of easily moving to different scales of the project, serving as a set of knowledge open to innovation. Overcoming the classical "from the spoon to the city" approach, design now has methodologies and intervention tools for areas which hitherto had always been the theoretical and practical prerogative of architecture and urban planning. So we owe a huge cultural debt to a generation of intellectuals who have always preferred an attitude of dubious observation of prescriptive logics for transforming reality over a traditionally technical construction approach. • new natures → **Design inspired by science** by carla langella. In recent years, we have observed a trend on the international design scene that is also spreading in Italy, toward implementing experimentation aspects in design that make it increasingly closer to science; using scientific matrix tools based on methodological protocols able to deal with complex issues; using open-source approaches that can guarantee those levels of sharing, co-operation and transparency that allow science to join forces to reach goals more quickly. The intersection of design with mathematics, biology, physics, material science and chemistry foreshadows unprecedented collaboration scenarios in which the roles are reversed, merge and are constantly renewed, with the common goal of advancing in various fields, in a synergistic and proactive way. ¶ The specificity of Italian designers in this direction can be seen in their ability to capture the evolutionary flows of scientific and socially and economically complex phenomena through instant or synthetic visions, with a strongly intuitive and imaginative character, which open gaps in the turbulence and extrapolate personal views that can be transformed into original design paths. ¶ In this ability to find creative synthesis we find the complexity and layering of Italian culture, the relationship with the regions and the concreteness of the material culture, the ability to quickly and efficiently respond to unexpected and ever-changing needs, even when surrounding conditions are hostile. ¶ Many of the experiences of Italian design in contamination with science dedicate ample space to the emotional and evocative involvement of society in scientific processes, an approach that can be correlated with a uniquely Italian narrative ability. The designer is responsible for the graft between social sciences and life sciences, often without judging but with the intent of rousing consciences, providing inputs to help people know and thus participate in the change, influencing it. We discover the visionary nature of Italian design which, through unconventional creative strategies, facilitates the breaking down of barriers, building pathways for innovation, where design and science move closer together, and fertilize each other until they form a hybrid. • new natures → **Mature nature** by salvatore cozzolino. It's time design regained a role and a social meaning, perhaps reviewing its commitment to the environment, the adequacy of the budget, and the value of work with greater authenticity. ¶ In recent decades, a "sensational skin" applied to products prevented designers from seeing the limited resources and imbalanced wellness that characterizes the world. ¶ Following the call to economic and cultural operators, first by the UN and then by the European Union, the design project should also contemplate social and environmental compatibility choices, better than those already imposed by law, to be applied in relation to the artefacts and people involved in the creation of an object. ¶ The economic crises and monetary (and psychological) instability of recent years also call for a momentous rethinking aimed to meet the need for products that are stable both functionally and in their expressive language, to allow prices that are fair with respect to the value of the object and the needs met, and to promote – with the added value of thought and expressiveness – manufacturing production in crisis, in order to obtain products that are adjustable and adaptable to changing needs. ¶ We need a new horizon of services focussing on technical and aesthetic durability giving the objects virtually unlimited use and making it possible to hand them down. For a socially sustainable planet, we need a project inspired by maintenance and a formal language alien to temporary expression, we need a solid connection with the productive world to support the communities that live from the work, a way to make the permanence of things in the physical and emotional landscape of people stable because significant. ¶ At this time, Italian design, probably the most fragile among design cultures, starting from the work of some masters and up to the most restless fractions of creative thought, provides the most lucid design of tomorrow, where the contemporary nature of objects integrates environmental sustainability with civil rescue and puts people back at the centre of the universe. ¶ The future will bring us objects that are intense, simple and evocative of the culture that expresses them, products with little material and less energy, but made by motivated groups of creators and imagined by magnificent minds.

→ c.
new ethics and approaches to development
by rosanna veneziano, roberto liberti, maria antonietta sbordone

• new ethics and approaches → **Social networks and creative processe** by rosanna veneziano. Environmental issues, inadequate production models, increasing inequality in the distribution of wealth and last but not least, the need to answer social questions, have made the areas in which design is applied increasingly variable and fluid, characterised by interactions between disciplines and complex synergies between different skills. ¶ Through strategic actions, communication and the definition of new tangible and intangible products, design can promote awareness of specific topics and trigger innovation processes, spreading values related to ethics, integration and social development. ¶ Designs that start with a community's need develop dynamics of sharing and discussion that are underpinned by often spontaneous creative practices. The topics that *creative communities* debate on are resolved through the collaboration and participation of large groups of individuals, so the design process becomes a carrier of possible alternative development models: it is a strategic instrument before being the producer of objects that make the idea concrete. ¶ Network Design for Social Innovation and Sustainability, coordinated by Ezio Manzini, is a social aggregation project that is building a complex network of players in order to share good sustainable production and consumption practices. The network builds a system of relationships in which people discuss social design while experimenting with new co-design visions and instruments. ¶ Italy's vision in this cultural context is that spontaneous participation in creative design-driven processes have found fertile ground in the wealth of the variety of local areas; through real and virtual networks, design has an opportunity to act as a lever for the development of regions, aiming to strengthen their tangible and intangible resources. • new ethics and approaches → **The handmade industry** by roberto liberti and maria antonietta sbordone. In recent years, the market trend to direct production towards areas with a low-cost workforce has led the Made in Italy system to profoundly change its own production geography. For those who live it from the viewpoint of small, micro and medium-sized companies, the essence of Made in Italy is linked to the vitality of local production all across our country. Knowingly, "handmade" innovation is added to "know-how" and "uniqueness"; the former refers to an original process, a sort of deeply rooted mastery revived by cultural innovation, that of the designer. Skill doesn't concern only the manipulation of materials with appropriate tools, rather it involves transferring knowledge through experimentation. ¶ The terms "self-made", "self-production" and *do-it-yourself*, identify new production processes inspired by an "industrious" model, corresponding to our Made in Italy's cultural and operational nature. ¶ How does a designer manage his or her creative talent in a world of industrial production? As a key player with a complex creative nature, from within a system of knowledge and practices that are continuously overlapping and self-sustaining. Young creative talents are able to find their place starting from an artisanal sort of process, from a local speciality or from within industry, producing experimental scenarios that lead to new productive niches. Within these scenarios, they reinterpret Made in Italy by placing it in new contexts and, by creating rapid manufacturing processes, they formalise creative processes that may still be utopian for a certain production milieu, but create a new role for both the creator and the user. ¶ The topics are of interest to all of us, and an interesting experiment was held recently at the Milan Triennale, with the title *Industrious Design*; a series of exhibits, from *Mini & Triennale Creative Set*, illustrate, according to Silvia Annichiarico, the unique processes of young design: "they aren't simple monographs, but works in progress, continually changing laboratories, able to bring to light the dynamism and vitality of new contemporary Italian design in order to promote it and enhance it". • new ethics and approaches → **The visceral side of design** by maria antonietta sbordone. *Uniqueness* is the term used today and probably the one closest to a contemporary reading of certain manifestations of Italian design. The term describes the value of the object created by the culture of creating ideas; it doesn't matter whether it is the expression of a designer or of an artist, since it is interesting to highlight the relational dynamics. ¶ Some contemporary Italian designers are reflecting on the impossibility in current conditions of a way of making things that liberates ideas and designs, seeking new paths to avoid getting tangled in the threads of the industrial productive logic. The glorification of goods or hyper-goods has denaturalised the authentic role of Italian design, to adhere to that which some have defined as "design" style, identifying the matrix of a design that is sometimes emptied and an end in itself. The tradition of Italian uniqueness emerges, declaring a breaking down and redefinition of the borders within which design operates. ¶ An exhibit recently announced the proposals of "independent" design (*Independent. Design Secession*) a design, according to Branzi, that is no longer impermeable to concerns, and no longer intent on flaunting a happy ending at all costs: "Literary critics would say that design has developed along Petrarchan lines, increasingly refined and formally perfect, while it lacks the dark and visceral Dantesque side. And we don't understand why, since design is still one of the primary means of distribution, work and quality today". The *matrix of content that transcends history connecting productions* (human culture, life, death, catastrophes, the sacred), which are otherwise so far removed from each other, is at the very core of the reignited interest for utopian design-making. ¶ This utopian vision forces designers to the most independent research possible, starting from the private dimension: the freedom with which they use the technologies and skills of industry or of the craftsman make them once again contemporary masters of a design that yearns to learn the language of objects. Objects that won't be more efficient than others, or more intelligent or friendlier, but that will be the witnesses of radical reflection and renewed expressive abilities, made available to many and circulated with autonomy.

→ iconographic collection.
visions and utopia
by salvatore cozzolino, carla langella, francesca la rocca, roberto liberti, maria antonietta sbordone, renata valente, rosanna veneziano

In one of his writings dating back to 1978 entitled "Di chi sono le case vuote", Ettore Sottsass spoke about freeing oneself from the bondage of accumulating objects, like a fascinating yet impossible utopia since man (albeit in many different forms) inextricably suffers from two tensions: that of identifying himself with things or getting rid of the same. The metaphor of the "destruction of objects", coined a few years earlier by Archizoom, envisaged a space where objects progressively disintegrated themselves, giving way to the inhabitant's new freedom from industrial society. It dealt with (according to the same radical group) emptiness as a "strategic hypothesis", an intuition that opened up the field to project paths that were previously unimaginable. ¶ The directions we have singled out for contemporary Italian design may be interpreted as pieces of a puzzle that, in the changing technological and social conditions of the post-industrial age, concur in giving answers to this type of utopia: that of a world where the burden of things has been uplifted, where things mean the uncontrolled and senseless multiplication of objects, immediately turning the same loads into something that must be disposed of. But especially the utopia of a world where individual creativity may assume, through new planning and production modes, a truly ethical role in the construction of society. ¶ Within the research in question, design is especially the elaboration of new forms of thought. Today they avail themselves of broader possibilities in drawing from vast and at the same time very focused networks, the chance to experiment and revise, giving life to unprecedented creative collaborations and social interaction. The key element in this context, capable of enriching the environment and setting up new relations, is the thought underlying the project beyond the appearance that the latter will assume. ¶ If the object intended as thing seems to still preserve a strong value, the important data that comes to light is in fact the absence of a sole model for the objects. These appear as fluctuating entities that may be conceived at very differentiated speeds: local and fragile aggregates of a continuously transformed matter or friendly entities that live between nature and artifice; objects calculated according to sophisticated scientific parameters, but then left to their own emotional dimension; instant solidifications of thought, similarly to rapid manufacturing techniques, or things that await the work of the hand to gain some sense; objects quickly going by or iconic objects that dig into the depths of existentialism, destined to last and observe us beyond the surface, like concave mirrors of the future. ¶ (The iconographic sections that ensue have been edited by the authors of the respective paragraphs in the chapters entitled "Nuove nature" and "Nuove etiche e approcci allo sviluppo").
§
the visceral side of design
The "Independent Design Secession" exhibition brings out the intimate and visceral side of Italian design. According to Branzi, it is the denial of an "absolutist conception of design as a professional practice, beyond the necessity of solving problems, of the urgency in providing answers, instead as an attempt at restoring design with its cultural stature, once again facing the great themes of culture that are not those regarding the market and productivity".
→ 1. A. Branzi, Betulla, Friedman Benda, Independent_Design Secession Exhibition, Triennale Bovisa, Milan 2011.
2. 3. A. Branzi, Grandi Legni GLO2, Nilufar. Independent_Design Secession Exhibition, Triennale Bovisa, Milan 2011. 4. G. Iacchetti, A bout de souffle, 2009, Andriolo Snc. 2. without a title, rusty iron, Arthema, 2010.
5. S. Cappelli & P. Ranzo, Figure del buio lamp. Independent_Design Secession Exhibition, Triennale Bovisa, Milan 2011. 6. A. Branzi, Ortonuovo, Canevara, Caglieglia, vases in Carrara Marble, Up Group 2011. Independent_Design Secession Exhibition, Triennale Bovisa, Milan, 2011.

handmade industry

The handmade industry is an open industry, available to variations, exceptions and one-off articles, to the creative participation of both the designer and the end-user. Manual ability not only regards the manipulation of material, as much as the possibility of spreading know-how according to new experimental models: self-made and do-it-yourself that are inspired by a conception of production of a cultural nature and at the same time operating in our Made in Italy trademark. → 7. G. Iorio, 12 cappelli, Diritto e Rovescio, project, threads weaving between art, design and mass creativity. Exhibition curated by N. Morozzi, Triennale Design Museum of Milan 2009, selected for the Targa Giovani award XXII Compasso d'Oro 2011. Recovering lost traditions, bobbin lace, with the introduction of new materials. 8. C. Coccioli, Eleformasfuggivano, selected for the Targa Giovani award XXII Compasso d'Oro 2011. 9. 10. M. Gamper, from the Happy Tech exhibition. Machines with a Human Face, Triennale Bovisa, Milan 2010. 11. M. Adami, Modern Fossil, self-production, Triennale Design Museum, Milan, 2009. The unprecedented assemblage technique used by Adami recovers forms and functions while attributing sense back to these objects.

social networks and processes

Social design, through its strategic and planning instruments, activates the experimentation of material and immaterial products and spreads alternative development models that derive from co-planning processes coming "from below". Projects are the result of a dynamic and equal confrontation, distinguished by individual specifications, creative communities and interdisciplinary groups that share their ideas, values and promote new lifestyles. → 12. 13. 14. 16. A. Cibic, Rethinking Happiness: New communities and new polarities, Opos, 2003. 15. A. Meda, Water, Arabia Finland, 2001. Water-filtering pitcher for the limiting the use of plastic bottles and fostering the reduction of urban waste. 17. P. Ulian, Drinkable watercard, Opos, 2003. The card contains "food for the body and for the mind" and may be mailed to countries registering water and food shortage, while ideally and concretely supporting the communities in difficulty. 18. A. Meda and F. Gomez Paz, Solar Bottle, 2006. Ultraviolet sun rays disinfect contaminated water, turning it into drinking water.

design inspired by science

The intersection of design with mathematics, biology, physics, materials science and chemistry today envisages an experimental dimension where respective roles are overturned, blend together and renew themselves constantly. In the case of Italy, these dynamics put at stake the complexity and stratification of a material culture that has always worked using unconventional creative strategies, a culture where visionary character lends itself to imagining new hybrid forms between disciplines to be translated into original project paths. → 19. M. Iosa Ghini, Spore, Murano Due FDV, 2009. 20. C. Scarpitti, Reaction Poetique, Quasicristalli, self-production, 2010. 21. AcquacaldaDesign, Communicating vase, Fisica Applicata series, autori-vari.it, 2009. Photo Ferranda. 22. 24. A. Erioli, A. Graziano in collaboration with C. Tibaldi, Co-de-iT, Fourier panel and Gauss panel, Corian® series 3D Math, DuPont, 2009. 23. A. Genovese, Dolphin, Sonic Modules series, 2010. 25. E. Rogna, In Set, Fastland, conformable and articulated modular panel in fabric with a metal frame inspired by the stick object. 26. C. Scarpitti, Reaction Poetique, Botanica, self-production, 2011.

radical eco-pioneers

Beginning in the Sixties with the Radical Movement, from Archizoom associates all the way to Agronica urban models proposed by Branzi and the interpretations by Pesce, lately interpretations concerning the nature/building relation have increasingly emerged that go beyond the traditional town-planning/architecture/ design tradition. Design seems to be the contemporary discipline most capable of moving in an innovative way towards different project scales, pushing itself towards areas that were to date prerogatives (both in theory and in practice) of urban architecture. → 27. A. Branzi, Blister YG1203, Design Gallery production, Milan, 2004. 28. 32. M. De Lucchi, Tra eroici muri di legno, Triennale Design Museum, Milan, 2009. The will not to discard seemingly useless pieces of scrap is transformed into research regarding what might be hidden in the aggregation of small elements. 29. 30. A. Cibic, Microrealities, Design Research, 2004. "Tante piccolo storie messe insieme possono creare narrazioni più grandi e significative". 31. G. Pesce, Pink Pavillion, Triennale Bovisa, Milan, 2007.

steady nature

In the search for immediate solutions, for simple examples to be followed in order to probe into the project's natural inclination towards sensible solutions however anchored to creativity and its series of useful manifestations. This is one of the cores of Italian design. A condition that measures itself up against subjects of small dimension and gesture economy, spurring considerations regarding the maintenance of objects, their technical and aesthetic durability. → 33. 34. M. Adami, Soft Crack, Philips De Pury, 2010. 35. M. Adami, Cheap, glasses, Murano, 2008. 36. M. Gamper, 100 Chairs in 100 Days, Triennale Design Museum, 2009. 37. M. Adami, Sharpei, chair, Cappellini, 2008. 38. P. Marigold, Split Boxes, Skitsch production, 2009. Shelves-sculpture made up of irregular units together forming free figures that are always different.

→ a.
italy: a special relationship between designers and companies
by laura giraldi

This essay intends to offer some contemporary examples of excellence in the relationship between design and business. ¶ In point of fact, a highly privileged relationship can exist between design, designers and production companies in Italy. It is thanks to certain design firms, to their passion and courage in investing in innovation, that Italian design established itself and became a renowned and esteemed icon the world over. ¶ The exhibit *Italy: The New Domestic Landscape*, organized in 1972 by Emilio Ambasz in collaboration with Anna Querci at the MoMA of New York, certainly contributed to first introducing then spreading the reputation of Italian design worldwide and with it the reputation of companies creating innovative, original products that also challenged the *status quo*, with strong symbolic connotations and morphologies that were soft, sinuous and seductive in keeping with the temperament and individualistic character of the Italian people. This was visionary design that knew how to imagine and present possible future scenarios. ¶ The excellence of Italian design and its renown throughout the world is thus the result of a rare and unique mixture of designers' creativity, the intelligent desire and know-how of "special" firms, and master craftsmen. It all began in a particularly lucrative and optimistic socio-economic period of reconstruction and affluence in the 1950s and 60s, when many companies were created. • a special relationship between designers and companies → **Today, approximately 40 years later,** the Italian production landscape is quite similar to then. The large companies are flanked by a still-solid network of successful small- and medium-sized design firms. ¶ A small portion of these is still led by particularly "enlightened", passionate businesspeople who seek designers with innovative ideas to experiment and produce. ¶ This is precisely why in Italy, more than elsewhere in the world, collaborations between designers and firms can still be agile and swift. This phenomenon occurs thanks to the organisation of those small Italian films which desire continuous challenges and experimentation. The decision-making times are quite rapid because businesspeople themselves work to define ideas with designers and decide whether or not to make prototypes. Prototyping can also be done with the help of a master artisan, who advises designers in their choices and in designing the technical-construction details, before the final industrial production. ¶ One example of a contemporary enlightened businessman is certainly Eugenio Perazza, head of Magis. He summarises his thoughts on the designer-business relationship as follows: "Both (designers and companies) have to begin from the same foundations and springboard: the search for a good, highly inventive idea and an ability to develop the right narrative, in order to define a project that sings its quality and differences loudly, and stands out from what is already out there, keeping clearly in mind that quality is measured by comparison… When a prototype is finished - and by prototype I mean the definitive model that, based on my analyses, wins out over and exceeds all technical and aesthetic uncertainties - before sending it into production, I always ask myself the gate-keeper question: 'Can this prototype ever lead to something new, different and better than what is already out there?' • a special relationship between designers and companies → **With respect to the past, one interesting difference to point out** is that today design has tremendously broadened its horizons. It is no longer restricted, as before, to a few production sectors but involves and spans very diverse scales of work. Creating design thus means designing everything. Subsequently, this trend involves companies from various sectors in this "phenomenon" (sectors different from the "traditional" ones of furniture and furniture accessories), favours the transfer of knowledge and facilitates companies in new types of collaborations. One example among many is the merger between the Baleri Italia furniture company and the Cerruti fashion house. Since 2005 Cerruti Baleri has been developing a new industrial project that unites formal, functional research with integration of know-how (the talent scouting of the former with the textile and chromatic work of the latter). Another example is the coupling of Fossil and S+arck, which since 2005 have been working together on an innovative line of wristwatches as fashion accessories. Other examples are Alessi-Bassetti and their collaborations on a collection of new textile products since 2009; and PiQuadro-Peuterey, who also since 2009 have produced bags and jackets. • a special relationship between designers and companies → **Another important aspect of diversity,** with respect to 40 years ago, is that today companies no longer operate exclusively or almost exclusively on the national scale. Which is why they need to have a clear vision of foreign markets and the demands of different cultures ¶ Subsequently, contact with young foreign designers has become necessary to sharing new values to bring to the project. ¶ The generation of Web 2.0, with its new applications, renders an unprecedented exchange of ideas and stimuli increasingly possible. It is through this new value of sharing that the creative process is greatly accelerated and that contact between designers and dynamic companies ever-attentive to changes are extremely facilitated. ¶ The great wealth of these new work and sharing methods is manifested in the amalgamation of various cultures, traditional and innovative materials and technologies, artisanal know-how and *genius loci* that come together in the most original and disparate ways in excellent products that evoke emotions and emotional relationships, in which immaterial elements predominate above all else. ¶ Some important examples are products by Cappellini, Edra, Driade, Magis and Kundalini, to name but a few, and by all those small firms of great breadth that have become veritable points of reference in the sector and that bravely direct their products of virtuosic excellence at new lifestyles. • a special relationship between designers and companies → **Among the very many examples of the beneficial collaborations** between young, contemporary foreign designers and Italian companies, I wish to single out the work of Jeff Miller of New York with the aforementioned Cerruti Baleri, whose products are characterised by technical-functional and emotional research. In particular Flipt, a chaise longue that transforms into a lounge chair and the Littlebig Chair that offers original uses. ¶ Below are excerpts of an interview I conducted with Miller in 2007 on the designer-company relationship, for another publication of mine, on the occasion of an Industrial Design undergraduate course he taught in Florence. It presents a perspective that I share and which could be a significant key to interpreting this privileged and wholly Italian relationship between design and business.

L.G. "Based on your experience, with respect to other countries, do you think that it's easier in Italy to work with design firms that, because of their artisanal tradition, lend themselves enthusiastically to experimenting and creating models and prototypes with intelligence and manual skill, thereby greatly accelerating a product's release? Do you moreover believe that this is a distinctive feature of Italian design?"

J.M. "My background in the world of American product design was mainly with large companies where the counterpart was the marketing group. Consequently, the vision of the product was often compromised in order to satisfy the low aesthetic and cost expectations of the American consumer. ¶ My experience with the Italian industry has been the exact opposite so far. ¶ The development process is personal, often shared with the heads of the company. ¶ They design to maintain very high product standards and let the market follow and learn. ¶ The history of contemporary Italian design is that of a group of enlightened post-WWII businesspeople and their collaboration with artisans with unique production skills. This past has generated a culture of design that continues to survive and comprises even workshops. It is a joy to visit Italian factories where products are developed and see the technicians' enthusiasm in creating a good product. ¶ Italian design stands out for the personal involvement both in developing the product and in dictating the market." • a special relationship between designers and companies → **The two essays that follow delve into various aspects of the design-business relationship.** The first describes and highlights the importance and uniqueness of this relationship and underscores how today, through university design departments and beyond – the breeding ground/hothouse of the creative young minds of student designers – special relationships between design and small companies are established, albeit with difficulty, through workshops and pointed collaborations. The second begins with the example of an "enlightened" company of the past, Olivetti, to then focus on a characteristic sector of Italian design, yacht design, that – along with fashion (through companies of such calibre as Gucci, Pucci, Ferragamo, Ferrè, Prada, and so forth), car design (Ferrari), interior design (from furniture to accessories) and lighting design – has made Italian design famous and renowned the world over. ¶ Lastly, the iconographic collection of the second part shows a selected repertoire of Made in Italy products, awarded the Compasso d'Oro design prize over the last ten years, subdivided into two categories: on one hand, products in which the most traditional aspects of form-function predominate, and on the other, those in which formal, emotional and evocative aspects emerge. ¶ Excerpt of an interview by Laura Giraldi, December 2010, in *Jeff Miller Designer*.

→ b.
design as conductor
by gianpiero alfarano

The pervasive character that design has acquired has led it to build a reputation so generalist and simplified that, in public opinion, the concept of design has been replaced by the concept of the idea. This means that design is recognised for an ability to fascinate so great that it is does not have to be comprehended. ¶ You don't have to understand it, just enjoy it! This is the categorical imperative that surrounds us. ¶ After all, there are increasingly more things that we use without knowing how they're made than those whose consistency we know inside and out. ¶ A smartphone, Ipad or Air Multiplier fan are certainly not comprehensible objects. They are highly complex objects that are appreciated for what they promise to do, but they owe much to their formal recognition in the jungle of objects. Their comprehension is facilitated through identification, which is conveyed by their design, and they are implicitly guaranteed a place on the most advanced front of innovation. ¶ The honour and prestige that design has always enjoyed has rendered it simultaneously the protagonist and victim of formal exhibition. Its mission has become increasingly identified with its exuberance and flashiness, in a total spectacle-ization of forms. • design as conductor → **You have certainly found yourself asking, before a new object,** perhaps a design object: Where is the idea? The answer: In the spectacle-ization of the effect! ¶ Years ago Jannacci sang "… per vedere di nascosto l'effetto che fa" ["…to see furtively what effect it has"], and today the effect must be evident even before it manifests itself. ¶ So let's all go hunting for effects! Perhaps special effects. Neglecting to consider that greater spectacle-ization entails quicker understanding and distinguishing of something new. Today we have little time in which we must make hurried deductions based on few elements. We risk not recognising in time the idea in an object, overpowered as it can be by the invasiveness of its form. This kind of perversion leads to greater enjoyment of style over meaning. ¶ Actually, what companies need is not to make people perceive the idea behind a product so much as its value. If that value can be understood as its reputation, this has always been conveyed by design, which throughout its history has created and confirmed new ideas in both product and social behaviour. • design as conductor → **Today, design, as a result of a modernity based on reducing diversity,** (homogeneity – serial production) and mass exploitation of the already-known, must face complexity, though it has lost the objective of reducing that complexity and instead even needs to manage it. ¶ This is the new role of the designer: from Server to Enabler! ¶ The shift is now obligatory and wittingly already assimilated by the new generations of designers who in recent years have come through the design schools of Italian universities. Professional design of the future will not simply be about supplying solutions, but will give the design process the necessary tools so that users will then autonomously construct solutions. It will take on the role of a facilitator able to correlate diverse processes. A conductor, if you will, that can link different concepts, systems and technologies that, as Bacon maintained, creates an illegitimate marriage between things. This behaviour is actually already the signature element of Italian design on the international front. Bringing diverse worlds into contact with one another. Creating new opportunities with new relationships is recognised by all as the diversity of Italian design. It never was and never will be able to call itself a method, but in practice many have adopted it and they adopt it almost unknowingly by simple contagion. The lessons of the great masters, along with developments in teaching design at universities, has contributed to understanding design as something beyond a simple phenomenon of consumption. The discipline is rapidly growing, and its potential is possibly still overlooked or not entirely grasped by the national system of production. ¶ This system is entirely dominated by a prejudice that Italy is impertinent and has never wanted to become truly modern, taking refuge on a capillary network of small and medium-sized companies – better known as the phenomenon of local craftsmanship – rather than making room for large companies. The idea leads us to reflect upon the historic national role of design culture with respect to the relationship with the production context and the cultural repertoire to which it refers. • design as conductor → **The identity of Italian design,** which is facilitated in realising intuitions that are times even visionary, thanks to the numerous small artisanal companies willing to challenge themselves, has not encountered the same enthusiasm among large companies in promoting the phenomenon. A mistaken perception of craftsmanship has created a depreciation of the system and, in public prejudice, an - actually insubstantial - antithesis between artisanal companies and large firms. The truth is that the two worlds are complementary and not divergent, as many think. The two systems are in close contact with one another and are the pillar of the Italian industry, which enjoys economy of scale and standardisation alongside the benefits of artisanal work and in particular of the small firms, when they can show flexibility, product personalisation and an immediate response to market trends. • design as conductor → **The distinctive feature of Italian design of inventing new points of view,** of knowing and showing that which others do not see, requires, with concrete proof, consolidating and rendering virtuous the bond that is created between territory and training. One such example is the Piana Fiorentina, which has the highest industrial concentration in Tuscany. The fact that already in 1873 the School of Industrial Design was established in Sesto Fiorentino not only means that there was much ambition and faith in planned development. It means tangibly having the forward-looking strength of believing, before anyone else and ahead of its time, in training as education to know-how. ¶ The school that Richard-Ginori wanted in order to have suitable professional qualifying exams still exists today and is a point of pride for the continuity of a similar historic ambition. There is no older school with such a specific industrial programme anywhere else in the world. It is no coincidence that the Design School of Florence's Università degli Studi, among the first in Italy to offer design courses in an academic programme, moved some years ago to the Piana area, in Calenzano. ¶ The approach of the Florentine school, begun by maestros such as Pierluigi Spadolini, Giovanni Klaus Koenig and Roberto Segoni, distinguished itself for working directly with designs closely related to local companies. Such as Cantieri di Pisa during Spadolini's time and the Breda in Pontedera for Koenig. Over the years, this educational approach has contributed to developing skills in the close exchange of know-

how between designers and companies, but even more so has allowed for a growing awareness in companies to communicate their quality and above all their values. • design as conductor →
The distinctive feature of Italian design of inventing new points of view, what counts is not the first person who makes a choice, but the first who knows how to draw attention to him or herself. This is an unprecedented break. Perhaps expected and surely, thanks to design, conducive to being understood. And it is for this reason that design will be able to call itself a conductor insofar as it will know how to create new conditions even more so than new solutions. ¶ Today, as the user has shifted from consumer to consultant – from an objective to reach to an opinion to consult – in order to put forward something new, the designer more than anyone else knows that social innovations are more important than technological ones.

→ c.
business and design. successes and difficulties
by eleonora trivellin

The relationship between businesspeople and design has taken on very different characteristics in Italy in the last century. Rarely was a designer an organic, integrated part of a production company, as was the rule in the United States, for example. Nevertheless, interesting collaborations still developed, as well as in terms of more independent creative research. Not accidentally, these collaborations arose with those companies that possessed a mature structure and size. This occurred not necessarily because more evolved companies were run by particularly enlightened "managers" but, rather, out of necessity: in mass production the division of labour in the design and production process was an acquired concept and, subsequently, the existence of a designer or a design team was a given. The same did not and does not hold true for small- and medium-sized firms in which somehow the continuity between design and production does not seem to have been interrupted yet. Having said that, cases of particularly enlightened company heads did exist within large firms as well as within small- and medium-sized companies, obviously with varying amounts of influence and economic, technical and communicative results. ¶ Certainly, however, the most symbolic Italian "case" and the one that is most natural to mention, is Olivetti (based in the town of Ivrea), a company that today is rightfully compared to Apple for its values concerning both technological and formal innovation. • successes and difficulties →
Olivetti merged a quest for beauty in their products as well their production and service spaces (nurseries, cafeterias, etc.) with a constant quest for innovation, and workers' sense of belonging to the factory, or perhaps more accurately, to the local community: although based around the factory, one could have their own small plot of land in such a way that the factory was not in conflict with the land and the value of the territory was built upon all its values. The products and spaces were an integral part of the communication project of this most powerful and most compelling company. Nizzoli, Bellini and Sottsass had the privilege of working with Olivetti, which represented so-called Made in Italy throughout the globe in a general plan that went well beyond the products and the area surrounding Ivrea. This highly evolved plan, which was futuristically ahead of its time, was the work of Adriano Olivetti and his collaborators, architects and designers, as well as sociologists, economists and writers. ¶ That which distinguished the relationship between Adriano Olivetti and designers, with respect to other companies, was that Olivetti created conditions in which cultural ideas could be produced, and which could then be made into products. ¶ Moreover, it is crucial to remember that the company's distinctive trait was placing the worker at its core, though not in the paternalistic sense typical to large companies at least until the late 1950s. ¶ Yet although the Olivetti experience, created by Camillo Olivetti and carried on by his son Adriano, began in the first decades of the 20th century, we had to wait until after WWII for other examples of small, enlightened companies willing to collaborate with established or emerging designers and to invest in new product ideas. • successes and difficulties → **In the years following WWII there were numerous company heads** who saw the value in planning and design. Nevertheless, the relationship with small- and medium-sized firms was never an easy one. Experience and know-how in many cases delayed process and product innovations. In Tuscany, among the companies that knew how to welcome new design ideas, Poltronova distinguished itself from all the other upholstered furniture manufacturers of the Quarrata area, and made design history first by producing the furniture of Giovanni Michelucci and Gae Aulenti and later Archizoom and Hans Hollein. Cantieri di Pisa, with whom Pierluigi Spadolini worked, also set itself apart in offering a new type of yacht that broke with the form of a miniature ship and transferred certain elements of contemporary architecture, acquired for some time already, onto boat design. • successes and difficulties → **Examining relationships between enlightened businesspeople and designers today**

seems an arduous task because there exist significant differences, and not only between the industry and small- and medium-sized firms. These differences have become much more evident among companies working in diverse sectors, such as, for example, fashion and furniture. ¶ Whereas manufacturing techniques have undergone general innovation, there is no corresponding recognition of intellectual work in design, and we even can go so far as to say that the percentage of enlightened businesspeople has not increased in the last 50 years. Although today many companies are relatively aware of the fact that innovation, quality and development are increasingly interrelated and are seemingly unattainable if, especially in difficult times such as these, the efforts between companies, research centres and public administration are not co-ordinated, the role and fundamental value that design must assume are not as clear. As a university, we must often undertake network projects with companies and qualified service centres and from these experiences we can say that before even collaborating, it is necessary to communicate and educate people to understand the virtuous relationships that can develop from the collaboration between research centres and companies. ¶ While many companies see exchanging ideas with research as a positive experience, for many others this relationship can develop only if "assisted" and if it passes through channels of public co-financing that allow small businesses to avoid taking risks. • successes and difficulties → **Since it is impossible to talk about numerous sectors** to cite an aforementioned sector as an example we return to ship-building, which is vital to the Italian economy. Excluding rare cases, these companies all have artisanal structures and do not seem to give design its necessary recognition within the decision-making process. In some cases, large companies structure the work of top designers but they have a communicative value entirely independent of a project's intrinsic quality. ¶ This is unlike those manager-designers to whom the project and the research are fundamental. Such as Vismara, which has applied innovative research to the boats they are producing in their shipyards.

→ iconographic collection.
designer and entrepreneur
by **luigi formicola**

In the history of industrial design, Italy ranks third after Great Britain and Germany as a pillar in the field of industrial planning. Italian design has significantly contributed (especially within the automobile, motorcycle, marine, furniture, textile and fashion sectors) to the creation of a true quality trademark: the Made in Italy brand, protected by article 16 of the Legislative Decree 135 of 25 September 2009, ranking third the world over for its notoriety following Coca-Cola and Visa. ¶ Made in Italy not only brings to mind geographical belonging, but rather a collection of values (recognized the world over) that are synonymous to aesthetics, creativity, tradition, innovation and style. An all-Italian blend that has been established over the course of time thanks to the successful collaboration between the architect/designer and the business rooted in its home territory. In fact, for Italian culture the industrial designer (who is often the founder of the business himself – such as Camillo Olivetti, Vincenzo Lancia, Osvaldo Borsani, Cesare Cassina, Sergio Pininfarina, Ernesto Gismondi, Giorgio Armani, Gianni Versace, Valentino Garavani) is the inventor, the all-round creator of the product, the one who defines all its characteristics in terms of usability, ergonomics, beauty and marketing. ¶ Therefore a value-added that inalienably blends with the planning know-how that industry simply cannot go without in order to compete in the globalized world, on the level of the excellence and uniqueness intrinsic to that Made in Italy trademark that is so sought-after on the international market. ¶ The history of Italian design is full of successful partnerships: Olivetti and Marcello Nizzoli, Fiat and Giorgetto Giaugiaro, Brionvega and Marco Zanuso, Cassina and Giò Ponti, Flos and Achille Castiglioni, Danese and Bruno Munari, Poltronova and Ettore Sottsass, Alessi and Alessandro Mendini, Kartell and Philippe Starck are just a few of the most famous examples. ¶ The Premio Compasso d'Oro, the oldest but especially the most authoritative international design award, has been celebrating these partnerships since 1954. ¶ The Premio Compasso d'Oro was conceived by Giò Ponti and for years it was organized on the premises of the Rinascente department store in Milan; following the success obtained by an occasional event called "Estetica del prodotto", the event became a periodic one, it became an organization that established awards recognizing ex-aequo merits amongst the "industrialists whose products distinguish themselves for the aesthetic value of a technically perfect production" and the designers who set forth their technically correct solutions. ¶ Later the Premio Compasso d'Oro was donated to the ADI, which has been administering it since 1964, supervising the impartiality and integrity of the award. ¶ Nearly three-hundred winning projects, together with nearly two-thousand projects selected with a Menzione d'Onore (Honourary Mention) are collected and preserved inside the Premio Compasso d'Oro ADI Historical Collection, whose administration has been entrusted to the ADI Foundation– constituted to this effect by ADI in 2001.

form follows function

Useful objects, but also functional ones, successfully blend together needs and desires, form and function. →
1. Momodesign, Fighter, helmet fitted with Bluetooth, 2005.
2. G. Pareschi, Fiocco, Busnelli, 1970. 3. H. Koskinen, Muu, collection of chairs, Montina, 2003. xx Compasso d'Oro 2004.
4. Bartoli Design and Faucigletti Engineering, R606 Uno, Segis, 2003. xxi Compasso d'Oro 2008. 5. S. Pengelly, Nuur, set of tables, Arper, 2009. xxii Compasso d'Oro 2011.
6. S. Giovannoni, Mr. Eye, Alessi & Lida, Designtide, Tokyo 2010. 7. A. Baldereschi, Le Piantine, Simone Cenedese Murano for coin Casa Design 2008.

form follows function

True to the principles of the American architect Louis Henry Sullivan who pronounced the motto "form follows function", freeing modern architecture from the ornament, many so-called rationalist and functionalist designers plan useful and beautiful, functional and pleasant objects that successfully blend needs and desires. → 8. C. Paolini, F. Teodoro, P. de Gatti, Sacco, armchair, Zanotta+Missoni, 2004. 9. Hangar Design Group, mobile home, Movit+Pircher Oberland. xxii Compasso d'Oro 2011. 10. 11. Chiaramente design, Alveo, chaise-longue, Marin for Emu, 2000. 12. R.& E. Bouroullec, Steelwood, Magis, 2008. xxii Compasso d'Oro 2011. 13. L. Nichetto, Poliart, table, Casamania, 2010.

function follows form

What happens when design adopts the principle pronounced by Ettore Sottsass: "emotions before function"? Therefore by overturning the classic paradigm of functionalist planning, the designer must comply with human emotions and consider them determining factors in influencing the relation between the end-user and the planned artefact. Emotions constitute a starting-point in planning and design becomes emotional. Surprise, transgression, clear-sightedness, quotation, ornament, even as an end to themselves, are the instruments used by the designer to stimulate the emotions of the end-user, inducing the same into desiring and possessing the emotion-stirring object. → 14. P. Starck, Gun Bedside Lamp, Flos, 2005. 15. 16. 17. 19. G. Berchicchi, eta, eta baby and eta sat, Kundalini, 2000. 18. Herzog & De Meuron, Pipe, lamp, Artemide, 2002. xx Compasso d'Oro 2004.

form follows function

Form becomes a vehicle joining together the company and the end-user: the products introduced into the market are not solely identified as an answer to a demand of a functional kind, but rather represent a synthesis between the physical environment, social interactions and hidden needs. → 20. 22. M. Sadler, Mite e Tite, floor lamp and pendant light, Forscarini, 2000. xix Compasso d'Oro 2001. 21. E. Aarnio, Trioli, children's chair, Magis, 2005. xxi Compasso d'Oro 2008. 23. 24. D. Chipperfield, Tonale, tableware, Alessi, 2009. xxii Compasso d'Oro 2011.
25. K. Grcic, Myto, cantilever chair, Plank Collezioni, 2008. xxii Compasso d'Oro 2011. 26. Canasta, chair with adjustable elastic backrest, Heron, 2000.

bibliografia / bibliography

→ 01. **comunicazione**

AA.VV. (a cura di), *Ortofabbrica. 1° contest di creatività sostenibile*, Guaraldi Editore, Rimini 2010.

ARNALDI, P. *La stampa aziendale*, Franco Angeli, Milano 1957.

BIGATTI, G. VINTI, C. (a cura di), *Comunicare l'Impresa. Cultura e strategie dell'immagine nell'industria italiana (1945-1970)*, Guerini e associati, Milano 2010.

BRANZAGLIA, C. *Comunicare con le immagini*, Paravia Bruno Mondadori Editori, Milano 2003.

BUCCI, A. CODELUPPI, V., FERRARESI, M. *Il Made in Italy*, Quality Paperbacks, Carocci Editore, Roma 2011.

CAMUFFO, G. DALLA MURA, M. (a cura di), *Graphic design worlds/words*, Electa, Milano 2011.

CARMAGNOLA, F. *Il Consumo delle immagini. Estetica e beni simbolici nella fiction economy*, Paravia Bruno Mondadori Editori, Milano (2006).

CARMAGNOLA, F. *Design. La fabbrica del desiderio*, collana a cura di V. Pasca, Lupetti Editori di comunicazione, Milano 2009.

CIUCCARELLI, P. *Il design nell'era di internet* (www.mi.camcom.it/upload/file/339/169530/filename/Ciuccarelli.pdf).

DEL VECCHIO, P. *Gli artigiani della bellezza*, intervista ad A. Branzi, su Il Mattino, giovedì 26 luglio 2007.

FABRIS, G. (a cura di), *La comunicazione d'impresa*, Spirling & Kupfer, Milano 2003.

FLORIDA, R. *The Flight of The Creative Class: The New Global Competition for Talent*, Harper Collins Publisher Inc. New York 2005.

MAFFESOLI, M. *Linstant eternel. Le retour du tragique dans societes postmoderne*, Paris, La table Ronde 2000.

MARTINO, C. *La produzione del Design*, VI appendice. Istituto dell'Enciclopedia Italiana Treccani, Roma 2000.

OLINS, W. *On Brand*, Thames & Hudson, London.

OSSERVATORIO IMPRESA E CULTURA (a cura di), *Cultura e competitività. Per un nuovo agire imprenditoriale*, Rubbettino, Soveria Mannelli (2003).

PARIS, T. *Frontiere della grafica e della comunicazione visiva e multimediale*, in diid_disegno Industriale industrial design, Mancosu editore, Public Communication, n. 16, 2005.

PASCA, V. *Il Design oggi*, op. cit, Electa Napoli, gennaio 2008, n. 131.

PERNIOLA, M. *Contro la comunicazione*, Luigi Einaudi Editore, Torino 2004.

PIAZZA, M. (a cura di), *La grafica del Made in Italy. Comunicazione e aziende del design 1950-1980*, AIAP Edizioni, Milano 2010.

PISCITELLI, D. *Il Design diffuso. Ovvero il progetto della domesticità*, Progetto grafico, vol. 18, periodico dell'AIAP Associazione italiana progettazione per la comunicazione visiva, AIAP Edizioni, Milano Giugno 2009.

POLITICA CULTURALE DELLE IMPRESE ITALIANE, atti del convegno, in Kybernetes, supplemento al n. 1, gennaio 1987.

RICCINI, R. *Pagine di design: la produzione editoriale*, in Sistema Design Milano, Abitare Segesta, Milano 1999.

STERLING, B. *La forma del futuro*, Apogeo edizioni, Collana Apogeo saggi, Milano 2006.

VERCELLONI, M. *Breve storia del design italiano*, Carocci, Roma 2008.

VOLLI, U. *Il nuovo libro della comunicazione*, Il Saggiatore, Milano 2007.

→ 02. **creatività**

BOSONI, G. *La cultura dell'abitare. Il design in Italia 1945-2001*, Skira, Milano 2002.

BRANZI, A. *Merce e Metropoli. Esperienze del nuovo design italiano*, Epos, Milano 1983.

CRISTALLO, V. *Urban design. La scena di un nuovo immaginario tecnologico*, Aliena, Firenze 2008.

ECO, U. *Combinatoria della creatività*, conferenza tenuta a Firenze per la Nobel Foundation il 15 Settembre 2004.

EDWARD, B. *Disegnare con la parte destra del cervello*, Longanesi, Milano 2002.

JAOVI, H. *Crea prat. Tecniche di creatività pratica*, Tirrenia Stampatori, Torino 1989.

LUCIBELLO, S. *Design tra invenzione e innovazione | Design between Invention and Innovation* In diid_disegno Industriale industrial design, Rdesignpress, Italian design n. 49, 2011.

LUCIBELLO, S. *Gestire l'iperprogettualità*, in Design follows Materials, Alinea, Firenze 2009.

MARTINO, C. *Gaetano Pesce. Materia e differenza*, Marsilio Editori, Venezia 2007.

MUNARI, B. *Da cosa nasce cosa*, Editori Laterza, Roma-Bari 2003.

MUNARI, B. *Fantasia*, Editori Laterza, Roma-Bari 2004.

PARIS, T., LUCIBELLO, S. *Designer's; exhibit, graphic, fashion, food*, Rdesignpress, Roma 2009.

PARIS, T. *Comunicare il Design italiano | Communicating Italian Design*, in diid_disegno Industriale industrial design, Rdesignpress, Italian design n. 49, 2009.

QUINTAVALLE, A. C., ARGAN, G. C. *Bruno Munari*, Feltrinelli, Milano 1979.

VANLAETHEM, F. *Gaetano Pesce architettura design arte*, Edizioni Idea Books, Milano 1989.

→ 03. **icone**

AA.VV. (a cura di), *Il design italiano 1964-1990*, Electa, Milano 1996.

AA.VV. (a cura di), *Sistema Design Milano*, Abitare Segesta

Cataloghi, Politecnico di Milano, ADI, Milano 1999.
AA.VV. (a cura di), *Lavorare comunicando nella ragnatela del valore. I giovani designer tra flussi e luoghi*, Consorzio aaster 2007.
AA.VV. (a cura di), *The New Italian Design. Il paesaggio mobile del nuovo design italiano*, La Triennale di Milano, Milano 2007.
AA.VV. (a cura di), *Made in Cassina*, Skira, Milano 2008.
Alessi, A. *La sfida Alessi, fabbrica del design*, in Civitas n. 3, novembre 2005.
BASSI, A. *Design anonimo in Italia*, Electa, Milano 2007.
BIANCHI BANDINELLI, R. *Organicità e astrazione*, Electa, Milano 2005 (ed. orig. 1956).
BONOMI, A. *Una terza via per il Made in Italy*, in Domus, Editoriale Domus, Milano, aprile 2006.
BORGES, J. L., BODEI, R. *La vita delle cose*, Laterza, Roma-Bari 2009.
BOTTON, M., CEGARRA, J. J., FERRARI, B. *Il nome della marca*, Guerini e Associati, Milano 2002.
BRANZI, A. *Il Design italiano 1964-1990*, Electa, Milano 1996.
BRANZI, A. *Capire il design*, Giunti, Firenze 2009.
DAL FALCO, F. *Sopravvissuti. L'evoluzione del più adatto*, diid, Rdesignpress, vol. 24-25, 2007.
Damiani, Bologna.
DE FUSCO, R. *Made in Italy. Storia del design italiano*, Laterza, Roma-Bari 2007.
ECO, U. *La struttura assente. La ricerca semiotica e il metodo strutturale*, Bompiani, Milano 2002.
ECO, U. *La struttura assente. La ricerca semiotica e il metodo strutturale*, Bompiani, Milano 2008 (prima edizione 1968).
FONTANA, M. P., MAYORGA, M. Y. (a cura di), *Luigi Cosenza. Il territorio abitabile*, Alinea, Firenze 2007.
GREGOTTI, V. *Il disegno del prodotto industriale. Italia 1860-1980*, Electa, Milano 1986.
LA ROCCA, F. *Scritti presocratici. Andrea Branzi: visioni del progetto di design 1972/2009*, Franco Angeli, Milano 2010.
LUPANO, M., VACCARI, A. (a cura di), *Una giornata moderna. Moda e stili nell'Italia fascista 1922-1943*, 2009.
STEADMAN, P. *The Evolution of Design*, Cambridge University Press 1979.
STERENLY, K. *La sopravvivenza del più adatto*, Raffaello Cortina editore, Milano 2004.
VITTA, M. *Iconografia dell'abitare*, in M. Vitta, *Dell'Abitare. Corpi spazi oggetti immagini*, Einaudi, Torino 2008.

→ 04. **ingegno del fare**
AA.VV. (a cura di), *L'anima dell'industria. Un secolo di Disegno Industriale nel milanese*, Skira, Milano 1996.
BASSI, A. *Design anonimo in Italia*, Electa, Milano 2007.
BRANZI, A. *Introduzione al design italiano. Una modernità incompleta*, Baldini Castoldi Dalai editore, Milano 2008.

CECCHINI, C. *Mo... Moplen. Il design delle plastiche negli anni del boom*, Rdesignpress, Roma 2006.
MICELLI, S. *Futuro artigiano. L'innovazione nelle mani degli italiani*, Marsilio, Venezia 2011.
MORACE, F., LANZONE, G. *Verità e Bellezza. Una scommessa per il futuro dell'Italia*, Nomos Edizioni, Busto Arsizio 2010.
MORACE, F., LANZONE, G. (a cura di), *Il talento dell'impresa: l'impronta rinascimentale in dieci aziende italiane*, Nomos Edizioni, Busto Arsizio 2011.
SENNETT, R. *L'uomo artigiano*, Feltrinelli, Milano 2008.
ZINGALE, S. *Gioco, dialogo, design. Una ricerca semiotica*, ati Editore, Brescia 2009.

→ 05. **innovazione**
ANTONELLI, P. *Humble masterpieces. 100 every day marvels of design*, Thames & Hudson, London 2005.
AQUILA, V., SIMONELLI, G., VIGNATI, A. (a cura di), *Design, Imprese, Distretti. Un approccio all'innovazione*, Edizioni poli.design, Milano 2005.
AUNGER, R. *Darwinizing Culture: The Status of Memetics as a Science*, Oxford University Press, Oxford, New York 2000.
BODEI, R. *La vita delle cose*, Editori Laterza, Roma-Bari 2009.
BOSONI, G. (a cura di), *Brevetti del design italiano 1946-65*, Electa, Milano 2000.
BRANZI, A. *Pomeriggi alla media industria. Design e Seconda Modernità*, Idea Books, Milano 1988.
BUSINESS ASSOCIATION ITALY AMERICA (www.baia-network.it).
DI LUCCHIO, L. *Innovazione in cerca di design. Innovation in Search of Design*. In *diid Disegno Industriale Industrial Design 49*, Rdesignpress, Roma 2011.
DORIN, A. & J. MC CORMACK (a cura di), *First Iteration: A Conference on Generative Systems in the Electronic Arts*, cema, Melbourne 1999.
FERRARA, M., LUCIBELLO, S. (a cura di), *Design Follows Materials*, Alinea, Firenze 2009.
ITALIAN INNOVATION DAY (www.italianinnovationday.com; www.italiannetwork.it).
KUHN, T. S. *La struttura delle rivoluzioni scientifiche*, Einaudi, Torino 1978, (Prima edizione 1962. *The structure of Scientific Revolutions*, Chicago).
LUCIBELLO, S. *(lim)+?= f(design)*. In *diid Disegno Industriale Industrial Design 26*, Rdesignpress, Roma 2007.
LUCIBELLO, S. *Design tra invenzione e innovazione. Design between Invention and Innovation*. In *diid Disegno Industriale Industrial Design 49*, Rdesignpress, Roma 2011.
MORACE, F. (giugno 2011). *Il design thinking è nel nostro dna*, Harward Business Review (www.tqhr.it/report/wp-cotent/.../2011/.../Rapporto-Formazione-Manager.pdf, giugno 2011).
Norman, D. A. *Il design del futuro*, Fazi, Roma 2007.
PARIS, T. (a cura di), *Made in Italy. Il design degli italiani*,

Rdesignpress, Roma 2005.
SARTOGO, P. *Italian Re evolution. Design in Italian society in the Eighties*, Nava, Milano 1982.
SMYTH, M. (a cura di), *Digital Blur: creative practice at the boundaries of architecture*, design and art, Libri Publications Limited 2010.
THACKARA, J. *In the Bubble. Designing in a complex World* MIT Press, London/Cambridge 2005, (ed. italiana 2008, in the bubble, Design per un futuro sostenibile, Allemandi, Torino).
VERGANTI, R. *Design Driven Innovation, Changing the Rules of Competition by Radically Innovating what Things Mean*, Harvard Business Press, Boston 2009.
WIRED, giugno 2009 (www.wired.it/magazine/archivio/2009/04/storie/la-nuova-italia.aspx).
WIRED E COTEC in collaborazione con l'Istituto di Ricerche sulla Popolazione e le Politiche Sociali del cnr (a cura di), *La cultura dell'innovazione in italia 2010, Secondo rapporto sulla cultura dell'innovazione in Italia*, 2010, (www.first.aster.it/pubblicazioni/Cultura_Innovazione_Italia2010.pdf) .

→ 06. **musei e conoscenza**

AMARI, M. *I Musei delle aziende. La cultura della tecnica tra arte e storia*, Franco Angeli, Milano 2001.
BAROVIER MENTASTI, R. *La vetraria veneziana del Novecento*, in R. Barovier Mentasti, *Vetro veneziano contemporaneo, La collezione della Fondazione di Venezia*, Marsilio Editori, Venezia 2011.
BRANZI, A. *Il Design Italiano dal 1964 al 1972*, Electa, Milano 1973.
BRANZI, A. *Il Design Italiano dal 1964 al 1990*, nel 1996, Electa, Milano 1996.
BULEGATO, F. *I musei d'impresa. Dalle arti industriali al design*, Carocci, Roma 2008.
BULEGATO, F. *Per un museo del disegno industriale in Italia, 1949-64*, Ricerca condotta presso l'Università Iuav di Venezia, 2009.
DE FUSCO, R. *Una storia dell'Adi*, Franco Angeli, Milano 2010.
DE GIORGI, M. (a cura di), *45-63 Un museo del disegno industriale italiano*, Abitare Segesta cataloghi, Milano 1996.
GRASSI, A., PANSERA, A. *L'Italia del design. Trent'anni di dibattito*, Marietti, Casale Monferrato 1986.
LERPOLD, L., RAVASI, D., VAN REKOM, J., SOENEN, G. (eds.), *Organizational Identity in Practice*, Routledge, London-New York 2007.
MARTINI, L. *Rossa. Immagini e Comunicazione del Lavoro 1848-2006*, Skira, Milano 2008.
MARTINO, V. *La comunicazione culturale aziendale, Guerini scientifica*, Milano 2010.
MONTEMAGGI, M., SEVERINO, F. *Heritage Marketing*, Franco Angeli, Milano 2007.

PANSERA, A. *Storia del disegno industriale italiano*, Laterza, Roma-Bari 1993.
PANZA, P. *Design: museo sì o museo no?* in Corriere della Sera, 12 aprile 2001, Portale Archivi d'impresa come parte del Sistema archivistico nazionale (a cura di) (www.archiviostorico.corriere.it/2001/aprile/12/Design_museo_museo_co_7_0104128779.shtml).
Presentazione della prima edizione del museo del design della Triennale di Milano (www.triennaledesignmuseum.it/files/swf/edizione2008/comunicato_ita.pdf).
Protocollo d'intesa per la collaborazione tra i giacimenti del design italiano e la Triennale di Milano (ottobre 2007) (www.triennaledesignmuseum.it/giacimenti/giacimenti.php).
Reasons Not to Be Pretty: Symposium on Design, Social Change and the "Museum" (2010), Bellagio (Como) (www.changeobserver.designobserver.com/feature/reasons-not- to-be-pretty-symposium-on-designsocialchange-and-the-museum/ 14748).
SETTIS, S. *Italia S.p.A.*, Einaudi, Torino 2002.

→ 07. **territori e valori**

AA.VV. (a cura di), *The New Italian Design. Il paesaggio mobile del nuovo design italiano*, Ed. Grafiche Milani, Milano 2007.
ANTONELLI, P. (a cura di), *Design and Elastic Mind, The Museum of Modern Art*, New York 2008.
BECATTINI, G. *Riflessioni sul distretto industriale marshalliano come concetto socio-economico, Stato e mercato* (vol. 25), Il Mulino, Bologna 1989.
BENHAMOU, F. *L'economia della cultura*, Il Mulino, Bologna 2001.
BRANZI, A. *Modernità debole e diffusa. Il mondo del progetto all'inizio del XXI secolo*, Skira, Milano 2006.
DEMATTEIS, G. *Le metafore della terra. La geografia umana tra mito e scienza*, Feltrinelli, Milano 1985.
CRISTALLO, V. *Design e risorse tipiche del mediterraneo: il rapporto prodotto, contesto, identità*, in R. Fagnoni, P. Gambaro, C. Vannicola (a cura di), *Medesign, forme del Mediterraneo*. Aliena, Firenze 2004.
DI LUCCHIO, L. *Il design delle strategie. Un modello interpretativo della relazione tra design e impresa*, Edizione Gangemi, Roma 2005.
FAGNONI, R., GAMBARO, P., VANNICOLA, C. (a cura di), *Medesign, forme del Mediterraneo*, Alinea editrice, Firenze 2004.
GRASSI, R., MENEGUZZO, M. (a cura di), *La valorizzazione del patrimonio culturale per lo sviluppo locale*, Primo rapporto annuale di Federculture, Touring Editore, Milano 2002.
IMBESI, L. (a cura di), *InterAction by Design* diid n. 39, RDesignPress, Roma 2009.
NURAGHI, P., STRINGA, S. (a cura di), *Cultura e territorio. Beni e attività culturali. Valorizzazione e indotto in prospettiva europea*, Franco Angeli, Milano 2008.

PAOLINI, D. *I luoghi del Gusto. Cibo e territorio come risorsa di marketing*, Bakdini&Castoldi, Milano 2000.
PETTENA, G. *Radical design. Ricerca e progetto dagli anni '60 a oggi*, Maschietto Editore, Firenze 2004.
SCHUMACHER, E. F. *Small Is Beautiful: Economics As If People Mattered*, Blond & Briggs, London 1973.
SENNET, R. *The craftsman*, Yale University Press, New Haven 2008.

→ 08. **visioni e utopie**
ANNICCHIARICO, S. (a cura di), *Intervista a Denis Santachiara*, in Serie Fuori Serie, catalogo della mostra della Triennale di Milano Design Museum, Electa, Milano 2009.
ANTONELLI, P. (giugno 2011). *Thinkering*, in Domus n. 948.
BRANZI, A. *Pomeriggi alla media industria*, Design e Seconda Modernità, Idea Books, Milano 1988.
BRANZI, A. *La "pila di Volta" del design italiano*, in *Serie Fuori Serie*, catalogo della mostra della Triennale di Milano, Triennale Design Museum, Electa, Milano 2009.
SENNET, R. *L'uomo artigiano*, Feltrinelli, Milano 2008.
SOTTSASS, E. *Scritti*, Neri Pozza, Vicenza 2002.

→ 09. **designer e imprenditore**
A.A.V.V. (a cura di), Pierluigi Spadolini. *Architettura e sistema*, Dedalo, Bari 1985.
A.A.V.V. (a cura di), *L'impresa tra innovazione e bellezza*, Pime, Pavia 2009.
ATTALI, J. *Breve storia del futuro*, Fazi Editore, Roma 2009.
BERTA, G. *Le idee al potere: Adriano Olivetti tra la fabbrica e la comunità*, Edizioni Comunità, Milano 1980.
CHIGIOTTI, G. *Pierluigi Spadolini. Il design*, Cadmo, Fiesole 1998.
GARGANI, R. *Archizoom associato, 1966-1974: dall'onda pop alla superficie neutra*, Electa, Milano 2007.
GIRALDI, L. (a cura di), *Jeff Miller Designer*, Alinea, Firenze 2007.
LA ROCCA, F. *Scritti presocratici. Andrea Branzi: visioni del progetto di design 1972/2009*, Franco Angeli, Milano 2010.
MORTEO, E., SETTE, A. M. *Unicità d'Italia 1961/2011, Made in Italy e identità nazionale*, Marsilio Editori, Venezia 2011.
RUFFILLI, M., GIRALDI, L. *Design a mano libera*, Alinea, Firenze 2010.
SANTINI, P. C. *Facendo mobili con...*, Poltronova, Agliana 1977.

indice dei nomi / index of names

100 chairs in 100 days 242.
aarnio eero 264.
abitare 47. 51.
acerbis 107.
acquacaldadesign 238.
adami massimo 21. 235.
albini franco 96. 97. 175.
alcantara® 153. 155. 211.
ale + ale 52.
alessi 94. 101. 105. 115. 143. 175. 206. 207. 208. 221. 248. 257. 259. 265.
alessi alberto 20. 189.
alfarano aianpiero 245. 250.
alias 64.
alison filippo 96.
amato silvana 4.
ambasz emilio 247.
ando tadao 124. 172.
andriolo snc 233.
angeletti-ruzza 131.
annicchiarico silvana 170. 229.
antonelli paola 21. 223.
appadurai arjun 31.
apple 253.
arad ron 13. 158. 221. 249.
archizoom 231. 256. 254.
arclinea 40.
arflex 36. 96. 143.
arlechino massimo 13. 268.
armani giorgio 257.
arper 258.
arte e scienza, lo specchio della meraviglia di luca giordano 185.
artemide 96. 154. 263.
arthema 233.
artieri domani 184.
asap 225.
asimov isaac 143.
associazione consorzio cantiere cuccagna 213.
aulenti gae 254.
b.pet 104.
b&b 51. 93. 96. 140.
bacone francesco 251.
baldereschi alessandra 259.
baleri 248.
barilla 143.
bartoli design 258.
bassetti 248.
baudrillard jean 143.

becattini giacomo 195.
beccio giuseppe 253.
bellini mario 97. 253.
berchicci guglielmo 262. 263.
bertola paola 54.
bestenheider philippe 145.
biamonti alessandro 57. 59. 75.
bieffeplast 251.
blumer riccardo 63.
bocchietto luisa 106.
boeri cini 97.
boffi 36.
boontjie tord 210.
borland ralph 21.
borsani osvaldo 257.
bosa 132.
bottura massimo 76. 77.
bouroullec roman & erwan 102. 259. 260. 261.
bradbury ray 143.
branzi andrea 20. 22. 71. 93. 139. 179. 188. 214. 215. 222. 225. 229. 230. 240.
breda 252.
breed vincent 172. 173.
breuer marcel 144.
brionvega 257.
bruschi lorenzo 227.
bticino 215.
bulegato fiorella 165. 170. 171. 175. 176.
buonarroti michelangelo 64.
busnelli 143. 258.
caber 140.
caccavale elio 21. 201. 216.
cambelotti duilio 114.
campana fernando & humberto 71. 126. 206. 221.
campari davide 94.
canfori mauro 210.
cao umberto 14. 269.
cappelli & ranzo 222. 232.
cappellini 102. 242. 248.
cappellini giulio 211.
carmagnola fulvio 31. 34.
carmina campus 130.
carullo rosanna 87. 91. 96. 99.
casamania 70. 71. 72. 102. 260.
case da abitare 46.
casiddu niccolò 137. 142. 145.
cass john 19.
cassina 36. 91. 96. 97. 223. 257.
cassina cesare 257.

castellano mimmo 36.
castelli giulio 139.
castiglioni achille 97. 168. 175. 196. 257.
catellani & smith 134. 135.
cecchini cecilia 111. 113. 115.
centro stile fiat 108. 109.
centro stile piaggio 108. 109.
cerruti 148.
cevese luisa 120. 121.
chiapponi medardo 15. 270.
chiaramente design 259.
chiesa rosa 165. 172.
chipperfield david 265.
christiansen ulrika line 216.
cibic aldo 222. 236. 237. 241.
ciffo alessandro 121.
citterio antonio and partner 48. 49. 89.
ciuccarelli paolo 35.
ciuti enrico 36.
cliostraat 200.
coca-cola 257.
coccioli caterina 234.
codeluppi vanni 32. 33.
cohda studio 225.
coin casa design 2008 259.
coleman james 195.
colombo joe 251.
colonnetti aldo 190. 191.
compasso d'oro 154. 157. 234. 257. 258. 259. 260. 263. 264. 265.
confalonieri giulio 36.
contin carlo 85.
coop 162.
copyright italia. marchi, brevetti, prodotti. 1948/1970 182. 183.
coro 84.
corraini 52. 53.
cos antonio 76.
cosenza luigi 91.
costantini egidio 174.
cozzolino salvatore 219. 225. 226. 231.
crepax nicoletta caterina 182. 183.
cresci mario 184.
cristallo vincenzo 5. 193. 198. 203.
croppi umberto 16. 271.
crous joan 173.
dainese 156.
dal falco federica 87. 89. 90. 91.
dalisi riccardo 120.
dalla mura maddalena 165. 169.
damiani lorenzo 163. 213.

danese 96. 116. 249. 257.
dardi domitilla 137. 142. 143.
de bono edward 67.
de gatti piero 259.
de longhi 156.
de lucchi michele 103. 178. 186. 226. 240. 241.
de pury phillips 242.
de vocht sophie 70.
dell'acqua bellavitis arturo 18. 272.
dematteis giuseppe 195.
depero fortunato 94.
design gallery 240.
design plus award 131.
designtide 259.
di lucchio loredana 193. 195. 196. 203.
diadora 140.
diamond marian 69.
dick philip kindred 143.
diid disegno industriale 47.
dinamismi museali, super dutch 55.
dolomite 161.
dolphin 227.
dominoni annalisa 57. 68.
domus 46.
dotdotdot 82. 186. 187.
driade 224. 248.
drm design research maps 54.
ducati energia 156.
dum dum 121.
dunne anthony 21.
dupont 227. 249.
dutch design week 204. 205.
eco umberto 64.
edelkoort lidewij 174.
edra 71. 126. 206. 221. 248.
einstein albert 69.
elefante rosso produzioni 184.
emporium. a new common sense of space 186. 187.
emptypeness 80. 81.
emu 103. 259.
erioli alessio 227. 239.
ernst max 114.
errazuriz sebastian 128.
esterni 83. 200. 212. 213.
eusebi enzo 182. 183.
fabbrica signese 113.
fabris giampaolo 33.
factum arte 178.
fagnoni raffaella 137. 142. 145.
fantoni 42. 43.
fauciglietti engineering 158.

feo adriana 87. 91. 94.
ferragamo 90. 91. 115. 249.
ferrara cinzia 29. 39.
ferrara marinella 57. 62.
ferrari 99. 161.
ferrè 249.
fiat 108. 109. 257.
fila 140.
filippini ali 165. 177.
fletcher alan 67.
florgres 210.
flos 96. 97. 103. 221. 257. 262.
fluida 144.
fontana lucio 68.
formafantasma 121. 204. 205. 216.
formicola luigi 245. 257.
fornace carena 223.
fortuny mariano 114.
foscarini 40. 41. 61. 66. 72. 154. 221. 264.
fossil 248.
frijns bert 173.
front design 152.
fuksas massimiliano e doriana 207.
gamper martino 21. 234. 242.
garagedesign 159.
gatti paolo 208.
gaudenzi marco 144.
gehry frank o. 167.
genovese alberto 227. 239.
geox 141.
gianniseguso 78.
gibertini ilaria 104.
gilmore jamen h. 19.
giovanetti riccardo 211.
giovannoni stefano 101. 258.
giraldi laura 245. 247. 254.
gismondi ernesto 257.
giugiaro 257.
gomez paz francisco 69. 237.
gould stephen J. 90.
graziano andrea 227. 239.
grcic konstantin 152. 265.
gregotti vittorio 14.
gropius walter 221.
gucci 249.
gufram 251.
guilford joy paul 66.
gum design 78.
guzzini 14. 115. 116. 131.
hadid zaha 95. 167. 263.
hangar design group 259.

happy tech, macchine dal volto umano 234.
hayon jaime 173. 174.
heron 265.
herzog & de meuron 154. 167. 263.
hollein hans 254.
horm 128. 129.
hosoe isao 144.
iacchetti giulio 52. 53. 171. 223. 226. 233.
iida 259.
iliprandi giancarlo 36.
imbesi lorenzo 193. 200. 201. 203.
independent_design secession 232. 233.
interni 46.
inventario 52. 53.
invicta 212. 213.
iorio geny 234.
iosa ghini massimo 238.
istituto italiano del rame 210. 211.
italian award for creativity 160.
italianità 52.
ito toyo 129.
itt 158.
jaoui hubert 67.
juretzek tobias 72.
kartell 36. 106. 221. 257.
kensaku ochiro 212.
kevlar® 154.
koenig giovanni klaus 252.
koolhaas rem 95.
koskinen harri 258.
kuhn thomas S. 146.
kundalini 248. 262. 263.
la cecla franco 34.
la fabbrica dei sogni 189.
lancia vincenzo 257.
langella carla 219. 225. 226. 231.
lani lapo 214. 215.
lanificio leo 54. 55.
lanzavecchia+wai 158.
lanzone giovanni 119.
latis giovanna 178. 186.
lautréamont 144.
le arti di piranesi, architetto, incisore,
antiquario, vedutista, designer 186.
lenti paola 127.
leo emilio 55.
leone roberto 156.
liberti roberto 219. 228. 231.
libertiny tomáš. 173. 174.
liddle richard 155.
lira-lab 159.

livinluce 50.
loos adolf 24.
lorenz 92.
lotto 140.
lovegrove ross 154.
lucedentro 249.
luceplan 69.
lucibello sabrina 9. 137. 139. 141. 142. 151.
luna riccardo 182.
macef 212.
maffei stefano 54. 223.
maggioli editore 54.
magini emanuele 159.
magis 62. 63. 104. 247. 148. 259. 260. 264.
magistretti vico 175. 196.
maldonado tomàs 16. 24.
manzini ezio 228.
manzoni piero 68.
marelli ilaria 84. 212.
mari enzo 224.
marigold peter 243.
mariotti designstudio 249.
marshall alfred 195.
martinelli luce 157.
maxdesign 100.
mazzucotelli alessandro 114.
meda alberto 63. 64. 143. 236. 237.
memphis 59.
mendini alessandro 188. 257.
merlo elisabetta 182. 183.
micelli stefano 118.
michelacci domenico 114.
michelucci giovanni 254.
milano made in design 190. 191.
miller jeff 248. 249.
mirri miriam 104. 105.
mirti stefano 216.
missoni 259.
mit 156.
moak 42. 43.
molteni 152.
momodesign 108. 258.
montina 258.
morace francesco 119.
moredesign 106.
moretti polegato mario 141.
moro graziano 107.
morone alfonso 87. 91. 92.
moroso 102. 106. 107. 145. 152. 153. 154. 158. 206. 207. 209. 249.
morozzi nicoletta 234.

morozzo della rocca maria carola 137. 142. 148.
morteo enrico 182. 183.
movit+pircher oberland 259.
munari bruno 63. 139. 144. 257.
murano due fdv 238.
musio sale massimo 137. 142. 148.
myyour 106.
nanni mario 214.
natta giulio 114. 139.
negri ilio 36.
nichetto luca 132. 133. 260. 261.
nielsen maria W. 213.
nishizaw ryue 208.
nitta michiko 21.
nizzoli marcello 31. 90. 253. 257.
noever peter 174.
noorda bob 36. 45.
nouvel jean 152.
novembre fabio 102.
oggetti disubbidienti 53.
olivares jonathan 249.
olivetti 90. 94. 249. 253. 257.
olivetti adriano 253. 254.
olivetti camillo 253. 257.
opos 236. 237.
osborne alex 66.
palomba ludovica e roberto 61.
pandora 100.
paolini cesare 208. 259.
paolini davide 199.
paparoni demetrio 174.
papuli daniele 121.
pareschi gianni 258.
paris spartaco 87. 91. 96. 99.
paris tonino 9. 11. 142. 267.
park associati 50.
parruccini donata 79. 80. 100.
patroni griffi bianca elena 111. 120.
pengelly simon 258.
perazza eugenio 247.
pérez javier 174.
perla gianni 185.
perniola mario 33.
person parking 83.
pesce gaetano 60. 63. 120. 140. 223. 225. 241. 250.
pettena gianni 200.
peuterey 248.
pezzini gabriele 100.
piaggio 108. 109.
piano penzo 177. 178.
piazza mario 31.

pietroni lucia 111. 118.
pigatti renato 107.
pine joseph b. 19.
pinetti 162.
pininfarina sergio 257.
piquadro 135. 248.
pirelli 116. 117.
piscitelli daniela 29. 34. 35.
plank 265.
plusdesign 82. 155.
polese francesca 182. 183.
poltronova 251. 254. 257.
ponti giò 31. 91. 114. 116. 196. 221. 257.
ponzini angela 85.
portaluppi piero 175.
prada 95. 99. 249.
pramac 159.
prisse caroline 173.
proverbio paola 165. 181.
pucci 249.
pudelskern 71.
quali cose siamo 188.
quarti eugenio 114.
quasimodo salvatore 68.
querci anna 247.
raby fiona 21.
ragni matteo 79. 92. 95.
ranzo patrizia 20. 273.
rashid karim 221.
ravizza giuseppe 115.
red dot award 154. 156.
rees 19.
resignpress 121.
riccini raimonda 165. 167. 182.
richard ginori 252.
rizzatto paolo 63. 69.
rodari gianni 144.
rogna elena 239.
rollerblade 161.
rossi aldo 14. 15.
rubino silvano 174.
rudofsky bernard 91.
ruffilli massimo 22. 254. 275.
sacchi giovanni 168. 176.
sacripanti maurizio 14.
sadler marc 66. 140. 154. 264.
santachiara denis 63. 224.
sargiani mauro 184.
saw benson 210.
sbordone maria antonietta 219. 228. 229. 231. 238.
scarpitti chiara 238. 239.

scheppati luca 84.
schumacher ernst friedrich 195.
scott ridley 143.
scuola sant'anna di pisa 158.
segis 258.
segoni roberto 252.
sejima kazuyo 208.
seletti 100.
selle italia 160.
sennet richard 119. 224.
serie fuori serie 188.
serralunga 106.
simon herbert alexander 139.
simone cenedese murano 259.
sironi brian 157.
skitsch 243.
sonnoli leonardo 80. 81.
sottsass ettore 21. 68. 196. 224. 231. 253. 257.
spadolini benedetta 24. 276.
spadolini pierluigi 252. 254.
spazio rossana orlandi 216.
spielberg steven 143.
squarcina chiara 173.
stalker 200.
stam mart 144.
starck philippe 62. 106. 162. 221. 248. 262.
stazione futuro, qui si rifà l'italia 182.
stefanini marco 120.
stengers isabelle 223.
sterling bruce 35. 143.
strum 251.
studio azzurro 177. 190. 191.
studio baruffi & de santi 72.
studio fm 48. 49. 50. 51.
studio grima 182.
studio n!03 186.
studio origoni e steiner 190. 191.
studio pedron 182. 183.
tackara john 145.
takeda rumiko 101.
talocci design 214.
tamura nao 69.
technogym 214.
tecnica 161.
tecno 36.
teodori franco 208. 259.
teracrea 210.
teuco 214.
tibaldi corrado 227. 239.
toscani oliviero 97.
triennale di milano 48. 49.

trivellin eleonora 245. 253.
trotti guillermo 156.
ulian paolo 85. 226. 229. 237.
un sedicesimo 53.
ungaretti giuseppe 68.
unicità d'italia: made in italy e identità nazionale, 1961/2011, cinquant'anni di saper fare italiano attraverso il premio compasso d'oro adi 182. 183.
united pets 104.
up group 226.
urmet group 50.
urquiola patricia 93. 102. 103. 106. 107. 152. 153. 174. 206.
ut fondazione valore italia 182. 183.
valente renata 219. 225. 231.
valentino garavani 257.
valtorta lella 120.
van eijk kiki 173. 174.
van vliet edward 207.
vannicola carlo 57. 70.
veneziano rosanna 219. 228. 231.

venini 96. 124. 125. 133. 172.
venturini fendi ilaria 130.
verbiicker 24.
versace gianni 257.
viabizzuno 214.
vian andrea 137. 142. 145.
viapiranesi 182.
vibram 160.
vinti carlo 29. 36. 37.
visa 257.
volli ugo 31.
wachsmann konrad 221.
wanders marcel 63. 97.
wong woon 210.
yoo sean 102.
yoshioka tokujin 102. 154. 174. 209.
young michael 107.
zanotta 208. 259.
zanuso marco 143. 257.
zigneo mario ivan 137. 142. 148.
zingale salvatore 118.

346

§

finito di stampare a viterbo
dalla tipografia ceccarelli
nel dicembre 20.11

composizione tipografica
in miller di mattew carter
dispatch di cyrus highsmith
the sans → luc(as) de groot
su carta fedrigoni
savile row, old mill e symbol tatami